数据驱动的知识服务体系与方法

王曰芬　陈必坤　关　鹏　著

科学出版社
北　京

内 容 简 介

知识服务是需求引导的、基于知识内容的、贯穿于用户解决问题过程的服务，其根本目的是借助一定技术工具充分融合各种显性、隐性资源，使数据或信息得以转化，并提取和挖掘新知识。本书以数据转化为知识为出发点，针对数据驱动的知识服务内涵实质、知识服务三维框架、知识服务战略管理体系、知识服务能力构成与评价体系等几个方面形成了系统而深入的研究观点。同时，在数据驱动的知识服务方法与技术应用的典型研究中，提出具体的研究思路和可行的解决方案。

本书适用于从事知识服务行业或者机构的研究人员或者实践操作人员，信息管理、知识管理、大数据应用等专业或者方向的本科生、研究生，图书情报学、计算机科学、自然语言处理等学科研究人员。

图书在版编目(CIP)数据

数据驱动的知识服务体系与方法 / 王曰芬，陈必坤，关鹏著. —北京：科学出版社，2019.11

ISBN 978-7-03-060998-4

Ⅰ. ①数… Ⅱ. ①王… ②陈… ③关… Ⅲ. ①知识经济-咨询服务-研究-中国 Ⅳ. ①C932.6

中国版本图书馆 CIP 数据核字(2019)第 068241 号

责任编辑：郝 悦 / 责任校对：贾娜娜

责任印制：徐晓晨 / 封面设计：正典设计

科 学 出 版 社 出版

北京东黄城根北街 16 号

邮政编码：100717

http://www.sciencep.com

北京建宏印刷有限公司 印刷

科学出版社发行 各地新华书店经销

*

2019 年 11 月第 一 版 开本：720×1000 B5

2020 年 1 月第二次印刷 印张：19 1/4

字数：380 000

定价：156.00 元

前　言

20 世纪 90 年代以来，知识服务为适应社会对知识共享与创新需求而产生，随着知识服务日趋受到社会的青睐，其逐渐成为国内外学术界和服务机构研究与实践的热点，涌现出了大量的研究成果。这些研究成果构成了知识服务的理论与方法基础，指导着知识服务机构的实践。而随着社会发展进程的变化，尤其是信息技术的飞速发展，人类社会进入以网络化、数字化为支撑的大数据时代。大数据以海量、瞬刻、全息和价值低密等为特征逐渐地改变着社会、经济、生活、科学研究的方方面面，并促使创新与变革成为社会发展的大势。与此同时，以海量数据存储、并行处理与计算、大数据挖掘和可视化等为代表的新兴数据科学技术的发展，为大数据时代的创新和变革提供了可能与条件支撑。

随着各行各业置身于新的发展环境下，面对不断演化的网络化、数字化与知识化交织的知识生态，人们对知识的需求，尤其是对经过整理、加工、提炼、聚合后，能够支撑社会、经济与科学研究活动的知识的需求变得更加渴望和迫切。而基于分布式异构的数据与信息源产生的，为满足信息深度集成、知识扩展开放与知识演化创新需求的知识服务机构或者领域，尤其是伴随着大数据时代的来临，将面对更加多样化与深层次的用户知识服务需求。原有的知识服务的理论框架体系、能力水平及方法和技术等受到了严峻的挑战，亟待拓展创新型的研究及实践。

为了促进知识服务理论与实践的进一步发展，并为图书情报机构实践知识服务提供有指导意义的理论与技术方法，笔者在国家社会科学基金和国家自然科学基金等项目的支撑下，通过中国知识基础设施工程（China National Knowledge Infrastructure，CNKI）、Web of Science（WoS）、SpringerLink 等数据库检索与重点文献阅读，并借助网站调查、问卷调查、专家访谈、演绎法、归纳法、数理统计、文献计量、计算机辅助设计等方法，深入分析知识服务产生与发展的社会背景和实践研究的价值，系统总结与归纳了国内外有关知识服务研究的现状、主要研究观点及存在的不足，先后两次调查分析了国内图书情报机构的知识服务的现状、面临的问题及其变化，并结合知识价值链、战略管理理论、能力理论、计算机科学、数据科学等理论思想，围绕图书情报学学科领域的知识服务理论与方法进行比较持续的跟踪研究，经过数年的探索，在数据驱动的知识服务内涵实质、知识服务体系、知识服务能力等几个方面形成了有参考价值的研究观点。同时，本书在数据驱动的知识服务方法与技术应用研究中，提出具体的研究思路和可行的解决方案。本书作为多年研究成果的汇集，主要的研究问题、研究内容与创新点包含在以下几个方面。

1. 主要的研究问题与研究内容

（1）为深入揭示知识服务的内涵和服务流程构建问题，本书从用户需求出发，借助知识价值链模型，提出从本源构成角度来阐释知识服务的内涵及其组成，创建数据驱动的知识服务三维框架理论（three-dimensional framework theory of data-driven knowledge service，TDFTDDKS），为调查该框架理论提出的合理性并修正完善其中包含的具体内容，采用专家访谈、实地参观和问卷调查的方法分别进行三轮调查研究，且采用统计学方法进行调查问卷指标的信度与均值分析。在此基础上，为了研究满足用户预期的不同知识服务产品需求，本书结合知识服务过程中的各种服务资源、对资源的加工层次、所需的不同科学方法和工具，以及工作人员的经验技巧等服务要素，构建基于数据驱动的知识服务三维框架理论的知识服务流程，探究基于数据驱动的知识服务三维框架理论的知识服务特点。

（2）为系统探究知识服务的影响因素和服务体系设计问题，本书以本源构成的知识服务内涵为依据，通过实证研究，调查图书馆、情报研究所（信息中心）、数据库提供商三类图书情报机构知识服务状况，并结合战略管理思想分析图书情报机构知识服务存在的问题，探讨影响知识服务战略实施、知识服务流程运转和模式实现的内部要素结构因素及外部关联结构因素，并采用问卷调查的方法从理论和实践两个方面检验所提出的知识服务影响因素的合理性，进而研究支撑知识服务流程运转和知识服务模式实现的知识服务体系的构成，提出图书情报机构知识服务战略管理体系的总体架构，并以卓越阶段（stage of excellence，SOE）理论为基准，构建基于卓越阶段理论的图书情报机构知识服务战略管理体系。本书采用网上调查、实地访谈的方法，对南京理工大学图书馆服务项目内容进行详细分析，设计了南京理工大学图书馆知识服务战略管理体系规划方案。

（3）为详细探索控制和协调知识服务战略管理体系有效运转的作用力及其评价问题，本书以能力理论为基础，以使图书情报机构将拥有的内部资源整合转化成绩效为宗旨，探索并界定图书情报机构知识服务能力的内涵和特征，然后以服务用户需求为出发点（目标导向），以知识服务战略管理体系中的要素结构因素为基础，以图书情报机构的知识服务流程为主线（过程优化），将知识服务能力细分为获取能力、吸收能力、创新能力和服务应用能力四个部分，并提取出相关的构成要素。在此基础上，本书根据评价的内涵，界定了图书情报机构知识服务能力评价的概念，提出评价的目的、内容与思路，论证评价指标体系设计的原则，并分别设计上述四个子能力评价的指标体系，且通过实地问卷调查对指标权重进行调查与统计分析，进而导入卓越阶段理论，面向可操作层面，构建基于卓越阶段理论的图书情报机构知识服务能力评价体系。

（4）为具体研究知识服务战略管理体系和知识服务能力有效应用的支撑体系及其方法实现问题，本书以知识融合的思想为指导，构建数据驱动的基于知识融合的知识服务方法与技术体系架构，分析该体系架构的组成，并重点阐述数据驱动的知识源甄别与采集的方法和技术、知识抽取与表示的方法和技术。在此基础上，本书针对图书情报机构知识服务的业务需求和实践问题，以图书情报学、计算机科学、数据科学等学科的技术方法为基础，将继承与拓展创新相结合，研究知识服务方法与技术的应用，主要包括知识组织系统的应用、共现分析方法与技术的应用、知识地图和知识图谱方法与技术的应用、主题模型方法的应用，以及面向个性化服务的知识组织过程与方法的应用。

2. 主要的创新点

（1）在理论基础研究的切入点上具有创新性。体现在三个方面：其一，在数据驱动下重新构建知识服务的理论与方法体系。知识服务的理论与方法体系构建是一项系统化任务，需要对知识用户（生产者与使用者）、知识资源、知识服务及它们之间进行不同程度的融合，并在融合的基础上实现知识的进化、创新与应用，从而构建基于数据驱动的知识服务全景图。其二，本书借鉴服务科学的理论思想，将战略管理理论、管理系统论、卓越阶段理论和能力理论导入知识服务的研究中，为拓宽知识服务的理论和解决实践问题提供有价值的参考。其三，以数据为驱动，从知识增值的本质出发，抽取知识服务的本源构成，提出数据驱动的知识服务三维框架理论，为从本源角度客观地看待知识服务内涵实质提供具有新颖性的研究思路。

（2）在理论应用研究的思路上具有创新性。本源构成是事物组成的基础和内核；知识服务的本源构成就是知识服务理论研究的基点，是决定知识服务活动要素和支撑条件的核心。体系是相互关联的事物或要素组成的整体；知识服务体系就是满足用户需求，以知识服务的本源构成为核心，支撑服务流程有效运转的一系列结构要素的集合，是支撑知识服务活动的骨架。能力是胜任某项活动任务的主观条件，是使服务机构的内在资源因素转化的作用力；知识服务能力协调与控制着知识服务流程，操纵与决定着知识服务的质量和效果，是驱动知识服务活动的内力。知识服务战略管理体系构建和知识服务能力培育是图书情报机构赢得竞争优势的关键所在。本书以本源为基础，向外辐射研究整体架构，进而重点探讨关键要件的研究思路，为解决知识服务的关键问题与完善知识服务理论提供新的路径。

（3）在研究理论与方法选择上具有创新性。知识服务理论研究从不同的角度思考会产生许多有差异的结论，也会带来不同的认同感。本书尝试将合理性问卷调查和信度分析方法应用到知识服务理论构建与影响因素筛选中，将定性分析与定量评测相结合，可使提出的相关理论和结论在调查分析基础上得以确认。影响知识服务的因素众多且相互作用，并在不同类型的服务机构或提供不同的服务模式中表现出差异性，影响着知识服务体系架构的组成。在研究中选择导入知识价值链模型、管理学的系统原理和卓越阶段理论，可以基于目的性和整体性综合分析关键的影响因素，基于层次性和实用性分别探索侧重不同服务阶段的知识服务战略管理体系的结构与构成要素，使知识服务战略管理体系的构建具有一定的创造性。服务工作者的智慧、经验、技巧等隐性知识的激活与共享，是创造新知识、提升服务质量与水平的关键，也是图书情报机构知识服务能力构成的核心。选择将能力理论、过程优化理论和卓越阶段理论评价方法结合应用于知识服务能力的研究中，使知识服务能力构建的思路、结构及评价指标体系建立的原则与方法具有一定的独创性。

（4）在方法与技术应用研究上具有创新性。在知识服务战略管理体系运作和知识服务能力施展的环节中，现代信息技术与方法的进步具有较大的推动作用，是知识服务实践有效开展的重要支撑。一段时间以来，社会各界从不同的角度探索着面向知识挖掘与隐性知识激活的技术和方法，如今不断兴盛的大数据与数据科学更是为知识服务的深入开展提供方法论和技术解决方案。本书结合图书情报机构的工作实践，构建数据驱动的面向知识融合的知识服务方法与技术体系架构，重点研究知识源甄别与采集的方法和技术、知识抽取与表示的方法和技术，并具体研究知识服务中知识组织系统的应用、共现分析方法与技术的应用、知识地图和知识图谱方法与技术的应用及主题模型方法的应用等。本书在方法与技术应用研究中提出很多新颖性的研究思路与方案，如面向个性化服务的知识组织机制、过程及方法，基于空间分布、时间分布和内外关联的文本知识挖掘的应用思路，基于知识图谱的知识关联挖掘的应用思路，情报研究中知识定义与分类及知识地图的理论设计等。

本书 6.3 节知识地图和知识图谱方法与技术的应用部分由陈必坤负责撰写，6.4 节主题模型方法的应用部分由关鹏负责撰写；除此之外，本书其他章节由王曰芬负责撰写。陈必坤和关鹏负责初稿的审核及格式编排，王曰芬负责终稿的审查与定稿。此外，在课程研究与本书草稿形成过程中，吴婷婷与张蓓蓓参与第 2 章和第 3 章的部分内容，李鹏翔与戴建华参与第 4 章的部分内容，岑咏华参与 5.1 节的部分内容，章成志参与 5.2 节和 5.3 节的部分内容，熊铭辉和吴鹏参与 6.1 节的部分内容，宋爽参与 6.2 节的部分内容，邵鹏和王新昊参与 6.3 节的部分内容，傅柱、丁玉飞与刘卫江参与 6.4 节的部分内容，颜端武与朱海灵参与 6.5 节的部分内容。

本书的研究成果是国家社会科学基金项目（No.06BTQ027）、国家自然科学基金项目（No.71373124）、江苏高校优势学科建设工程计划和江苏高校哲学社会科学重点研究基地培育点“社会计算与舆情分析”资助的产物，同时得到南京理工大学科学技术研究院和经济管理学院的大力支持，特别是在研究过程中得到国内诸多专家的指导和本学科多名师生的参与，在此一并表示诚挚的谢意！

知识服务是学术研究与实践领域为适应社会趋势而共同推动发展起来的，伴随着新的需求与进展的深化，不断产生着大量的研究成果和涌现出值得研究的话题。尽管笔者多年来尝试做一些探索性的研究和应用，但是由于关注的方面有限并受制于研究水平，书中的研究观点与内容难免会有疏漏或不足，恳请广大专家、学者、同行与读者不吝赐教。

王曰芬

2018年12月于南京

目　　录

第1章　引　　言

1.1　本书写作的背景及意义

社会经济的演化、信息技术的发展、机构内在的变革、服务科学理论的日渐形成，推动着知识服务的兴起与发展。随着网络化、数字化与知识化的交织兴起和交错发展，尤其是大数据时代带来的数据碎片化涌现、信息与知识碎片化传播，多维异构的海量数据融合并形成人们所需的系统化或者创新性知识成为当今社会发展的一种趋势。那么，以数据信息采集加工组织为业务、以提供知识服务为宗旨的图书馆、情报（信息）研究所和数据库提供商等图书情报机构，如何针对日益复杂的知识生态演化，将新兴的科学技术与现有的理论方法相结合，系统而深入地研究知识服务的理论与方法，并将研究成果应用到实践中，同时又能及时向用户提供知识定制化服务，是图书情报机构未来发展的必然选择[1]，这也是本书的写作背景。

1.1.1　写作的背景

1. *知识经济发展与社会实践需求呼唤着知识服务兴起*

跨入21世纪，社会呈现出一种依赖于知识生产、传播和利用的崭新的经济形态——知识经济，这是一种以知识为基础，建立在知识和信息的生产、分配及应用之上的经济[2]。知识经济之所以能在工业经济后成为一个时代的标志，主要是因为其表现出许多与工业经济不同的鲜明特征：知识不断创新、高新技术迅速产业化、无形资产和软产品的比例大大增加等。在知识经济时代，知识是最基本的生产要素，知识的创新决定着知识经济发展的进程，知识创新的目的是追求新发现、探索新规律、创立新学说、创造新方法、积累新知识。知识创新是新技术和新发明的源泉，是促进科技进步和经济增长的革命性力量。一个国家能否在21世纪的知识经济发展中立于不败之地，就在于知识创造和应用的效率。一个拥有持续知识创新能力和大量高素质人力资源的国家，将具备发展知识经济的巨大潜力，而一个缺乏知识创新能力的国家将与知识经济带来的机遇失之交臂。所以，知识创新已成为知识经济发展的灵魂。知识创新的过程也是知识增值的过程，它是建立在知识的获取加工、组织吸收、交流转移、共享应用等环节基础上的，这些环节相互关联，受到多种因素的制约与影响。要保障知识创新也就是知识增值过程的有效运转，必须同企业产品的生产一样需要形成知识增值的价值链。面向知识创新的知识价值链是一个复杂的过程，其中支撑价值链运转的知识资源客体多样化、数量庞杂，不仅受到知识生产者、知识加工者、知识传递者、知识使用者等主体的主导，以及成本/产出、效率/效益等经济因素的制约，同时还受到社会环境、文化环境、技术环境、经济环境等外部因素的影响。所以，原有的分散在不同行业从事知识产品生产与服务的活动无法满足知识经济时代发展的需求，以国家知识基础设施为基石的面向国家创新体系服务的专门行业——知识服务行业呼之欲出。

另外，随着 Web2.0、物联网、社交媒体等网络技术与数字化技术的迅猛发展，信息量迅猛增长。在丰富信息资源的同时，信息资源的获取日益简单和普及，但也给有效利用信息造成极大困难。尤其是自 20 世纪 90 年代中期以来，数字化、信息化与网络化成绩斐然带来的信息海量剧增，使用户淹没在数据与信息中，但却难以满足用户对于知识的渴求。在知识成为生产力的关键要素的时代，用户对信息或知识的需求不再停留于对信息的获取和序化，而需要从海量信息中获得能够针对问题解决全过程或者能够支撑未来判断的知识。用户越来越关注于如何捕获和提取所需的知识内容，并将所得知识内容整合集成、挖掘创新为相应的解决方案或者预见未来的观点，并固化在新的产品、服务和管理机制中。同时，出于职业工作的需求和知识积累及其更新的需要，并且由于方案的解决往往需要结合多个学科的知识，这大大超过了用户自身的知识结构，用户迫切希望获得从事业务工作所需的内容全面、类型完整、形式多样、来源广泛的知识，需要专门的机构能够针对他们所承担的具体业务提供全程性、全方位的知识保障，开拓综合性强的，能够满足他们多方面、系统化的知识需求的综合化知识服务业务[3]。因此，社会迫切需要这样一种服务，使得知识融入用户解决问题的全过程，并且针对具体问题和个性化需要，更加直接而快捷地帮助用户解决问题，即知识服务。

2. 知识服务是图书情报机构适应社会变革的必然选择

知识经济的知识化及创新特征，为图书情报机构带来了空前难得的历史发展机遇，这是因为图书情报机构是国家知识基础设施的重要组成部分，图书情报机构在国家创新体系中有着重要地位和作用。知识经济带来的知识信息量激增、社会需求明显增加，是促进我国图书情报机构发展的根本动力，同时知识经济的发展能为图书情报机构提供雄厚的物质基础和先进的技术手段，从而推动其快速发展[4]。

步入知识经济时代，图书情报机构面临着严峻的挑战，在知识经济发展中知识需求发生了很大变化，用户不再着眼于各种载体的文献，不再满足于图书情报机构为其提供单纯的文献检索和原文服务，传统信息服务在用户活动中的影响逐渐淡化，用户更注重获取有深度的信息内容。而现代图书情报机构的特殊价值就在于从繁杂的数字化信息环境中捕获有用的信息内容，把这些信息分析加工整合成相应的知识或解决方案，并进一步将知识固化在新科研项目、产品设计或管理机制中。同时，知识服务人才的紧缺也日益体现出来，现有的服务还不能满足用户的需求。本书经过调查发现，目前我国图书情报机构包含图书馆、情报研究所、数据库提供商，提供的产品和服务主要还停留在基于数量规模的信息服务层面上。毫无疑问，图书情报机构只有运用战略的眼光，对外研究知识服务的目标定位，推出各种服务产品和多样化服务；对内整合服务团队，改革管理机制，才能形成自己的竞争优势，获得更大的收益。图书情报机构应充分利用丰富而有特色的信息资源和人才优势，进行深层次的信息加工，在信息服务环节中逐渐增加知识和技术的成分，由原来的信息服务向知识服务转变。

所以，以用户为出发点，借助先进的理念与技术，升华传统图书情报机构服务的定位，转变服务意识，重构服务工作体系，增强服务能力，研究海量数据与信息的有效表示、组织、分析和传递，探索数据、信息向知识的加工与转换，在分析与提炼中使隐性知识和显性知识相互转化并创造新知识，以知识创新为目标实现知识服务是图书情报机构适应社会发展的必然选择。图书情报机构深入开展知识服务，将有力地推动国家知识创新系统工程的实施。

3. 服务科学引领着知识服务走向科学之路

服务领域在现代经济中日益增长的重要性，使得服务科学吸引了广泛的关注。在这样一个时代，人们需要去了解服务如何以既有效率又有利润的方式被递送，服务应该如何被设计和该如何测量它们的效力[5]。

在2002年由国际商业机器公司（International Business Machines Corporation，IBM）阿尔马登（Almaden）研究中心与加利福尼亚大学伯克利分校（University of California，Berkeley）组成的联合小组的一次讨论中，专家们首次提出了服务科学（service science）的术语。在2004年5月IBM召开的“The Architecture of On-Demand Business”（随需应变业务的体系结构）研讨会中，专家们将服务科学描述为商务与技术的结合，认为服务科学是培育创新的新途径。2004年12月，IBM首席执行官（chief executive officer，CEO）Samuel Palmisano在《创新美国》的报告中正式界定了服务科学的概念，指出服务科学是对服务系统的研究，通过整合不同学科的知识，来实现服务的创新。该报告的发布使得服务科学开始受到广泛的关注。2005年7月，IBM将服务科学正式改名为“services science，management and engineering”（SSME），即服务科学、管理和工程[6]。

IBM 全球研究中心将服务科学定义为科学、管理和工程的跨学科应用，其目的是改善服务。服务科学有助于进行系统性的创新和生产率的提高，它通过提高对服务中生产效率、质量、业绩、开发、知识的重复利用等方面的有效预测，成为服务改善的动力[7]。

服务科学有三个目的：首先，合乎科学地为服务分析提供方法，有效率地管理服务，并且最大化产品生产；其次，解决基于服务特性出现的问题，改善生产力；最后，探究系统发展中的改革架构[8]。

服务科学的研究对象为知识密集型服务中的服务系统。知识服务是典型的知识密集型服务，是服务中的知识型服务，可以认为是知识经济的核心，根本性地把知识引入社会经济系统[9]。知识服务同任何一种服务一样有它的目标、环境、渠道，重要的是知识服务对理论研究的需要远远高于其他任何性质的服务。而服务科学是研究服务的科学，它的理论研究可以作为知识服务的理论基础；知识服务是服务业的重要类型，知识服务的研究也可以对服务科学体系的研究起一定的补充和反馈作用。

在服务科学研究热潮的带动下，图书情报机构的知识服务研究也逐渐热化。近些年来知识服务的研究数量出现了强大的增长势头，如何将渐成体系的服务科学理论借鉴到知识服务研究中，是社会研究关注的问题。一些学者尝试着将服务科学与知识服务联系起来，研究其理论的共通之处，使得这两种理论的研究相得益彰，并促使知识服务研究走向科学发展之路。

4. 信息技术支撑着知识服务的发展过程

随着计算机技术、通信技术、网络技术的迅速发展，现代信息技术已经在图书情报机构中得到了广泛的应用，以计算机技术为核心的现代信息处理技术、通信技术、感测技术和控制技术相融合，形成了具有信息化、智能化和综合化的智能信息环境系统。例如，数据仓库、数据挖掘技术、语义网、元数据和本体技术等可使不同数据源的知识表示和组织更加智能化与网络化；网络服务（web service）技术可实现不同信息平台之间的连接和集成；信息推送技术可向用户发送所需的个性化知识；建立在网络技术基础上的知识网格和协同工作工具，使隐性知识和显性知识的相互转换成为可能；知识可视化方法与技术使隐性知识在情报产品生产过程中实现显性化成为可能；社会网络分析方法和技术可使知识之间建立关联，挖掘出潜在的知识内容；智能代理技术使用代理通信协议进行信息交换，可以实现用户问题的自动解决；等等。这些先进的信息技术，在知识服务满足用户的知识需求获取、知识搜索、知识重组、知识挖掘、知识共享、知识传送的过程中，使得信息向知识转化的效率、可靠性与准确性得到大幅的提升。

5. 网络化与数字化推动着知识服务创新及应用的进一步深化

网络化与数字化时代是一个包含文化基因、技术态势、经济走向和商业理念的金矿，这同时决定了新环境下对知识服务和服务创新需要有更多的尝试与探索。以往基于技术层面的研究侧重于通过知识服务开展信息分析和决策支持方面的业务，而基于管理层面的研究侧重于讨论组织内数字化与知识服务的双向关系，并用于指导知识服务的实践工作。如今，各种数据驱动的创新模式层出不穷，然而很多研究和探索都是以商业目标为导向的。从科技服务创新的角度看，科学研究范式、知识形态、知识获取、知识融合、知识交流及处理机制都面临着巨大的挑战，因此对基于网络化与数字化的图书情报机构知识服务创新提出了更高的要求。目前图书情报机构在这方面的探索还主要集中在图书馆和情报研究所等传统知识服务机构上，主要的服务模式包括数字图书馆、知识库和机构库等知识服务平台，主推的业务涉及传统的信息检索、知识存储、标引、组织及交流传播等，重点集中于知识整理、序化和分析等层面的工作，尚未全面开展知识提取、知识重组、知识挖掘、知识分析等体系化或者预测型的服务，个性化、精准化和敏捷化等优势也并未充分体现。因此，为了适应新时代知识服务的新需求和新趋势，图书情报机构基于网络化与数字化的服务创新及其应用值得进一步探索和深化。同时，从统计学发展而来的数据科学与计算机科学及专业领域技术方法相结合，使得基于全数据的知识建模的方法与技术支撑知识特征表达和有价值结果输出成为可能，这将推动知识服务朝内容挖掘与分析的方向深化发展。

1.1.2 问题的提出

如今，很多图书情报机构和新兴的咨询机构等都在大力提倡知识服务，如有的机构将知识服务作为其战略规划的目标对内外着重推广；有的机构将知识服务捆绑在产品与服务模式的宣传中；有的机构面向知识服务开展技术攻关研究和产品结构重组；等等。从信息服务走向知识服务已经成为大多数图书情报机构的共识，然而无论是对外宣传还是内部操作，人们对知识服务的理解还主要停留在表层上，如有的仅仅是局限在迎合社会的一种潮流；有的以为增加信息资源的数量、提高检索效率、提供多样化的检索途径或信息检索结果的多种表现方式就是知识服务；有的为了达到知识服务的目标（即实现知识创新）而视技术为主导。

伴随着社会发展进入知识经济时代，数据与信息已经成为描述世界各种物质的新形式、认识事物和表述观点的新方法、预测未来事件的重要依据，以数据和信息为基础获得对社会与未来发展认知的新知识或者体系化的知识，进而开展基于知识的产品与服务研发正在成为各个行业的迫切需求。

那么，从理论层面上，知识服务的内涵实质是什么？其产品和服务与信息服务的差异何在？面对数字化、网络化与知识化风起云涌带来的知识生态重构和学科知识创新研究的需求，不断发展的计算机科学与新兴的数据科学等理论和方法等能否及如何根植于社会实践应用活动中，并成为进行数据处理分析及新知识萃取的重要基础与依据？如何从数据驱动的角度整体规划知识服务？知识服务可否分层次展开，知识服务价值链环节可否形成适应市场需求的有效且合理的分工？在实施操作层面上，如何从战略管理的角度出发分析知识服务过程中的影响因素，如何规划和设计不同服务层次与模式的知识服务体系？知识服务要求的人员素质结构包括哪些？从哪些方面着手培育知识服务能力？如何激发知识服务主体的经验、智慧等隐性知识潜能？现代计算机和信息技术应该如何支撑知识服务产品的产生与服务模式的形成？在结果评价层面上，一旦投入大量的人力、物力和财力开展知识服务，应该从哪些角度衡量与评价知识服务能力？在新环境下，以知识服务为导向的相关学科与服务机构广泛而深入发展的路径何在，如何在继承发展中创新？这些都是本书要研究的问题。

1.1.3 写作的意义

随着知识服务浪潮席卷而来，在理论研究尚处于明晰辨识之际，在人们还热衷于先用新技术解决知识服务过程的战术问题时，上述这些涉及战略层面的理论与实践问题不仅影响图书情报机构知识服务的定位和长远发展，影响图书情报机构在日渐激烈的知识服务竞争中能否体现出独特的竞争优势和可持续发展能力，而且决定与影响知识服务过程的有效性和技术的应用发展方向。因此，借鉴服务科学和数据科学等理论思想，面向知识创新的用户需求，从知识服务内涵实质的探讨出发，以战略管理理论、管理系统论、卓越阶段理论、能力理论等理论为指导，结合实际调查和案例分析，研究涉及图书情报机构知识服务发展与效果的理论和实践问题，将对推进图书情报机构知识服务具有重要理论价值和现实指导意义，也将对深化知识服务理论与方法体系具有参考价值。

1. 推动知识经济时代知识服务理论与方法的创新发展

从有助于一个专题研究的角度看，首先，在基础理论研究方面，本书将综合运用图书情报学、计算机科学、生态学、认知科学、系统动力学等理论与方法，面对知识经济时代知识服务的新需求与发展趋势，系统梳理知识服务的概念、特点与主要观点，结合网络化与数字化的兴起，以数据为驱动探索知识服务的理论框架、服务流程、战略管理体系与影响因素、服务能力及其评价体系；其次，在方法研究方面，本书包括面向知识融合的知识服务方法与技术体系、数据驱动的知识源甄别与采集的方法和技术、数据驱动的知识抽取与表示的方法和技术等研究内容，针对不同方面具体的研究内容与问题探索科学可行的研究方法，包括研究文献调研法、信息计量法、内容分析法、数据挖掘法、系统分析法、结构化系统开发法、可视化分析法、复杂网络分析法和案例分析法等定性与定量方法的运用及其创新；最后，在应用探索层面，本书将从知识组织系统、共现分析、知识地图和知识图谱、主题模型、个性化服务的知识组织等几个方面，结合实际案例，研究数据驱动的知识服务方法与技术的具体应用。针对现有的在系统化深层次理论与方法研究方面的不足，本书的研究对创新与发展知识服务的理论和方法研究体系具有重要的学术价值及推动作用。

2. 推动图书情报学学科优化切合新时代发展机遇的研究体系

从有助于单学科研究的角度看，无论是社会科学还是自然科学，学科体系建设依存的理论与方法研究，都需要将解决实际问题作为出发点与落脚点。在图书情报学学科领域，一方面，在技术与经济发展的驱动下，实践环节中产生了许许多多亟待解决的重大问题，如如何使数据、信息更有效地集成并转化为知识，进而转变形成支撑决策的智慧，关系到图书情报学学科体系创新的趋向与能否赢取核心的竞争优势；另一方面，已有的理论与方法在其他学科渗透冲击下迫切需要变革创新或者不断完善以形成有实际效用的学科体系框架。知识经济和新技术的发展对知识服务的迫切需求，为图书情报学学科领域的发展提供了一个切合新时代趋势的机遇。本书将从理论方法体系构建、实现模式研究与实证应用多个方面切入，并基于多元化的理论与多学科支撑，拟形成面向时代发展的知识服务的系列化研究成果，这将为图书情报学学科优化学科体系提供重要的研究基础与保障。

对图书情报学学科领域来讲，用户层面是知识服务需求的来源，是实施学科化知识服务的切入点；流程层面是知识服务的价值链主体，涉及数据的输入、数据的处理与分析、结果的解释与有效输出，是实现知识个性化服务的核心构件；技术应用层面则是知识服务有效开展与实施的基础、支撑和保障。数据驱动的知识融合将用户、流程与技术应用紧密地结合起来，贯穿于知识服务的全生命周期中。所以，面向知识生态的重构和知识服务的提供，以“数据（data）—信息（information）—知识（knowledge）—智慧（wisdom）”的转化作为图书情报学学科体系研究的重要构成，丰富其理论与方法论体系，深化研究主题，开拓新的研究空间，提升研究水平，促使图书情报学学科建设在未来发展中抓住发挥核心竞争优势的契机。

3. 促进不同学科之间研究的深层次合作和差异化竞争

从有助于多学科研究的角度看，要从数据、信息中提取出有价值的知识，必须对来自多源、异构、动态变化的各种各样数据与信息进行采集、处理、集成、建模、转化、分析等一系列环节的操作。而要完成这些操作任务，需要综合构建所需的知识服务理论与方法体系架构；明确用户在新环境下对科学研究知识源的采集需求；考察知识源质量评估的原则；完成相应评估体系构建和评估方法实施；整合利用多种技术与方法，对异构知识源进行多层次和多维度的高质量知识抽取及表达；探索数据驱动的知识融合和进化路径；实证研究知识服务方法与技术应用的模式和实施方案；等等。因而需要综合运用不同学科的理论、方法和技术才能达到预期目标。比如，图书情报学领域的信息生命周期理论、知识表示与组织方法、信息计量与内容分析方法；信息系统领域的系统建模和集成理论；计算机科学领域的检索、本体与知识库、数据采集和存储、高维数据分析、关联语义挖掘和可视化等技术；管理科学领域的战略管理理论、服务科学理论和技术；等等。因此，本书从多学科、多维度开展的研究将力图促进不同学科之间的深层次合作和融合，推动其共同发展。同时，通过不同学科在交叉融合研究中的相互借鉴与对比，促进各个学科在新的时代机遇下进一步凝练本学科发展的内涵和特色，并尝试挖掘新的发展重点，找出具有差异化竞争优势的学科研究体系及其实践应用路径。在学科协同发展的过程中竞争，从而实现高效的“竞合”模式，共同推动并完善知识服务的理论与方法体系的建设。

4. 促进图书情报机构基于数据驱动开展知识服务的生产与服务

从实践应用的角度看，资源观（resource-based view）理论认为，行业组织或机构中资源的异质性和不可流动性会带来较高的价值与竞争优势。然而，随着工业化的迅速发展及知识经济时代的到来，资源的稀缺性不再显著，获取资源的门槛不断降低，资源的流动性（体现在数据、信息和知识的交流与传播）日益加速。因此，资源观理论正经历着由“从无到有”向“从有到优”的嬗变，当知识作为服务（knowledge as a service）时，即需要对资源进行深度加工，而二次（或多次）开发，即有效整合、融会贯通将成为图书情报机构开展知识服务和服务创新的有力抓手。数据驱动的数据—信息—知识—智慧的转化，从本质上说可以生成新的知识并对原有的知识元素和体系结构进行优化，从而改进传统的服务流程并衍生出新的服务模式。面对新时代带来的机遇与挑战，图书情报机构迫切需要根据潜在的或者已经发生的特定问题需要及各类用户的需求，从不同的知识源出发系统采集获取相关知识，并进行深层次的知识组织和挖掘分析，提供多层次、个性化和创新性的知识服务产品与策略。数据驱动的数据、信息与知识的转化和融合能从根本上激活知识服务过程中创新的潜能，减少缺乏知识佐证所带来的分析偏差，也可以避免个人意志带来的主观性、片面性和局限性决策，从而优化和完善知识服务流程，还可以促进数据驱动的知识服务管理和行业创新常态化，为图书情报机构突破创新瓶颈及开展服务创新工作提供可靠的保证。

1.2 知识服务的基础理论与国内外研究现状

知识服务（knowledge service，knowledge-based service，knowledge-intensive service，knowledge-intensive business service）起源于20世纪90年代，是在知识经济浪潮和信息技术发展推动下，为适应社会对知识共享与创新需求而产生的，并正在成为“新世纪图书情报工作的生长点”[1]，日趋受到社会的青睐。知识服务是知识管理、知识组织和知识市场结合而呈现的概念，是提供以内容（数据、信息、知识）为基础的组织产出（如建议、方案等），以满足外部用户需要或需求的一种过程[10]。知识服务的核心是使数据、信息转化为知识，将知识的创新转化为有利于行动的智慧，以支撑生产力和竞争能力的提升。数据作为原始类的产品可经过加工、整理和分析提炼转化为信息与知识，是知识服务业的支撑资源和加工的原材料，对数据进行采集、存储、处理与结果表达构成了知识服务业的价值链。

关于知识服务的研究，最早可以追溯到20世纪80年代初，90年代末开始逐渐成为研究热点。而国内关注度较高，以“知识服务”为关键词检索，截止到2016年6月在CNKI中检得结果5000余篇，这些研究成果主要由图书情报学、计算机科学、企业管理学、经济学等学科贡献，研究具体领域涉及知识服务、知识管理、图书馆服务、信息服务、组织创新等方面；在国外，以“knowledge service”“knowledge-based service”“knowledge-intensive business service”“knowledge-intensive service”为关键词检索，在WoS上检索到67篇文献，在SpringerLink上检索到172篇文献，在工程索引（The Engineering Index，EI）上检索到472篇文献，这些研究主要来自计算机科学、企业管理学、经济学、信息科学及图书情报学领域，研究具体领域涉及知识密集型服务、知识密集服务型产业、信息服务、知识创新、人工智能等方面。

同时，大数据的概念自2001年被提出以来，就得到国内外的广泛关注。互联网的迅猛发展使得用户从数据匮乏走向数据泛滥。大数据所展现的现实问题使其相关研究成为热点，引起信息经济学、计算机科学、金融学、企业管理学、工业经济学、图书情报学等多学科领域学者的广泛关注。Gartner（高德纳）公司的技术成熟度曲线（the hype cycle）研究表明：2011年时大数据处于萌芽期与转向期，2012年大数据刚走入高速发展期，2013年处于高速发展期，而2014年则由过热期转向低谷期。短短几年，大数据理论、技术方法、应用框架的研究层出不穷，而如何挖掘出大数据金矿蕴含的价值，使数据转化为知识，为用户提供特色化、定制化的知识服务成为大数据时代机遇和挑战并存的研究方向。

1.2.1 国内外知识服务研究的文献计量分析

国内研究现状以 CNKI 作为数据源，由于国内研究相对比较多，选择的时间范围为 2006 年 1 月 1 日到 2016 年 6 月 30 日，以“知识服务”为关键词在篇名字段中进行检索，对检索出的文献进行文献计量、共现聚类等综合分析，得到其文献量的时间分布情况、学科分布情况、高被引文献来源情况及研究热点分布情况。同时，对检索结果的被引量进行排序，取前 150 篇文献进行处理，分析其研究热点，以把握国内知识服务相关研究的倾向。

国外研究现状以 WoS 核心集作为数据源，时间截止到 2016 年 6 月 30 日，以“knowledge service”“knowledge-based service”“knowledge-intensive business service”“knowledge-intensive service”为关键词，且以“或”的策略对这四个关键词组配在主题中进行检索，对检索出的文献进行文献计量、共现聚类等综合分析，得到其文献量的时间分布情况、研究方向分布情况及研究热点分布情况。同时，对检索结果的被引量进行排序，取前 50 篇文献进行处理，分析其研究热点，以把握国外知识服务相关研究的倾向。

1. 国内知识服务研究的文献计量分析

1）时间分布及其发展状况

一段时间内学术论文数量的变化是衡量某领域发展的重要指标。图 1.1 显示了 2006～2016 年 CNKI 中知识服务研究中文献发表的时间分布。

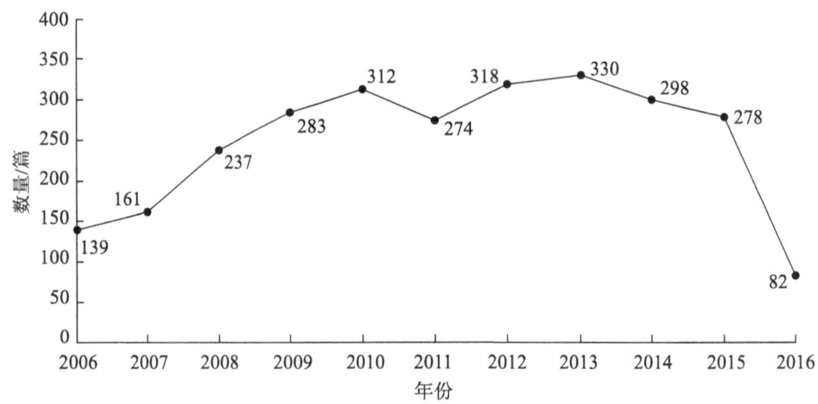

图 1.1　来自 CNKI 中 2006～2016 年有关知识服务研究的年代分布图

2016 年数据截止到 6 月 30 日

通过统计分析发现，在知识服务的研究文献中，2006～2016 年共发表论文 2712 篇，年均的学术论文发表数量为 247 篇左右，整体上呈现出一种前期年产量逐年提高，中期年产量平稳，但后期论文数量有所下降的态势；通过在 CNKI 中对“知识服务”进行关键词检索发现，作为一个观点的提出，知识服务第一次被提及是在 1994 年，被引入图书情报领域是在 1999 年。在所调研的时间范围内，前期知识服务研究的论文发表数量逐年增加，而在 2011 年有所下降后，却在 2013 年达到 330 篇的顶峰，其后几年基本保持相当的发表数量。

2）学科分布及其研究状况

2006～2016 年知识服务研究的文献分布在 CNKI 的 40 个学科类别中；本书选取知识服务研究中文献发表量排名前 10 名的学科，整理排序后得到以下数据，如表 1.1 所示。

表 1.1 有关知识服务研究文献的学科分布（2006～2016 年）

学科名称	发表量/篇	占比
图书情报与数字图书馆	1979	72.97%
计算机软件及计算机应用	259	9.55%
档案及博物馆	122	4.50%
企业经济	73	2.69%
互联网技术	42	1.55%
科学研究管理	38	1.40%
出版	36	1.33%
高等教育	36	1.33%
宏观经济管理与可持续发展	36	1.33%
教育理论与教育管理	34	1.25%

通过分析得到：在所获取的知识服务研究文献中，有 1979 篇文献分布在图书情报与数字图书馆学科中，占 72.97%，排在后序的分别是计算机软件及计算机应用（9.55%）、档案及博物馆（4.50%）、企业经济（2.69%）。从发表学科文献所占的比例来看，虽然知识服务的研究涉及 40 个学科类别，但是其学科分布的集中度较高。

3）高被引文献来源分布及其主要信息源

2006～2016 年知识服务研究的高被引文献来源期刊或机构，前 10 名见表 1.2。经过统计，在知识服务研究中，被引前 150 篇文献来自 44 个期刊或机构。在前 10 名中，前 9 个学术期刊占据 44 个来源中 58.66%的比例，研究机构只有吉林大学 1 个。这说明知识服务研究中高被引文献来源相对比较集中，研究者倾向于引用期刊上发表的学术论文。此外，从高被引文献比较多的学术期刊看，这些期刊都属于图书情报领域中核心期刊。

表 1.2　有关知识服务高被引文献来源分布（2006～2016 年）

文献期刊/机构	数量/个	占比
图书情报工作	17	11.33%
现代情报	17	11.33%
情报资料工作	11	7.33%
情报理论与实践	10	6.67%
图书馆工作与研究	8	5.33%
情报科学	7	4.67%
情报杂志	6	4.00%
图书馆	6	4.00%
图书与情报	6	4.00%
吉林大学	5	3.33%

4）研究热点分布及其趋向

使用 CiteSpaceⅢ软件对 CNKI 检索出的 2712 篇文献进行共现聚类分析，形成关键词共现网络，如图 1.2 所示，同时统计出高频关键词如表 1.3 所示。

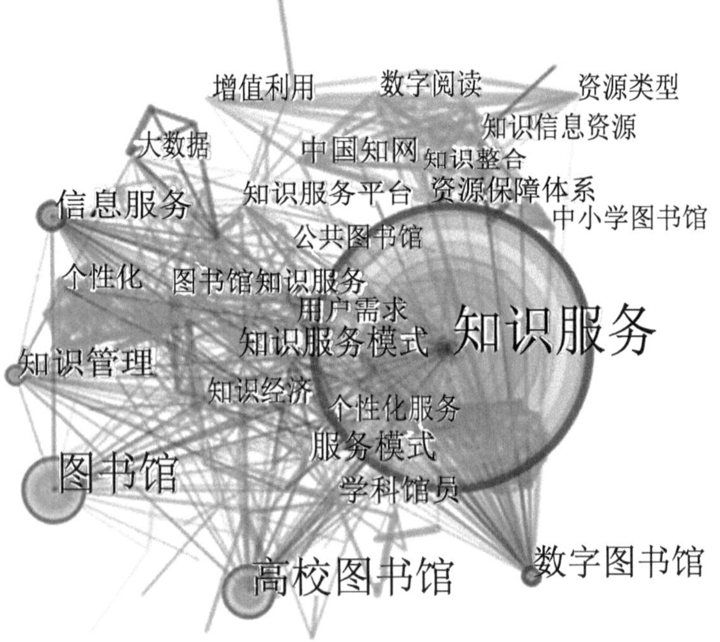

图 1.2　有关知识服务研究的关键词共现网络（2006～2016 年）

表 1.3　有关知识服务研究的高频关键词（2006～2016 年）

序号	关键词	词频/次	序号	关键词	词频/次
1	知识服务	1864	16	数字阅读	47
2	图书馆	489	17	个性化服务	45
3	高校图书馆	421	18	增值利用	44
4	知识管理	184	19	资源类型	44
5	信息服务	178	20	用户需求	44
6	数字图书馆	149	21	知识整合	43
7	服务模式	98	22	大数据	42
8	学科馆员	74	23	个性化	37
9	知识信息资源	70	24	公共图书馆	36
10	中国知网	70	25	中小学图书馆	36
11	知识服务模式	62	26	知识服务能力	35
12	知识服务平台	60	27	精品文章	35
13	资源保障体系	58	28	建设项目	35
14	图书馆知识服务	57	29	知识组织	34
15	知识经济	47	30	网络环境	31

通过对图 1.2 进行分析发现，学术界对知识服务的研究主要集中在以下四个方面：知识服务理论与应用、各类图书馆研究、知识管理、大数据。其中探讨和实现知识服务理论与应用是整个知识服务研究的立足点；知识服务模式、知识服务平台、个性化服务、资源保障体系、知识服务能力等成为研究的热点；作为支撑知识服务的主要机构，图书馆的知识服务成为重要的研究议题，涉及高校图书馆、数字图书馆、公共图书馆、中小学图书馆等；与知识管理有关的知识经济、知识组织、知识整合等，都出现在知识服务研究的关注中。此外，随着大数据的兴起，海量数据的处理与应用成为大数据支撑知识服务发展的关键，所以有关云计算、数据挖掘等技术方法的研究与知识服务紧密关联起来。从整体上看，知识服务的研究呈现出以理论方法为主、以技术应用为辅的态势。

进一步提取知识服务研究中被引前 150 篇文献，对其进行关键词共现聚类分析，得出其关键词共现网络，如图 1.3 所示，同时统计出高频关键词如表 1.4 所示。

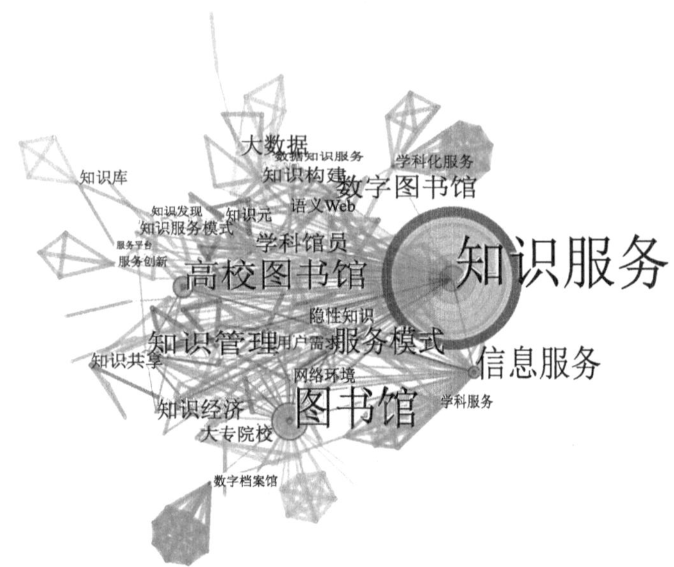

图 1.3　有关知识服务研究被引前 150 篇文献的关键词共现网络（2006～2016 年）

表 1.4　有关知识服务研究被引前 150 篇文献的高频关键词（2006～2016 年）

序号	关键词	词频/次	序号	关键词	词频/次
1	知识服务	130	12	大专院校	4
2	图书馆	40	13	网络环境	3
3	高校图书馆	22	14	知识服务模式	3
4	知识管理	16	15	语义 Web[1]	3
5	信息服务	14	16	知识共享	3
6	数字图书馆	10	17	学科化服务	3
7	服务模式	10	18	知识元	3
8	大数据	7	19	用户需求	3
9	学科馆员	6	20	隐性知识	3
10	知识经济	5	21	知识库	3
11	知识构建	5			

注：1）语义 Web 即语义网

通过与知识服务研究整体的研究热点进行比较可以发现，整体变化不大，研究的重点仍然集中在知识服务、图书馆、知识管理等理论研究。但不同的是，大数据等技术应用研究的排名有明显提升，这与 2012 年大数据进入高速发展期不无关系。大数据时代的到来，使得知识服务的研究从单纯的理论方法研究开始向技术应用偏移。同时，学术界对大数据等技术应用的关注增多，使得关于大数据研究的引用量增加甚至超过一些传统的理论方法研究。因此，知识服务的大数据技术应用研究将会成为未来研究热点之一。

5）知识服务与大数据的国内研究现状

通过研究热点的研究发现，国内知识服务的研究受2012年以来大数据发展的影响较大。因此，在前述研究的基础上，将知识服务与大数据相关联，研究在大数据的影响下，国内知识服务研究现状，主要从时间分布和研究热点分布两个方面来看。

CNKI中，在以“知识服务”为关键词对篇名进行检索的基础上，添加以“大数据”为关键词在主题字段中进行检索的条件，检索得到76篇文献，对其进行时间分布和研究热点分布的分析。

A. 时间分布及其发展状况

图1.4显示CNKI中知识服务与大数据关联研究的年代分布情况，共发表文献76篇。

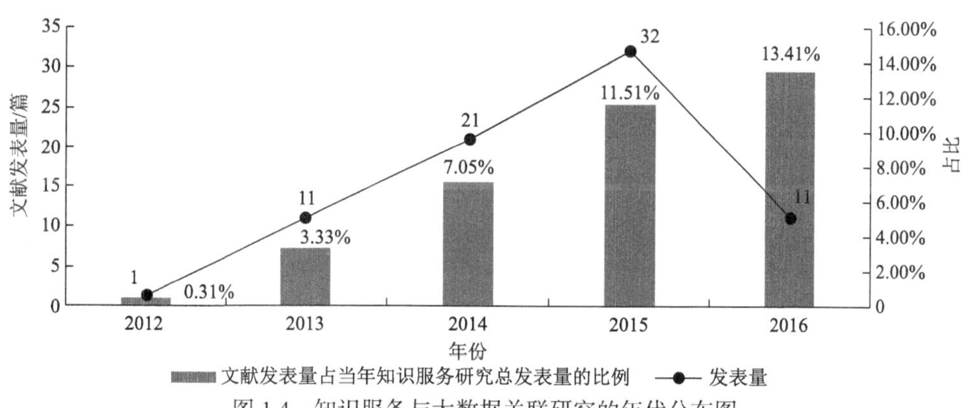

图1.4 知识服务与大数据关联研究的年代分布图

大数据的研究自2012年快速发展，在各个领域应用广泛。2012年至今，知识服务和大数据的研究关联越来越密切。而且，其文献发表量占当年知识服务研究总发表量的比例也不断增加，短短5年时间，已经从2012年的0.31%增长到2016年的13.41%。尽管2016年数据不完整，但是从社会对大数据的关注程度可以推测，知识服务领域关于大数据的研究还将持续升温。

B. 研究热点分布及趋向

为了研究大数据对知识服务研究热点的影响，我们对检索到的文献数据进行关键词共现聚类分析，得到其共现网络，如图1.5所示，对应的高频关键词如表1.5所示。

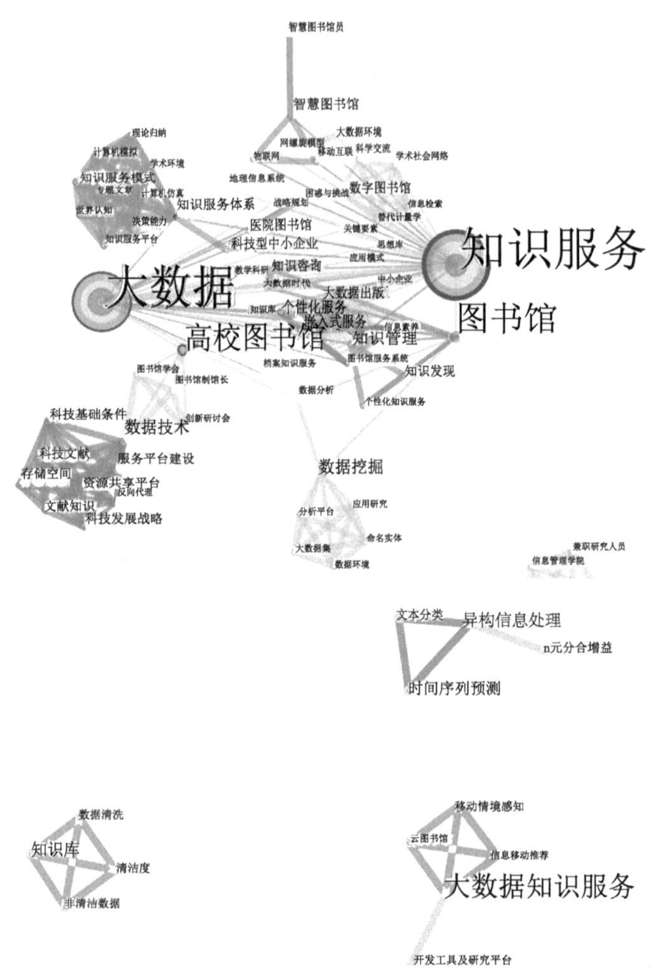

图 1.5　知识服务与大数据关联研究的关键词共现网络

表 1.5　知识服务与大数据关联研究的高频关键词

序号	关键词	词频/次	序号	关键词	词频/次
1	知识服务	48	5	大数据知识服务	5
2	大数据	43	6	知识管理	3
3	图书馆	12	7	数据挖掘	3
4	高校图书馆	8	8	数据技术	3

从图 1.5 和表 1.5 中可以发现，知识服务和大数据的关联研究主要体现在两个方面：一方面是关注大数据对传统知识服务的影响，以各类图书馆知识服务面对大数据的机遇和挑战展开；另一方面是大数据相关技术在知识服务研究中的应用。

由于检索结果只有 76 篇文献，除知识服务和大数据外，各个关键词的词频均不高，大量关键词词频在 1～2 次，因此截取了聚类结果中的一些小型类簇，如图 1.5 右下所示。这些小型类簇进一步显示出，大数据环境下的知识服务研究更加关注相关技术的应用，以及更加深入与多样化的发展。

2. 国外知识服务研究的文献计量分析

1）时间分布及其发展状况

由于国外的研究相对比较少，在检索后本书统计了所有年份的数据，图 1.6 显示了 WoS 中有关知识服务研究的年代分布情况，共发表文献 223 篇。国外的知识服务研究是从 1999 年开始出现，并从 2002 年开始呈现增长态势，在 2008 年达到最高潮，但是，整体上看，文献发表量一直处于波动态势。

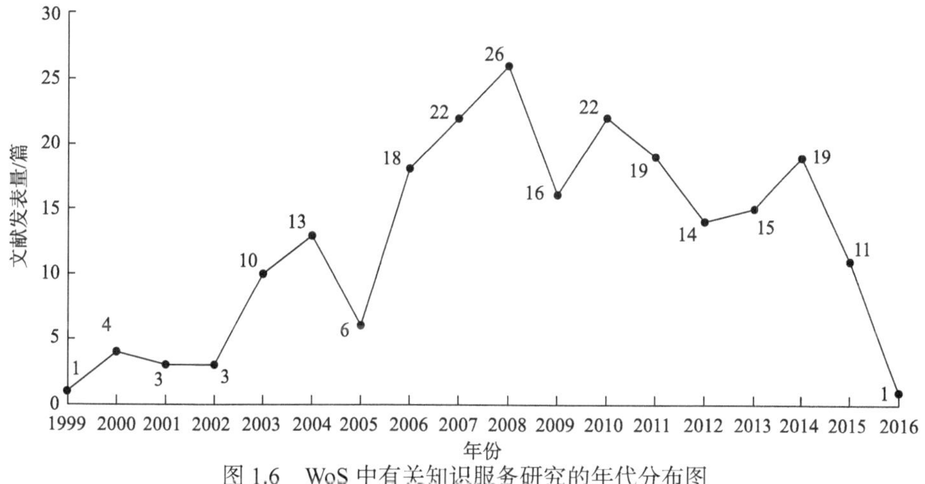

图 1.6　WoS 中有关知识服务研究的年代分布图

2016 年数据截止到 6 月 30 日

2）研究方向分布及其研究状况

根据 WoS 的分类，本书统计了相关研究所涉及的研究方向，见表 1.6。通过统计发现，研究方向排名的前 10 位分别是计算机科学、工程学、商学与经济学、运筹学与管理科学、电子通信、信息科学与图书馆学、自动化控制系统、材料科学、机器人学、医学实验室技术。

表 1.6　WoS 中有关知识服务的研究方向分布

研究方向	文献发表量/篇	占比
计算机科学	144	64.57%
工程学	85	38.12%
商学与经济学	53	23.77%

续表

研究方向	文献发表量/篇	占比
运筹学与管理科学	49	21.97%
电子通信	14	6.28%
信息科学与图书馆学	13	5.83%
自动化控制系统	13	5.83%
材料科学	6	2.69%
机器人学	5	2.24%
医学实验室技术	5	2.24%

其中，与国内不同的是，国外主要的研究方向是工程技术类，如国外在计算机科学方向的知识服务研究高达 64.57%，而国内在计算机软件及计算机应用方向的研究只占 9.55%；国外在信息科学与图书馆学方向的知识服务研究只占 5.83%的比例，而国内在图书情报与数字图书馆方向的研究占比高达 72.97%。同时，从论文的篇名与内容摘要看，国外注重知识服务相关技术在各领域的应用，而国内偏重于图书情报领域的知识服务理论研究。

3）研究热点分布及其趋向

对 WoS 上检索到的 223 篇文献进行共现聚类分析，形成关键词共现网络，如图 1.7 所示，其高频关键词如表 1.7 所示。

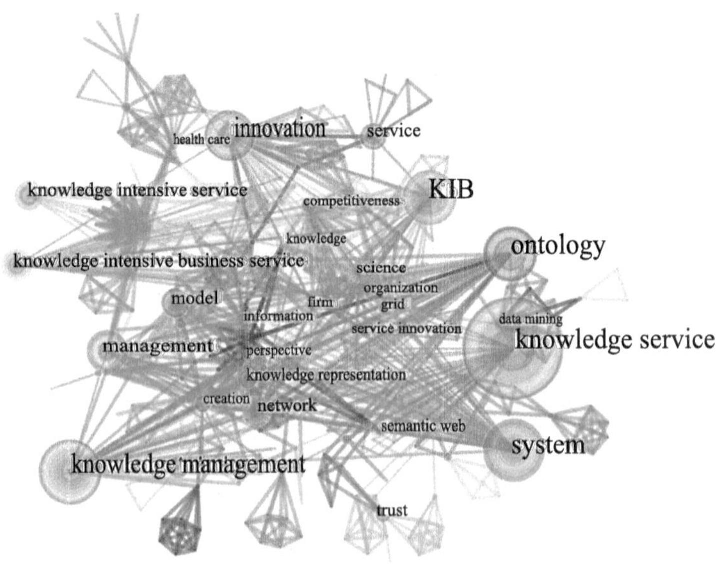

图 1.7　WoS 中有关知识服务研究的关键词共现网络

表 1.7 WoS 中有关知识服务研究的高频关键词

序号	关键词	词频/次	序号	关键词	词频/次
1	knowledge service	32	11	service	9
2	knowledge management	21	12	network	9
3	system	20	13	technology	7
4	ontology	18	14	science	6
5	KIB	17	15	knowledge representation	6
6	innovation	16	16	information	6
7	management	14	17	semantic web	6
8	knowledge intensive service	10	18	firm	6
9	model	10	19	performance	6
10	knowledge intensive business service	10	20	data mining	5

对图 1.7 进行分析可得，与国内不同的是，知识服务作为关键词并没有远远高于其他关键词，且研究热点出现了系统、本体、模型、网络、知识表示、语义网、数据挖掘等具体的技术，可见国外的知识服务研究整体倾向于技术应用研究。

同样，我们对被引量进行排序，提取了前 50 篇文献做进一步分析。图 1.8 为 WoS 知识服务被引前 50 篇文献的关键词共现网络图，表 1.8 为其对应的高频关键词表。

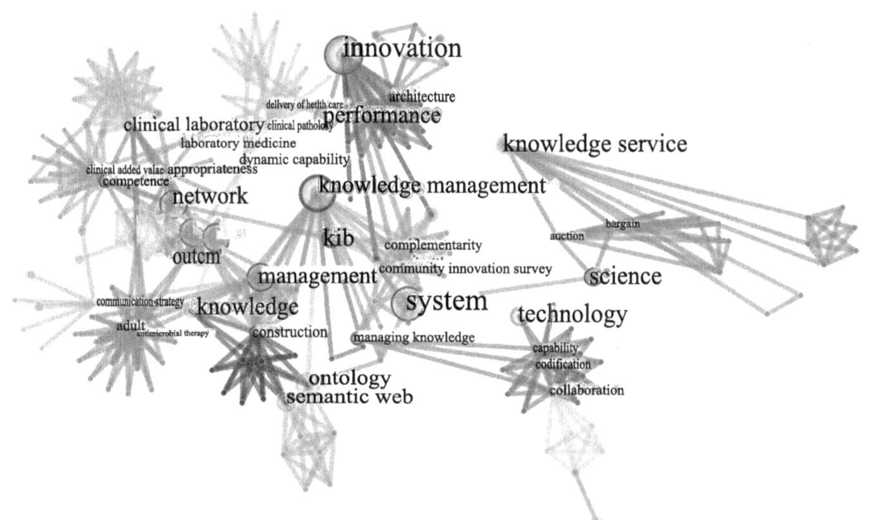

图 1.8 WoS 中有关知识服务研究论文被引前 50 篇文献的关键词共现网络

表 1.8　WoS 中有关知识服务研究论文被引前 50 篇文献的高频关键词

序号	关键词	词频/次	序号	关键词	词频/次
1	innovation	7	10	technology	4
2	system	6	11	knowledge service	4
3	knowledge management	6	12	firm	3
4	ontology	5	13	knowledge	3
5	management	5	14	science	3
6	network	5	15	KIB	3
7	performance	5	16	service	3
8	semantic web	4	17	model	3
9	health care	4			

与国外整体的研究热点相比，变化不大。除创新、系统与知识管理外，技术与应用类的关键词频次仍然较高，更进一步说明国外研究的热点偏重于技术与方法的应用。

4）知识服务与知识创新的国外研究现状

通过研究热点的研究发现，国外知识服务的研究热点多与知识创新相关。因此，在以上研究的基础上，将知识服务与知识创新相关联，研究国外对知识服务和知识创新的关联研究现状。

在原有的 WoS 检索基础上，添加以“knowledge innovation”（知识创新）为关键词的主题检索条件，且该条件与之前的检索条件之间是并列关系，共检索到 8 篇文献。下面对这 8 篇文献进行简单的概述。

1998 年，Miles 和 Kastrinos[11]认为多数服务公司和行业没有自己的专利，需要实实在在的创新，在知识密集型业务服务驱动下，应该结合自己的知识库和自身技术，采取适合自己的知识创新轨迹。2007 年，Zhao 和 Hu[12]提出了一个基于本体的数字图书馆知识服务框架，并分析其过程，认为使用本体辅助知识服务，可以更好地满足用户的个人需求。2008 年，Hu 和 Liang[13]认为知识协作服务是国家基础设施提供的方便的知识服务，能够促进知识创新，并将本体用于电子政务知识协作服务，讨论其关键技术的实现。2009 年，Li 等[14]认为知识密集型业务服务能够促进创新系统的知识创新，研究工业工程领域知识生产的国际化动因。2010 年，Zhao[15]认为金融知识服务的质量依赖于金融知识创新，金融知识创新应该关注金融知识服务的内容。2011 年，Pohjola 等[16]认为实用的知识服务能够创造新的实践知识，这也是个人知识协同的结果。2014 年，Jia 和 Du[17]认为高校图书馆应该利用自身信息资源优势，提供深入的知识协同服务，进而为科研人员知识创新提供支持。2016 年，Čorejová 和 Kassiri[18]认为知识密集型商业服务

（knowledge-intensive business services，KIBS）是创新过程中的重要部分，低质量的知识密集型商业服务会降低创新过程中高质量雇员和知识输出的可用性。

综上所述，1999年知识服务研究兴起，2002年开始迅速发展，一直到现在近20年，国内外对知识服务的研究都已经形成一定的规模。国内的知识服务研究主要集中在图书情报与数字图书馆领域，以知识服务、图书馆、知识管理等知识服务理论方法研究为主；国外的知识服务研究主要集中在计算机科学领域，以本体、语义网、数据挖掘等知识服务技术应用研究为主。而且，在研究中发现，随着大数据的发展与冲击，国内知识服务的研究正在向技术应用研究转移。在夯实理论的基础上，强化技术应用研究，开创知识服务的新模式与新途径正在引领着研究的发展。

1.2.2 有关知识服务的理论与方法研究

1. 国内外知识服务研究概况

国外一些研究认为知识服务是服务产业的重要组成，主要分布在信息服务活动（information service activities）和科学研究与开发（scientific research and development）部门中，关注知识服务应用实践模式的文章较多，直接研究理论问题的并不多，文中出现频率较高的是知识密集型商业服务、知识密集型服务等与知识服务相关的概念[19]。国外的学者侧重于对知识服务技术、方法、系统、质量、知识工作者与客户关系等方面的探索[20]，研究多从商业和组织的角度，重点集中在知识服务的应用层面。

区别于国外知识服务的商业背景，国内对知识服务的研究多依托图书馆和信息服务机构，注重理论研究，研究体系相对完整。在研究对象上多立足于特定的服务领域，尤其集中在图书情报领域，在研究内容上以知识服务的内涵与模式、知识服务系统及知识服务的技术（计算机技术、网络技术等）支持与实现途径为主。

2. 关于知识服务内涵与特征的研究

1）关于知识服务内涵的界定

国内外关于知识服务的内涵尚没有明晰的定义，研究的视角也不同[20]。通过研读发现，国外研究知识服务更多地从管理学和组织机构入手，将知识服务看成是知识管理发展和延伸的概念，强调将不同领域的知识集成之后提供给受众。国外知识服务提供的主体更多来自商业知识服务机构，涉及的领域范围较广泛。而国内研究知识服务的学者来自图书情报领域的相对多些，关注从更加全面宏观的角度去界定知识服务，主要倾向于从知识服务的过程给出定义，强调对用户需求的满足。

在国外，界定知识服务时更多是从企业管理角度出发，目前被学界所广为接受的是 Miles 等[21]的观点，即知识密集型服务业是指那些显著依赖于专门领域的专业性知识，向社会和用户提供以知识为基础的中间产品或服务的公司与组织。此外，Clair 和 Reich[22]认为知识服务可以作为一种管理途径，以集成信息管理、知识管理和战略学习到企业更宽泛的功能中。Kuusisto 和 Viljamaa[23]认为知识密集型服务活动是指所有以知识或专业知识为基础的服务，这些服务可由公司内部、公共部门、私人部门及以提供知识密集型服务为主要业务的组织组成的网络组织提供。而在国内，多数是从图书情报机构角度出发，认为知识服务应该从用户问题情境出发，对信息所做的搜集、分析、提炼和创新的工作，如张晓林[1]较早指出知识服务是以信息知识的搜寻、组织、分析、重组的知识和能力为基础，根据用户的问题和环境，融入用户解决问题的过程中，提出能够有效支持知识应用和知识创新的服务。田红梅[24]认为知识服务是指从各种显性和隐性信息资源中，针对人们的需要，将知识提炼出来、传输出去的过程，是以资源建设为基础的信息服务的高级阶段。

2）关于知识服务特征的研究

通过归纳发现，对于知识服务特征的研究，主要是从对象、过程、作用与结果等角度阐释的。例如，知识开发和知识分享是知识服务的基本与关键的特征[22]；知识服务是一种解决问题的服务，是在提供者和客户之间分享不同层次知识的数据服务[25]；知识服务强调以知识创新为中心，注重动态过程和服务，以人和用户为核心，注重解决问题，注重应用与共享，注重信息深层加工，注重知识资源增值[26]。

综合已有的研究，本书以课题组的研究为参考，将知识服务的特征归纳为[20]：①知识服务是文献服务和信息服务的深化，是信息管理、知识管理与组织学习综合集成的一种服务；②知识服务是以用户需求为导向，注重与用户交互的服务，具有服务内容定制化、个性化特征；③知识服务是充分利用各种显性、隐性资源，采用一定技术工具，将知识提取与挖掘出来的一种知识开发过程；④知识服务是面向不同知识层次的服务，在服务过程中，强调知识分享和知识创新，并体现用户对知识不同解释和合作的过程。

3. 关于知识服务模式和流程的研究

国内外关注的知识服务模式有较大的差异，国外学者涉及的较少，主要是从用户角度进行研究的，如 Chen 等[27]学者认为知识服务模式有两种类型，一是参与知识的提供、出版和重用等知识管理任务；二是集中在领域本体、提供资源分享的语义支持和知识建模任务上。Rath 等[28]学者认为知识服务模式主要包括三种形式：一是积极主动地基于上下文的信息检索；二是从积极主动的信息检索转向知识关联浏览，集中在向用户提供满足其完成工作任务的知识上；三是在不同人之间分享相似工作任务所需要的知识。而在国内，学者从诸多不同的角度对知识服务模式进行研究，如从文献情报的角度[1]、基于服务宗旨的角度[29]、基于知识服务效果的角度[30]、面向知识服务的信息分析切入点的角度[10]等。

在知识服务的流程方面，目前国内外的研究探索都相对较少。国外主要的观点认为知识服务的开展和深化由 9 个阶段构成：产生（generate）、转换（transform）、管理（manage）、内部使用（use internally）、转移（让）（transfer）、增值（enhance）、专业化使用（use professionally）、个性化使用（use personally）及评估（evaluate）。其中前 5 个阶段在组织机构内部发生，其余 4 个阶段在组织机构外部发生，形成了知识服务中植入价值（embed value）、提升价值（advance value）、萃取价值（extract value）的价值链过程，且每个阶段都包含由工作者、工作内容、工作原因三者构成的组件框架[31]。

4. 关于知识服务的关键技术的研究

知识服务的关键技术研究主要是从知识服务系统建立的角度出发，目前的研究存在若干视角和模型，而随着 Web2.0 技术的广泛应用，知识服务系统的建设需要许多核心支撑技术，涉及以信息理解技术为基础的数据/信息/知识提取、表示、组织、挖掘等知识技术，主要包括中文文本分词、概念术语识别、文本自动处理、文本内容挖掘、本体、知识库、信息可视化、个性化推荐等技术等。在这方面许多学者们进行了探索，如 Sheth 和 Ramakrishnan[32]进行了关于本体驱动的信息检索、分析与整合应用系统的研究。程南清[33]利用本体对多种自治系统间的文献进行统一描述和重构，并设计个性化信息检索模型，实现了在多文献知识库中向用户提供有效的个性化知识服务。章成志[34]和岑咏华等[35]分别以文本自动处理和智能信息检索为背景，进行针对领域知识术语自动提取、提问相关词、文本自动聚类和自动标引等的研究。颜端武等[36]在文本相似性测度和个性化知识推荐等方面进行深化研究。Kawtrakul[37]基于本体技术，搭建了农业领域的知识服务平台。陈祖琴等[38]面向科研跟踪推送，提出了一种个性化知识服务模型，对科研人员的兴趣进行挖掘，通过定期重复知识发现的过程，为科研人员呈现知识，实现个性化跟踪推送。

5. 关于知识服务的能力与综合评价的研究

随着知识服务研究的深入，更多的学者开始关注知识服务能力与绩效的评价。在国外，知识服务研究更多地关注其商业用途，绩效评价也多是综合包括知识服务在内的多个影响因素之后的企业绩效研究，知识服务绩效研究并不多见。而国内学者则更加关注知识服务这一理论方法本身，其研究包括知识服务能力评价、知识服务模式评价、知识服务用户满意度评价、知识服务综合评价指标体系等。例如，陈红梅[39]提出需要建立知识服务的评价和反馈机制，采用传统参考咨询服务评价方法从知识服务的效益和效率两个方面对知识服务进行评估。吕顺利[40]

遵循系统性、客观性、层次性的原则，构建了知识服务水平综合评价指标体系，使用模糊综合评价方法对图书馆知识服务水平进行评估。王曰芬等[41]针对知识服务能力构建了包括获取能力、吸收能力、创新能力和服务应用能力在内的指标体系，并导入卓越阶段理论分别对基本阶段、发展阶段和领先阶段三个阶段的知识服务能力进行评价研究。武澎和王恒山[42]基于超网络理论对知识服务进行超网络建模，并以知识服务超网络（knowledge service super network，KSSN）模型为基础构建了一个知识服务相关能力的综合评价算法。于宏国等[43]结合 ACSI（American customer atisfaction index，美国顾客满意度指数）模型、PZB [Parasuraman（帕拉休拉曼）、Zeithamal（赞瑟姆）和 Berry（贝利）]模型（服务质量差距模型）及知识服务各个模式对应的交互行为，构建了知识服务客户满意度评价指标体系，采用多指标模糊评价方法对知识服务用户满意度进行了评价。周莹等[44]借鉴能力成熟度模型，以数字图书馆知识服务能力为研究对象，从过程能力与基础资源能力两个维度，构建数字图书馆知识服务能力成熟度模型。

1.2.3　有关大数据知识服务的理论及方法研究

关于大数据知识服务的研究始于 2012 年，国外关于大数据知识服务的理论与方法研究并不多见，国内学者在理论与方法层面做了大量的研究，包括大数据知识服务的内涵与特征、大数据时代知识服务平台的体系架构、支撑大数据知识服务的技术等。

大数据时代云计算、射频识别技术、语义网、社交网络等新技术的发展为知识服务提供了广阔的信息源，分布式系统基础架构 Hadoop、非关系型数据库技术 NoSQL 等也为知识服务提供了更加专业的数据分析手段，同时给知识服务带来了诸多挑战，譬如，数据量增长所带来的存储能力及计算能力的挑战，由传统常规分析向广度、深度分析转变所带来的挑战，对基础设施的挑战等。因此，传统的知识服务已满足不了现实的需求，大数据知识服务应运而生。

1. 关于大数据知识服务的内涵与特征

为突破现有知识服务在服务内容与技术应用上的局限，许多学者开始从发展的角度关注大数据知识服务，如秦晓珠等[45]认为大数据知识服务是为适应信息服务业智慧化、协作化、绿色化、先觉化和泛在化的发展趋势而衍生出的一种基于网络的，用以解决结构化、半结构化及非结构化数据多维度处理的信息服务新模式，是嵌入式协作化知识服务模式的一种新发展。官思发[46]认为大数据知识服务是以大数据知识服务人才为核心，以大数据思维和理念为主线，以大数据知识服务平台和大数据资源为条件保障，对知识服务需求进行准确抓取，始终以大数据理念和技术为支撑最终实现知识服务的全过程的新型服务。而关于大数据知识服务特征，秦晓珠等[45]认为具有如下特征：面向智慧服务和自主需求的知识服务，不确定性服务，强调用户参与的知识服务，支持按需使用、按需付费的知识服务模式，共性技术目标与异性技术特征相辅相成的知识服务模式，基于群体创新的知识服务模式，更为绿色环保的知识服务模式。张兴旺等[47]认为面向移动情境感知、面向大数据移动用户的物理世界真实反应、面向大数据移动用户行为预测、面向多维大数据交叉利用、面向社会化关系迁移是大数据知识服务的典型特征。

2. 关于大数据知识服务平台的体系架构

在现有的知识服务体系平台基础上，学者们从融合大数据角度开展了相关研究，如刘桂锋等[48]提出大数据知识服务平台生态体系主要由人力资源、用户需求、基本理论、数据来源、技术系统、方法应用、服务策略七个要素组成，各要素之间相互作用、相互联系。李晨晖等[49]提出了由数据源层、大数据智能感知层、基础支撑层、数据流转层、大数据处理工具层、虚拟服务构建层、大数据知识服务平台层、应用层和网络传输层组成的大数据知识服务平台的体系架构，并阐述了支撑这一体系架构的关键技术。张兴旺等[47]提出由大数据资源层、中间件层、移动推荐核心服务层、推荐可视化交互层和移动推荐应用层组成的大数据知识服务平台的体系架构。孙卓[50]基于大数据构建了图书馆知识服务的引擎体系，其由知识源与过滤层、知识存储层、知识表示与标引层、知识处理与挖掘层、知识检索与反馈层构成。荣翠琴等[51]以用户的个性化和专业化需求为出发点，提出大数据环境下图书馆知识服务平台资源体系架构由系统支撑层、系统平台及系统服务三部分构成，其中，系统支撑层由物理资源层、虚拟资源池层及云计算层构成，系统平台由数据收集、信息存储、内容设计及知识加工模块组成，系统服务分为基于情感分析的推送服务、基于数据整合的一站式服务、基于数据挖掘的学科知识服务、基于知识推荐的个性化服务。

3. 关于支撑大数据知识服务的技术

大数据知识服务的突破口就是如何使相关的技术可行地应用并通过实践得以创新发展，这是未来的需求与趋向。在此，学者们针对有哪些可用的技术、可用在哪些方面进行了研究，如李晨晖等[49]认为大数据知识服务主要涉及以下七种关键技术：复杂结构化、半结构化和非结构化大数据管理与处理技术，大数据智能识别、传感与适配技术，大数据知识服务模式、体系架构、资源分类及平台标准规范技术，大数据知识服务全生命周期过程中的数据、知识、资源、能力、服务、过程和任务等资源与能力的虚拟化接入技术，大数据知识服务交易模型研究技术，大数据知识服务全生命周期管理技术，大数据知识服务质量评价体系支持多元化、可视化大数据知识服务终端交互技术。蒋勋和刘喜文[52]认为对大数据进行数据清洗是最终获取知识的有效途径，给出了数据清洗的基本框架模型及其局限，从而进一步提出非清洁数据的清洁度的机制。朱维乔[53]借助 MapReduce 技术、简易信息聚合技术和分布式系统基础架构大数据处理技术构建了基于大数据的机构数据库框架。王曰芬和傅柱[54]针对大数据特征提出了知识表示与知识组织方法的体系架构，并结合工程设计实例，进行了应用研究。刘桂锋等[48]提出在大数据时代，知识服务面临的数据类型主要是非结构化数据，应针对不同来源渠道的数据选择专门的方法，然后再在统计分析和文本分析方法的基础上，采用具有知识发现、智能计算和专家推荐等高级功能的语义分析方法。

1.2.4 有关大数据知识服务的研究项目及应用情况

1. 有关大数据知识服务的研究项目

国外发达国家认识到大数据的重要作用，纷纷将开发利用大数据作为夺取新一轮竞争制高点的重要抓手，开始实施大数据战略。2012 年，美国国家科学基金会和国立卫生研究院联合启动了“推动大数据科学与工程的核心技术”项目（BIGDATA），旨在促进管理、分析、可视化和从大量多样分散异构的数据集中提取有用信息的核心技术。美国的图书馆学研究者积极承担一些与数据相关的研究项目，如“语义网社区与关联开放数据运动”（semantic web community and linked open data initiative），约翰霍普金斯大学图书馆主导的数据保护（data conservancy）项目、开发数据监护系统项目等，美国的弗吉尼亚州立大学组建科学数据咨询小组，图书馆员充当咨询顾问的角色。2015 年欧盟委员会研究与创新框架计划资助“a genetic data CUBE-an innovative business model applied to predictive and prescriptive analytics，exploring big data and empowering cloud-services and urgent computation”（一种基金数据立方体——一种探索大数据，增强云服务和紧急计算的用于预测与规范性分析的创新商业模式）。

国内有关大数据知识服务的研究项目主要包括国家自然科学基金和国家社会科学基金项目。在国家自然科学基金方面的研究项目包括：武汉大学马费成主持的“大数据环境下的知识组织与服务创新研究”、南京大学苏新宁主持的“面向知识服务的知识组织模式与应用研究”、武汉大学胡昌平主持的“数字图书馆社区的知识聚合与服务研究”、北京大学金芝主持的“互联网环境下基于知件的需求驱动知识服务理论和技术研究”、南京大学蒋勋主持的“面向知识服务的知识库结构研究”等。在国家社会科学基金方面的研究项目包括：中国劳动关系学院的张才明主持的“大数据的知识化演进、组织模式及其对决策创新的影响研究”、华中师范大学王忠义主持的“基于关联数据的数字图书馆多粒度集成知识服务研究”、郑州大学白广思主持的“大数据时代图书馆微服务应用研究”、曲阜师范大学程结晶主持的“大数据时代图书馆服务体系的创新与发展研究”、郑州航空工业管理学院郭亚军主持的“大数据环境下数字出版知识服务研究”、广州大学廖宏建主持的“新媒体时代基于移动情境感知的知识服务研究”等。这些项目都在一定程度上彰显了国家层面目前对大数据环境下知识服务研究的重视。

2. 有关大数据知识服务的应用

大数据知识服务在国外得到了广泛的应用。英国伦敦奥运会采用大数据技术监测网络安全[55]。日本重视大数据应用，强化 ICT（information and communication technology，信息和通信技术）领域国际竞争力[56]。美国作为最早提出“大数据”概念的国家，社会各部门都在开展大数据服务，如“数据无边界运动”（data without borders movement）通过收集大量的数据并加以分析，借助信息可视化技术为公益性服务提供帮助；哈佛大学图书馆已将大数据的服务引入图书馆中并付诸实践，将图书大数据向读者公布；美国俄亥俄州经营电子书、有声读物的经销商 Over Drive 公司通过“Buy It Now”网上商店等渠道为图书馆提供其所不具备的书目记录，也为读者开辟了发现新图书的途径；美国的 Hiptype 公司应用大数据技术来分析读者使用电子书的阅读习惯和爱好，构建知识服务社区实体行为智能分析引擎，从而有针对性地开展服务，取得了较好的成效；美国国会图书馆联合世界各地图书情报机构共同参与和开发了 CDRS（collaborative digital reference service，联合数字参考咨询服务），其后又与 OCLC（Online Computer Library Center，联机计算机图书馆中心）推出新型分布式合作参考咨询服务系统，弥补了 CDRS 的不足，创造了面向最终普通用户的服务模式。

国内大数据知识服务同样如火如荼地开展着，尤其在图书馆和情报研究所。清华大学图书馆应用大数据技术为读者提供知识服务，在检索平台上综合运用多种来源数据，将书、刊、文章等元数据汇聚在一起用于检索，用户可通过开放链接技术定位及获取资源。百度学术与北京大学图书馆、CALIS（China Academic Library & Information System，中国高等教育文献保障系统）签署学术科研战略合作协议，三方将在高校图书馆信息资源建设、知识发现服务的创建、学术评价体系的创新等方面展开全面合作，深度融合和优势互补。万方数据知识服务平台（以下简称万方数据）、CNKI、维普期刊中文期刊服务平台（以下简称维普数据）等不再仅仅是资源聚合平台，而是借助大数据技术提供个性化推荐、学术统计分析、专利分析等功能的知识服务平台。“2015 大数据环境下企业战略管理与知识服务峰会”在北京国际会议中心举行，来自各领域的专家围绕战略管理、知识管理及其深度耦合等问题深入探讨，一致认为：大数据知识服务有望按下我国企业创新发展的“快进键”。CNKI 开始了打造知识服务产业新模式的“二次创业”，并围绕资源加工、知识挖掘、产品研发等确立了战略转型三大目标：一是借助主题标引技术，实现面向研究问题及对象的查全查准；二是借助 XML（extensible markup language，可扩展标记语言）与知识挖掘技术，实现面向知识的直接检索；三是面向各行各业战略管理与创新需求，提供新颖、权威、可定制的知识服务。

1.3　本书的主要内容与创新点

知识服务正在成为国内外学术界和服务机构研究与实践的热点，为了促进知识服务理论与实践的进一步发展，为图书情报机构实施知识服务提供有指导意义的理论与技术方法。本书在国家社会科学基金和国家自然科学基金等项目的支撑下，通过 CNKI、WoS、SpringerLink 等数据库检索与重点文献阅读，并借助网站调查、问卷调查、专家访谈、演绎法、归纳法、数理统计、文献计量、计算机辅助设计等方法，深入分析知识服务产生与发展的社会背景和实践研究的价值，系统总结与归纳国内外有关知识服务研究的现状、主要研究观点及存在的不足，先后两次调查分析国内图书情报机构的知识服务的现状、面临的问题及其变化，并结合知识价值链、战略管理、能力理论、计算机科学、数据科学等学科的理论思想，围绕着图书情报学学科领域的知识服务理论与方法进行比较持续的跟踪研究，经过数年的探索，在数据驱动的知识服务内涵实质、知识服务体系、知识服务能力等几个方面形成有参考价值的研究观点[57-60]。同时，本书在数据驱动的知识服务方法与技术体系典型应用中，提出一系列具体的研究思路和可行的解决方案[61-70]。本书作为多年研究成果的汇集，主要内容与创新点包含在以下几个方面。

1.3.1　主要内容

1. 在理论基础研究上

其一，为深入揭示知识服务的内涵和服务流程构建问题，本书从用户需求出发，借助知识价值链模型，提出从本源构成角度来阐释知识服务的内涵及其组成，创建数据驱动的知识服务三维框架理论，为调查该框架理论提出的合理性并修正完善其中包含的具体内容，采用专家访谈、实地参观和问卷调查的方法进行三轮调查研究，且采用统计学方法进行调查问卷指标的信度与均值分析。在此基础上，为了研究满足用户预期的不同知识服务产品，本书结合知识服务过程中的各种服务资源、对资源的加工层次、所需的不同科学方法和工具，以及工作人员的经验技巧等服务要素，构建基于数据驱动的知识服务三维框架理论的知识服务流程，探究基于数据驱动的知识服务三维框架理论的知识服务特点。

其二，为系统探究知识服务的影响因素和服务体系设计问题，本书以本源构成的知识服务内涵为依据，通过实证研究，调查图书馆、情报研究所、数据库提供商三类图书情报机构知识服务状况，并结合战略管理思想分析图书情报机构知识服务存在的问题，探讨影响知识服务战略实施、知识服务流程运转和模式实现的内部要素结构因素及外部关联结构因素，并采用问卷调查的方法从理论和实践两个方面检验所提出的知识服务影响因素的合理性，进而研究支撑知识服务流程运转和知识服务模式实现的知识体系构成，提出知识服务体系包括知识服务战略管理体系、知识服务能力构成与评价体系、知识服务方法与技术体系三大部分。设计图书情报机构知识服务战略管理体系的总体架构，并以卓越阶段理论为基准，构建基于卓越阶段理论的图书情报机构知识服务战略管理体系。本书采用网上调查、实地访谈的方法，对南京理工大学图书馆服务项目内容进行详细分析，设计了南京理工大学图书馆知识服务战略管理体系规划方案。

2. 在理论应用研究上

为详细探索控制和协调知识服务战略管理体系有效运转的作用力及其评价问题，本书以能力理论为基础，以使图书情报机构将拥有的内部资源整合转化成绩效为宗旨，探索并界定图书情报机构知识服务能力的内涵和特征，然后以服务用户需求为出发点（目标导向），以知识服务战略管理体系中的要素结构因素为基础，以图书情报机构的知识服务流程为主线（过程优化），将知识服务能力细分为获取能力、吸收能力、创新能力和服务应用能力四个部分，并提取出相关的构成要素。在此基础上，本书根据评价的内涵，界定了图书情报机构知识服务能力评价的概念，提出评价的目的、内容与思路，论证评价指标体系设计的原则，并分别设计上述四个子能力评价的指标体系，且通过实地问卷调查对指标权重进行调查与统计分析，进而导入卓越阶段理论，面向可操作层面，构建基于卓越阶段理论的图书情报机构知识服务能力评价体系。

3. 在技术方法及其应用研究上

为具体研究知识服务战略管理体系和知识服务能力有效应用的支撑体系及其方法实现问题，本书以知识融合的思想为指导，构建数据驱动的基于知识融合的知识服务方法与技术体系架构，分析该体系架构的组成，并重点阐述数据驱动的知识源甄别与采集的方法和技术、知识抽取与表示的方法和技术。在此基础上，本书针对图书情报机构知识服务的业务需求和实践问题，以图书情报学、计算机科学、数据科学等学科的技术方法为基础，将继承与拓展创新相结合，研究知识服务方法与技术的应用，主要包括知识组织系统的应用、共现分析方法与技术的应用、知识地图和知识图谱方法与技术的应用、主题模型方法的应用，以及面向个性化服务的知识组织过程与方法的应用。

1.3.2 主要创新点

（1）在理论基础研究的切入点上具有创新性。主要体现在三个方面：其一，在数据驱动下重新构建知识服务的理论与方法体系。知识服务的理论与方法体系构建是一项系统化任务，需要对知识用户（生产者与使用者）、知识资源、知识服务及它们之间进行不同程度的融合，并在融合的基础上实现知识的进化、创新与应用，从而构建基于数据驱动的知识服务全景图。其二，本书借鉴服务科学的理论思想，将战略管理理论、管理系统论、卓越阶段理论和能力理论导入知识服务的研究中，为拓宽知识服务的理论和解决实践问题提供有价值的参考。其三，以数据为驱动，从知识增值的本质出发，抽取出知识服务的本源构成，提出数据驱动的知识服务三维框架理论，为从本源角度客观地看待知识服务内涵实质提供具有新颖性的研究思路。

（2）在理论应用研究的思路上具有创新性。本源构成是事物组成的基础和内核；知识服务的本源构成就是知识服务理论研究的基点，是决定知识服务活动要素和支撑条件的核心。体系是相互关联的事物或要素组成的整体；知识服务体系就是满足用户需求，以知识服务的本源构成为核心，支撑服务流程有效运转的一系列结构要素的集合，是支撑知识服务活动的骨架。能力是能胜任某项活动任务的主观条件，是使服务机构的内在资源因素转化的作用力；知识服务能力协调与控制着知识服务流程，操纵与决定着知识服务的质量和效果，是驱动知识服务活动的内力。知识服务战略管理体系构建和知识服务能力培育是图书情报机构赢得竞争优势的关键所在。以本源为基，向外辐射研究整体架构，进而重点探讨关键要件的研究思路,为解决知识服务的关键问题与完善知识服务理论提供新的路径。

（3）在研究理论与方法选择上具有创新性。知识服务理论研究从不同的角度思考会产生许多有差异的结论，也会带来不同的认同感。本书尝试着将合理性问卷调查和信度分析方法应用到知识服务理论构建与影响因素筛选中，将定性分析与定量评测相结合，可使提出的相关理论和结论在调查分析基础上得以确认。影响知识服务的因素众多且相互作用，并在不同类型的服务机构或提供不同的服务模式中表现出差异性，影响着知识服务体系架构的组成。在研究中选择导入知识价值链模型、管理学的系统原理和卓越阶段理论，可以基于目的性和整体性综合分析关键的影响因素，基于层次性和实用性分别探索侧重不同服务阶段的知识服务体系的结构与构成要素，使知识服务战略管理体系的构建具有一定的创造性。服务工作者的智慧、经验、技巧等隐性知识的激活与共享，是创造新知识、提升服务质量与水平的关键，也是图书情报机构知识服务能力构成的核心。选择将能力理论、过程优化理论和卓越阶段理论评价方法结合应用于知识服务能力的研究中，使知识服务能力构建的思路、结构及评价指标体系建立的原则与方法具有一定的独创性。

（4）在方法与技术应用研究上具有创新性。在知识服务战略管理体系运作和能力施展的环节中，现代信息技术与方法的进步具有较大的推动作用，尤其是大数据技术的兴起与发展，不仅对基于数据密集型的知识服务提出了挑战，也为知识服务实践有效开展提供了重要的技术与方法支撑。目前，社会各界从不同的角度探索面向知识挖掘与隐性知识激活的方法及技术，本书结合图书情报机构的工作实践，在经历近十年研究知识服务理论与方法基础上，具体研究了数据驱动的知识源甄别与采集的方法和技术、知识抽取与表示的方法和技术，以及知识服务中知识组织系统的应用、主题模型方法的应用、共现分析方法与技术的应用、知识地图和知识图谱方法与技术的应用、面向个性化服务的知识组织过程与方法的应用。本书在方法与技术应用研究中提出了很多新颖性的研究思路与方案，如提出了数据驱动的面向知识融合的知识服务方法与技术体系，面向知识挖掘与知识发现的科学文献主题挖掘与科技监测方法，面向个性化服务的知识组织机制、过程及方法，基于空间分布、时间分布和内外关联的文本知识挖掘的应用思路等。

1.4 本书的研究方法与思路

1.4.1 研究方法

本书的研究涉及图书馆、情报、计算机、管理、知识管理、数据挖掘、数据可视化等相关领域，要围绕着研究内容进行科学探索，必须理论与实践相结合，在系统地探讨基本理论、方法与技术，深入地研究具体问题的基础上，提出具体应用解决方案，并加以实证分析。

在全面而系统地对相关研究的文献调查、网络调查和专家访谈的基础上，采用抽样问卷调查和定性/定量分析相结合的方法，了解与分析我国图书情报机构知识服务的现状和典型案例，结合已有的知识服务的特性、流程、模式等方面的理论成果，运用战略管理理论、管理系统论、卓越阶段理论、能力理论和知识管理的理论与方法研究本书要解决的一系列相关问题；采用统计学、计算机辅助分析软件和实证分析相结合，设计与验证评价提出的知识服务理论体系和知识服务能力评价指标体系；采用计算机应用技术和借鉴最新的大数据技术方法，研究知识服务活动中挖掘与激活隐性知识的具体技术应用方案。

1.4.2 研究思路

研究的主要思路：以知识服务的内在实质为出发点，探索数据驱动的知识服务的本源构成与核心内涵，即研究数据驱动的知识服务三维框架理论→研究基于知识服务三维框架理论的知识服务流程和一般服务模式；研究影响知识服务的因素和支撑知识服务实现的骨架，即研究知识服务的体系并构建知识服务战略管理体系→研究操纵与控制知识服务体系的作用力；研究知识服务的方法与技术体系及其应用，即研究知识服务能力与评价体系→研究支撑知识服务体系和知识服务能力的工具及手段。

参考文献

[1] 张晓林. 走向知识服务：寻找新世纪图书情报工作的生长点. 中国图书馆学报，2000, 26(5): 32-37.

[2] OECE. The knowledge-based economy. http://www.oecd.org/dataoed51/8/1913021. pdf[2008-09-17].

[3] 胡昌平. 面向新世纪的我国网络化知识信息服务的宏观组织. 中国图书馆学报，1999, (1): 20-24.

[4] 邱均平，王伟军，付立宏，等. 论知识经济与我国图书情报事业的发展. 情报学报，2000, 19(1): 54-63.

[5] 魏建良，朱庆华. 服务科学发展面临的挑战. 中国科技论坛, 2008, (1): 97-101.

[6] Paulson L D. Services science: a new field for today's economy. Computer, 2006, (8): 18-21.

[7] Spohrer J, Morris R, Maglio P. The invention of service science. https://www.ibm.com/ibm/history/ibm100/us/en/icons/servicescience[2018-12-24].

[8] Hidaka K. Trends in services sciences in Japan and abroad. Quarterly Review, 2006, (19): 35-47.

[9] Xia H, Wang Z, Dang Y. Knowledge services: a new research field between KM and SSME. https://www.researchgate.net/profile/Haoxiang_Xia/publication/29681631_Knowledge_Services_A_New_Research_Field_between_KM_and_SSME/links/00463517dd55fb94d5000000/Knowledge-Services-A-New-Research-Field-between-KM-and-SSME.pdf[2018-12-24].

[10] 王曰芬. 面向知识服务的信息分析及应用研究——以文献数据库为来源. 情报理论与实践, 2011, 34(3): 34, 54-57.

[11] Miles I, Kastrinos N. Knowledge-intensive business services: their role as users, carriers and sources of innovation. Second National Knowledge Infrastructure, 1998, 44(4): 100-128.

[12] Zhao Y, Hu C. An ontology-based framework for knowledge service in digital library. International Conference on Wireless Communications, Networking and Mobile Computing, 2007.

[13] Hu C, Liang M. Ontology-based framework for e-government knowledge collaboration service. International Conference on Wireless Communications, Networking and Mobile Computing, 2008.

[14] Li G, Qian X, Ye C. The research of knowledge production of KIBS based on industry engineering. International Conference on Industrial Engineering and Engineering management, 2009.

[15] Zhao Y. Research on corporate financial knowledge services and innovation. International Forum of Knowledge as a Service, 2010.

[16] Pohjola M V, Pohjola P, Paavola S, et al. Pragmatic knowledge services. Journal of Universal

Computer Science, 2011, 17(3): 472-497.

[17] Jia L, Du Y Q. Construction of the knowledge service environment of collaborative innovation. International Conference on GIS and Resource Management (ICGRM), 2014.

[18] Čorejová T, Kassiri M A. Knowledge-intensive business services as important services for innovation and economic growth in Slovakia. CBU International Conference on Innovations in Science and Education, 2016.

[19] 李晓鹏, 颜端武, 陈祖香. 国内外知识服务研究现状: 趋势与主要学术观点. 图书情报工作, 2010, 54(6): 107-111.

[20] 马国振, 侯继仓. 知识服务模式研究综述. 图书馆学刊, 2012, (3): 140-142.

[21] Miles I, Kastrinos N, Bilderbeek R, et al. Knowledge-intensive business services: users, carriers and sources of innovation. European Innovation Monitoring System Reports, 1995.

[22] Clair G S, Reich M J. Knowledge services: financial strategies and budgeting. Information Outlook, 2002, 6(6): 26-33.

[23] Kuusisto J, Viljamaa A. Knowledge-intensive business services and co-production of knowledge—the role of public sector?. Frontiers of E-Business Research, 2004, (1): 282-298.

[24] 田红梅. 试论图书馆从信息服务走向知识服务. 情报理论与实践, 2003, 26(4): 312-314.

[25] Maria M A. Knowledge management in electronic government. 5th IFIP International Working Conference, 2004.

[26] 曾民族. 构建知识服务的技术平台. 情报理论与实践, 2004, 27(2): 113-119.

[27] Chen L M, Cox S J, Goble C, et al. Knowledge services for distributed service integration. 1st UK E-Science All-Hands Meeting, 2002.

[28] Rath A S, Weber N, Kröll M, et al. Context-aware knowledge services. http://www.know-center.tugraz.at/download_extern/papers/pim2008-rath-etal.pdf[2018-12-24].

[29] 孙成江, 吴正荆. 知识、知识管理与网络信息知识服务. 情报资料工作, 2002, 23(4): 10-12.

[30] 陈春艳. 图书馆知识管理与知识服务探析. 现代情报, 2005, 25(7): 110-112.

[31] Simard A J, Broome J, Drury M, et al. Understanding knowledge services at natural resources Canada. Natural Resources Canada, Headquarters, Office of the Chief Scientist, 2007.

[32] Sheth A P, Ramakrishnan C. Semantic (Web) technology in action: ontology driven information systems for search, integration, and analysis. IEEE Data Engineering Bulletin, 2003, 26(4): 40-47.

[33] 程南清. 基于本体的个性化知识服务系统的构建. 计算机应用与软件, 2009, 26(9): 240-243.

[34] 章成志. 基于多层术语度的一体化术语抽取研究. 情报学报, 2011, 30(3): 275-285.

[35] 岑咏华, 韩哲, 季培培. 基于隐马尔科夫模型的中文术语识别研究. 现代图书情报技术, 2008, 24(12): 54-58.

[36] 颜端武, 成晓, 甘利人. 基于领域本体和概念向量的中文文本相似性测度研究. 中国图书馆学报, 2007, 33(6): 51-57.

[37] Kawtrakul A. Ontology engineering and knowledge services for agriculture domain. Journal of Integrative Agriculture, 2012, 11(5): 741-751.

[38] 陈祖琴, 刘喜文, 郑昌兴. 面向科研跟踪推送的个性化知识服务模型. 图书馆学研究, 2015,

33(1): 78-83.
[39] 陈红梅. 试论图书馆知识服务评估与反馈机制的建立. 情报探索, 2005, (1): 91-92.
[40] 吕顺利. 图书馆知识服务水平的模糊综合评价探讨. 现代情报, 2007, 27(8): 40-43.
[41] 王曰芬, 戴建华, 李鹏翔. 图书情报机构知识服务能力及评价研究(Ⅱ)——评价指标体系设计与权重赋值. 情报学报, 2011, 30(1): 102-112.
[42] 武澎, 王恒山. 基于超网络的知识服务能力评价研究. 情报理论与实践, 2012, 35(8): 93-96.
[43] 于宏国, 樊治平, 张重阳, 等. 一种知识服务客户满意度的评价方法. 东北大学学报(自然科学版), 2010, 31(5): 746-749.
[44] 周莹, 刘佳, 梁文佳, 等. 数字图书馆知识服务能力成熟度评价模型研究. 情报科学, 2016, 34(6): 63-66, 86.
[45] 秦晓珠, 李晨晖, 麦范金. 大数据知识服务的内涵、典型特征及概念模型. 情报资料工作, 2013, 34(2): 18-22.
[46] 官思发. 大数据知识服务关键要素与实现模型研究. 图书馆论坛, 2015, 35(6): 87-93.
[47] 张兴旺, 李晨晖, 麦范金. 变革中的大数据知识服务: 面向大数据的信息移动推荐服务新模式. 图书与情报, 2013, (4): 74-79.
[48] 刘桂锋, 卢章平, 化慧. 图书馆大数据知识服务生态体系及其动力机制研究. 国家图书馆学刊, 2016, 25(3): 52-60.
[49] 李晨晖, 崔建明, 陈超泉. 大数据知识服务平台构建关键技术研究. 情报资料工作, 2013, 34(2): 29-34.
[50] 孙卓. 基于大数据构建图书馆知识服务引擎研究. 图书馆学研究, 2013, 31(18): 48-51.
[51] 荣翠琴, 张勇, 都静. 基于大数据驱动的特色资源服务平台建设. 图书馆工作与研究, 2015, 1(4): 29-32.
[52] 蒋勋, 刘喜文. 大数据环境下面向知识服务的数据清洗研究. 图书与情报, 2013, (5): 16-21.
[53] 朱维乔. 面向大数据的机构知识库构建模式创新研究. 图书馆学研究, 2014, 2(13): 32-36.
[54] 王曰芬, 傅柱. 大数据环境下知识表示与知识组织方法应用. 数字图书馆论坛, 2014, (3): 32-43.
[55] Petersen C. Big data and the London Olympics cyber-security challenge. http://www.technewsworld.com/story/75754.html[2016-11-11].
[56] 王喜文. 日本强化 ICT 领域国际竞争力. 中国电子报, 2012-06-15(003).
[57] 王曰芬, 张蓓蓓, 吴婷婷. 图书情报机构知识服务三维构架的探索性研究. 图书情报工作, 2010, 54(4): 17-20, 85.
[58] 王曰芬, 吴婷婷, 张蓓蓓. 图书情报机构知识服务的战略管理与影响因素研究. 情报理论与实践, 2009, (12): 1-6.
[59] 王曰芬, 李鹏翔. 图书情报机构知识服务能力及评价研究(Ⅰ)——服务能力的内涵与构成. 情报学报, 2010, 29(6): 1087-1097.
[60] 王曰芬, 岑咏华. 大数据时代知识融合体系架构设计研究. 数字图书馆论坛, 2016, (10): 16-24.
[61] 王曰芬, 宋爽, 熊铭辉. 基于共现分析的文本知识挖掘方法研究. 图书情报工作, 2007, (4):

66-70, 79.
[62] 王曰芬, 宋爽, 卢宁, 等. 共现分析在文本知识挖掘中的应用研究. 中国图书馆学报, 2007, (2): 59-64.
[63] 王曰芬, 宋爽, 苗露. 共现分析在知识服务中的应用研究. 现代图书情报技术, 2006, (4): 29-34.
[64] 傅柱, 王曰芬. 共词分析中术语收集阶段的若干问题研究. 情报学报, 2016, 35(7): 704-713.
[65] 王曰芬, 邵鹏, 王新昊, 等. 情报研究中知识地图的应用探索. 图书情报工作, 2006, (12): 83-87.
[66] 王曰芬, 吴鹏. 国外几种典型的知识组织系统及应用. 情报理论与实践, 2008, (2): 193-197.
[67] 关鹏, 王曰芬. 基于LDA主题模型和生命周期理论的科学文献主题挖掘. 情报学报, 2015, 34(3): 286-299.
[68] 丁玉飞, 王曰芬, 刘卫江. 基于主题模型的科技监测方法及应用研究. 情报学报, 2015, 34(8): 854-865.
[69] 关鹏, 王曰芬, 傅柱. 不同语料下基于LDA主题模型的科学文献主题抽取效果分析. 图书情报工作, 2016, 60(2): 112-121.
[70] 王曰芬, 傅柱, 陈必坤. 基于LDA主题模型的科学文献主题识别: 全局和学科两个视角的对比分析. 情报理论与实践, 2016, (7): 101, 121-126.

第 2 章　数据驱动的知识服务三维框架理论的探索性研究

关于知识服务的内涵，国内许多学者都做过较为深入的研究。有的从知识加工层次的差异出发，有的从用户角度出发，有的从立足知识服务主体本身具备的能力出发。这些论述逐渐形成了知识服务的理论观点，也为深入研究知识服务的内涵提供了基础。

信息资源、信息用户和信息服务一直是图书情报机构研究的基础、出发点和落脚点。在知识成为迫切需求的网络化与数字化时代，知识用户、知识资源和知识服务成为图书情报机构研究的热点。其中，知识用户的需求是驱动力，知识资源的保障是基础，知识服务的实现是目标。此外，还需要方法、技术的支撑和政策、法律的保证。所以，为适应时代发展的需求，知识服务应强调“用户—资源—服务”的多维动态组合。一方面，“用户—资源—服务”多维动态组合本身可以构建一个全景的知识生态体系，使知识用户、知识资源和知识服务作为一个有机体融合在这个生态体系中，任何一方发生变化，其他两个方面也需要适应新的变化做出调整；另一方面，由“数据（data）—信息（information）—知识（knowledge）—智慧（wisdom）”构成的“DIKW 价值链”的知识增值体系，可被内化在基于“用户—资源—服务”多维动态组合的知识融合与进化模式中，而且资源层面的进化路径可与用户层面的“群体用户、个体用户、特殊用户”的层级理念及服务层面的“提供型知识服务—分析预测型知识服务”进化路径相契合，形成一个由隐性知识到显性知识、由线性到螺旋式上升的知识创新过程。

总体来说，数据驱动的知识服务是一项系统化任务，需要对知识用户（生产者与使用者）、知识资源、知识服务及它们之间进行不同程度的融合，并在融合的基础上实现知识的进化创新，从而构建知识服务三维框架理论。因此，需要对新环境下知识服务的目标进行深入分析，并对知识服务的关键核心技术进行系统性梳理总结。同时，由于数据来源的多样性、复杂性和异构性，在研究知识服务三维框架理论时需要深入了解各种知识源的特征形态，并在质量评估的基础上进行深度采集、精细筛选和加工。其次，基于多源异构数据的知识高效抽取和表达也是必不可缺且值得深入挖掘的研究方向。此外，尽管已经有许多知识服务的理论与方法体系，但是其研究往往侧重于流程的设计和原型系统的构建，而对知识用户、知识资源这类交互过程中最本质的主体和对象的关注度还远远不够。因此，本书尝试从一个新的视角对知识服务的本源构成和内涵实质进行探讨，以完善知识服务的理论，并指导图书情报机构系统有效地开展知识服务。

2.1　本书研究的出发点和理论依据

知识服务是在知识经济、服务经济浪潮和信息技术发展推动下，为适应社会对知识共享与创新需求而产生的。知识服务的开展零散而缺乏系统性[1]，而且没有哪家服务机构能全面、完整地提供满足用户的各个层面需求的知识服务。所以，在宏观层面上，一方面需要构建一套知识服务体系，从整体性、功能性角度系统地规划知识服务的实施；另一方面，需要通过一条知识服务链将各个服务机构串联起来，使其相互协作，为社会提供和谐的知识服务环境。在微观层面上，各个服务机构根据自身实力、未来远景和外部环境选择与确定知识服务链上所处的位置，并构建可体现竞争优势和可持续发展的知识服务体系结构。因此，研究知识服务本源构成和内涵实质，形成相关的理论基础，是构建知识服务体系与知识服务能力的前提。

从用户需求来看，知识产品或服务之所以能够得到运用，就是因为这些产品或服务在形成的过程中经历了一系列的增值。知识增值的形式体现于从数据到智慧等知识形态的演变当中。而使知识增值的知识价值链的转化是复杂的，关联多个方面，涉及许多环节，如果从接受知识主体的认知（即用户认知）角度考察知识价值链，从对事物的理解（understanding）、对事物的上下文（情景）（context）二维角度来阐明知识增值的实现，可以得到如图 2.1 所示的描述[2]。

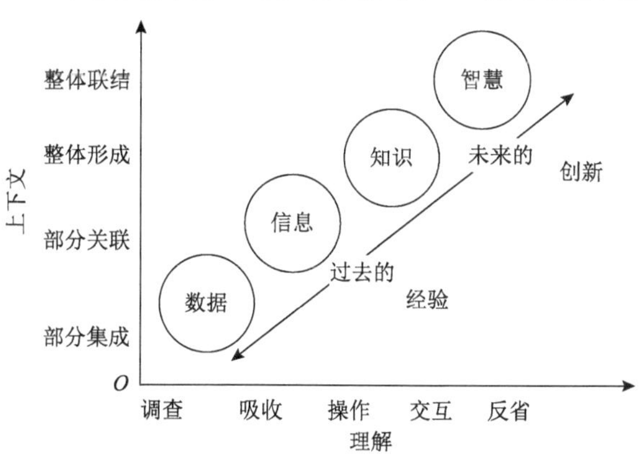

图 2.1　基于对事物的理解和上下文的知识价值链

数据是未加工的符号，脱离上下文它的存在是没有意义的，可以任何形式存在，可以有用也可以无用，但是数据可以被加工、被挖掘。当数据与情景相关联时，借助调查、吸收等理解活动，通过分析数据间的关系并加工集成信息，它隐含的意义就可以揭示出来。信息是通过关联联结手段被赋予意义的数据，这种意义可以有用也可以无用。信息可被传递，可相互转换，是明晰的、自治的和可计量的，信息也可以多种状态存在，可以是定性的或定量的。当通过人类的加工、解释、集成创造、传输、分发等一系列的理解活动，零散的信息通过关联加工与分析并用于行动时形成关于整体的情景，信息转化为知识。知识是由认知者内在化活动产生的，是认知者通过他的理解和经验，借助解释、集成、交互等一系列理解操作活动，将有关联的信息和隐含在其头脑中的认知共同组合在一起，形成的关于某个情景整体的认知。智慧是推断的、不确定的、无概率的，智慧的形成需要将过去所有知觉层次上的知识联结起来，通过认知者间的交互及自我反省而利用知识产生。如果说数据、信息甚至知识是过去的、由经验而来的，那么智慧关心的是未来，是产生利于行动的新奇的认知，它含有暗示及滞后影响的意味[3]。

满足用户需求，搭建知识价值链，实现知识价值的增值，是知识服务活动的宗旨和目标。如何站在用户认知的主体角度对数据、信息或知识源进行加工，在对事物的理解的维度上实现由浅显到深化、由外部获取到内部嵌入的升华，在对事物的上下文联结的维度上达到由零散到系统、由简单到复杂，是知识服务过程中要解决的问题所在。因此，知识服务要达到其目标和解决本质问题，需要在对数据、信息或知识源加工处理过程中，从主体思考的角度对应转换为客体可操作的维度。仅从加工或生产一件事物来看，知识服务本源构成是资源对象、加工流程和加工层次（精度），而人员、机器、场所等是支持加工或生产实现的不同条件。对知识加工来讲，知识服务本源构成也应该是资源对象、加工流程和加工层次（精度），并且加工流程的结果能对应转换为对事物的理解的效果，加工层次（精度）体现的结果能对应转换为对事物的上下文联结的程度。

从知识增值和满足用户需求的角度出发，本书认为以知识加工为主业的图书情报机构，其知识服务的本源构成是以资源对象、加工层次、加工流程为基元的相互关联的结合体，知识服务的内涵实质是使这个结合体有机地运作并产生效率。基于上述分析，本书将知识服务的本源构成思想定义为知识服务三维框架理论。知识服务三维框架理论是以知识服务的加工或生产活动作为评价客体，从知识服务的加工流程（知识的生命周期）出发，根据对知识服务的资源对象（知识的载体资源）进行内容加工处理后达到的知识化、电子化、创新化程度，融入不同的加工层次（对资源对象内容加工处理的程度），构建知识服务的内涵体系。其研究的目的在于考察知识服务的加工流程（对应用户主体对事物的理解）、知识服务的资源对象（对应用户主体需要的内容对象）及知识服务的加工层次（对应用户主体对事物的上下文联结）各自涵盖的主要内容，以及从三个维度探索它们之间的关系，以便从整体上描述知识服务本源构成所涵盖的内容，从局部上表现不同维度对应的知识服务活动，从而提高图书情报机构知识增值活动的效率，提高服务水平及产品质量，扩大服务的社会效益和经济效益，并促使图书情报机构知识服务不断地向规范化方向和预期目标发展。

2.2　数据驱动的知识服务三维框架理论构成

本书提出的数据驱动的知识服务三维框架理论是对知识服务内涵的一种新阐述，该理论将知识服务活动置于一个空间范围来考察，从整体出发，通过该框架理论可以透视图书情报机构知识服务本身所包含的构件及关联，从局部出发，通过该框架理论可以使图书情报机构根据不同维度对应的活动内容明辨自身定位和选择业务范围。为了清晰地表述数据驱动的知识服务三维框架理论，下面将具体研究该框架理论的内容构成。

为了确定每个维度的内容构成，本书对图书馆（包括综合性图书馆和高校图书馆）、情报研究所和数据库提供商三类图书情报机构进行了网上调查（2007 年 1～10 月），分别访问了中国国家图书馆（以下简称国家图书馆）、中国科学院国家科学图书馆（以下简称中科院国家科学图书馆）、上海图书馆、北京大学图书馆、清华大学图书馆、浙江大学图书馆、南京大学图书馆、首都医科大学图书馆、南京理工大学图书馆、中国石油和化工文献资源网、国际机械信息网、中国农业科技信息网、中国科学技术信息研究所、万方数据、CNKI、维普数据。对这些图书情报机构总体状况、采集的资源范围、服务对象、提供产品的加工程度、提供服务的模式等进行实际调查，并按照本书提出的资源维、层次维和生命周期维三个维度进行归纳总结，结合理论研究提炼出每个维度具体包括的项目内容。最后，通过初步方案调查与修改、修订方案完善调查、正式方案合理性调查三轮调查环节，形成数据驱动的知识服务三维框架理论的各个组成部分。需要说明的是，以下内容的论述来自第三轮调查分析的结果。

2.2.1　资源维

从中观发展的角度看，资源观理论认为，行业组织或机构中资源的异质性和不可流动性会带来较高的价值和竞争优势。然而，随着工业化的迅速发展及网络化与数字化时代的到来，资源的稀缺性不再显著，获取资源的门槛不断降低，资源的流动性（体现在信息和知识的交流、传播）日益加速。因此，资源观理论正经历着由“从无到有”向“从有到优”的嬗变，对资源进行深度加工、二次（或多次）开发、有效整合、融会贯通成为图书情报机构开展知识服务和服务创新的有力抓手。面对网络化与数字化带来的机遇和挑战，图书情报机构迫切需要根据潜在的或者已经发生的特定问题及各类用户的需求，从不同的知识源出发系统采集获取相关知识，并进行深层次的知识组织和挖掘分析，提供多层次、个性化和创新性的知识服务产品与策略。

对图书情报机构而言，各种数据、信息和显性知识是以各种载体形式存在的，而隐性知识则存在于工作人员的头脑与行为中。目前，各个图书情报机构采集与加工的资源主要是以纸质、磁盘和光盘为载体的传统资源和以电子化（数字化）形式加工存储的电子资源。由信息服务转向知识服务的关键在于对传统资源和电子资源的深度加工及隐性知识的激活运用。所以，除了上述两类资源外，还有一类以隐性知识为主的资源在知识服务活动中是极其重要的。根据各种载体中存储的数据、信息和显性知识内容的知识化、电子化、创新化的程度及隐性知识的创新性和可利用程度，本书将知识服务资源的加工对象划分为传统馆藏、电子馆藏和参考资源三类。

传统馆藏：图书情报机构采购并提供的图书、期刊、报纸、学位论文等纸质文献和磁盘、光盘等各种载体的资源。

电子馆藏：图书情报机构通过采集传统文献或网络资源并将其加工后以电子形式存在的数字资源，或者直接购买的电子化资源，如各种数据库资源、网络资源等。

参考资源：图书情报机构以用户需求为导向，服务人员凭借经验、知识结构、能力等隐性知识对显性知识进行挖掘加工，形成具有创新性的以隐性知识为主的资源或产品，如各种内参资源、业务参考及存在于工作人员头脑与行为中的研究思路、技巧等。该类资源一般不能直接提供给用户，是工作人员与用户交互或生产创造性产品及服务时利用的资源。

2.2.2 层次维

在网络化与数字化环境下，以信息技术为支撑的科学研究已步入数据密集型科学研究范式，知识资源的分布、异构、实时等特征更为明显，其有效梳理和合理采集成为决定知识融合效果和知识服务水平的前提性问题。同时，当前科学研究的大规模协作模式对知识资源保障体系提出了新的要求，用户在知识资源的广度、深度、及时性、准确性、价值密度等维度均有新的需求。因此，本书在数据密集型科学研究发展趋势下，对知识资源的类型特征和分布形态进行详细的分析，从不同的层次论述知识资源的特征，加工的内容、方法，加工的程度及可能产生的服务形式。

在表 2.1 中，文档内容上下文的“部分集成、部分关联、整体形成、整体联结”对应着知识被加工程度由浅到深、由简单到复杂，加工形成的产品由零散到系统。在知识服务过程中对资源的加工层次要体现出上述不断升华的阶段，一方面需要对表达知识的外部特征和内容特征进行不同程度的加工与组织，另一方面还需要按照加工程度投入工作人员的显性知识和隐性知识。对应“部分集成、部分关联、整体形成、整体联结”的不同层级，针对传统馆藏、电子馆藏、参考资源中的各种表现形式，可进行的加工主要体现在对题名、作者、机构、来源、引文等外部特征项及对关键词、主题词、叙词、摘要、全文等内容特征项的操作，加工的技术方法包括收集整理、序化加工、组合检索、超链接、计量、词语切分、特征提取、归纳综合、关联分析、共现聚类、可视化、提供方案、提供参考等。采用不同的技术方法并融合工作人员的经验、技能等隐性知识逐级进行有差异的加工，就可以形成不同的知识产品，进而提供有等级的知识服务。下面将知识服务的层次特征、加工的层次内容及技术方法、对应的知识被加工程度、知识含量及可产生的知识服务形式进行研究归纳，如表 2.1 所示。

表 2.1　知识服务的层次维

<table>
<tr><th>层次特征</th><th colspan="2">加工的层次内容及技术方法</th><th colspan="4">对应的知识被加工程度</th><th>知识含量</th><th>可产生的知识服务形式</th></tr>
<tr><td rowspan="13">浅、简单、零散
↓
深、复杂、系统</td><td colspan="2">外部特征项：题名、作者、机构、来源、引文等的收集、序化组织</td><td rowspan="3">部分集成</td><td rowspan="8">部分关联</td><td rowspan="11">整体形成</td><td rowspan="13">整体联结</td><td rowspan="13">外部特征、显性知识
↓
内容特征、隐性知识</td><td rowspan="13">检索服务、借阅服务、文献保障服务、链接服务、导引服务等

科学家门户、专题知识服务、引证分析服务、关联检索服务、关联推荐服务等

推理服务、注释服务、建议服务、定制服务、咨询服务、评估服务或者情报研究等</td></tr>
<tr><td colspan="2">内容特征项：关键词、主题词、叙词、摘要、全文等的收集整理、序化加工</td></tr>
<tr><td colspan="2">全文：全文的数字化、电子化</td></tr>
<tr><td colspan="2">参考文献：参考文献的组合检索、超链接、计量等简单匹配</td><td rowspan="5"></td></tr>
<tr><td colspan="2">基于外部特征的组合检索、超链接、计量等简单匹配</td></tr>
<tr><td colspan="2">基于内容特征的组合检索、超链接、计量、词语切分、特征提取等简单匹配</td></tr>
<tr><td>基于外部特征的归纳综合、关联分析</td><td rowspan="2">从简单匹配到共现聚类的过渡</td></tr>
<tr><td>基于内容特征的归纳综合、关联分析</td></tr>
<tr><td colspan="2">基于外部特征的共现聚类、可视化等（即内容挖掘）</td><td colspan="2" rowspan="3"></td></tr>
<tr><td colspan="2">基于内容特征的共现聚类、可视化等（即内容挖掘）</td></tr>
<tr><td colspan="2">基于引文的共现聚类，包括引证文献、共引文献、同被引文献等（即内容挖掘）</td></tr>
<tr><td colspan="2">为解决问题提供参考：程序化的知识或过程</td><td colspan="3" rowspan="2"></td></tr>
<tr><td colspan="2">为解决问题提供方案：建议、措施等</td></tr>
</table>

2.2.3 生命周期维

知识加工的流程只有与知识从产生到运用直至消亡的过程相适应，才能使知识加工产生价值，而知识从产生到运用直至消亡的过程就是知识生命周期。所以，本书将加工流程定义为生命周期维。关于知识生命周期（knowledge life cycle，KLC）有多种阐述，从知识生产与扩散视角把知识生命周期定义为新知识从一个模糊的想法到逐渐验证、澄清、使用、传播、被他人接受直到成为广被认可的常识的过程[4]；从企业记忆视角将知识生命周期定义为从某一知识被企业模糊了解，到其被企业明确掌握，并在企业内部传播，直到知识被用于工作中为企业创造价值，然后随着其创造价值的能力逐渐降低而最终被企业遗忘的整个时间间隔，它包含四个阶段，即初生期、成长期、成熟期、衰退期[5]；从认知论角度把知识生命周期定义为知识在时间上从产生到消亡的过程，一般来说，知识生命周期会经历产生、加工、存储、应用、老化几个阶段[6]。而最早关注知识生命周期的 McElroy[7] 认为知识生命周期就是知识流程，对组织机构来讲，知识生命周期包括知识生产（组织学习）、知识集成（组织行为）和经验反馈三个阶段。

综合已有的研究成果，本书认为知识服务的加工流程也就是知识生命周期，它是知识在时间上从产生直到消亡的过程，分为知识采集、知识组织、知识挖掘、知识创新、知识分发、知识利用与反馈六个主要环节，如图 2.2 所示。

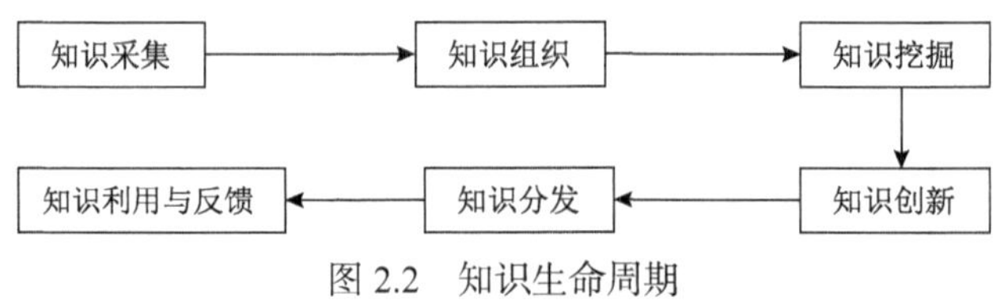

图 2.2　知识生命周期

知识采集：知识被创造出来后，是在采集的环节开始进入知识服务环节。服务机构针对用户需求通过传统文献或网络资源来获取各种信息资源。

知识组织：服务机构在不改变其本质内容的基础上对各种载体信息资源，以用户需求为导向，针对形式和内容主要进行基于外部特征和内容特征的知识化分类及主题加工等。

知识挖掘：服务机构对组织好的数字化、电子化、知识化资源进行引文层次或内容层次等的深度加工过程，如采用词语切分、特征提取、关联分析、共现聚类、可视化等技术方法的加工。

知识创新：服务人员结合经验、专门知识和能力等隐性知识对显性知识进一步挖掘加工，形成更具创新性的知识产品，如归纳综合。

知识分发：把组织好、挖掘好或经过创新的知识或知识产品按不同的机制传递分布的过程。

知识利用与反馈：图书情报机构加工出的知识产品被用户使用并通过对用户使用情况的跟踪调查，获得用户对知识产品的评价，以便于图书情报机构更好地为用户服务。

2.2.4　数据驱动的知识服务三维框架理论的构建

1. 生命周期维与层次维

生命周期维与层次维的关联体现在知识生命周期的各个阶段对知识的不同加工层次，如图 2.3 所示。

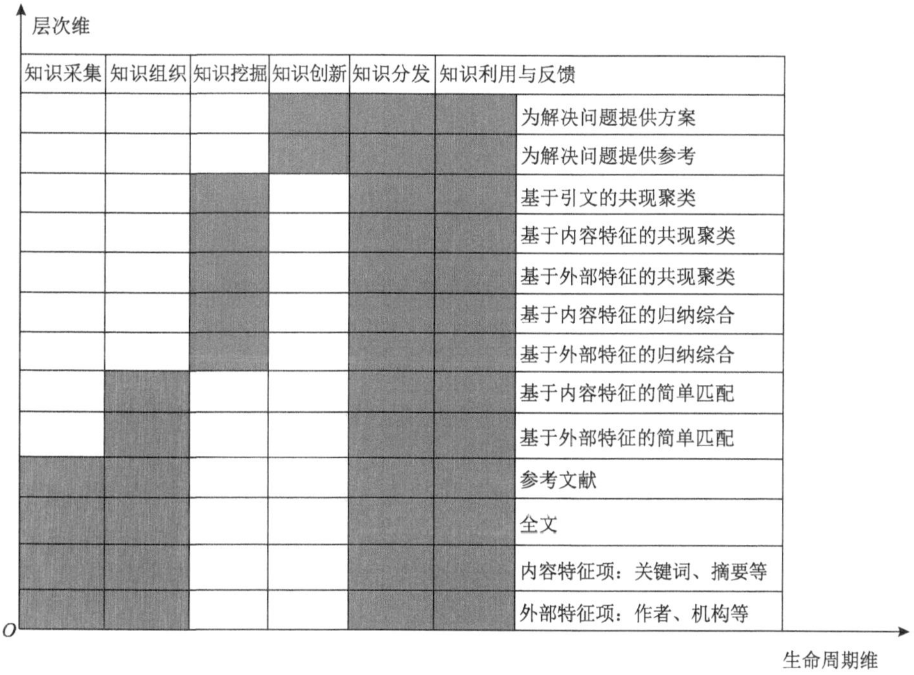

层次维

知识采集	知识组织	知识挖掘	知识创新	知识分发	知识利用与反馈	
						为解决问题提供方案
						为解决问题提供参考
						基于引文的共现聚类
						基于内容特征的共现聚类
						基于外部特征的共现聚类
						基于内容特征的归纳综合
						基于外部特征的归纳综合
						基于内容特征的简单匹配
						基于外部特征的简单匹配
						参考文献
						全文
						内容特征项：关键词、摘要等
						外部特征项：作者、机构等

O　　生命周期维

图 2.3　生命周期维与层次维的对应关系

图中阴影部分体现生命周期各个阶段与各种加工层次之间的关联

在知识采集阶段，知识的加工一般停留在简单的低级阶段，服务机构往往会从题名、作者、机构、来源等的外部特征项和关键词、主题词、叙词、摘要等的内容特征项，以及参考文献、全文角度进行收集整理；在知识组织阶段，知识服务的加工层次虽然仍不高，但服务机构会在采集的基础上利用各种主题、分类、时间和空间等知识组织技术和方法对外部特征和内容特征或全文、参考文献进行有序化处理，设计或购买并提供目录或全文检索系统，提供链接检索、概念切分、特征项提取及定量统计等匹配加工；在知识挖掘阶段，服务机构对资源对象加工的层次逐渐提升，在前面加工的基础上，主要对外部特征和内容特征进行比较、分类、演绎、分解等归纳综合加工，进行词频分析、引文分析、作者统计、机构统计、目标、结构、功能等相关分析，基于内容特征和外部特征的共现聚类、关联分析等；在知识创新阶段，加工层次上升到基于内容的提炼综合与创新的高级复杂层面，服务机构激活工作人员的隐性知识为用户提供参考咨询和解决方案；而在知识分发、知识利用与反馈阶段则涉及所有的加工层次，因为每个层次形成的产品和服务都可以向用户提供。总的来说，从知识产生到消亡的过程中所经历的知识服务的加工层次表现出由低到高的趋势，这表明知识加工越是到后期，所需要的技术与隐性知识越多。服务人员只有立足知识的采集与组织，探索知识的挖掘，钻研对知识的创新、分发、利用与反馈，才能提升自身知识服务的水平，才能提高知识产品的质量，才能扩大知识服务的社会效益。

2. 资源维与生命周期维

资源维与生命周期维的关联体现在各种不同类型的资源所要经历的知识生命周期的阶段。传统馆藏主要是图书、期刊、报纸、学位论文等纸质文献和磁盘、光盘等各种载体的资源，因此，对传统馆藏进行的加工经历知识采集、知识组织、知识分发、知识利用与反馈阶段，一般不涉及知识挖掘与知识创新阶段；电子馆藏通过采集传统文献或网络资源并将其加工后以电子形式存在，中间融入了各种技术和方法，因此，对电子馆藏进行的加工涉及除知识创新以外的所有阶段；而本书定义的参考资源就是以创新为目的的知识资源或知识产品，因此，对参考资源进行的加工从理论上讲可以包含知识生命周期的全部阶段，但是大规模的采集与组织一般比较难，如图 2.4 所示。

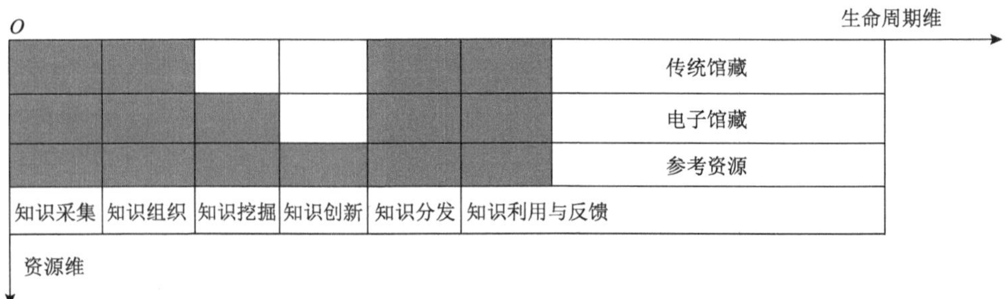

图 2.4　资源维与生命周期维的对应关系

图中阴影部分体现生命周期各个阶段与各种加工层次之间的关联

3. 层次维与资源维

资源维与层次维的关联体现在对不同类型的资源可进行的不同加工。加工传统馆藏时，一般局限于低级阶段，主要基于特征项收集整理、序化加工等；而加工电子馆藏时，加工层次逐渐提升，从收集整理、序化加工、组合检索、超链接、词语切分、特征提取、简单匹配、归纳综合到共现聚类、关联分析、可视化；最后，加工参考资源时，由于融入了隐性知识，知识服务的加工层次达到了高级阶段，如图 2.5 所示。

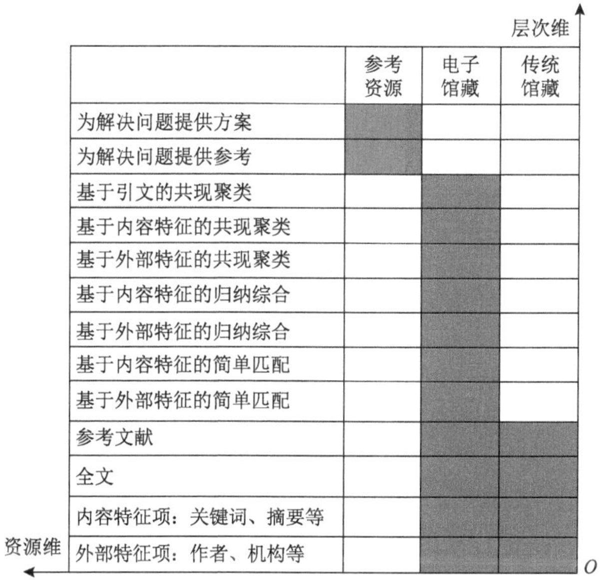

层次维

	参考资源	电子馆藏	传统馆藏
为解决问题提供方案			
为解决问题提供参考			
基于引文的共现聚类			
基于内容特征的共现聚类			
基于外部特征的共现聚类			
基于内容特征的归纳综合			
基于外部特征的归纳综合			
基于内容特征的简单匹配			
基于外部特征的简单匹配			
参考文献			
全文			
内容特征项：关键词、摘要等			
外部特征项：作者、机构等			

资源维　O

图 2.5　层次维与资源维的对应关系

图中阴影部分体现生命周期各个阶段与各种加工层次之间的关联

4. 知识服务三维框架理论的结构

基于上文对生命周期维、资源维、层次维三个方面的论述和三个维度的两两关系的阐述，本书提出了知识服务三维框架理论的结构，如图 2.6 所示。从三维构成的空间角度来考虑，其上任意一点都能体现出知识服务的本源构成和内涵实质，即知识服务是将任意一种资源置于不同的生命周期阶段进行层次化的加工处理，形成满足用户预期的不同产品和服务，以支撑服务机构达到预定目标的活动；从三维中任意二维构成的平面来看，知识服务可被分解到不同的侧面，并与不同的知识服务活动相对应。知识服务三维框架理论的意义在于将知识服务活动置于一个空间范围来考察，从宏观与微观结合的角度看知识服务涵盖的内容，从整体出发，通过该理论可以透视图书情报机构知识服务本身所包含的构件及关联；从局部出发，通过该理论可以使图书情报机构根据不同维度对应的活动内容明辨自身定位和选择业务范围，系统性地指导知识服务的开展，避免认识上的片面性和运作上的零散性。

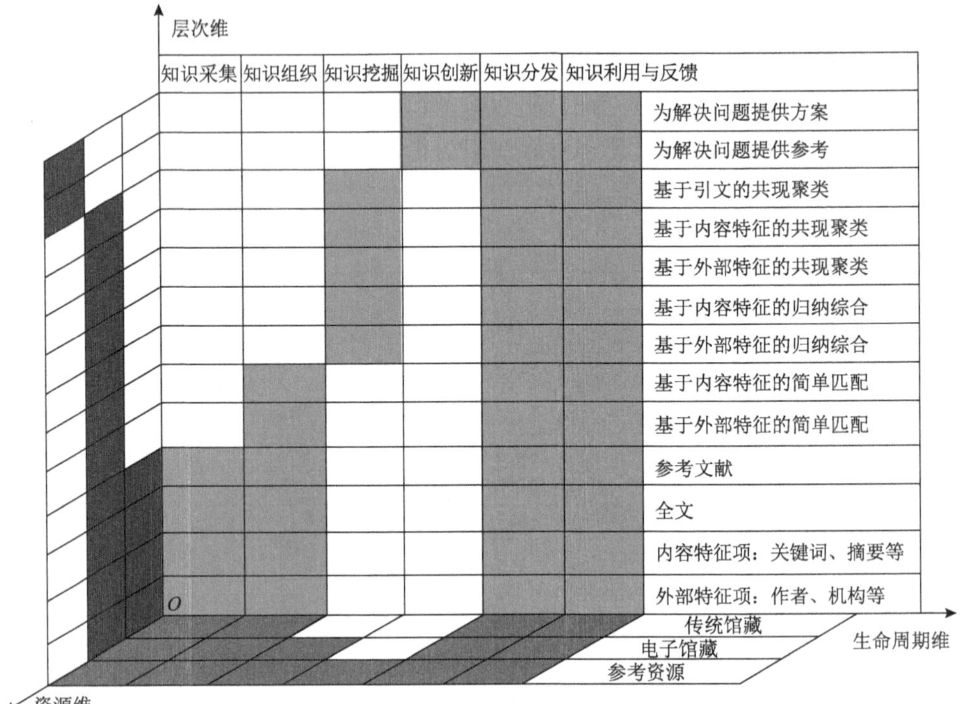

图 2.6　知识服务三维框架理论的结构

图中阴影部分体现生命周期各个阶段与各种加工层次之间的关联

2.3　知识服务三维框架理论的合理性调查研究

为了考察知识服务三个维度划分与内容构建的合理性，本书选择采用问卷调查信度与均值分析的方法加以验证。在文献研究和本书讨论的基础上，进行问卷的设计及完善，并采用量表的方式了解被访问者对知识服务三维框架理论结构设计合理性的态度。

前后历时 1 年进行了三轮调查，第一轮主要通过网络调查和专家研讨会（2007 年 1～6 月），确定知识服务三维框架理论包含的具体内容，修改提出的初步方案；第二轮修订方案并进一步完善调查，主要通过对图书情报机构的校外专家（15 人）、本校各专业研究生（60 人）（2007 年 10 月）和出席竞争情报年度会议（2007 年 12 月，上海）的同行业专家（40 人）进行调查，回收问卷 108 份，对调查结果进行统计分析，将直接通过验证的结果保留，在此基础上结合提出的各种建议再次修改问卷，并形成正式方案的调查问卷；第三轮调查（2008 年 3 月）通过面谈、电子邮件、专业研讨会等方式进行，主要调查对象包括：图书情报机构的工作人员，图书情报学学科的专家、高校教师和学生，其他企事业单位的专家和工作人员。下面的数据分析与结论来自第三轮调查（调查项目与图 2.6 中的一致），有关第一、第二和第三轮调查表见附录 A。

需要说明的是，虽然本书在第二轮的调查中对层次维和资源维二维理论表中可行的关联问题进行了调查分析，但是因为受到被调查者主观因素的影响，对得到的关联度数值的可信度验证成为一个较棘手的问题，于是在第三轮调查之前，本书通过走访调查的方式，就维度的关联问题向多位专家进行了详细的访谈，因此第三轮调查是在普遍认可我们建立的这种关联的基础上进行的。

2.3.1　变量的测量、问卷设计及选择的分析方法

根据研究的目的，调研问卷主要列出了知识生命周期的六个阶段：知识采集、知识组织、知识挖掘、知识创新、知识分发、知识利用与反馈。知识服务资源对象的三种类型：传统馆藏、电子馆藏、参考资源。知识服务加工层次中外部特征项、内容特征项、全文、参考文献、基于外部特征的简单匹配、基于内容特征的简单匹配、基于外部特征的归纳综合、基于内容特征的归纳综合、基于外部特征的共现聚类、基于内容特征的共现聚类、基于引文的共现聚类、为解决问题提供参考、为解决问题提供方案共 13 项具体内容。

为了保证调研数据的精确和便于分析变量之间的影响关系，对上述变量的测量采用了利克特 7 点量表的形式，依照非常不合理、不合理、略微不合理、一般合理、略微合理、合理、非常合理按同意程度依次递增的形式，分别给予 1、2、3、4、5、6、7 的得分。

经过调研，所有问卷回收后，对最终有效问卷首先进行了数据的录入和复核，然后利用 SPSS 13 对数据资料进行统计分析。统计分析分为两个步骤。

首先是对样本回收情况及被调查者基本信息的描述性统计。通过对被调查者背景资料的常规统计，得到被调查者的基本信息，对照被调查者学历、学科背景等情况，考察本次调研对象选取的有效性。

其次是对调查的信度与均值进行分析。采用信度分析（reliability analysis）中的 Cronbach’s α 系数法来验证问卷的信度，并根据 F 检验得到的 p 值检验问卷的重复测量效果。在判定问卷是否可信的基础上，统计均值的大小，从而判断结果是否合理。

2.3.2　描述性统计分析

第三轮调查共发放问卷 74 份，回收问卷共 70 份，有效问卷共 66 份。采用面对面访谈、邮件通信方式，调查地点分别为南京大学（调查对象为图书情报机构的工作人员和图书情报学学科的高级教师）、南京理工大学（调查对象为

研究生），以及上海、武汉、北京等其他地方（调查对象包括图书情报学学科的专家、其他企事业单位的专家和工作人员）。由于本书的研究目的是针对知识服务三维框架理论结构设计合理性，鉴于对知识服务三个维度不够了解或者理解不够深入等原因，有些被调查者的问卷被作为无效问卷（填写不清晰和不完整的问卷）处理。样本回收情况及被调查者基本信息情况见表 2.2 和图 2.7～图 2.9。

表 2.2　样本回收情况

项目	数量/份	回收率	比例
发放问卷总数	74	问卷回收率	94.6%
回收问卷数	70	有效回收率	94.3%
有效问卷数	66		

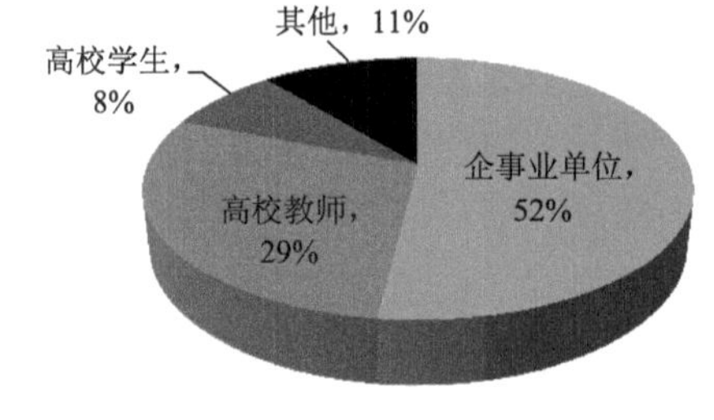

图 2.7　被调查者职业分布情况

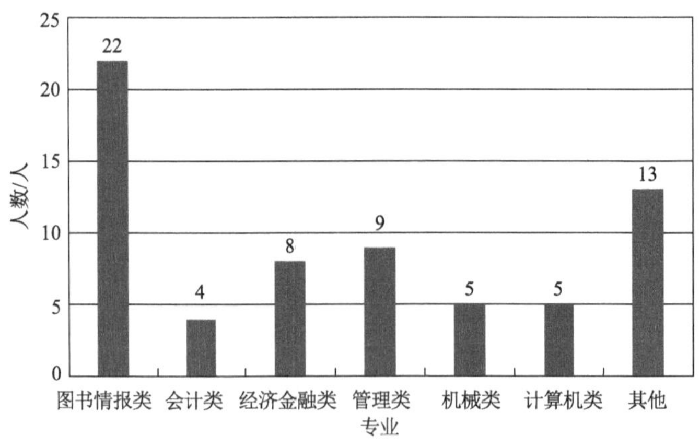

图 2.8　被调查者专业统计情况

图 2.7 和图 2.8 显示，来自企事业单位的被调查者占大部分，包括图书馆、情报研究所的专门工作人员，提供知识服务的企业的专门工作人员，以及其他企事

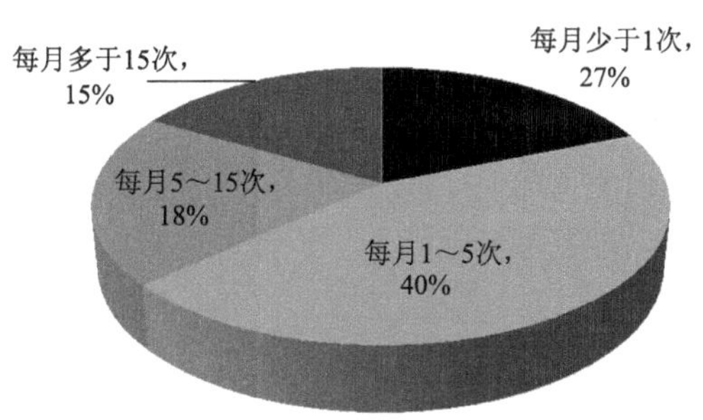

图 2.9　被调查者访问知识服务机构的情况

业单位的专家。这些被调查者能够结合自身的工作实践从专业人员和专家角度来理解知识服务。此外，高校教师与高校学生的人数也占有相当一部分比重，从我国目前来看，高校教师和高校学生是利用知识服务机构提供产品和服务的主要用户群体，他们能够从用户角度来理解知识服务。

图 2.9 显示，被调查者中除了 27%的人访问知识服务机构每月少于 1 次外，剩余 73%的人每月都会多次访问不同类型知识服务机构网站，这样无论如何，大多数被调查者对知识服务的内涵都有着自己的理解，这在侧面上反映数据结果具有一定的参考价值。另外，值得一提的是，有 15%的被调查者每月访问知识服务机构网站多于 15 次，他们对知识服务机构提供的产品和服务及知识服务这个概念能有足够的熟悉度。

从统计结果显示的被调查者上述三个方面的数据及访谈交流的情况来看，被调查者大多数拥有职业背景、专业支撑和实践经验，知晓知识服务这件事并对其内涵有一定的理解。所以，本书认为调查人员的基本信息可以满足调查目的的需要。

2.3.3　信度分析

由于调研数据处理将采用信度分析方法，本节简要介绍信度分析的定义、检验方法等问题，以助于理解知识服务三维框架理论合理与否的调查统计分析的结论。

1. 信度的定义

问卷调查的信度是指问卷调查结果所具有的一致性或稳定性的程度。一致性是指同一调查项目调查结果的一致程度。较高的一致性意味着同一群被调查者接受关于同一项目的各种问卷调查或者不同被调查者接受关于同一项目的相同问卷调查，所得到的各测量结果间显示出强烈的正相关；稳定性是指在前后不同的时间内，对相同被调查者重复测量所得结果的相关程度，如果同一群被调查者在不同时空下接受同样的问卷调查时，结果的差异很小，则说明问卷调查具有较高的稳定性[8]。

信度的评价指标是信度系数，理论上可以表达为真实值方差和测量值方差的比值。若 X 为测量值，T 为真实值，E 为随机误差，则真实值和测量值之间关系为

$$X = T + E \tag{2.1}$$

$$\delta_X^2 = \delta_T^2 + \delta_E^2 \tag{2.2}$$

即测量值的方差 δ_X^2 等于真实值的方差 δ_T^2 与随机误差的方差 δ_E^2 之和，所以信度系数为

$$R_X = \frac{\delta_T^2}{\delta_X^2} = 1 - \left(\delta_E^2 / \delta_X^2\right) \tag{2.3}$$

测验信度系数越高，表示测验结果越可信，但也无法期望两次测验结果完全一致，信度除受测验质量影响外，亦受很多其他因素的影响，故没有一份测验是完全可靠的。信度只是一种程度上大小的差别而已。

2. 检验信度的方法

1）再测法

使用同一份问卷，对同一群被调查者，在不同的时间，前后测试两次，求出这两次分数的相关系数，此系数又被称为稳定系数（coefficient of stability）。

需注意：相关系数高，表示此测验的信度高，前后两次测验间隔的时间要适当。若两次测验间隔太短，被调查者记忆犹新通常分数会提高，不过如果题数够多则可避免这种影响；但若两次测验间隔太长，受被调查者心智成长影响，稳定系数也可能会降低。

2）复本相关法

复本是内容相似、难易度相当的两份测验，对同一群被调查者，第一次使用甲份测试，第二次使用乙份测试，两份分数的相关系数为复本系数（coefficient of forms）或等值系数（coefficient of equivalence）。若两份测验不是同时实施，亦可相距一段时间再实施，这样算出的相关系数为稳定和等值系数。

复本相关法（equivalent-forms method）是测验信度的一种最好的方法，但是要编制复本测验相当困难。而且复本相关法并不受记忆效用的影响，对测量误差的相关性也比再测法低。

3）折半法

与复本相关法很类似，折半法（split half method）是在同一时间实施测验，

最好能对两半问题的内容性质、难易度加以考虑，使两半问题尽可能有一致性。

操作方法一般是，将问卷中的所有项目随机分为数量相同的两半，分别作为各自的复本，两半问卷的测量结果的积矩相关系数或秩相关系数为折半信度，对问卷进行分拆时通常采用随机分半法或奇偶分半法。举例来说，如果有一份问卷，其中有 10 个问题涉及某某现象，利用折半法时，可将 10 个问题随机或按奇偶数分成两组，每组有 5 个问题，然后根据每组的测量结果来计算两组的相关系数，就是折半信度。折半信度只是半个问卷的可信度，整个问卷的可信度须进行校正。如果两个分半问卷的方差齐，则用 Spearman-Brown 预测公式校正：

$$R_W = 2 \times R_h / \left(1 + R_h\right) \tag{2.4}$$

其中，R_h 为折半信度。如果两方差不齐，则利用公式进行校正，如 Flanagan 校正公式 $R_W = 2 \times \left[1 - \left(S_a^2 + S_b^2\right) / S^2\right]$，或者 Rulon 校正公式 $R_W = 1 - S_d^2 / S^2$。其中，S_a^2、S_b^2、S^2 分别为两个分半问卷和整个问卷的方差，S_d^2 为两个分半问卷测量值之差的方差。

折半信度系数（split-half reliability coefficient）：将同一量表中测验题目（项目内容相似）折成两半（单数题、偶数题），求这两个各半测验总分的相关系数。

4）Cronbach's α 系数法

1951 年 Cronbach 提出 α 系数，克服折半法的缺点，Cronbach's α 系数法为目前社会科学研究最常使用的信度测量方法。

测量一组同义或平行测验总和的信度，如果尺度中的所有项目都在反映相同的特质，则各项目之间应具有真实的相关存在。若某一项目和尺度中其他项目之间并无相关存在，就表示该项目不属于该尺度，而应将之剔除。

因此，Cronbach's α 系数通常用于测量内部一致性可信度，用来表示问卷调查结果总变异中由不同被调查者导致的比例占多少，即

$$\alpha = \frac{k}{k-1}\left(1 - \frac{\sum S_i^2}{S_x^2}\right) \tag{2.5}$$

其中，S_i^2 为所有被调查者第 i 个问项答案的方差；S_x^2 为所有被调查者、所有问项答案的方差；k 为问项题目数[9]。

3. Cronbach's α 系数的判别

根据课题的研究性质，本书的信度分析采用 Cronbach's α 系数来分析。因此，这里只介绍 Cronbach's α 系数的判别方法，而其他三种信度分析方法的判别就不再赘述。

Cronbach's α 系数值为 0 与 1 之间，α 值越大表示问卷项目间相关性越好，

内部一致性可信度越高[10]，如表 2.3 所示。一般而言，α 大于等于 0.9 表示内部一致性极好，α 在 0.7～0.9（包含 0.7，不包含 0.9）表示很好，α 在 0.5～0.7（包含 0.5，不包含 0.7）是最为常见的，而低于 0.5 表示内部一致性较差。在实际应用上，Cronbach's α 值至少要大于等于 0.5，最好能大于等于 0.7。

表 2.3 可信度高低与 Cronbach's α 系数的对照表

可信度	Cronbach's α 系数
不可信	Cronbach's α 系数 < 0.3
勉强可信	0.3≤Cronbach's α 系数 < 0.4
可信	0.4≤Cronbach's α 系数 < 0.5
很可信（最常见）	0.5≤Cronbach's α 系数 < 0.7
很可信（次常见）	0.7≤Cronbach's α 系数 < 0.9
十分可信	0.9≤Cronbach's α 系数

此外，信度分析中，常用 F 检验来判断问卷的可重复测量效果。SPSS 自动计算 F 统计量，F 值服从自由度为（k–1，n–k）的 F 分布，依据 F 分布表，SPSS 给出 F 值的假设概率值 p，如果 p 值小于等于假设检验确定的显著性水平 α（默认值为 0.05，实际检验中可适度放大到 0.1），则拒绝原假设 H_0，接受 H_1，认为该因素不同水平下各总体均值有显著性差异，即因素的不同水平给观察值变量带来显著性影响；反之，如果 p 值大于显著性水平 α，则接受原假设 H_0，认为该因素的不同水平下各总体均值没有显著性差异，即因素的不同水平对观察值变量没有影响。也就是说，在问卷分析的 F 检验中，假如 p 值小于等于 0.05，则认为问卷的重复测量效果很好。

2.3.4 数据驱动的知识服务三维框架理论结构合理性调查的信度和均值分析

将调查所得数据输入 SPSS 13，对知识服务生命周期维、资源维、层次维三个维度数据进行信度分析与均值分析。其中信度分析根据 Cronbach's α 系数来判定问卷的内部一致性，若该系数大于等于 0.5，则表明问卷调查结果比较稳定，为可信的；反之，则不然。

1. 生命周期维数据分析

从回收的量表打分情况来看，总体来说，被调查者对知识服务的生命周期的各个阶段的设置都集中在合理、略微合理、一般合理上，个别知识服务的生命周期的环节如知识采集和知识利用与反馈，相当多的被调查者打了 7 分，即认为非常合理。但是，也有部分环节被认为是不合理或者非常不合理，如知识组织、知识挖掘、知识创新，出现这种情况可能是由于被调查者对该环节还不够了解，或者是研究人员在分发问卷的时候没有解释到位。关于知识服务的生命周期调查的合理性分布如图 2.10 所示。

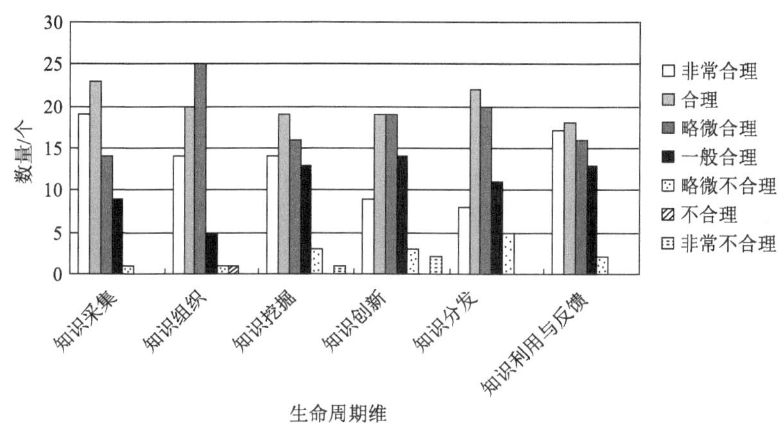

图 2.10　知识服务的生命周期维调查的合理性分布

在 SPSS 信度分析的界面上选择 Alpha 选项，最后结果如表 2.4 所示。Cronbach's α 系数为 0.781，标准化的 Cronbach's α 系数为 0.783。参考可信度高低与 Cronbach's α 系数的对照表，由于 Cronbach's α 系数大于 0.7，可以得到结论：知识服务的生命周期维调查的各测量数据间显示出较强的正相关性，内部一致性较好，调查结果很可信。

表 2.4　生命周期维信度分析输出表

Cronbach's α 系数	基于标准项目的 Cronbach's α 系数	项目数量/个
0.781	0.783	6

另外，在 SPSS 中选择 F-Test 进行 F 检验，输出结果如表 2.5 所示。其中，F=3.976，p=0.002。由于 p 值远小于 0.05，则拒绝原假设 H_0，接受 H_1，认为该因素不同水平下各总体均值有显著性差异，即因素的不同水平给观察值变量带来显著性影响。因此，判定问卷的重复测量效果较好。

表 2.5　信度分析 *F* 检验输出表（一）

差异来源	平方和	自由度	均方	F 检验	显著性检验 p
组间	255.255	65	3.927		

续表

差异来源		平方和	自由度	均方	F 检验	显著性检验 p
组内	项目间	17.073	5	3.415	3.976	0.002
	残差	279.093	325	0.859		
	小计	296.166	330	0.897		
总计		551.421	395	1.396		

在信度分析的基础上进行均值分析，如表 2.6 所示。根据均值统计，本书发现知识服务的生命周期各阶段的均值都在 5 以上，也就是说，它们的认同度都在略微合理以上，其中又以知识采集的认同度最高，均值达到 5.76；而知识创新的认同度最低，均值只有 5.14。观察标准差列，知识创新显示出的数值最大，表明知识创新的均值偏离其他均值最多。知识创新得分较低的原因可能是有的被调查者对知识创新的提法不认同。

表 2.6　生命周期维均值分析输出表

阶段	均值	标准差	数量/个
知识采集	5.76	1.068	66
知识组织	5.58	1.053	66
知识挖掘	5.36	1.285	66
知识创新	5.14	1.311	66
知识分发	5.26	1.114	66
知识利用与反馈	5.53	1.166	66

综上所述，知识服务的生命周期维的调查结果在信度分析中表现出较高的稳定性，问卷信度较高；而在均值分析中，生命周期维的均值较高，标准差较小，表明被调查者对生命周期维总体比较认同。因此，可以得到结论：知识服务的生命周期维的设计是合理的。

2. 资源维数据分析

知识服务的资源维中，被调查者对其划分合理与否的态度分布，如图 2.11 所示。其中，被调查者对电子馆藏和传统馆藏的认可度比较高，判定合理与非常合理的样本占了多数，而参考资源相对较低，出现了略多的略微不合理与不合理。经过访谈，本书了解到部分被调查者认为其与上述两种资源的划分标准不太一致。

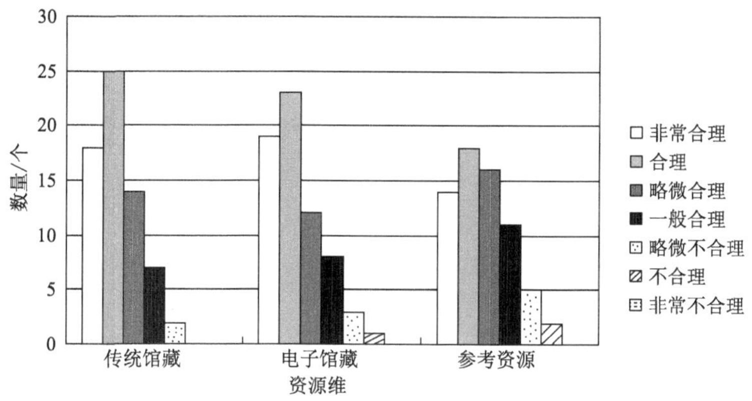

图 2.11　知识服务的资源维调查的合理性分布

在 SPSS 信度分析的界面上选择 Alpha 选项，最后结果如表 2.7 所示。Cronbach's α 系数为 0.708，标准化的 Cronbach's α 系数为 0.710。参考可信度高低与 Cronbach's α 系数的对照表，由于 Cronbach's α 系数大于 0.7，可以得到结论：资源维调查的各测量数据间显示出较强的正相关性，内部一致性较好，调查结果很可信。

表 2.7　资源维信度分析输出表

Cronbach's α 系数	基于标准项目的 Cronbach's α 系数	项目数量/个
0.708	0.710	3

在 SPSS 中选择 F-Test 进行 F 检验，输出结果如表 2.8 所示。其中，F=4.970，p=0.008。由于 p 值远小于 0.05，则拒绝原假设 H_0，接受 H_1，认为该因素不同水平下各总体均值有显著性差异，即因素的不同水平给观察值变量带来显著性影响。因此，判定问卷的重复测量效果较好。

表 2.8　信度分析 *F* 检验输出表（二）

差异来源		平方和	自由度	均方	*F* 检验	显著性检验 *p*
组间		183.177	65	2.818		
组内	项目间	8.192	2	4.096	4.970	0.008
	残差	107.141	130	0.824		
	小计	115.333	132	0.874		
总计		298.510	197	1.515		

表 2.9 显示 SPSS 资源维均值分析的输出结果。根据均值统计，发现三种资源

的均值也都在 5 以上，总体均值比生命周期维得分高，其中传统馆藏与电子馆藏的认可度比较高；参考资源的均值相对较低，标准差偏离其他两种资源比较明显。

表 2.9　资源维均值分析输出表

类别	均值	标准差	数量/个
传统馆藏	5.76	1.068	66
电子馆藏	5.67	1.232	66
参考资源	5.29	1.345	66

综上所述，知识服务的资源维的调查结果在信度分析中同样表现出较高的稳定性，问卷信度较高；而在均值分析中，资源维的均值较高，标准差较小（都在 1～2），表明被调查者对资源维总体比较认同。因此，可得出结论：知识服务的资源维的划分是合理的。

3. *层次维数据分析*

总体来看，被调查者对层次维的认同程度比生命周期维与资源维都要高些，尤其是基于内容特征的简单匹配项和基于内容特征的归纳综合项的得分最为突出；但是基于外部特征的简单匹配项与为解决问题提供参考项得分出现非常不合理判定。有些被调查者认为这些层次的逻辑关系不是很明确，因此这个栏目打分上存在一定的难度。知识服务的层次维调查的合理性分布具体如图 2.12 所示。

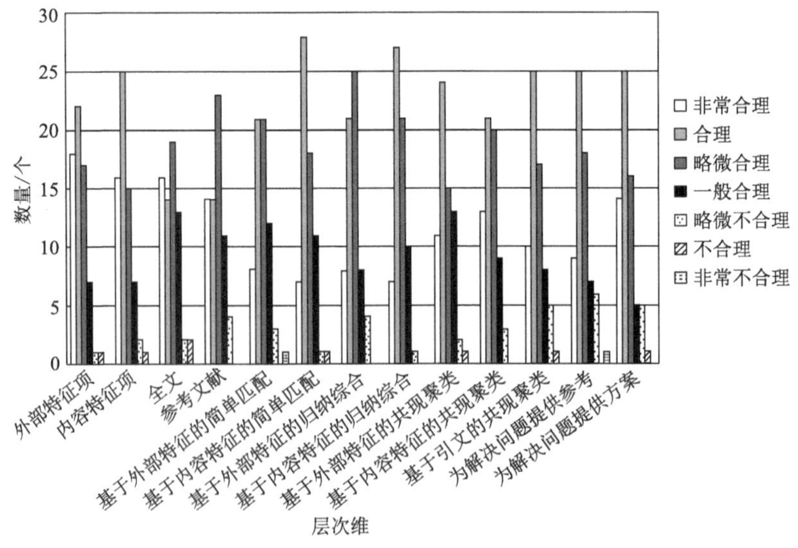

图 2.12　知识服务的层次维调查的合理性分布

与上两个维度的操作一样，在 SPSS 中的 Analysis 菜单中选择 Scale 选项，在其子菜单中点击 Reliability。然后，在弹出的界面上选择 Alpha 选项，最后输出结果如表 2.10 所示。Cronbach's α 系数为 0.938，标准化的 Cronbach's α 系数为 0.940，明显高于先前两次的结果。参考可信度高低与 Cronbach's α 系数的对照表，由于 Cronbach's α 系数大于 0.9，可以得到结论：层次维调查的各测量数据间显示出极强的正相关性，内部一致非常好，调查结果十分可信。

表 2.10　层次维信度分析输出表

Cronbach's α 系数	基于标准项目的 Cronbach's α 系数	项目数量/个
0.938	0.940	13

另外，在 SPSS 中选择 F-Test 进行 F 检验，输出结果如表 2.11 所示。其中，F=2.030，p=0.019。由于 p 值远小于 0.05，则拒绝原假设 H_0，接受 H_1，认为该因素不同水平下各总体均值有显著性差异，即因素的不同水平给观察值变量带来显著性影响。因此，判定问卷的重复测量效果较好。

表 2.11　信度分析 *F* 检验输出表（三）

<table>
<tr><th colspan="2">差异来源</th><th>平方和</th><th>自由度</th><th>均方</th><th>F 检验</th><th>显著性检验 p</th></tr>
<tr><td colspan="2">组间</td><td>637.885</td><td>65</td><td>9.814</td><td></td><td></td></tr>
<tr><td rowspan="3">组内</td><td>项目间</td><td>14.711</td><td>12</td><td>1.226</td><td>2.030</td><td>0.019</td></tr>
<tr><td>残差</td><td>470.828</td><td>780</td><td>0.604</td><td></td><td></td></tr>
<tr><td>小计</td><td>485.539</td><td>792</td><td>0.613</td><td></td><td></td></tr>
<tr><td colspan="2">总计</td><td>1123.424</td><td>857</td><td>1.311</td><td></td><td></td></tr>
</table>

在信度分析的基础上，继续完成均值分析，如表 2.12 所示。根据均值统计，知识服务的层次维上的各个部分的均值也都维持在 5 以上，也就是说，大部分被调查者对知识服务的层次维的认同度都在略微合理以上，其中又以“外部特征项”层面与“内容特征项”层面的认同度最高，均值分别达到 5.70 与 5.65；而分值较低的大多都集中在中间区域。另外，标准差的大小差别都不大，表明各层的均值差距较小。

表 2.12　层次维均值分析输出表

类别	均值	标准差	数量/个
外部特征项	5.70	1.123	66
内容特征项	5.65	1.143	66
全文	5.35	1.295	66

续表

类别	均值	标准差	数量/个
参考文献	5.35	1.170	66
基于外部特征的简单匹配	5.23	1.174	66
基于内容特征的简单匹配	5.39	1.036	66
基于外部特征的归纳综合	5.32	1.040	66
基于内容特征的归纳综合	5.44	0.930	66
基于外部特征的共现聚类	5.39	1.162	66
基于内容特征的共现聚类	5.48	1.099	66
基于引文的共现聚类	5.36	1.198	66
为解决问题提供参考	5.30	1.252	66
为解决问题提供方案	5.53	1.218	66

综上所述，知识服务的层次维的调查结果在信度分析中表现出很高的稳定性，问卷信度非常高；而在均值分析中，层次维的均值较高，标准差较小，表明被调查者对层次维总体比较认同。因此，可以认为：知识服务的层次维的划分是比较合理的。

2.4 数据驱动的知识服务三维框架理论的知识服务流程和特点研究

下面将具体研究数据驱动的知识服务三维框架理论的知识服务流程和知识服务特点。

2.4.1 数据驱动的知识服务流程

由前面的论述可知，知识服务的内核是由生命周期维、资源维和层次维相互关联构成的，如果要这个内核有效运转，并建立起各个构成之间的关联，就必须让用户、工作人员、技术方法等加入，且形成有机运作的知识服务流程。结合数据驱动的知识服务三维框架理论构成及已有的关于知识服务的基础理论研究成果，本书认为：数据驱动的知识服务三维框架理论的知识服务流程是以知识生命周期为主线，针对不同的资源，采用不同的方法工具，融合工作人员的经验技巧等隐性知识，形成满足用户所预期的不同产品与服务的过程，如

图 2.13 所示。

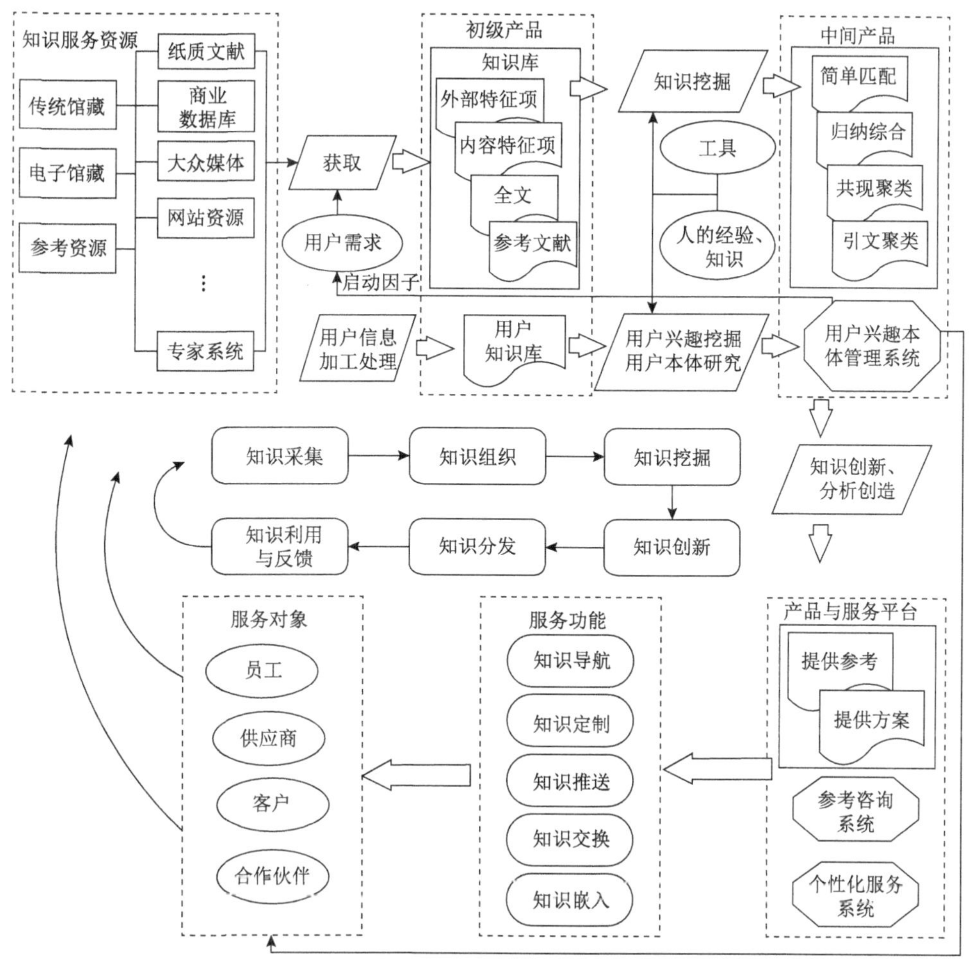

图 2.13　数据驱动的知识服务三维框架理论的知识服务流程

以用户需求为启动因子，资源的获取为知识服务流程的起始，包含对知识服务资源和用户信息资源这两个方面的知识处理。知识服务资源有传统馆藏、电子馆藏、参考资源三类，包括纸质文献、商业数据库、大众媒体、网站资源、专家系统等多种表现形式。

初级加工分两方面，通过知识采集和知识组织，一方面获取知识服务资源，形成外部特征项、内容特征项、全文、参考文献等知识服务层次的初级产品；另一方面对用户信息进行收集，进行用户知识库的建立。

运用技术方法等工具，并加入工作人员的经验，一方面对初级产品进行知识挖掘，形成基于外部特征项和内容特征项的简单匹配、归纳综合、共现聚类及引文聚类等知识服务加工层次的中间产品；另一方面对用户知识库进行用户兴趣挖掘和用户本体研究等，形成用户兴趣本体管理系统。

对中间产品和用户兴趣本体管理系统进行知识创新和分析创造，形成为解决问题提供参考、为解决问题提供方案等知识服务层次的知识服务产品，借助参考咨询系统、个性化服务系统等服务平台，进行知识分发，通过知识导航、知识定制、知识推送、知识交换、知识嵌入等服务功能向服务对象提供知识服务。服务对象包括图书情报机构的员工、供应商、客户、合作伙伴。服务对象对知识进行利用，并反馈给图书情报机构。知识服务机构通过知识利用与反馈再次进行以知识采集为起始端的知识过程。并且用户兴趣本体管理系统将会对用户兴趣等进行管理，获取用户需求，开始新的知识服务过程。知识服务流程中产生的知识服务产品也将加入知识服务资源为以后的业务服务。

总的来说，有两条主线，一条是对知识主体的知识服务过程，另一条是对用户主体的研究过程。两方面齐头并进，才能保证知识服务的顺利进行。

2.4.2 数据驱动的知识服务特点

根据数据驱动的知识服务三维框架理论和知识服务流程，本书认为数据驱动的知识服务三维框架理论的知识服务特点主要体现在以下几个方面：以人为本、共享性、专业性、多样性与层次化、技术方法依赖性、创新性和持续性。

（1）以人为本：这里的人可以指代两个对象，一个是指服务机构的人力资源，它是知识资源中最具创造力的资源。知识服务强调以知识内容、问题解决答案的需求为出发点，对特定问题加入工作人员的智力分析、集成并给出解决方案。图书情报机构的以人为本就是在服务过程中强调人的核心作用及人和技术的相互融合，对处理对象进行内容分析和提取时融入主观思维，不仅能改变原资料的形式，而且在一定程度上能改变其内容特征。另一个是指被服务的用户，开展服务以解决用户问题为前提，不仅是向用户提供所需的信息，而且是通过服务解决用户所面临的问题，做到以用户为服务之本。

（2）共享性：相对于信息服务而言，共享性在知识服务中要得到更好的体现，涉及的面要更广、程度要更深。知识服务的共享性强调知识的共享，这个共享的范畴不仅包括那些通过文本等形式表现出来的显性知识，更主要是要涵盖服务人员的隐性知识，包括专业知识、操作经验和实践技能。只有充分共享，才能使服务机构开展的知识服务实现规模化和可持续发展。

（3）专业性：知识服务将使图书情报机构提供的服务从基本的信息传递提升为信息加工、知识创新，在这个知识服务流程中，不仅要求从业人员具备信息检索、知识组织与挖掘分析方面的技能，更需要具备用户需求的知识产品与服务所涉及的专业知识背景，从而使整个服务从简单的信息传递向专深的知识创新方向发展。

（4）多样性与层次化：知识服务的服务内容和服务形式都呈现出多样性与层次化特点。在服务内容方面，服务机构可提供基于信息内容特征和外部特征加工处理而形成的各种产品；在服务形式方面，服务机构可在原有的传统服务如文献提供、信息咨询、借阅服务等基础上扩大服务范围，提供如知识导航、知识定制、知识推送、知识嵌入等不同形式与层次的服务。

（5）技术方法依赖性：服务机构的知识服务增值能力着眼于提供给用户的知识产品中的智力加工增值和解决问题的效果。对信息资源分析、整合后，可以提供以知识元为单位的知识增值的服务。所以，在以知识问题点为单元来进行分析时，除了需要信息组织、检索和分析的技术工具支持外，还需要知识挖掘、知识库、知识地图、本体等技术方法。

（6）创新性：知识服务追求的是知识创新，因此创新性是知识服务的本质特征。如果说信息传递只是一项对信息的简单罗列整序，较少涉及人的创造性劳动，那么强调信息加工、知识创新的知识服务是建立在创造的基础之上。从杂乱无章的海量数据中提取有用信息并加工形成知识产品，人的创造性劳动和产品的创新在这一过程应得到很好的体现，从而创造更大的价值。

（7）持续性：知识服务是一项长期的工作，用户所处环境的变化使得用户对知识的需求并非是一次完成的，而是不断显现、更新和演变的，这就要求服务机构在第一次提供知识产品后，还要进行跟踪服务，并及时接受用户反馈，通过反馈来修正、改进，不断根据用户变化的需求来提供所需的知识产品，这是一个持续而艰巨的过程。

参 考 文 献

[1] Guy S C. Knowledge services: your company's key to performance excellence. https://www.questia.com/magazine/1G1-75958760/knowledge-services-your-company-s-key-to-performance[2018-12-24].

[2] Understanding and performance. http://www.nwlink.com/~donclark/performance/understanding.html[2007-10-06].

[3] Knowledge management—emerging perspectives. http://www.systems-thinking.org/kmgmt/kmgmt.htm[2018-12-24].

[4] 郎杰斌，袁安府．论知识扩散生命周期的知识管理．情报杂志，2004，(7)：28-30.

[5] 王兆祥，蔡晨．基于知识生命周期的企业知识流模型．中国管理科学，2007，(2)：126-133.

[6] 孟彬，马捷，张龙革．论知识的生命周期．图书情报知识，2006，(3)：92-95.

[7] McElroy M W. The knowledge life cycle: an executable model for the enterprise. ICM Conference on Knowledge Management, 1999.
[8] 张文彤. SPSS11 统计分析教程基础篇. 北京: 北京希望电子出版社, 2002: 213-216.
[9] 刘阳阳. 使用 SPSS 软件进行化学试卷的信度分析. 化学教学, 2007, (6): 55-57.
[10] 曾五一, 黄炳艺. 调查问卷的可信度和有效度分析. 统计与信息论坛, 2005, 20(6): 11-15.

第3章　数据驱动的知识服务战略管理体系研究

体系是相互关联的事物或要素组成的整体。本书认为知识服务战略管理体系就是为满足用户需求的，以知识服务的本源构成为核心，支撑知识服务流程有效运转、知识服务模式实现的一系列结构因素、能力要素与相关方法及技术的集合体，包括知识服务战略管理体系、知识服务能力构成与评价体系、知识服务方法与技术体系。

首先需要说明的是，目前在已有的文献中知识服务体系和知识服务系统有被混淆研究的倾向，本书认为知识服务体系是一个比知识服务系统范围更大的概念，不仅包括以技术为基础的知识服务系统，还包括机构开展知识服务活动的其他所有要素。关于这方面的研究，从前面的综述可知，国外从20世纪90年末开始，如Chen等探索了利用网格技术、本体（ontology）及设计检索和优化方法构建综合分布式知识服务系统，Abernethy等研究了建立在关系数据库管理系统之上的框架式知识服务系统；国内近些年对此问题逐渐重视，先后提出了基于知识元链接、智能信息处理、语义网和本体等构建的知识服务系统。但是，研究涉及的知识服务系统只是达到了支持知识共享的目标，并不能真正满足当前的基于Web开展知识服务的需求，更无法从大量的知识中为用户提供准确且有针对性的服务。知识服务是一个多因素相互作用并基于外在条件支撑的系统性活动，因此，十分需要从体系角度出发研究支撑知识服务流程有效运转的集合体。

通过前面研究可以发现，与信息服务相比，知识服务不是简单的数据、信息的加工，不是单纯的计算机和自动化的程序，知识产品的生产与提供过程涉及一个机构内外部要素的相互作用与影响，知识服务实现的模式是一个不断升华的机制，需要整合机构的资源、激活服务人员的智慧、充分利用技术优势和外部环境机会。不同的服务机构，要根据自身实力，选择不同的知识服务发展路径与阶段，制定相应的知识服务发展战略。知识服务内涵与实现模式决定了知识服务体系是一个复杂要素的集合体，不同类型的服务机构和侧重不同知识产品生产与提供的机构，所构建的知识服务体系也应该是有差异的。本书认为知识服务体系的构建要与服务机构的发展定位、能力水平、方法及技术应用密切关联，要在考察共性要素基础上针对不同的发展阶段制定不同体系框架。为了将整体与部分相结合来考察知识服务体系组成与包含的具体内容，首先，本书在本章中引入管理学中卓越阶段理论，研究基于卓越阶段理论的知识服务战略管理体系的构成；其次，在第4章中导入能力理论研究知识服务能力构成与评价体系；最后，在第5章中面向大数据时代的知识融合研究知识服务方法与技术体系。

3.1　知识服务状况调查与存在问题分析

本节旨在通过网络调查图书馆、情报研究所、数据库提供商三类图书情报机构服务状况，分析存在的问题，进而探讨图书情报机构开展知识服务活动中导入战略管理理论和方法的意义。

3.1.1　调查研究的方法体系

知识的增值需要一系列的加工与转化，随着用户对知识产品与服务需求的不断增强，图书情报机构面临着机遇与挑战并存的状况。为满足用户的需求，使服务水平和服务质量不断提升，无论是图书馆、情报研究所还是数据库提供商都在为构建符合知识服务需求的服务体系和业务流程努力着。

为了了解中国图书情报机构知识服务状况与存在的问题，本书分别选取图书馆、情报研究所、数据库提供商三个系列进行调查。

1. 调查研究的主要步骤

首先，普选调查对象并进行比较，确定有代表性的机构作为调查对象；其次，试验调查找出主要调查机构的共同点，并结合前面的理论研究制定调查体系；再次，对选取的调查机构进行正式调查，并结合第 2 章提出的知识服务三维框架理论考察图书情报机构对资源加工所处的生命周期和层次；最后，将调查结果与专家访谈综合进行归纳总结。

2. 采用的调查方式

调查方式为浏览网页、查看网站地图、阅读产品与服务内容介绍、检索相关课题和评价检索结果、专家访谈等。

3. 调查访问的时间

第一轮调查时，试验调查的时间为 2007 年 1～4 月，正式调查访问的时间为 2007 年 6～10 月。专家访问的时间为 2008 年期间，主要利用本书人员外出参加会议和聘请专家到校交流的时机。

4. 调查对象确定的原则

调查对象确定的原则为提供的服务资源与规模较大，有代表性，体现出多样性与差异性。

5. 调查研究的体系

调查研究的体系包括可提供的资源与服务项目、知识服务三维框架和知识服务模式三个方面，如表 3.1 所示。

表 3.1　知识服务现状（服务质量与水平）调查体系

<table>
<tr><th>目标层</th><th>准则层</th><th>指标层</th></tr>
<tr><td rowspan="10">知识服务质量与水平</td><td rowspan="3">可提供的资源与服务项目</td><td>资源的数量</td></tr>
<tr><td>资源的服务对象</td></tr>
<tr><td>提供的服务项目</td></tr>
<tr><td rowspan="3">知识服务三维框架</td><td>知识服务的资源：传统馆藏、电子馆藏（电子出版物、数据库等）、参考资源（包括在线服务资源）</td></tr>
<tr><td>知识服务的生命周期：知识采集、知识组织、知识挖掘、知识创新、知识分发、知识利用与反馈</td></tr>
<tr><td>知识服务的层次：作者、机构、题名、关键词、摘要、全文、引文分析、内容分析、结合经验与技巧等</td></tr>
<tr><td rowspan="4">知识服务模式</td><td>为解决问题提供参考</td></tr>
<tr><td>为解决问题提供文献保障</td></tr>
<tr><td>为解决问题提供程序化知识或过程</td></tr>
<tr><td>为解决问题提供方案</td></tr>
</table>

3.1.2　图书馆知识服务状况调查与分析

1. 基于服务项目的图书馆的网络调查

本书选取的综合性图书馆有国家图书馆（http://www.nlc.cn）、中科院国家科学图书馆（http://www.las.ac.cn）、上海图书馆（http://beta.library.sh.cn）；高校图书馆有清华大学图书馆（http://www.lib.tsinghua.edu.cn）、浙江大学图书馆（http://libweb.zju.edu.cn）、南京大学图书馆（http://lib.nju.edu.cn）、北京大学图书馆（http://www.lib.pku.edu.cn）、首都医科大学图书馆（http://lib.ccmu.edu.cn）、南京理工大学图书馆（http://lib.njust.edu.cn）。综合性图书馆和高校图书馆调查结果见表 3.2 和表 3.3。

表 3.2　基于服务项目的综合性图书馆的网络调查结果

<table>
<tr><th rowspan="2">知识类型</th><th rowspan="2">知识服务模式</th><th rowspan="2">服务项目</th><th colspan="3">调查对象</th></tr>
<tr><th>国家图书馆</th><th>上海图书馆</th><th>中科院国家科学图书馆</th></tr>
<tr><td rowspan="3">隐性知识为主</td><td rowspan="3">为解决问题提供方案</td><td>信息/决策咨询</td><td></td><td>√</td><td></td></tr>
<tr><td>竞争情报服务</td><td>√</td><td>√</td><td>√</td></tr>
<tr><td>行业分析报告</td><td>√</td><td>√</td><td></td></tr>
</table>

续表

知识类型	知识服务模式	服务项目	调查对象		
			国家图书馆	上海图书馆	中科院国家科学图书馆
隐性知识为主	为解决问题提供程序化知识或过程	翻译服务	√	√	
		文献资源库服务	√	√	√
		科技查新	√	√	√
		定题服务	√	√	√
		讲座培训	√	√	√
		短信服务		√	
		文献评价、科学家门户、学术机构评价或推荐	√	√	√
		馆际互借	√	√	
显性知识为主	为解决问题提供文献保障	下载	√	√	√
		商务平台服务	√	√	√
		原文请求	√	√	√
		传统剪报	√	√	
		代查代检	√	√	
		专业图书馆	√	√	√
	为解决问题提供参考	文献检索	√	√	√
		馆藏资源	√	√	
		知识导航		√	
		个性化定制或服务	√	√	√

表 3.3　基于服务项目的高校图书馆的网络调查结果

知识类型	知识服务模式	服务项目	调查对象					
			清华大学图书馆	北京大学图书馆	浙江大学图书馆	南京大学图书馆	首都医科大学图书馆	南京理工大学图书馆
隐性知识为主	为解决问题提供方案	信息/决策咨询	√	√	√	√	√	√
		竞争情报服务						
		行业分析报告						

续表

知识类型	知识服务模式	服务项目	调查对象					
			清华大学图书馆	北京大学图书馆	浙江大学图书馆	南京大学图书馆	首都医科大学图书馆	南京理工大学图书馆
隐性知识为主	为解决问题提供程序化知识或过程	翻译服务						
		文献资源库服务	√	√	√	√	√	√
		科技查新	√	√	√	√	√	
		定题服务		√		√	√	
		讲座培训	√	√	√	√	√	√
		短信服务	√		√			
		文献评价、收录情况或推荐	√	√	√	√	√	√
		馆际互借	√	√	√	√	√	√
显性知识为主	为解决问题提供文献保障	下载	√	√	√	√	√	√
		商务平台服务						
		原文请求	√	√	√	√	√	√
		传统剪报	√					
		代查代检	√	√		√	√	√
		专业图书馆	√	√	√	√	√	
	为解决问题提供参考	文献检索	√	√	√	√	√	√
		馆藏资源	√	√	√	√	√	√
		知识导航	√	√	√	√	√	√
		个性化定制或服务	√	√	√	√	√	√

通过对各个机构服务项目调查可以发现：整体上看，文献资源库服务、讲座培训、原文请求、文献检索、个性化定制或服务是图书馆的主要服务项目，采集并组织信息或知识仍然是图书馆的基本职能之一。通过到各个机构网站上进行具体课题的检索，了解到无论是综合性图书馆还是高校图书馆，资源加工主要是以册、件为单位；可供检索的入口点是单册信息和馆藏信息，如题名、关键词、主题词、出版发行商、载体形态、出版周期、国际标准连续出版物号、内容附注、索取号、书刊状态、借阅状态等，而面向全文或内容特征项加工深度不够；特色

馆藏资源是各个图书馆差异化服务的主要特点；各个机构虽然设立了为解决问题提供方案的服务项目，以及为特定用户提供信息收集、整理、提炼、分析的信息咨询与市场分析等个性化服务，但是实际查看相关内容介绍时，缺少操作程序的阐述和具有说服力的案例；此外，相对于综合性图书馆，高校图书馆提供服务主要侧重在显性知识方面。

2. 图书馆知识服务的生命周期和层次的调查

知识服务的生命周期与层次的调查及总结结果如表 3.4～表 3.7 所示。

表 3.4　各综合性图书馆对资源对象加工所处的生命周期

类别	知识采集	知识组织	知识挖掘	知识创新	知识分发	知识利用与反馈
图书、期刊	√○△	√○△			√○△	√○△
报纸	√○	√○			√○	√○
学位论文	√△	√△			√△	√△
特色资源	√○△	√○△			√○△	√○△
工具书	√○	√○			√○	√○
电子出版物	√○△	√○△			√○△	√○△
缩微资料	√	√			√	√
视听资料	√	√			√	√
会议记录	○△	○△			○△	○△
数据库		√○△			√○△	√○△
信息咨询			√○△	√○△		
查新查证			√○△	√○△		
翻译服务			○			
讲座培训					√○△	√○△
专利、标准、科技报告	○△				○△	○△
我的图书馆						√○△
情报服务			○△	○△		○△

注：√表示国家图书馆；○表示上海图书馆；△表示中科院国家科学图书馆

表 3.5　各综合性图书馆对资源对象加工的层次

类别	题名、作者、机构、分类号	关键词、摘要	全文	引文分析	内容分析	结合经验与技巧
图书、期刊	√○△					

续表

类别	题名、作者、机构、分类号	关键词、摘要	全文	引文分析	内容分析	结合经验与技巧
报纸	√○					
学位论文	√△					
特色资源	√○△					
电子出版物	√○△					
缩微资料	√					
视听资料	√					
会议记录	○△					
数据库	√○△	√○△				
信息咨询					√○△	√○△
查新查证					√○△	√○△
翻译服务					√○△	√○△
讲座培训					√○△	√○△
专利、标准、科技报告	○△					
情报服务					○△	○△

注：√表示国家图书馆；○表示上海图书馆；△表示中科院国家科学图书馆

表 3.6 各高校图书馆对资源对象加工所处的生命周期

类别	知识采集	知识组织	知识挖掘	知识创新	知识分发	知识利用与反馈
图书、期刊	□△○ ●▲■	□△○ ●▲■			□△○ ●▲■	□△○ ●▲■
报纸	□△○ ●▲	□△○ ●▲			□△○ ●▲	□△○ ●▲
学位论文	□△○ ●▲■	□△○ ●▲■			□△○ ●▲■	□△○ ●▲■
特色资源	□△○ ●▲■	□△○ ●▲■			□△○ ●▲■	□△○ ●▲■
工具书	○	○			○	○
电子出版物	□△○ ●▲■	□△○ ●▲■			□△○ ●▲■	□△○ ●▲■
缩微资料	□	□			□	□

续表

类别	知识采集	知识组织	知识挖掘	知识创新	知识分发	知识利用与反馈
视听资料	□△○●▲■	□△○●▲■			□△○●▲■	□△○●▲■
会议记录	□▲	□▲			□▲	□▲
数据库		□△○●▲■			□△○●▲■	□△○●▲■
信息咨询			□△○●▲■	□△○●▲■		
查新查证			□△○●▲■	□△○●▲■		
翻译服务						
讲座培训					□△○●▲■	□△○●▲■
专利、标准、科技报告	□○▲				□○▲	□○▲
我的图书馆						□△○●▲■
情报服务						

注：□清华大学图书馆；△北京大学图书馆；○浙江大学图书馆；●南京大学图书馆；▲首都医科大学图书馆；■南京理工大学图书馆

表 3.7　各高校图书馆对资源对象加工的层次

类别	题名、作者、机构、分类号	关键词、摘要	全文	引文分析	内容分析	结合经验与技巧
图书、期刊	□△○●▲■	○				
报纸	□△▲					
学位论文	□△○●▲■	□○●■				
特色资源	□△○●▲■					
电子出版物	□△					
缩微资料						
视听资料	□△●▲■					
会议记录						
数据库						
信息咨询					□△○●▲■	□△○●▲■

续表

类别	题名、作者、机构、分类号	关键词、摘要	全文	引文分析	内容分析	结合经验与技巧
查新查证					□△○ ●▲■	□△○ ●▲■
翻译服务						
讲座培训					□△○ ●▲■	□△○ ●▲■
专利、标准、科技报告						
情报服务						

注：□清华大学图书馆；△北京大学图书馆；○浙江大学图书馆；●南京大学图书馆；▲首都医科大学图书馆；■南京理工大学图书馆

3. 调查结果总结与存在的问题

通过网上调查并结合专家访谈可知：图书馆在资源的采集与组织上投入很大，综合性图书馆存储的资源数量和种类都很多，高校图书馆也是尽最大努力采集与存储本单位用户所需的资源。各个图书馆提供的服务项目很多，但主要是以传统模式在运作，“收”与“藏”是图书馆的主要业务方向。总体上，各个图书馆在转向知识服务的过程中以探索性尝试为主，目前在知识服务的层次维度上还没有深化、生命周期维度上还没有延伸，对资源对象的加工处理主要停留在外部特征上，对电子出版物和数据库等资源从内容层次上挖掘与创新性的加工处理还没有体现出来，而信息咨询和情报服务还是以相对传统的形式开展的，对技术工具的利用还很少。各个机构服务（尤其是综合性图书馆）的差异化还没有体现，并没有制定适应自身的明确目标与定位。

3.1.3　情报研究所知识服务状况调查与分析

在调查时，本书按照专业情报研究所和综合性情报研究所两类分别进行了研究。

1. 专业情报研究所的调查与分析

专业情报研究所的目标是提供专门化的科技信息服务、加快科技成果的转化。经过多年的发展，我国专业情报研究所的服务能力正在稳步提高，在科技创新和提高科技成果转化率方面发挥了重要作用。经过大量的普选调查和试验调查，本书最后选取的专业情报研究所为中国化工信息中心（http://www.cncic.cn）、中国农科院农业信息研究所（http://www.cast.net.cn）、机械工业信息研究院（http://www.stip.ac.com），并对专业情报研究所进行了网络调查与专家访谈。本书采用浏览网页、查看网站地图、阅读产品与服务内容介绍、检索相关课题和评价检索结果等调查方式，专业情报研究所调查结果见表 3.8。

表 3.8　基于服务项目的几个专业情报研究所的网络调查结果

知识类型	知识服务模式	服务项目	调查对象		
			中国化工信息中心	中国农科院农业信息研究所	机械工业信息研究院
隐性知识为主	为解决问题提供方案	信息/决策咨询	√	√	
		竞争情报服务	√		
		行业分析报告			√
	为解决问题提供程序化知识或过程	翻译服务	√		
		文献资源库服务	√	√	
		科技查新	√		
		定题服务	√	√	
		讲座培训			√
		短信服务		√	
		文献评价、科学家门户、学术机构评价或推荐			
		馆际互借			
显性知识为主	为解决问题提供文献保障	下载	√	√	
		商务平台服务		√	√
		原文请求	√		
		传统剪报			
		代查代检			
		专业图书馆	√		
	为解决问题提供参考	文献检索	√	√	√
		主导航	√	√	√
		馆藏资源	√		
		知识导航			
		个性化定制或服务	√		

上述三个专业情报研究所中，中国化工信息中心提供的服务项目最多，但是与图书馆相比，服务项目的多样化要少些。为了从知识服务三维框架理论角度考察专业情报研究所的知识服务状况，本书选择中国化工信息中心为例进行调查，结果见表 3.9。

表 3.9　中国化工信息中心中知识服务的加工层次与生命周期调查

知识服务的资源类型	对应的服务项目	知识服务的层次	知识服务的生命周期
数据库	文献检索	期刊题录、科技资料目录、化工文摘、文献全文	知识组织
	原文请求查询	中外期刊、会议、专利、标准等各类文献的原文	知识分发
	工作动态	时间、事件等	知识组织、知识分发
	专利咨询服务	专利文献、分析报告、专利数据深加工	知识挖掘、知识分发
	专业平台	科技文献全文，科技资讯、专家视点	知识组织、知识分发
各种资源	定题服务	相关信息以及全文文献	知识组织、知识挖掘
	科技查新	各种科技文献摘要、原文，分析结论等	知识挖掘、知识分发
	文献调研	综述报告、咨询报告等	知识挖掘、知识分发
	情报与翻译服务	管理决策报告、译文等	知识挖掘、知识创新
	信息订阅与推送	相关信息，资讯、文献等	知识分发
期刊、文献、图书、光盘	馆藏资源	题录、目录、全文等	知识采集、知识组织、知识分发
用户	用户反馈	姓名、邮件地址、对本网站的一些看法	知识利用与反馈

通过调查并结合专家访谈可以了解到：专业情报研究所立足于本身的专业背景，提供的服务项目与服务内容差异化比较明显，采集与提供的资源类型以馆藏资源和数据库为主，提供服务的模式主要集中在“为解决问题提供参考”和“为解决问题提供程序化知识或过程”两个方面，知识服务的层次主要在题录、摘要上，知识服务的生命周期以知识组织、知识分发为主。

2. 综合性情报研究所的调查与分析

在综合性情报研究所研究中，本书调查综合性国家级情报研究所——中国科学技术信息研究所，从其门户网站（http://www.istic.ac.cn，主页见图 3.1）发现：该机构提供的资源主要是学术科研信息，重点服务已转向科技查新等个性化方面。

在网站上可以明确看到有知识服务这个项目，向用户提供以在线知识获取为特征的服务，并通过对海量信息资源进行统计分析，提供的统计分析项目有：论文分析、期刊指标、引文分析、作者分析、机构分析、基金分析。

图 3.1　中国科学技术信息研究所的主页

以检索“知识服务”为例进行操作考察，可以发现：①论文分析可提供的服务形式包括检索和分析。检索可提供的途径有题目、刊名、摘要、第一作者、作者、机构、关键词、基金项目，并提供按刊名筛选、按年筛选、按学科筛选的检索结果排序。分析可提供的项目有构成分析和对比分析，其中构成分析包括来源期刊、出版年、主管单位和学科分类四项，对比分析提供的是以图形表现的各年度发表论文数。论文分析的主要结果如图 3.2 所示。②期刊指标在对期刊名进行检索后，提供了期刊引文分析中总被引频次、影响因子、即年指标、他引率、引用刊数、扩散因子、学科影响指标、被引半衰期等，如图 3.3 所示。③作者分析与机构分析提供的服务功能与论文分析相同。④基金分析目前还不能操作。此外，利用定制推送技术为用户提供所需知识的服务功能在中国科学技术信息研究所的网站上推出，该项服务可根据用户关注的学科和专题进行定制，包括文献类型、文献语种、信息类型和推送途径几个方面，如图 3.4 所示。

总体上看，中国科学技术信息研究所提供的知识服务产品的加工在外部特征层次上，且都是以期刊为单位进行的计量分析，在论文分析、作者分析、机构分析和基金分析中的四个分析项中都是从期刊角度入手的，除期刊指标外使用的是比较简单且成熟的统计分析方法。定制推送的知识服务产品的加工层次以外部特征为主，生命周期处于知识挖掘与知识分发阶段。虽然如此，与原有的知识采集、知识组织、知识分发为主的知识服务阶段相比，该机构通过网络载体在线提供的知识服务已经上升了一个台阶。

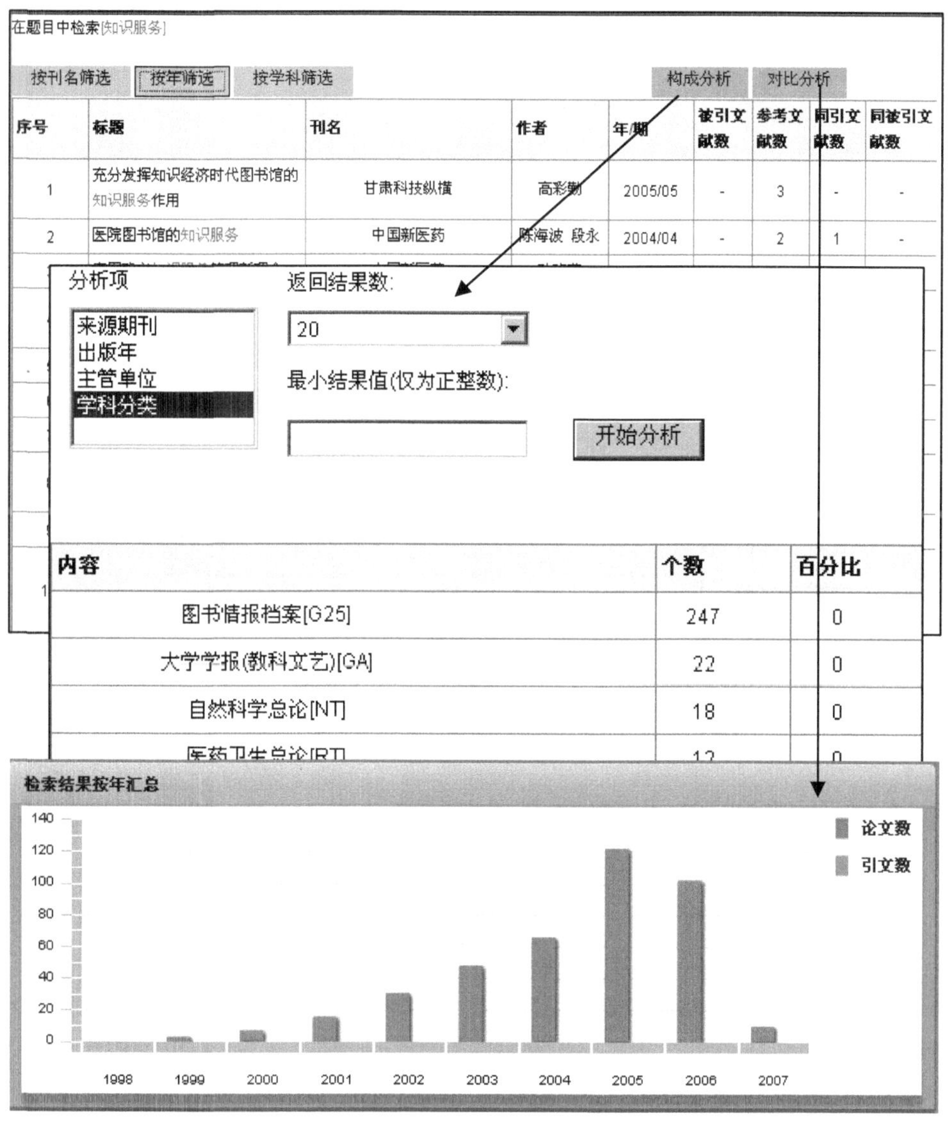

图 3.2　中国科学技术信息研究所知识服务项目中论文分析结果片断

情报学报 Journal of the China Society for Scientific and Technical Information

本刊主要发表情报科学的理论研究和实验研究的学术论文，以及优秀的综述评论。内容包括：人类知识信息产生、交流和利用行为的研究；信息资源特征的研究；信息收集、加工、存储、检索、传递与应用中的理论和方法；情报分析与决策支持；信息经济、信息市场和用户研究；信息服务，信息工作的组织、管理和政策研究等。本刊是上述研究领域的核心期刊，并被国内外众多检索系统收录。

N 1000-0135

11-2257/G3

指标　　中国期刊引证报告（扩刊版）　　即时统计指标

	总被引频次	影响因子	即年指标	他引率	引用刊数	扩散因子	学科影响指标	学科扩散指标	被引半衰期
2003	1194	1.967	0.246	-	235	-	-	-	3.39
2004	1334	1.965	0.131	-	271	-	-	-	3.65
2005	1350	1.920	0.152	0.93	319	23.63	0.86	7.25	3.85
2006	1502	1.765	0.206	0.95	337	22.44	0.83	7.33	4.06

	来源文献量	文献选出率	平均引文数	平均作者数	地区分布数	机构分布数	海外论文比	基金论文比	引用半衰期
2003	126	-	9.88	2.23	-	-	-	0.530	5.56
2004	122	-	10.18	2.26	-	-	-	0.490	4.99
2005	112	0.99	14.42	2.29	18	57	0.010	0.540	4.86
2006	107	1.00	13.38	2.55	21	62	0.009	0.617	4.69

期刊浏览

2007年刊期

2006年刊期

2005年刊期

图 3.3　中国科学技术信息研究所知识服务项目中期刊指标结果片断

定制推送

文献类型：☐ 科技期刊　☐ 学术会议　☐ 学位论文　☐ 科技报告　☐ 不限

文献语种：☐ 中文　☐ 西文　☐ 俄文　☐ 日文　☐ 不限

信息类型：☐ 目录信息　☐ 文摘信息　☐ 全文信息　☐ 不限

信息送到：☐ 我的定制　☐ 我的信箱　☐ 我的手机　☐ 我的RSS

课题名称

我关注的学科

我关注的专题　与　与

与　定 制

调出定制　修改定制　取消定制　新增定制　使用帮助

图 3.4　中国科学技术信息研究所定制推送服务界面

3.1.4　数据库提供商知识服务状况调查与分析

随着信息技术的发展和信息呈级数地增长，数据库服务工作逐渐兴起，这类组织机构的工作是对各种散乱的信息进行加工集成，以供用户使用和流通。相对于图书馆与情报研究所，数据库提供商提供的知识服务产品的加工层次有所提升，提供的服务功能更加方便快捷，但同时也有自己的缺陷。在数据库提供商调查对象上，本书选取国内三个主要机构：万方数据（http://www.wanfangdata.com.cn）、CNKI（http://www.cnki.net）和维普数据（http://www.cqvip.com）。基于服务项目的调查结果和基于知识服务的加工层次与生命周期调查分别见表 3.10 和表 3.11。

表 3.10　基于服务项目的数据库提供商的网络调查结果

知识类型	知识服务模式	服务项目	调查对象		
			CNKI	万方数据	维普数据
隐性知识为主	为解决问题提供方案	信息/决策咨询		√	√
		竞争情报服务		√	√
		行业分析报告			
	为解决问题提供程序化知识或过程	翻译服务	√		√
		文献资源库服务			
		科技查新			√
		定题服务			√
		讲座培训		√	√
		短信服务			
		文献评价、科学家门户、学术机构评价或推荐	√		√
		馆际互借			
显性知识为主	为解决问题提供文献保障	下载	√	√	√
		商务平台服务			
		原文请求	√	√	√
		传统剪报			
		代查代检			
		专业图书馆			
	为解决问题提供参考	文献检索	√	√	√
		主导航	√	√	√
		馆藏资源			
		知识导航	√	√	√
		个性化定制或服务	√	√	√

表 3.11　基于知识服务的层次与生命周期的数据库提供商的调查

资源	题名、作者、机构、分类号	关键词、摘要	全文检索	引文、链接	外部特征项统计分析	共现聚类等内容分析
学术期刊	√○▲	√○▲	○	√○▲	○	
学位论文	√○	√○	○	√○	○	

续表

资源	题名、作者、机构、分类号	关键词、摘要	全文检索	引文、链接	外部特征项统计分析	共现聚类等内容分析
会议论文	√Δ	√○	○	√○		
报纸	○	○	○	○		
专利文献	√○	√○	○	○	○	
中外标准	√○	√○		√○		
科技成果	√○	√○		√○	○	
政策法规	√	√	√	√		
企业信息	√	√		√		
工具书	○	○			○	
年鉴	○		○	○		
资源	知识采集	知识组织	知识挖掘	知识创新	知识分发	知识利用与反馈
学术期刊	√○Δ	√○Δ	○		√○Δ	√○Δ
学位论文	√○	√○	○		√○	√○
会议论文	√○	√○			√○	√○
报纸	○	○			○	○
专利文献	√○	√○	○		√○	√○
中外标准	√○	√○			√○	√○
科技成果	√○	√○	○		√○	√○
政策法规	√	√			√	√
企业信息	√	√			√	√
工具书	○	○			○	○
年鉴	○	○			○	○

注：√表示万方数据；○表示 CNKI；Δ表示维普数据

通过网络调查与检索实践了解到：与图书馆和情报研究所相比，数据库提供商在服务项目的提供上要少一些，而在知识服务的加工层次上要深入，其中针对学术期刊的加工，三个数据库提供商不仅对题名、作者、机构、分类号等外部特征进行了加工，而且对关键词、摘要等内容特征进行了加工。除了维普数据外，万方数据和 CNKI 在资源收集的范围上都比较广，覆盖主要出版类型的知识源，并对各类资源中具有引文的特征项进行了加工处理，尤其 CNKI 在全文检索和外部特征项统计分析的处理上更进一步。在知识服务的生命周期上，三个数据库提供商都注重在知识采集、知识组织、知识分发和知识利用与反馈几个环节上下功夫。CNKI 在学术期刊、学位论文、专利文献和科技成果几个知识源加工上已经跨入知识挖掘的阶段，当获取检索结果后还能得到与结果相关的统计分析、引文节点表示与链接。总之，从三个典型的数据库提供商对产品加工和提供服务可以看出，向用户提供知识型的产品与服务已经贯穿于各个服务机构的业务活动中，各个服务机构更加重视利用先进技术开发知识服务产品与提供方便快捷服务。但是，各个服务机构提供的产品与服务差异化不大，且在知识的创新方面还有待提高。

3.2　数据驱动的知识服务战略管理的内涵

将战略管理理论与方法导入知识服务活动中，就是运用相关的原理和方法研究知识服务战略管理的问题，提炼形成可指导知识服务的具体理论。

3.2.1　从战略高度研究与探索知识服务的意义

与处于市场竞争中的企业相比，图书情报机构的竞争性不那么迫切，尽管目前国内数据库提供商争夺市场的硝烟此起彼伏，但是大多数图书馆和情报研究所是不可能被推到市场的风口浪尖上的。然而图书情报机构如果要从长久生存与发展角度考虑自身命运和对客户的满足程度，显然现在的状态是难以支撑的。从前面的调查与分析中不难看出，我国图书情报领域的各个机构在发展的过程中，普遍还没有清晰而较独特的机构目标、定位，各个机构的服务产品与服务模式趋于同质化，在宏观上缺乏从整体角度系统考察知识服务的加工层次和发展阶段，在微观上缺乏从局部角度分阶段建立与完善知识服务体系和布置各个环节的任务。因此，有必要将图书情报机构的知识服务提升到战略高度来进行讨论，通过战略规划的实施将知识服务的理论应用到实践中去，引入战略管理理论与方法的意义体现在以下几个方面。

1. 引导服务机构系统性地洞察外部环境及变化

从前文的研究可知，知识服务不是简单的数据、信息或知识的管理，其内核由知识服务三维框架理论构成，每个维度都包含着许多关键构件，同时各维度之间又存在着相互作用。而要支撑这个内核有效运转，还必须一系列的要件，同时要考察行业与社会等外部环境因素的影响。对已经投入或着手实践知识服务的机构而言，外部环境的现状、发展与变化趋势时刻左右其发展目标的一致性、资源配置的适用性和产品开发的深广度等，如用户需求倾向、认知行为、消费能力的变化影响；行业主导产品与服务及技术热点、投资风险的迁移；竞争者的新产品、新技术、新服务；经济、技术、文化、政治、法律等环境要素的变化；等等。

服务机构如果不及时跟踪与把握用户需求、行业发展和社会演变，仅仅从内部角度出发开展知识服务活动，就会导致服务的盲区或者竞争的劣势。国内目前仍有一些服务机构还沿袭过去的服务传统，在开展服务业务时既不调查用户的需求和竞争者的行为，又不真正研究知识服务的外部环境和自身的实力，只是在形式上做做文章，更谈不上战略规划，使许多服务资源的建设重复、服务产品的加工层次低、服务效率低下、用户满意度不高，导致大量的人力、物力和财力的投入得不到回报。因此，只有将战略管理的理论与方法导入图书情报机构开展的知识服务活动中，才能使各个机构在先进的理念与管理方法引导下，高瞻远瞩地从战略分析、战略选择和战略实施环节来谋划知识服务，系统性地区分与选择应跟踪影响知识服务的外部环境要素，时刻捕获关键要素的变化，及早发现环境变化产生的机会和可能带来的威胁，使实施的知识服务活动可持续发展，使知识服务成为图书情报机构核心竞争能力的重要支撑。

2. 指引服务机构前瞻性地制订知识服务的规划

当今社会，知识服务不但成为经济的一个总体特征，而且成为当前各组织机构主要的经济竞争手段和谋取优势的途径，更是图书情报机构抓住未来发展机遇的重要选择。知识服务是图书情报服务工作的重要组成部分[1]，可以说它是图书情报机构的市场卖点、竞争基础和利润之所在。

知识服务是图书情报机构战略发展的需要，因此要使知识服务有目标、有计划、可持续实施，满足用户需求的同时要为服务机构带来经济效益和差异化的竞争优势。目前，面对同类服务机构推出同质化的产品与服务及创新乏力的现状，知识服务更加迫切需要战略管理理论与方法的指引。图书情报机构只有运用战略管理的方法，遵循战略分析的流程，在研究与分析用户、供应商、现有竞争者、潜在进入者及替代者这五种力量对本机构影响的基础上，结合外部环境的考察，明辨存在的机会、威胁及可对比的优劣势，审时度势，明智地选择并确定自身的服务理念和目标定位，才能制订出具有适应未来发展和利益相关者期望的战略规划，制定出激励机制和管理措施，调动与整合服务团队，创造出有价值的产品，推出有效的服务营销策略，使图书情报这个“生长着的有机体”深深地扎根于现实社会，充满活力地担负起时代赋予的知识服务新使命[2]。

3. 指导服务机构有机地开展不同阶段或者不同层次的服务活动

知识服务本源构成复杂，相关支撑要件和影响因素繁多，知识服务活动的开展是一项复杂的工程。如果没有管理学的理论与方法来指导，知识服务的开展就可能顾此失彼，或者只停留在个别阶段或者低级层次上。

根据知识服务三维框架理论，以实现知识价值链为出发点的知识服务可以区分出不同阶段或不同层次，任意一个图书情报机构在开展知识服务活动中要全方位地覆盖各个阶段和不同层次，显然是没有必要和不可取的。图书馆、情报研究所、数据库提供商等图书情报机构可根据自身的机构特征，以战略规划为指引，选择重点开展的业务活动阶段或层次，并运用管理方法，组织、领导、控制服务活动，使服务人员、设备、制度等要件支撑服务资源、流程、加工层次在不同维度上有机运作，形成各自的服务特色，且与上下游机构协同合作。

3.2.2 战略管理的内涵

1. 战略与战略管理的定义

战略一般是指组织在市场经济体制下，根据组织内外环境及可得资源的情况，为求得组织生存和长期稳定的发展，是对组织发展目标、实现目标的途径和手段所进行的总体谋划。

战略管理的定义分为广义和狭义两种。广义的战略管理是指对一个组织实施战略管理，要以整个组织为管理对象，是对一个组织全过程和全方位的管理[3]。狭义的战略管理，即企业为实现战略目标、研究战略环境、制定战略决策、实施战略方案、评价战略绩效的整个动态管理过程[4]。战略管理要解决的核心问题是现在在哪里、准备到哪里和如何到那里，如图 3.5 所示。

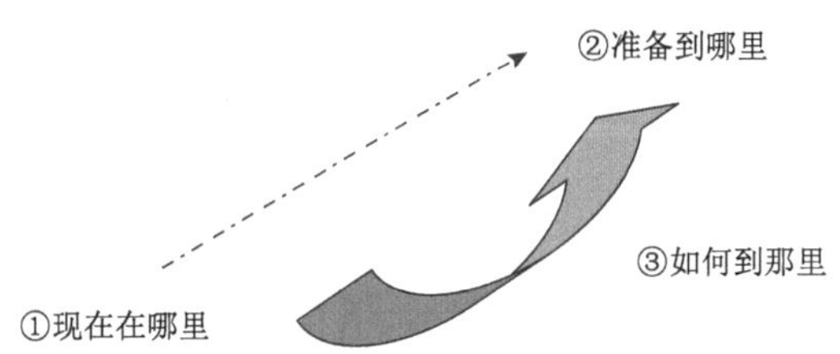

图 3.5　战略管理要解决的核心问题

解决“现在在哪里”的问题就是要回答一个组织运营所处的环境如何，以及资源容量有多大。所以，需要组织认真分析自己的内部实力（优势和劣势），考察组织的外部环境（机会和威胁）后，在系统研究的基础上回答组织现在处于何处的问题，使组织明确自己的位置。当组织的内部实力和外部环境不断发生变化时，组织只有时刻明了自己在经营环境中的位置和清楚拥有的资源容量，才能生存和发展。

在明确自己的位置后，组织还要明确自己今后向何处去。解决“准备到哪里”的问题就是要回答一个组织如何在所处的环境和拥有的资源条件下制定发展的使命和目标。使命是意图的表述，与一个组织的主要利益相关者的期望和价值观相一致，涉及组织的总体目标、经营范围和界限。目标通常是与使命相一致的、对组织方向的一般表述。组织的使命就是组织存在的理由，它规定组织将以何种方式、何种产品或何种服务去满足哪一个市场的哪一部分需求。目标是组织未来活动所要得到的结果。

解决“如何到那里”的问题就是要回答一个组织对实现使命和目标的策略、途径、手段如何进行选择。这种选择包括组织在组织结构、人员配置、产品或服务、资本运营、研究开发、市场及营销策略等方面的决策、计划、实现及评估等。

2. 战略管理的主要内容

自起源以来，战略管理出现诸多学说，归纳起来主要有十大学派，综合战略管理各个学派的划分，战略管理的内容包括九个步骤、三个阶段，如图 3.6 和图 3.7 所示。其中步骤①～⑤都属于第一阶段，步骤⑥、⑦为第二阶段，步骤⑧、⑨为第三阶段。

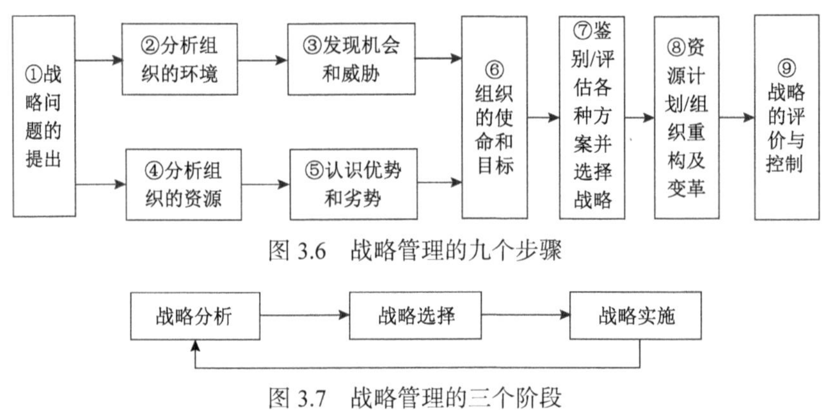

图 3.6　战略管理的九个步骤

图 3.7　战略管理的三个阶段

1）战略分析

战略分析是战略选择与实施的基础和前提。战略与一个组织运营的环境相匹配，与将组织的活动与它的资源容量相匹配有关，受那些在组织内或组织周围有权力的人们的价值观和期望的影响。战略分析是为了了解一个组织在所处的行业环境中的地位及可能的变化，收集有关行业环境和外部宏观环境要素及变化的信息，结合组织资源和利益相关者的期望，提取和研究关键环境要素及对组织的影响，分析组织面临的机会和威胁及与竞争者比较的优劣势，进而判断组织所处战略地位的过程。

2）战略选择

战略选择是战略管理中十分重要的环节。在一个组织内部，战略是分层次的，一般可分为三个层次：第一是公司层，解决的主要问题是关于组织的整个经营范围的，从结构和财务角度考虑该如何经营，如何将资源分配到不同的经营中；第二是竞争层，解决的主要问题是如何在市场中竞争，开发哪些产品和服务并将其投放到哪些市场，以及产品和服务满足用户需求的程度；第三是经营层，解决的主要问题是组织各个职能部门为如何实现公司和竞争战略服务。战略选择就是要在战略分析的基础上，确定本组织的使命和目标，考虑与制定组织在不同层次的战略方向和各种战略方案，并采用匹配性、适用性、可行性和可接受等指标进行战略方案评估，最后选择出组织战略方案的过程。

战略方案是组织在战略思想（系统、远视、忧患、创新、善变）指导下，在对环境及资源进行深入细致分析的基础上提出的长远、纲领性的总体设想。一个完整的战略方案包括使命、目标、阶段、重点和措施。

3）战略实施

战略实施包括实施、评价与控制。

实施是战略具体贯彻转化为行动的过程，是组织按照战略方案的要求，合理有效地配置资源、发挥优势、把握时机、实现组织战略目标的具体行动。这些行动包括设计或重构组织结构、编制资源执行计划、改变用来管理组织的系统、克服工作阻力等。一个好的战略需要通过与之相适应的组织机构、人员配备去执行。战略实施计划是把战略方案具体化，规定战略任务的轻重缓急和时机，明确具体的工作项目和期限。为有效克服工作阻力、保证战略顺利执行，组织最高领导必须选用指挥、协调、激励等手段，推进战略执行。

评价与控制是指在战略计划执行过程中，选择恰当的方式和手段，将实际实施情况与实施计划加以比较，发现偏差，分析原因，采取纠偏措施，保证战略方案准确、及时地实现。评价与控制包括三个基本要素：设立标准、衡量绩效、纠正偏差。设立标准，应从质（定性）和量（定量）两方面考虑，并尽可能采用战略方案中的目标或执行计划中的指标（项目）。通过管理信息系统汇集战略执行的各种信息，并将这些信息与控制标准进行对比，查看实际与标准相符或相悖的情况，若实际与标准相悖，就必须查明原因，并采用一定的手段或方法予以纠正[5, 6]。

3. 战略管理的现实意义

战略管理能够帮助组织统筹全局的谋略、计划和方针，可以说它是组织的方向盘和指南针，在组织发展中具有非比寻常的意义，概括起来有以下三点。

（1）战略管理可以为组织提出明确的目标和发展方向。组织管理者可以运用战略管理的理论和方法，确定其经营的战略目标和发展方向，制订实施战略目标的战术计划，从而修正组织管理的短期目标，促使组织在全面了解预期的结果之后，采取准确的战术行动以确保在取得短期业绩的同时实现组织原定的战略目标和发展方向。

（2）战略管理能为组织迎接一切机遇和挑战创造良好的条件。现代组织面临的外部环境是变幻无穷的，这种变幻既给组织带来压力，又给组织带来意料之外的机遇和挑战。战略管理理论和方法有助于组织高层管理者集中精力迎接这种机遇和挑战，分析和预测目前和将来的外部环境，采取积极行动优化组织在环境中的处境，使组织有能力迅速抓住机遇，减少与环境挑战有关的风险，更好地把握组织未来的命运。

（3）战略管理可以将组织的决策过程和外部环境联系起来，使决策更加科学化和规律化。由于环境条件的变化性和复杂性，任何组织都将采取一定的措施来适应。非战略管理的组织，只能采取被动的防御决策，仅在环境发生变动之后才采取选择，则十分被动，成效有限。而战略管理的组织则可以采取进攻、防御决策，通过预测未来的环境，避免可能发生的问题，使组织更好地适应外部环境的变化，更好地掌握自己的命运。

3.2.3 数据驱动的知识服务战略管理内涵与要解决的核心问题

图书情报机构知识服务战略管理的内涵是图书情报机构为实现知识服务的战略目标，研究自身知识服务所具有的优势、劣势、机会、威胁，制定战略决策，实施战略方案，评价知识服务战略绩效的整个动态管理过程。

借助战略管理理论，图书情报机构的知识服务战略管理过程需要经历战略分析、战略选择和战略实施三个阶段。在战略分析阶段，图书情报机构需要充分考察社会和行业环境要素，了解与评估自身的资源实力，进而明确自身在行业发展中所处的地位；在战略选择阶段，图书情报机构可以知己知彼地分别从公司层、竞争层和经营层选择与制定不同的战略；在战略实施阶段，图书情报机构需要制订细致的计划、整合资源和组织人员实施。

同样，图书情报机构知识服务战略管理要解决三个核心问题。不同的是，将战略管理理论与基于数据驱动的知识服务三维框架理论结合时，图书情报机构知识服务战略管理可以从生命周期维、资源维和层次维三个角度出发，分析机构自身知识服务在各个维度上所具有的优势、劣势、机会、威胁，研究制定战略决策，实施恰当的战略方案。尤其是在选择与制定竞争战略和经营战略时需要解决的核心问题是图书情报机构所能开展的知识服务在各个维度上现在在什么阶段或层次、准备到什么阶段或层次、如何到那里，如图 3.8 所示。

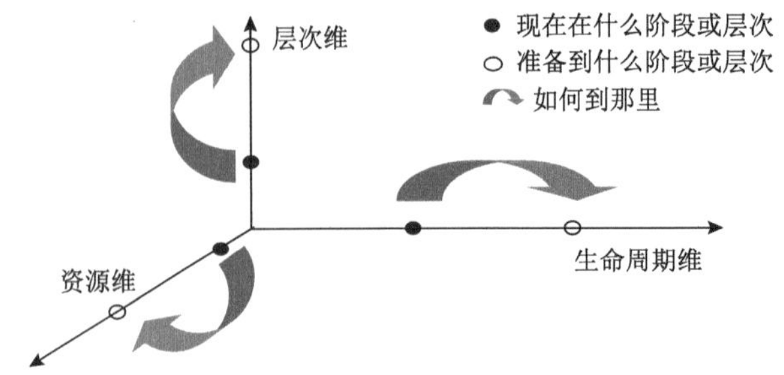

图 3.8　基于数据驱动的知识服务战略管理要解决的核心问题

具体来讲，图书情报机构知识服务战略管理主要围绕着解答上述三个问题而展开。

1. 现在在什么阶段或层次

这是一个知识服务战略分析的过程，需要图书情报机构审慎地考察开展知识服务的外部环境如何及将要发生什么变化，认真地分析自己和竞争者开展知识服务的实力和地位。在系统研究的基础上，首先，发现外部环境变化可能带来的机会或威胁，找出与竞争者比较优势和劣势，分析自身在所处行业或者同类服务机构中的地位，回答是领先还是跟随等问题；其次，进一步回答自身所开展的知识服务在生命周期维度上现在处于何种阶段及在层次维度上处于哪些层次等问题，使图书情报机构明确知识服务活动所处的位置。当内部实力和外部环境不断发生变化时，图书情报机构只有时刻明了自身知识服务开展的状态，不断地与竞争者比较，才能更好地适应外部环境为用户提供所需的服务。

2. 准备到什么阶段或层次

这是一个知识服务战略选择的过程，也就是规划与制定知识服务开展的使命和目标及选择不同层次的战略方案。在明确了自己的位置和进行竞争性分析后，图书情报机构还要明确本机构开展的知识服务今后向何处去，也就是将要达到什么阶段或进入何种层次。知识服务开展的使命是在与竞争者比较过程中，决定并规划本机构知识服务的总体目标、产品与服务的范围和界限。知识服务的目标是未来发展所要得到的结果。围绕着知识服务使命和目标，图书情报机构需要制订公司层、竞争层和经营层的各种战略方案，并遵循战略方案评估的方法对备选方案进行评估和选择，最后决定将以何种方式、何种产品或何种服务去满足哪一个市场的哪一部分需求，如在竞争层上是选择领先战略还是差异化战略，领先战略或差异化战略是否与本机构相匹配、可行和可接受，领先战略或差异化战略对应哪些产品与服务，决定将服务资源加工到哪些阶段或层次等。

3. 如何到那里

这是一个知识服务战略实施的过程，是图书情报机构实施知识服务规划，配置资源，设计或重构组织结构，制定各种管理机制，分析各种管理活动中的人和机制，并加以评价和控制。与竞争者相比，战略实施的计划越有新意、越周详、落实越到位，在行业或同类机构中取得的优势和获取的收益越大。

以国家图书馆为例，国家图书馆在分析内外部环境和自身优劣势时指出：现代信息技术的迅猛发展、先进的计算机与网络设施的出现为图书馆开展知识服务提供了广阔的发展空间，也带来了网络内容服务商等与图书馆展开的技术、人才和服务的竞争；同时，数字图书馆的出现丰富了知识服务所能提供的资源，增强了知识获取的便捷性。而国家图书馆本身存在着一些制约知识服务发展的不合理因素，如知识服务的人才结构不尽合理、缺乏高层次复合型人才、硬件设施陈旧老化等，降低了知识服务的能力。因此，国家图书馆认为应以全面构建创新型知识服务体系为目标，实施“服务立馆”战略。服务工作以读者为中心，从一般性的文献借阅服务向深层次、个性化服务推进。服务手段以到馆的、手工的文献借阅服务与远程的、网络化的文献信息与知识推送服务并举。在此基础上，强化参考咨询业务，开展虚拟参考咨询服务，并针对重点服务对象，逐步试行学科馆员服务制度。同时，实施“人才兴馆”战略，引进与培养知识服务的各类人才，建设适应知识服务发展的人才队伍[7]。

3.3　知识服务战略管理影响因素研究——以图书情报机构为例

从图书情报机构知识服务战略管理研究的问题可知，组织的资源实力和外部环境是战略制定的基础，也是支撑知识服务三维框架理论有效运转的条件。分析组织资源和环境因素对知识服务的影响，提取出关键要素是研究图书情报领域知识服务的必要环节。

在知识服务的影响因素方面，戚建林[8]认为：知识服务的影响因素主要有社会发展环境、知识服务人才和知识服务理论。社会发展环境对知识服务的影响主要体现在两个方面，一是社会对图书馆的知识服务活动功能及作用的认可程度，二是社会对图书馆的知识服务活动发展条件的保证程度，信息政策法规对知识服务的影响；高素质的知识服务人才队伍的形成，是开展知识服务的重要保障，也是知识服务活动有效进行的前提条件；开展知识服务需要以知识服务理论研究为基础，理论研究的滞后，最终必将制约知识服务的向前发展。曹伟华[9]则从三个方面来阐述影响知识服务质量的因素，首先是知识资源的可支持性，这除了馆藏文献资源外，主要指知识库结构质量和内容质量；其次是知识服务人员的素质，它是知识服务质量的关键要素；最后是用户因素，在知识服务的过程中尤其是在知识咨询的过程中，用户如何准确、充分表达自己的知识需求，这也直接影响知识服务质量。

为全面而系统地分析图书情报领域知识服务的影响因素，本书将在战略管理理论指导下，引入管理学系统论的思想，提炼出知识服务一般的实现模式。在此基础上，提取出知识服务的内部的要素结构因素和外部的关联结构因素两大类影响因素，构建知识服务体系，以支撑基于知识服务三维框架理论的知识服务流程的有效运作。

3.3.1　导入管理学系统论的意义——管理学系统论概述

系统是由相互作用和相互依赖的若干组成部分结合成的具有特定功能的有机

整体。任何系统都有一定的结构，系统的结构是系统保持整体性及具有一切功能的内在根据，也是系统内部各组成要素之间在时空方面有机联系与相互作用的方式或顺序。系统的结构在整体上具有稳定性、层次性、可变性及相对性等特征。然而科学合理的结构不一定能实现系统功能，系统功能的发挥既受到系统内部结构的制约，也受到系统外部环境的制约[10]。

系统方法是按照事物本身的系统性把对象放在系统的形式中加以考察的一种方法，即从系统的观点出发，始终着重整体与部分（要素）、整体与外部环境之间的相互联系、相互作用和相互制约。系统中各部分即使并不优越，但构成协调一致相互配合的统一整体却可产生优越的功能；反之，即使各部分是优越的，但缺乏协调统一相互联系和制约的整体可能产生并不优越的功能。系统论应用于管理科学，是用系统理论和观点来考究组织机构，对管理要素、管理组织及管理过程进行系统性分析，旨在优化管理的整体功能，实现管理的最佳目标和效率[11]。同时，系统论也使人们注意到任何社会组织都具有开放系统的性质，从而要求管理者不仅要分析组织的内部因素，解决组织与内部因素的相互关系问题，还必须了解组织的外部环境因素，注意解决组织与外部环境的相互关系问题。

图 3.9 表现了系统内部与外部相互作用的过程。其中因素 A、B、C、D 代表系统内部因素，它们之间相互联系、相互作用，合成一个协调一致相互配合的统一整体，产生优于部分单独产生的功能。在组织中，这些因素可能体现为组织结构、组织文化等。只有因素各自优越，并且相互协调，共同作用，才能使整体发挥更大的功能。系统功能的发挥除了受到系统内部结构的制约外，也受到系统外部环境的制约。外部环境因素对于组织来说可能体现为经济发展、市场制度等。系统与外部环境的各个因素相互联系、相互作用并且相互制约。因此，要想实现整个系统的目标，就必须了解一个系统的外部环境因素，并且注意解决该系统与外部环境因素之间相互关系的问题。

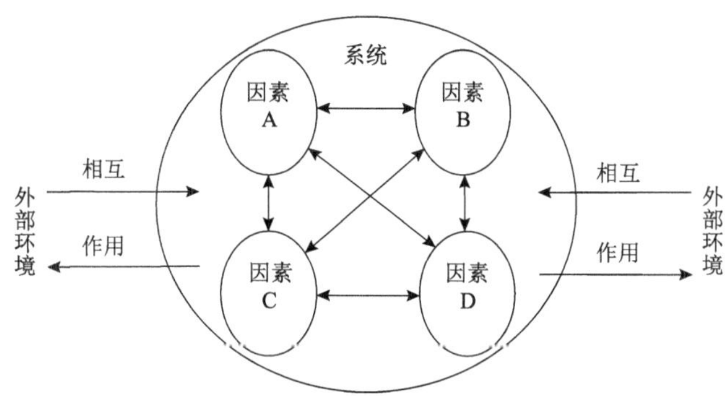

图 3.9　系统内外部结构相互作用图

在自然界存在着各种各样的系统，尽管在构成与功能上表现出较大差异，但是都具有层次性（大系统由若干小系统有机组成）、整体性（若干相互联系相互作用的部分形成具有一定结构和功能的整体）和有序性（结构的有序）这些共性。而相比于无机物组成的系统，社会系统还具有目的性和环境适用性等特性。

图书情报机构只有以组织资源、环境和利益相关者期望为基础制定知识服务战略，整合组织资源要素和采用先进技术方法，针对传统馆藏、电子馆藏和参考资源进行不同层次的、不同阶段的加工，形成各种满足用户需求的产品和服务，使基于知识服务三维框架理论的知识服务流程顺畅运转，才能使知识服务的目标得以实现。所以，图书情报机构知识服务的实现是在组织的资源要素支撑和外部环境要素作用与制约下，以知识服务流程为内核运作的，是一个系统化的过程。因此，借助管理学系统论，以系统的层次性、整体性、有序性、目标性和环境适用性等观点考察知识服务实现的一般模式，就可以找出构成和影响知识服务实现模式中的若干内外部要素及要素之间相互联系相互作用的关系。

3.3.2 图书情报机构知识服务实现的一般模式

模式是指对客观事物的内外部机制的直观而简洁的描述，它是理论的简化形式，可以向人们提供客观事物的整体内容。知识服务实现的一般模式就是对知识服务实现过程中内外部因素相互作用与制约的直观而简洁的描述，是知识服务包含的整体内容的反映。根据知识服务流程和管理学系统论，本书将图书情报机构知识服务实现的一般模式提炼为以下几个方面。

1. 用户需求——接受提问、分析潜在用户获取需求

用户需求是知识服务的起点和知识服务定位目标客户群的出发点。图书情报机构一方面可以通过面谈、询问、电子邮件（electronic mail，E-mail）、在线注册、在线咨询、咨询申请单、调查等方式获取用户的提问，另一方面通过对潜在用户群的职业特征、知识结构、年龄结构、知识需求倾向等进行数据分析，将用户提问与分析结果结合，形成本机构知识服务的用户需求，并构建用户需求知识库。

获取用户需求阶段，图书情报机构要千方百计地弄清用户明确表达出的想法和潜在的意图，尽可能详尽地了解用户所处的环境、用户要研究问题覆盖的范围及学科发展等。尤其当用户有复杂的知识需求时，并期望知识服务人员提供解决其问题的知识内容时，图书情报机构需要充分了解问题所涉及的专业知识、相关领域发展概况、国内该领域的研究现状及其他相关内容。为了更准确把握用户意图，知识服务人员还需随时同相关学科的专家讨论，使那些曾经不明确、不充分、不具体的需求逐步明朗化，将隐性需求变为显性需求，使知识服务真正做到满足

读者用户的需求。只有如此，图书情报机构才能真正了解用户目的和潜在用户的需求特征，认清目标客户群的范围，制定出可行的知识服务战略。

2. 图书情报机构选择与制定知识服务战略

在这一环节，图书情报机构对外部环境变化及发展对本机构的影响进行分析，并与竞争者比较对本机构的资源实力进行分析，提取出本机构开展知识服务的机会、威胁、优势和劣势，以用户需求为基础，结合利益相关者期望，选择和制定知识服务的公司战略、竞争战略和经营战略，包括知识服务的使命、目标、服务客户群、领先或差异化竞争战略、经营范围、财务投入、资源分配、开发的产品范围、层次和服务的功能等。

影响知识服务的外部环境主要包括经济环境、科技环境、政策法规、人文环境，以及行业的现状与发展趋向等。图书情报机构的资源实力主要包括提供服务的机器设备及组成的服务系统（服务网站）等实物资源，人力资源，财务资源，组织文化、品牌、管理制度等无形资产。

3. 启动知识服务流程

这是知识服务实现的关键。在该环节，图书情报机构整合资源力量，利用外部机遇，激活知识服务人员智慧，充分采用先进技术工具，以知识服务战略为指引采集或购买服务资源，构建知识服务平台或系统，加工生产各种层次、不同系列的知识服务产品，构建图书情报机构的面向服务用户的学科知识库，并形成多样化、多效能的知识服务功能。

这一环节主要的因素除了上一环节的服务人员、服务设备、财务资源外，还包括信息资源、技术方法等服务资源及组织文化与管理制度等。

4. 利用知识服务系统或平台提供产品及服务并接受反馈

在前一个环节基础上，服务人员选择知识服务系统、公共服务、参考咨询和个性化服务等平台，并利用知识导航、知识定制、知识推送、知识检索、知识交换、知识嵌入等途径，根据用户的提问需求向其提供所需的产品和服务，如目录、文摘、全文、参考文献、热点领域线索、领域专家成果汇总、引文分析报告、热点问题综述、调查研究、共现聚类分析报告等。但是，知识服务尚没有结束，作为检验知识服务效果的用户反馈在知识服务中是非常重要的。图书情报机构还要协助用户运用知识产品及访谈询问、填写使用意见等方式，跟踪并接受用户的反馈。如果用户对图书情报机构提供的产品和服务不满意，知识服务提供者还需要根据用户意见重新加工生产知识服务产品。

用户意见反馈是知识服务质量的评价指标之一。知识服务流程的有效运转离不开接受服务用户的反馈，离不开用户对服务结果的评价，以及在此基础上的分析、调整、修改和重构。

5. 知识服务的结果记录

满足知识服务用户的需求后，知识服务提供者还需对知识服务产生的知识结果进行整理，并分类纳入学科知识库中，不断增加、更新、完善、优化知识库的内容，以便为今后的知识服务及用户需求提供依据。知识库不仅要重视显性知识、提问结果和最终形成的知识成果的收集与整合，还要重视对知识服务过程中一些隐性知识内容的收集。

知识服务实现的一般模式是以知识服务流程为核心展开的，是图书情报机构整合内部优势资源、利用环境机会的结果，如图 3.10 所示。在这个模式中包括一系列的因素，从中可提炼出知识服务的影响因素。

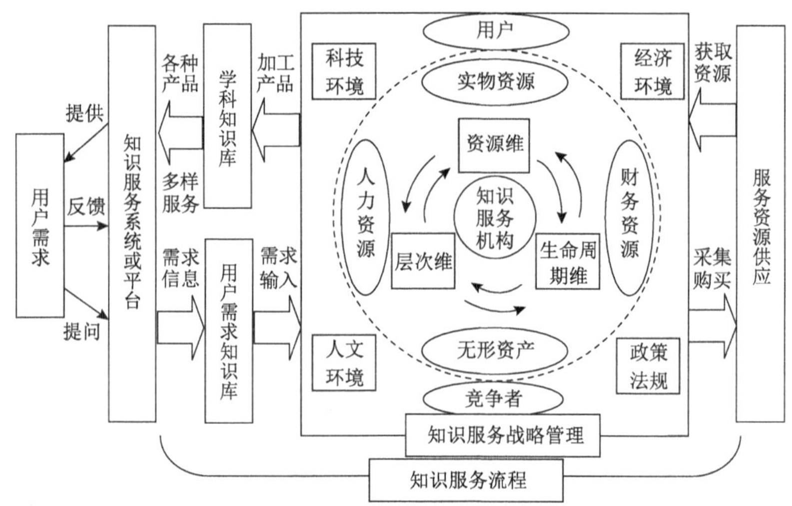

图 3.10　知识服务实现的一般模式

从管理学系统论的角度出发，对知识服务影响因素进行研究过程中可以发现，由于知识服务在实现过程中的开放性，在考察影响因素时，既要考虑知识服务机构在组织各种资源实现知识服务时各个资源组成部分的作用和影响，又要考虑向用户提供产品与服务所处的外部环境的作用和影响。因此，本书把知识服务的影响因素按照系统论原理划分为内部的要素结构因素和外部的关联结构因素。其中，知识服务机构拥有的实物资源、人力资源、财务资源和无形资产为内部的要素结构因素，而用户、竞争者、科技环境、经济环境、人文环境和政策法规就构成外部的关联结构因素。

3.3.3　影响知识服务战略管理的要素结构因素与关联结构因素

1. 影响知识服务战略管理的要素结构因素

内部的要素结构因素就是从知识服务机构资源实力的内在组成角度出发，分析作用与影响知识服务战略实施、知识服务流程运转和知识服务模式实现的因素。根据上文的分析主要包括以下几个方面。

1）实物资源

在知识服务成为现代图书情报机构核心能力和管理生长点的今天，如何组织与管理图书情报机构拥有的实物资源成为影响知识服务战略制定、知识服务流程运转、知识服务模式实现的基础和前提。对于图书情报机构而言，实物资源主要包括馆舍资源、设备资源、服务资源。

馆舍资源是指能够向用户提供产品及服务的工作人员从事产品加工的场所和环境，如阅览室、借阅室、参考咨询室、藏书室、电子服务室、计算机编目室、数据库加工室、情报研究室等。馆舍资源不仅包括数量规模，还包括场所的功能和环境。尽管在网络环境下，馆舍资源作用似乎越来越弱，但是相对于虚拟环境，用户对实体环境还是有很高的依存度，如在阅览室里查阅资料和接受知识的效率会比较高，许多电子化产品必须借助电子服务室才能发挥规模效应，参考咨询室提供服务的服务人员与用户面对面的交流互动是了解用户需求的重要途径。因此，馆舍资源是知识服务的物质基础，影响着知识服务战略定位的基准，影响着知识服务流程中加工资源采集与存储的规模、知识分发的途径和方法、知识利用与反馈的路径等[12]。

设备资源是指向用户提供产品及服务的工作人员从事产品加工所必需的设备，如传统的书架、桌椅和现代的计算机、网络通信设备等。设备资源是知识服务的物质基础，在网络环境下，计算机和网络通信设备的数量规模和配置尤其发挥着重要的作用，直接影响着知识服务战略制定的目标，影响着知识服务系统或平台建设的规模，影响着知识服务中服务资源加工的层次和效率，影响着知识采集、知识分发和知识利用与反馈的途径、覆盖面及效率等。

服务资源是指加工生产知识服务产品和提供产品所必需的原始资源、半成品资源、技术资源和服务软件、服务系统等资源，主要包括信息资源、信息技术与工具和知识服务系统或平台。

信息资源既是知识服务产品加工的原材料，又是可向用户提供的初级产品，是图书情报机构赖以生存与参与竞争的基础，包括服务机构采集或购买到的各种文献信息资源、网络信息资源，服务机构加工形成的馆藏资源、各种网络化或电子化信息检索系统资源，服务机构加工累计形成的参考信息资源（如专家档案文档、咨询问题文档、案例学习文档等）和用户信息资源（用户提问文档、检索记录文档等）。信息资源含有的主要是以文献、事实、数据等人类显性知识为表现的海量信息，是针对用户需求加工生产知识服务产品的原料，是服务人员将显性知识加工挖掘形成包含隐性知识在内的各种知识产品并进而构建知识库的素材和基础。

对于知识服务的实现而言，参考信息资源和用户信息资源是信息资源中重要的组成部分，充分开发与利用它们是知识服务有别于信息服务的重要特征之一。参考信息资源中的专家档案是指服务机构将服务人员的工作简历、研究成果、工作方法与技巧等采集并积累形成的文档资源，以便服务人员后续工作中使用和分享传递给其他人员；每个服务人员的信息资料除基本信息外，应该是动态变化的，这样有利于服务工作者服务质量、服务水平的提升，从而起到一定的激励作用。咨询问题文档是服务人员和用户均可查询的，针对用户问题的知识记录；按问题的难易度可分为常见问题文档、综合知识文档，按问题的学科属性可形成分类文档，以及形成提供主题检索的主题文档。案例学习文档主要包括由各种信息资源检索系统使用的案例、课件或讲座组成的文档，但其内容不应局限于将各系统的使用帮助进行形式的转化，而应在形式、内容、构建上体现服务人员从隐性知识升华而成的智慧[13]。用户提问文档和检索记录文档的建立始于每一位用户检索或注册之时，但并不以一次提问、检索或咨询完成而结束。通过用户信息资源的建立，一方面可对用户起到一定的约束作用，另一方面是通过用户的需求分析可以发现该用户的特点，为用户研究提供素材，还可为推送服务、定题服务等个性化服务提供依据。

信息技术与工具。图书情报机构采用信息技术与工具的目的是能够利用先进的技术与工具更好地加工生产知识产品，提供更好的服务。在网络环境下信息技术与工具是知识服务实现的助推器，信息技术与信息的采集、组织加工和数据挖掘等软件工具的应用，将为图书情报机构的战略制定、知识服务流程的高效运转和多样化的知识服务模式的实现带来一系列的变化。特别是当海量信息需要规模集成和深层挖掘并升华为知识时，信息技术与工具应用的程度和效果直接影响知识服务产品开发的层次和所处的阶段。

目前信息技术与工具在知识服务中的应用，主要是对数据和信息进行采集、编码、数字化、存储、分类、组织、控制、加工、处理、传输、检索等，通过文摘或全文、联机检索、搜索引擎、网上浏览等提供信息，让用户用自己的大脑判断信息是否有用，并将信息加工、吸收、提取或评价变成知识，信息技术与工具的利用水平和应用范围相对层次较低。知识服务要求将数据、信息充分而有效地转变为各种知识产品，及时分发传递给用户，并辅助用户消化吸收与利用知识产品及服务，这就要利用数据仓库、数据挖掘、数据库知识发现、人工智能技术等新技术获取信息中隐含的知识，用大型数据库、新型检索技术、智能代理、搜索引擎等存储与传播知识，用网格技术、组件技术等保证知识的充分共享。

知识服务要求人性化、个性化知识交流方式，在技术实现过程中需要更加突出情感认知、信念、美学艺术、人际关系、协同团队等因素。知识服务在满足用户需求方面，将更重视面向任务和用户的范畴分类、个性化、客户化、可视化、增值服务、按用户行为过程组织、系统集成、服务集成等；在内容方面，将更重视信息来源和类型多样化、精品化、专业化、层次化、动态内容更新、实时采集、内容过滤、知识抽取、概念分类、词汇控制、显性知识与隐性知识之间的相互转换等；在应用环境方面，将更重视动态虚拟资源、历史命脉、多维应用环境、经济法律人文因素、人与人之间的联系、社团联系等生态环境[14]。

目前在知识服务实施过程中，比较热门的信息技术与工具有本体、知识组织、数据挖掘、信息推送、数据导航、元搜索引擎、智能代理、知识地图、知识库等。本书将在第 7 章中研究探讨一些相关技术与方法在知识服务中的应用。

知识服务系统或平台。知识服务系统或平台是联系用户和服务机构与人员的媒介，可以是服务提供者和接收者得以联系的一个虚拟的环境，也可以是一个服务系统的形式体现。用户通过知识服务系统或平台享受知识服务，知识服务的提供者通过这个系统或平台向用户提供产品和服务。在网络环境下，知识服务系统或平台是知识服务产品得以分发和服务反馈得以接收的关口，其作用发挥直接影响知识服务的效果。知识服务系统或平台的建立、维护和发展需要依靠先进的信息技术，对服务过程中的各个环节进行有效组织和管理。

2）人力资源

人力资源由服务人员或服务提供者构成，是知识服务的主体，参与知识服务产品加工、知识服务系统或平台建设的各个环节，决定着知识服务战略的制定、知识服务流程的运转和知识服务模式的实现。服务人员既要具有某专业的知识背景又要精通图书情报业务，通过知识服务系统或平台向用户提供集成的、全面的知识服务产品和所需的服务。服务人员在某种程度上既是知识的接受与消费者，又是知识产品的加工与提供者，在消化、理解问题的基础上，通过对相关专业知识（显性知识）的搜集和利用，产生、形成含有自己的经验及思维成果的新的知识产品或成果提供给读者用户。在信息服务向知识服务转化过程中，服务人员隐性知识的积累、激活、分享与转化将发挥重要的作用，这也是知识服务区别于信息服务的关键所在。

在生产和提供知识服务产品过程中，服务人员要具有职业能力、专业能力和技术能力[15]，其中职业能力包括具备职业道德、进行产品的宣传和推销、提供全程信息咨询和服务、成为用户的信息代理和中介等；专业能力包括信息环境的分析能力、分析和评定用户需求的能力、生产和评估服务产品的能力、灵活调用各种信息资源和功能的能力、项目运作及管理的能力等；技术能力包括知识组织、数据库技术、数据检索、数据挖掘、知识集成、知识地图、知识库等信息技术的掌握与运用。

除这些专业技能外，图书情报机构还应该继续加强服务人员的教育[16]。具体来说，应当注意以下几点：提高服务人员对知识环境和知识结果的独特理解能力；服务人员应具有学习知识的能力；服务人员应注重培养创造性思维教育；服务人员应接受勇敢面对挑战的教育。

3）财务资源

一个图书情报机构拥有的财务资源包括货币的来源和使用，如资金的数量和获得渠道、现金管理，以及对债权人和债务人的控制，与货币供应者关系的处理等。财务资源是知识服务实现的物质基础，充足且不间断的资金是开展知识服务的重要前提。

4）无形资产

无形资产主要包括一个图书情报机构的组织结构、组织文化、管理机制、商标、品牌、机构形象等。在日益重视科学管理和机构商标与形象的现代社会，无形资产的作用越来越大。在提供同类或可替代产品的竞争环境中，无形资产左右着用户对所需产品和服务的选择，是一个机构能否使知识服务启动并发挥效益的关键。其中，组织管理机制正在成为知识服务实现的主导因素，基于数字化和网络化的图书情报机构的知识服务呈现出更为明确的专业化、课题化、个人化、集成化、动态化的特点，知识服务的科学管理体系和激励机制对组织结构的现实影响，正在从管理个体到管理团队再到管理组织的各个管理层面得以渗透和融合[17]。知识服务的发展迫切需要知识服务机构改进原有的信息管理模式，对组织机制进行变革、组织结构和管理方法进行创新，以建立支持知识服务的现代科学的组织管理机制。

2. 影响知识服务战略管理的关联结构因素

在分析了内部的要素结构因素后，接下来对外部的关联结构因素进行分析研究。外部关联结构因素是指知识服务所处的外部条件对其服务效果产生的影响因素。这些外部条件主要指用户、竞争者、科技环境、人文环境、经济环境、政策法规等。由于图书情报机构的供应者是社会性和多元化的，从信息来源看，有个体源、实物源、机构源及数据库源，图书情报机构一般采取采集调查和购买等方式获取信息资源。不同的图书情报机构有自己的专门信息资源渠道，也有公共的来源渠道。但是对知识服务而言，表现出的影响不是很大，因此，本书在具体研究时没有考虑供应商因素。

1）用户

这里的用户特指用户知识的需求。随着网络的迅速发展、知识经济的兴起及知识管理模式的出现，用户的知识需求已不仅表现为利用书目信息服务获取所需文献的线索或索取原文，还表现为希望图书情报机构能通过知识服务对收集的信息或知识进行创新，形成适合其需求环境的知识产品。这就要求图书情报机构深化服务工作，帮助用户发现知识、获取知识、利用知识，工作对象由文献单元深入知识内容单元中。

在知识服务环境下，用户的知识需求通常具有以下特点：①知识需求的多样性与个性化。每个用户的个体、组织、社会等多方面特征决定其对知识和信息的需求内容各有不同。②知识需求的专业化和综合化。用户专业化的知识需求和边缘学科、跨学科研究日益增多，使用户对相关专业学科或综合性学科的知识需求递增。③知识需求的集成化和高速化。从事高科技领域研究与开发的用户要求服务机构提炼出对其研究、管理及创新至关重要的知识，并提供给他们使用。快节奏的社会生活使得知识的采集、组织、分发及利用后的反馈也必须十分及时快速。④知识需求的电子化和网络化。随着计算机拥有量剧增和通信手段日趋发达，用户对信息的获取和利用的手段也逐渐朝着电子化、网络化的方向发展[18]。

用户的知识需求的表达与服务机构对用户信息的获取主要可以分为三种情况：①主动获取与被动表达。服务机构采用在网页上公布调查问卷、有针对性地以 E-mail 询问等方法主动获取用户需求信息，用户按照题目作答。②主动表达与被动获取。用户通过 E-mail 咨询、实时提交咨询、BBS（Bulletin Board System，电子公告板）讨论区表达需求信息，服务机构被动获取用户需求的相关信息。③主动表达与主动获取。用户在利用图书馆网站进行检索时，他们的需求是主动表达出来的。对这些信息的捕获，是服务机构主动获取用户需求的一个重要途径。首先，通过用户对检索工具的选择，计算检索工具的使用率，就可以比较检索工具的优劣；其次，从用户的检索词可以看出用户一段时间内的兴趣、研究领域等；最后，从用户的检索策略可以看出用户对检索语言的把握能力[19]。表 3.12 列出了用户需求表达的种类及相对应的服务机构获取用户信息的方式。

表 3.12　用户的知识需求表达类型与图书情报机构获取用户信息方式

用户需求表达类型	图书情报机构获取用户信息方式
主动获取与被动表达	图书情报机构在网页公布调查问卷、以 E-mail 询问
主动表达与被动获取	E-mail 咨询、实时提交咨询、BBS 讨论区
主动表达与主动获取	检索工具、检索词、检索策略

2）竞争者

竞争是商品经济的必然现象。图书情报机构长期习惯的国家事业、政府行为驱动、行政事业管理等运营模式已经不适应知识经济和开放市场。在市场经济条件下，竞争是任何一个组织机构在发展中必须学会的东西，包括图书情报机构。

目前，从行业竞争态势看，对以知识提供为主体的公共图书馆和数据库提供商来讲，竞争者较多、产品同质化、用户讨价还价能力强、产品可替代性强、潜在进入威胁大、行业退出壁垒大；对专业的情报研究所而言，竞争者较多、产品差异化大、潜在进入威胁较小、行业退出壁垒大。所以，面对信息环境的冲击，图书情报机构需要全方位发现自己的竞争对手，特别是那些潜在的竞争者，并进一步明确每个竞争对手的市场目标、竞争策略及其特点，分析竞争者的优劣势，做到知己知彼，才能有针对性地制定正确的市场竞争战略。

3）科技环境

进入 21 世纪，世界各国都将科学技术的发展放在重要的战略地位。我国在《国家“十一五”科学技术发展规划》中指出“我国科技工作将重点在‘发挥科技支撑与引领作用’和‘加强科技创新能力与制度建设’两个方面进行战略部署”。科学技术的发展促进了计算机技术和网络技术的普及，截至 2018 年 6 月底，我国的网民人数上升到了 8.02 亿[20]，越来越多的居民体验到了网络功能的强大。

另外，随着信息资源数字化建设的深入实施，包括多媒体在内的各类信息资源越来越多地被数字化并提供到各类网上。网上资源增长速度逐年递增，内容涉及政治、经济、科技、文化等各个方面，覆盖了社会生活的每一个领域。丰富的网络环境和资源，对开展知识服务极为有利，解决了以往知识资源拥有量低和知识的获取渠道不畅的问题，为知识服务的开展提供了基础条件。

4）人文环境

广义的人文环境通常泛指人类社会的各种文化现象，是人类在改造自然和改造社会过程中所创造的一切物质和精神成果的总和；狭义的人文环境特指人类的语言、文化及各种意识形态领域的活动所形成的物质和精神的境况氛围。人文环境与物质环境既有区别又密不可分。人文环境建设需要物质环境的支撑，而物质环境建设应该融入更多的人文环境，两者相辅相成，方能相得益彰。

随着社会经济及科技环境的发展，人们开展知识服务并获取知识服务的条件已经成熟，再加上社会文化教育的普及，社会公众对信息技术和信息服务活动功能和作用有了一定的认可，在意识形态上产生了对知识服务的需求。全社会信息意识、思维模式、社会风气状况[21]等都渐渐对知识工作的实际利用效果产生影响，因此服务人员将致力于研究如何改进服务质量，适应社会信息需求的变化，优化知识服务的功能和作用，努力提高人们的满意度。这些都在一定程度上推动了知识服务的发展。

5）经济环境

改革开放以来，我国已经实现了由高度集中的计划经济体制向社会主义市场经济体制的转换，从而使经济运作方式、思想观念、行为方式等各个方面都发生了根本的变化。面对市场经济的冲击，许多图书情报机构表现出更多的不适应和无所适从。市场经济对图书情报机构的冲击和影响是巨大的，一方面图书情报机构必须适应市场经济条件下社会需求的变化，及时调整服务形式和内容，另一方面则必须在管理体制、人才培养、激励机制、资金管理等许多方面与市场经济的管理体制相适应。随着改革开放进一步深化和市场经济的完善，市场对资源的配置起基础性、决定性的作用。图书情报机构受市场经济的影响，必须以社会需求为导向，建设特色馆藏并提供特色服务，满足不同用户的特殊需求。在市场经济大环境中，图书情报机构应注重社会效益和经济效益，通过建立产业化机制，逐步走上基于特色信息或知识产品增强机构核心能力的可持续发展的轨道。这样有利于把图书情报机构知识服务和其他的特色创收活动纳入市场经济有序的竞争中。因此，我国图书情报机构必须改变“重藏轻用”的观念，抛弃“等、靠、要”的经营管理思想，树立特色化、“用户至上”观念，强化服务意识，建立起面向市场，对用户需求快速反应的运行机制，制定特色的服务规范和管理模式[22]。

6）政策法规

图书情报机构的知识服务活动要想走上法制化、规范化的健康发展轨道，那么健全的信息政策法规就是重要的保障。改革开放以来，我国的信息政策法规取得了长足的进步，但从知识服务的角度来看，目前我国的信息政策法规建设还存在一些这样或那样的问题，如我国信息政策法规的总体水平还不够高，对知识服务的支持作用还有待于进一步强化。图书情报工作的有关政策法规不仅不健全和不完善，同时还跟不上形势的发展，满足不了知识服务的要求。我国信息政策法规体系框架虽已基本形成，但还存在一些空白点，如中国还没有信息法律，图书馆法等具体信息法律也不完善等，这些均对图书情报机构的知识服务活动的发展造成不良影响。

知识服务过程中的知识产权问题是信息政策法规对知识服务影响的典型表现。知识服务过程是一种利用现有信息资源为用户提供智力服务的过程，在这一过程中应当将知识产权保护作为知识服务的重要原则加以遵循[23]。

综上所述，本书利用管理学系统论从知识服务的内部要素结构因素和外部关联结构因素角度，提出了知识服务战略管理的影响因素，具体可见图 3.11。

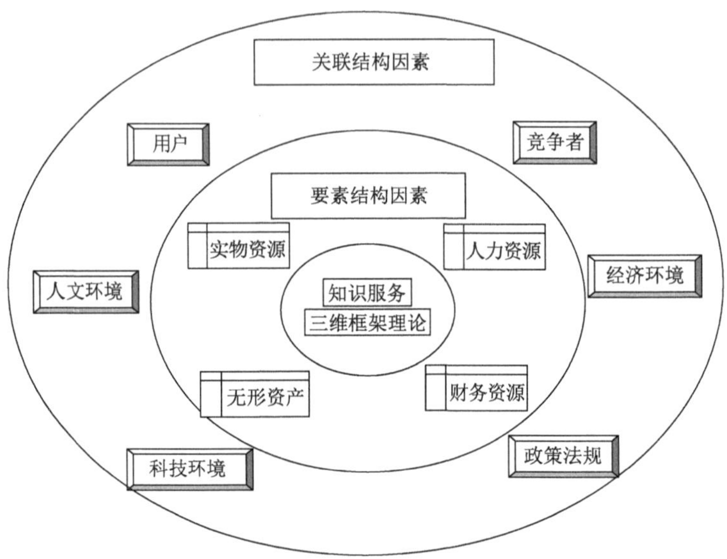

图 3.11　知识服务战略管理的影响因素

3.4　知识服务战略管理的影响因素合理性分析

为了考察知识服务战略管理影响因素的合理性，本书采用问卷调查、信度分析、均值分析的方法加以论证。在文献研究和讨论的基础上，本书进行了问卷的设计及完善，并采用 7 分量表的方式了解被调查者对知识服务战略管理影响因素构成合理性的态度。

3.4.1　变量的测量、问卷设计及分析方法

根据研究的目的，在两轮调查的基础上修改问卷的内容，形成了第三轮问卷（见附录 A），该调研问卷主要列出了知识服务战略管理影响因素的内部要素结构因素：实物资源、人力资源、财务资源和无形资产。然后列出了外部关联结构因素：经济环境、科技环境、人文环境、政策法规、用户、竞争者。为保证被调查者理解上述因素包含的具体内容，在问卷中给出每个因素的内容解释。

为了保证调研数据的精确和便于分析变量之间的影响关系，对上述变量的测量采用了利克特 7 分量表的形式，依照非常不合理、不合理、略微不合理、一般合理、略微合理、合理、非常合理（按同意程度依次递增）的形式，分别给予 1 到 7 的整数得分。

经过调研，所有问卷回收后，剔出了 8 份空白过多或通过样本甄别条件筛选

出不属于调查对象范围被调查者的问卷后，对最终得到的66份有效问卷首先进行了数据的录入和复核。随后利用SPSS 13对数据资料进行了统计分析。统计分析分为两个步骤。

首先是对样本回收情况及被调查者基本信息的描述性统计。通过对被调查者背景资料的常规统计，得到被调查者的基本信息，对照被调查者学历、学科背景等情况，考察本次调研对象选取的有效性。这里，由于描述性统计分析和第二章中的统计分析相同，所以不再赘述。

其次是对调查的信度分析与均值分析。计划采用信度分析中的Cronbach's α 系数来验证问卷的信度，并且根据 F 检验中的 p 值大小检验调查的重复测量效果。在判定问卷是否可信的基础上，统计均值的大小，从而判断结果是否合理。

3.4.2 知识服务战略管理影响因素合理性的信度与均值分析

将调查所得数据输入SPSS13，本书对要素结构因素和关联结构因素两组数据分别进行信度分析与均值分析。其中，信度分析根据Cronbach's α 系数来判定问卷的内部一致性，若该系数大于等于0.5，则表明问卷调查结果比较稳定，为很可信的；反之，则不然。

1. 要素结构因素数据分析

从回收的量表打分情况来看，总体来说，被调查者对要素结构因素的构成主要集中在非常合理、合理、略微合理上，个别要素结构因素如实物资源和人力资源，相当多的被调查者打了7分，即认为非常合理。关于知识服务影响因素中内部要素结构因素的合理性分布，如图3.12所示。

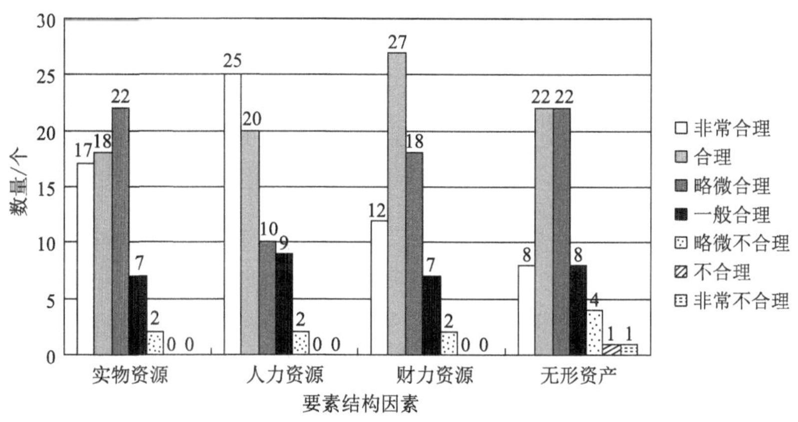

图3.12　内部要素结构因素的合理性分布图

但是，应当看到的是，在图3.12中部分因素的打分出现不合理或者非常不合理，如无形资产因素，经过了解发现，被调查者多数认为无形资产因素的解释在这里显得不是很清楚。另外，有些被调查者建议在实物资源中增加“可获得性或空间分布性”这种选项，他们认为人们一定喜欢利用方便获得服务。

在 SPSS 信度分析的界面上选择 Alpha 选项，输出结果如表 3.13 所示。Cronbach’s α 系数为 0.704，基于标准项目的 Cronbach’s α 系数为 0.707。参考可信度高低与 Cronbach’s α 系数的对照表，由于 Cronbach’s α 系数大于 0.7，因此可以得到结论：要素结构因素调查的各测量数据间显示出较强的正相关性，内部一致性较好，调查结果很可信。

表 3.13　要素结构因素信度分析输出表

Cronbach’s α 系数	基于标准项目的 Cronbach’s α 系数	项目数量/个
0.704	0.707	4

另外，在 SPSS 中选择 F-Test 进行 F 检验，输出结果如表 3.14 所示。其中，F=5.752，p=0.001。由于 p 值远小于 0.05，则拒绝原假设 H_0，接受 H_1，认为该因素不同水平下各总体均值有显著性差异，即因素的不同水平给观察值变量带来显著性影响。因此，判定问卷的重复测量效果较好。

表 3.14　信度分析 F 检验输出表（一）

<table>
<tr><th colspan="2">差异来源</th><th>平方和</th><th>自由度</th><th>均方</th><th>F 检验</th><th>显著性检验 p 值</th></tr>
<tr><td colspan="2">组间</td><td>174.080</td><td>65</td><td>2.678</td><td></td><td></td></tr>
<tr><td rowspan="3">组内</td><td>项目间</td><td>13.678</td><td>3</td><td>4.559</td><td>5.752</td><td>0.001</td></tr>
<tr><td>残差</td><td>154.572</td><td>195</td><td>0.793</td><td></td><td></td></tr>
<tr><td>小计</td><td>168.250</td><td>198</td><td>0.850</td><td></td><td></td></tr>
<tr><td colspan="2">总计</td><td>342.330</td><td>263</td><td>1.302</td><td></td><td></td></tr>
</table>

在信度分析的基础上进行均值分析，如表 3.15 所示。根据均值统计发现要素结构因素的均值都在 5 以上，这也就是说，它们的认同度都在略微合理以上，其中又以人力资源因素的认同度最高，均值达到 5.86；而无形资产因素的认同度最低，均值只有 5.23。观察标准差列，无形资产因素显示出的数值最大，表明无形资产因素的均值偏离其他均值最多。无形资产因素得分较低的原因是有的被调查者对该因素的理解不清楚，认为在图书情报机构中该因素的作用不是很大。

表 3.15　要素结构因素均值分析输出表

要素结构因素	均值	标准差	数量/个
实物资源	5.62	1.078	66
人力资源	5.86	1.162	66
财务资源	5.61	1.006	66
无形资产	5.23	1.238	66

综上所述，要素结构因素的调查结果在信度分析中表现出较高的稳定性，问卷信度较高；而在均值分析中，各因素的均值较高，标准差较小，表明被调查者对知识服务内部要素结构因素总体来说是比较认同的。因此，可以得到结论：知识服务内部要素结构因素的构成是合理的。

2. 关联结构因素数据分析

图 3.13 显示的是关联结构因素各组成元素的合理性分布。其中，超过半数以上的被调查者认为用户因素是非常合理的，而其他因素，如政策法规、经济环境、人文环境、科技环境的打分也多集中在 6 分或 5 分。除了人文环境、政策法规和竞争者各出现一个不合理项外，其余因素均未被判定不合理或者非常不合理，调查结果的合理性分布良好。

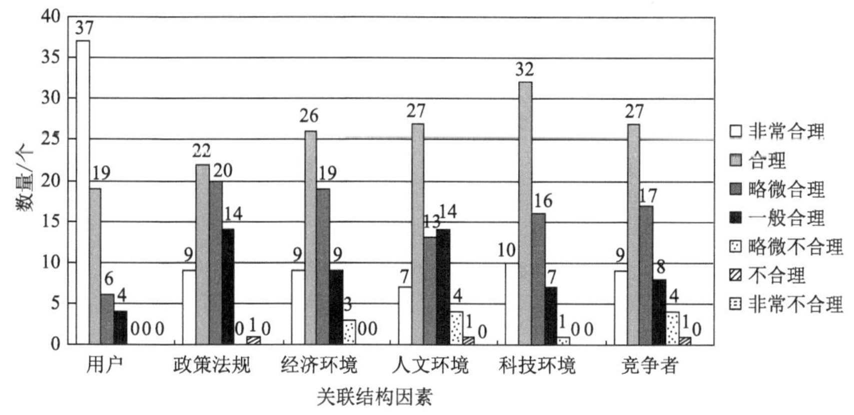

图 3.13　关联结构因素的合理性分布图

在 SPSS 信度分析的界面上选择 Alpha 选项，输出结果如表 3.16 所示。Cronbach's α 系数为 0.729，基于标准项目的 Cronbach's α 系数为 0.723。参考可信度高低与 Cronbach's α 系数的对照表，由于 Cronbach's α 系数大于 0.7，因此可以得到结论：关联结构因素调查的各测量数据间显示出较强的正相关性，内部一致性较好，调查结果很可信。

表 3.16 关联结构因素信度分析输出表

Cronbach's α 系数	基于标准项目的 Cronbach's α 系数	项目数量/个
0.729	0.723	6

另外，在 SPSS 中选择 F-Test 进行 F 检验，输出结果如表 3.17 所示。其中，F=14.323，p=0.0001。由于 p 值远小于 0.05，则拒绝原假设 H_0，接受 H_1，认为该因素不同水平下各总体均值有显著性差异，即因素的不同水平给观察值变量带来显著性影响。因此，判定问卷的重复测量效果较好。

表 3.17 信度分析 *F* 检验输出表（二）

<table>
<tr><th colspan="2">差异来源</th><th>平方和</th><th>自由度</th><th>均方</th><th>F 检验</th><th>显著性检验 p 值</th></tr>
<tr><td colspan="2">组间</td><td>180.354</td><td>65</td><td>2.775</td><td></td><td></td></tr>
<tr><td rowspan="3">组内</td><td>项目间</td><td>53.929</td><td>5</td><td>10.786</td><td>14.323</td><td>0.0001</td></tr>
<tr><td>残差</td><td>244.737</td><td>325</td><td>0.753</td><td></td><td></td></tr>
<tr><td>小计</td><td>298.666</td><td>330</td><td>0.905</td><td></td><td></td></tr>
<tr><td colspan="2">总计</td><td>479.020</td><td>395</td><td>1.213</td><td></td><td></td></tr>
</table>

在信度分析的基础上进行均值分析，如表 3.18 所示。根据均值统计发现，关联结构因素的均值都在 5 以上，也就是说，它们的认同度都在略微合理以上，其中又以用户因素的认同度最高，均值达到 6.35；而人文环境因素的认同度最低，均值只有 5.24。观察标准差列，人文环境因素显示出的数值最大，表明该因素的均值偏离其他均值最多。

表 3.18 关联结构因素均值分析输出表

关联结构因素	均值	标准差	数量/个
用户	6.35	0.886	66
政策法规	5.35	1.060	66
经济环境	5.44	1.040	66
人文环境	5.24	1.177	66
科技环境	5.65	0.920	66
竞争者	5.39	1.149	66

综上所述，关联结构因素的调查结果在信度分析中表现出较高的稳定性，问卷信度较高；而在均值分析中，各因素的均值较高，标准差较小，表明被调查者对知识服务外部关联结构因素总体来说是比较认同的。因此，可以得到结论：知识服务外部关联结构因素的构成是合理的。

3.5　基于卓越阶段理论的知识服务战略管理体系构建

在调查现状、分析存在问题的基础上，结合图书情报机构知识服务实现的一般模式与影响因素，构建知识服务战略管理体系就是从顶层上设计知识服务体系，以为知识服务流程的有效运转提供方向性的指引。

3.5.1　卓越阶段理论及将其导入知识服务研究中的意义

卓越阶段理论提供一种制定或评价组织机构绩效及发展从基本到卓越状态过程的理论框架，通过详细描述各阶段的特征与状态，及各阶段的联系及进阶过程，可使得目标制定者和被评价对象清楚地理解自身当前所处阶段及未来所期望达到的阶段，从而通过进阶或改进，帮助自身实现从低级阶段向高级阶段过渡。在卓越阶段描述模型中，核心支撑是标杆管理理论，即将自身内部各项活动与从事该项活动最佳者进行比较，从而提出行动方法，以弥补自身的不足。通过标杆管理的方法，在制定或评价的过程中根据不同层次的标杆内容（内部标杆、外部标杆、功能标杆、竞争性标杆）（与平衡记分卡的原理类似）来设定机构绩效发展和目标评价的标准及内容，作为组织绩效评价阶段划分的重要依据。卓越阶段理论已经被用到许多领域，如旅游管理[24]、制定供应链卓越阶段概念模型[25]、制订不同年龄组的游泳卓越阶段培训计划[26]、电信竞争能力评价[27]等。

1. 卓越阶段概念模型

在卓越阶段概念模型框架中，组织机构的绩效，如服务能力、水平、效果等是一个系统，难以从整体上对其进行描述与划分，因此可以根据标杆管理理论将综合绩效进行层层分解，细化到具体的绩效层面和影响要素，对每一个构成因素都从基本、发展、领先和卓越四个阶段进行阐述，然后对每个层次进行整合就构成了总体绩效。例如，旅游管理的卓越阶段概念模型如图 3.14 所示[24]。

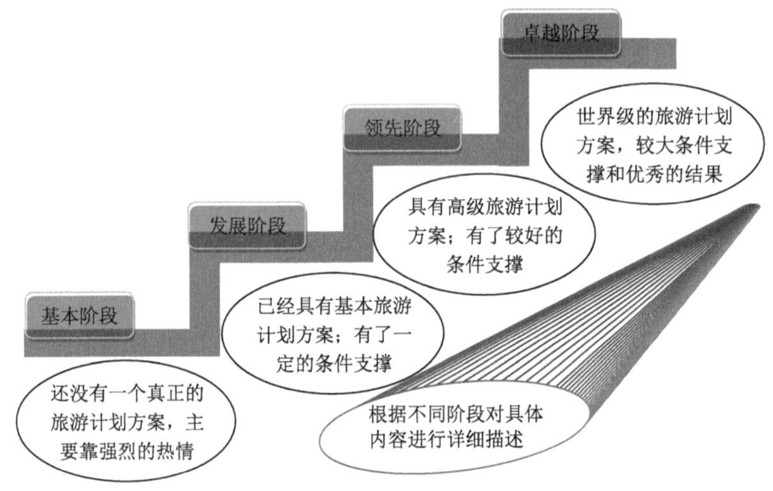

图 3.14　旅游管理的卓越阶段概念模型

该模型展示了旅游管理基于卓越阶段理论划分的四个阶段及每个阶段的绩效方案、影响因素等。

下面将以上海电信竞争能力评估为例，说明应用卓越阶段理论对电信服务机构的客户信息管理子能力进行评估时各阶段的划分和每个阶段的概念描述[27]。在该例中，客户信息管理子能力被划分为三个层次，即客户信息内容、客户信息内容整合程度和客户信息管理工具。每个层次的四个阶段概念描述如下。基本阶段：该机构的服务还处于能力建设的起步阶段，有些能力还不具备，正处在建立中，如基本阶段的客户信息仅限于客户的号码、姓名、住址等基本情况和每月收费及支付等计费信息。发展阶段：该机构的服务已经具备了基础的服务能力，并有一定的发展和细化，如发展阶段的客户信息除客户基本情况、计费信息外，还包括具体的分业务用量数据。领先阶段：该机构能主动将服务能力运用于日常业务中，已经进入行业领先的地位，并能持续提高和领先，如领先阶段应该建立客户基本信息模版，包括客户基本情况、计费、用量、消费行为和价值参数等信息。卓越阶段：该机构建立了跨行业的服务领先能力，成为电信行业中无可争议的领先者，并且能够凭借卓越的能力保持长期的竞争优势，如卓越阶段建立了客户基本信息模板，包括客户基本情况、计费、用量、消费行为和价值参数等信息，所有信息确保及时更新，并在所有业务领域及时应用这些客户模板，随时总结并预测客户需求。

2. 卓越发展阶段的判断

判断组织机构的绩效或所处发展阶段，主要采用标志性事件。标志性事件是指某一发展阶段在重点绩效或能力方面有代表性的特征。标志性事件可以通过以下几个方面来确定：①针对每种绩效或能力都有具体事件的描述。在上文的举例中，客户信息管理就是一个具体的事件；②在描述中完整地包括了具体行动、相关人员及成果等要素，如评价客户信息管理应该从哪些具体的方面进行等；③不同评价渠道对同一标志性事件的描述没有大的出入，即通过专家或者自评的时候对客户信息管理的描述都应相似。

标志性事件一般表现：一个流程的建立及与其他流程的对接（如生产和销售流程的建立与对接）、一种信息的收集利用（如客户信息的收集利用）、一种技能的掌握（如计算机操作技能的掌握）、一个支持系统的建立（如客户服务系统的建立）、一种指标体系的建立（如生产能力指标体系的建立）。

卓越阶段理论的重要价值在于通过逐渐升华的不同阶段的描述，为组织机构提供长期绩效或能力提升的方向，它可以使组织机构在制定绩效目标或设计竞争能力的长期发展路线时找到参照的原则，并且综合世界同行业机构的经验加以具体描述。当组织机构发现服务方面特定绩效或能力不足时，透过检视相应的阶段发展图，可以知道下一步发展方向，也就能使组织机构从各种方案中重新选择有效益且符合组织机构长期发展的方向。除此以外，通过标志性事件描述方法，卓越阶段理论为“软性”绩效或能力的改进工作制定了明确且有内部一致性的衡量标准。卓越阶段理论使用“事件”来定义各阶段的组织绩效或能力标准，不只是简单概念的描述，如等级一到五或者不好、普通、好，这种描述过于空泛。卓越阶段理论中的每一个阶段都有明确规定的不同要求，并且提出比概念更明确的描述，使组织机构容易转换成更加具体的实践方案。因为每一层次都有明确要求，界限相对明确，尤其在使用卓越阶段理论来评估现有绩效或能力时，允许人为自由调控的空间相对小，评估结果的客观性和可比较性会大幅提高。

3. 知识服务研究中导入卓越阶段理论的意义

通过上文对卓越阶段概念模型的理解可以看出该理论的应用十分灵活，它适用于不同层次的要求，同时卓越阶段概念模型框架能在不同的层次上操作，这为图书情报机构对自身服务体系构建和能力评价提供了可操作的模型，在图书情报机构知识服务中导入卓越阶段理论的重要意义主要体现在以下几个方面。

首先，知识服务的分阶段实施与卓越阶段理论的思想相匹配。因为知识服务最终体现的是对用户提供针对性极强的不断进化的深层次服务，在发展的过程中呈现出明显的专业化、目标化、个性化、集成化及动态化的特色。这种高层次的知识开发与利用在实现知识服务功能的过程中是有条件的，对每个服务机构来说必须依据自身的资源建设、人才储备、技术等状况来确定服务重心，需要在战略规划下分阶段逐步实现知识服务。因此，可以借助卓越阶段理论为知识服务的分阶段实施指明方向，使服务机构透过检视相应的阶段发展图，明确下一步努力的目标。

其次，应用卓越阶段理论可对战略管理知识服务体系和服务能力的不同阶段进行详细的描述。从知识增值链中可以看出，知识服务在不同生命周期或不同加工层次对知识服务体系和服务能力的要求是不同的，而简单笼统的知识服务战略管理体系和服务能力的概念描述并不能反映出知识服务在流动过程中价值增值的变化。通过卓越阶段理论的"事件"描述，可以非常清楚地找出知识服务的价值嵌入、增加和萃取的关键点，与之相匹配的知识服务体系和服务能力也将有明确的实践目标。

最后，卓越阶段理论的不同阶段可以对知识服务战略管理体系和能力要素进行对应层面的划分。知识服务的实施依赖于组织机构的内外诸多条件的支撑，那么支撑服务的能力要素是非常关键的，如在服务资源中信息技术支撑层面，可以有三个层次的描述，基本阶段具备信息采集、组织加工与传递的信息技术工具，发展阶段具有数据仓库和挖掘技术并拥有实现不同平台的连接和集成的网络服务技术，领先阶段建立在网络技术基础上的知识网格和协同技术及实现智能代理技术等。

3.5.2 基于卓越阶段理论的知识服务战略管理体系——以图书情报机构为例

知识服务战略管理体系是一个建立在统一的网络平台上的，由组织机构的内外多个要素参与和协调的立体结构，它在组织机构的战略管理规划指引下，支撑知识服务流程的有效运转，控制知识服务实现模式，协调图书情报机构中的物流、资金流、信息流、用户——服务人才流的合理循环，从而实现知识采集、知识组织、知识挖掘、知识分发、知识利用与反馈，以达到知识增值链的实现。

1. 图书情报机构知识服务战略管理体系的总体架构

本书认为知识服务战略管理体系的组成应该包括以下几部分：知识服务三维框架理论，知识服务战略管理理论，知识服务战略管理的要素结构因素、关联结构因素，知识服务系统或平台。其中，知识服务三维框架理论是知识服务战略管理体系的核心；知识服务战略管理理论是体系运行的指导思想；内部的要素结构因素和外部的关联结构因素是知识服务得以开展的内外部条件和保障；而知识服务战略管理系统或平台是整个体系有效运转的有力支撑。图书情报机构知识服务体系的总体架构如图 3.15 所示。

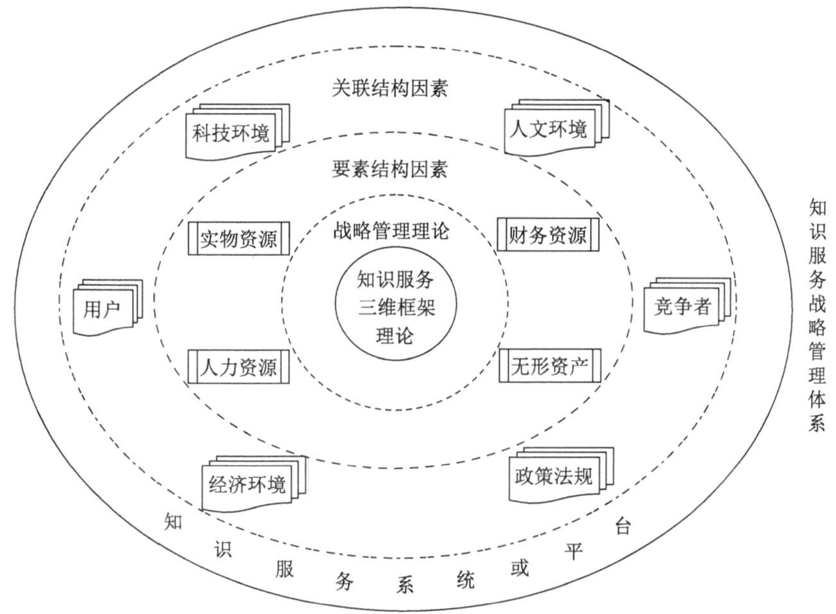

图 3.15　知识服务战略管理体系的总体架构

对图书情报机构来说，开展知识服务最核心也是最基本的工作就是要立足于知识服务三维框架理论，从知识服务的生命周期出发，根据知识服务的资源内容知识化、电子化、创新化的程度，并参照知识服务的不同层次，对知识服务产品进行加工生产，以及对用户使用产品效果进行评价。只有把握好知识服务三维框架理论这个内涵，知识服务的开展才能更加合理有效。

知识服务战略管理理论能够帮助图书情报机构研究自身知识服务所具有的优势、劣势、机会、威胁，制定战略决策、实施战略方案、评价知识服务战略绩效，从而实现知识服务的战略目标。因此，战略管理理论对图书情报机构开展知识服务是一个宏观上的指导，整个体系有序运行的每一个环节都离不开战略管理理论的引导。

无论是内部的要素结构因素，还是外部的关联结构因素都在影响着知识服务战略管理体系的有效运转。其中，对图书情报机构来说，关联结构因素如政策法规、经济环境、文化环境、科技环境等是客观存在的，相对无法改变；而要素结构因素是主观方面的因素，如果处理得当，就会大大提升机构实施知识服务的能力。

知识服务系统或平台能够帮助图书情报机构利用信息处理技术对信息进行采集、传递、存储、加工，使之变成知识产品，它是知识服务战略管理体系的重要支撑。关于知识服务系统的界定与构成将在下文详细阐述，这里就不再赘述了。

综上所述，知识服务战略管理系统是一个有机的整体，只有充分把握知识服务三维框架理论这个核心，始终以战略管理理论为指导，协调好内部要素结构因素和外部关联结构因素，合理利用知识服务系统或平台，最终以用户为中心，以创新为落脚点，才能使知识服务的整个结构体系有序而高效地运转起来。

2. 基于卓越阶段理论的图书情报机构知识服务战略管理体系

知识服务战略管理体系的构建是分阶段的。鉴于此，本书将卓越阶段理论引入知识服务战略管理体系中，目的在于指导图书情报机构根据自身所处的阶段找准知识服务的目标和定位，明确制订不同发展阶段的规划，从而使知识服务工作循序渐进地开展。

按照卓越阶段理论并根据图书情报机构的现状，本书将图书情报机构知识服务战略管理体系构建划分为三个阶段：基本阶段、发展阶段和领先阶段。无论是哪个阶段，图书情报机构都需要面对内部要素结构因素和外部关联结构因素，都需要抓住知识服务三维框架理论这个内涵核心。因此，基于卓越阶段理论的知识服务战略管理体系在构建时，应重点考虑各阶段体系中，战略管理理论运用的不同深度、各要素结构因素的不同特征及对知识服务系统的不同需求。对照知识服务战略管理体系总体架构图，将知识服务的加工层次、生命周期、服务形式、战略管理、要素结构因素、关联结构因素作为“标志性事件”，进行不同阶段的区分，形成如下各阶段的概念描述。

1）基本阶段

基本阶段的知识服务战略管理体系在构建时，图书情报机构应形成自己的目标与定位。清晰的目标与定位能够帮助机构寻求合理发展的出路。一般来说，处于基本阶段的图书情报机构在实物资源、人力资源和财务资源方面都比较匮乏，面向的用户群也比较狭窄。因此，如何利用有限的资源来满足小范围群体用户的需求就成了机构的首要问题。处于此阶段的知识服务体系对技术水平和组织管理机制要求不高；服务人员需要具备基本的职业能力，并且具备一定的技术能力，如会调用电子资源、能够分析用户需求等；在实物资源方面，机构必须拥有基本的服务平台，并且能够提供给用户所需的初级的知识产品；基本阶段的体系构建可以没有知识服务系统，也可以有功能简单的知识服务系统满足小范围用户群的需求。

2）发展阶段

处于发展阶段的图书情报机构一般都具有一定的规模，在实物资源、人力资源和财务资源方面的实力都优于基本阶段的图书情报机构。因此，图书情报机构的首要问题就不再是满足初级层次的知识需求，而是考虑如何研究自身知识服务所具有的优势、劣势及面临的机会、威胁，进行战略分析，选择和制定恰当的战略决策，争取更大的发展空间。为此，图书情报机构必须努力变革组织机制，从结构化管理部门变为动态的知识服务团队，使得组织结构更为扁平化，成立学习型组织，从而建立支持知识服务的现代组织管理机制；图书情报机构服务人员必须具备职业能力，成为知识代理和中介，掌握熟练的信息技术，并具备一定的专业能力，如信息组织和处理能力、数据库使用能力等；此时，图书情报机构在实物资源方面应该拥有比较完整的信息资源库和掌握较先进的信息技术，并且拥有基本的咨询问题库、用户档案等；此外，图书情报机构必须拥有实现基本功能的知识服务系统或平台，如数字参考系统、个性化服务系统、学科门户系统等。

3）领先阶段

构建领先阶段的知识服务战略管理体系的图书情报机构各方面实力一般都比较雄厚。无论是实物资源、人力资源、财务资源还是无形资产等方面在行业内都应名列前茅。图书情报机构必须拥有具有战略管理才能的管理者帮助自身制定战略决策，明确自身的竞争优势和核心竞争力，科学评价知识服务绩效，从而在行业内始终保持领先水平。无论是组织文化、组织机制、还是品牌构建等都趋向合理，能够为知识服务体系服务；服务人员素质比较高，具备职业技术和专业能力，能够在知识产品中加入自己的隐性知识；另外，图书情报机构应拥有丰富的信息资源及先进的信息技术；最后，领先阶段的体系还需要功能强大的知识服务系统或平台作支撑，通过智能处理，实现更大范围的知识共享。

基于卓越阶段理论的知识服务战略管理体系框架如表 3.19 所示。

表 3.19　基于卓越阶段理论的知识服务战略管理体系框架

<table>
<tr><th colspan="2">内容</th><th>基本阶段</th><th>发展阶段</th><th>领先阶段</th></tr>
<tr><td rowspan="3">知识服务的层次、生命周期和服务形式</td><td>层次特征</td><td>基于外部特征项的加工、组织与基于内容特征项的简单匹配；
仅提供显性知识；
利用各种技术和方法</td><td>基于内容特征项的简单匹配和基于外部特征项的统计与分析；
提供显性知识为主，辅以隐性知识；
利用各种技术和方法</td><td>基于信息内容的提炼、综合与创新；
激活服务人员和专家的隐性知识；
利用各种技术和方法构建用户需求的知识库、知识地图等</td></tr>
<tr><td>生命周期</td><td>主要处于知识采集、知识组织与知识分发环节</td><td>主要处于知识采集、知识组织、知识挖掘、知识分发、知识利用与反馈环节</td><td>贯穿于知识服务的生命周期的全过程</td></tr>
<tr><td>服务形式</td><td>检索服务、借阅服务、文献保障服务、链接服务、导引服务等</td><td>科学家门户、相关知识点、引证分析等</td><td>个性化、知识参考、知识定制、知识推送、知识问答或者情报研究等</td></tr>
<tr><td colspan="2">知识服务战略管理</td><td>比较明晰的战略管理目标和定位，初级的战略分析</td><td>明确的战略管理目标和定位，并进入战略选择与实施环节</td><td>知识服务战略的实施、控制与评价，并不断调整战略</td></tr>
</table>

续表

内容				基本阶段	发展阶段	领先阶段
要素结构因素	实物资源	馆舍资源		具有提供基本服务的阅览室、电子服务室等，但数量与规模不大	具有数量和规模都比较完备的阅览室、电子服务室、计算机编目室、数据库加工室、情报研究室等	具有数量、规模完备的各种服务与工作场所及环境，而且现代化程度较高
要素结构因素	实物资源	设备资源		具有基本的服务设备，但是计算机和网络通信设备数量不多且配置不先进	具有足够数量和规模的服务设备，计算机和网络通信配置比较先进	具有充足的服务设备，计算机和网络通信配置很先进
要素结构因素	实物资源	服务资源	信息资源	采集或购买面向大多数用户所需文献信息资源、网络信息资源，并加工形成馆藏资源、各种网络化或电子化信息检索系统及资源	基本阶段后，初步加工形成参考信息资源（如专家档案文档、咨询问题文档、案例学习文档等）和用户信息资源（用户提问文档、检索记录文档等）等	在发展阶段基础上，加工形成本机构特色的参考信息资源库、深加工的用户需求信息库和面向大多数用户需求的各类知识库
要素结构因素	实物资源	服务资源	信息技术与工具	拥有并能采用信息采集、组织加工与传递等信息技术和工具	拥有先进的信息采集、组织加工和传递的信息技术和工具，且拥有并能采用数据仓库和挖掘技术和实现不同平台的连接及集成的网页服务器技术等	在发展阶段基础上，拥有建立在网络技术基础上的知识网格和协同技术及实现智能代理技术和工具等
要素结构因素	实物资源	服务资源	知识服务系统或平台	没有服务系统或功能简单，有基本服务平台	服务系统具有基本功能，有服务平台	服务系统功能强大，有先进的服务平台
要素结构因素	人力资源			拥有比较充足的不同岗位的服务人员，人员的知识结构比较合理，具备称职的职业能力、专业能力、技术能力	拥有充足的不同岗位的服务人员，人员的知识和年龄结构合理，不仅大多数具备较好职业能力、专业能力、技术能力，而且工作热情与实践经验等都较强	拥有充足的不同岗位的服务人员，人员结构配置合理，大多数具备较强的职业能力、专业能力、技术能力，工作热情、探索精神、创新及合作愿望、实践技能等都很强
要素结构因素	财务资源			具有维持正常运转的资金，现金管理与控制等处于正常状态	拥有比较充足的资金，能根据需要拓展资金来源渠道，现金管理与控制等处于正常状态	拥有充足且不间断的资金，具有可拓展的资金渠道，现金管理与控制具有可抵御风险的能力
要素结构因素	无形资产			尚未形成符合知识服务战略管理的组织结构与组织文化，管理机制不健全，商标、品牌和机构形象正在培育	调整组织结构，建立知识服务的组织文化和管理机制，商标、品牌和机构形象具有一定的影响力	动态而扁平的组织结构，学习型的组织文化，健全的管理机制，商标、品牌和机构形象都具有较强的影响力

续表

内容		基本阶段	发展阶段	领先阶段
关联结构因素	用户	基本明确用户对象和需求	明确用户对象和需求，并跟踪用户的变化	明确用户对象和需求，跟踪变化和挖掘潜在用户
	竞争者	竞争者较多，了解竞争者，提供的产品或服务与竞争者的差异较小	跟踪并洞察竞争者，提供的产品或服务大多数与竞争者的差异化较大	跟踪竞争者并能发现潜在对手，提供领先于竞争者的产品或服务
	科技环境、经济环境、人文环境、政策法规	基本上把握科技环境、经济环境、人文环境与政策法规对本行业和本机构的影响，并有应对的策略	清楚科技环境、经济环境、人文环境与政策法规对本行业和本机构的影响，并能制定应对影响和威胁的中短期规划	清楚并能预见科技环境、经济环境、人文环境与政策法规对本行业和本机构的影响，并有利用机遇和化解危机的长远规划与策略

3.5.3　图书情报机构知识服务战略管理体系规划方案

为了使知识服务战略管理体系规划方案有针对性，本书选择以南京理工大学图书馆为例。南京理工大学图书馆是学校的文献信息中心，知识服务的客体主要是教师和学生，以最大限度地满足教师和学生的信息与知识需求为终极目标。因此，如何开展知识服务，如何进行知识服务战略管理体系的规划也成了图书馆亟待解决的问题。

1. 南京理工大学图书馆服务的现状

南京理工大学图书馆创建于 1953 年，经过几十年的发展，南京理工大学图书馆已建设成为一个多功能、多学科、开放型、现代化的文献信息中心和学校信息化的重要基地。在《中华人民共和国国民经济和社会发展第十个五年计划纲要》提出以后，学校高度重视图书馆的建设和发展，对图书馆的支持和经费投入力度达到了空前水平，图书馆的建设得以迅速发展。图书馆办馆条件进一步改善，文献资源建设水平进一步提高，文献保障能力进一步加强，自动化、网络化、现代化建设步伐进一步加快，读者服务工作内容和范围进一步拓展，科学管理思想在工作中进一步得到落实和体现。

图 3.16 显示了南京理工大学图书馆首页，可以看到在传统服务如文献提供、信息咨询、借阅服务基础上，该图书馆还提供如代检代查、科技查新、读者教育与培训等服务，如表 3.20 所示。此外，为了满足全校师生的电子资源需求，图书馆提供了 55 种数据库资源，其中中文数据库 10 个、外文数据库 25 个、试用数据库 11 个、免费网络数据库 9 个，内容涉及包括国防军事领域等在内的各个学科。

图 3.16　南京理工大学图书馆首页

表 3.20　南京理工大学图书馆知识服务项目

服务项目类别	服务项目内容概述
代检代查	文献检索服务、定题跟踪服务、商业与经济信息检索服务
查收查引	根据用户需要，在国内外权威数据库[SCI（Science Ciation Index，科学引文索引）、EI、ISTP（Index to Scientific & Technical Proceedings，科技会议录索引）等]中检索已经发表的学术论文被收录及被引用情况，以证明其科研能力和水平而开展的信息咨询服务
科技查新	面向本校及本市内周边单位，受理理工类科研项目的查新
馆际互借	与国内外相关院校和信息机构建立了广泛的馆际互借和文献传递关系，互通有无，开展原始文献的馆际互借和传递服务
读者教育与培训	定期和不定期为全校、院系举办专题（学科）电子文献利用讲座
多媒体服务	读者书目信息查询、借阅信息查询、网络咨询导航、多媒体资料管理、复制服务、多媒体资料复制服务

由调查可知，南京理工大学图书馆的知识服务基本还停留在信息服务阶段。从要素结构因素角度看，整个组织机构还是传统的结构化管理部门；服务人员大多不具备专业能力和技术能力；拥有基本的服务平台和较为丰富的信息资源库；技术水平比较低；也没有知识服务系统或平台做支撑。为了更好地为全校师生提供知识服务，图书馆负责人和各部门主要工作人员认为有必要为图书馆知识服务体系进行一个合理的规划。在与图书馆负责人多次沟通后，该项规划由在图书馆工作的本书研究人员负责。

2. 南京理工大学图书馆知识服务战略管理体系规划方案

由于南京理工大学图书馆面向的仅是全校的教师和学生，用户群体比较单一，且主要需求为学术类知识或信息，对知识加工的层次要求并不是很高。南京理工大学图书馆提供简单的知识采集、知识组织过后的知识产品就能满足大多数用户的需求，再加上图书馆受到自身资金和人才等方面条件的限制，战略目标不能过于偏离实际。因此，本书在规划初期应将知识服务战略管理体系定位在基本阶段，按照未来的发展情况逐步向发展阶段、领先阶段过渡，具体服务体系规划方案如表 3.21 所示。此外，在考虑影响因素时，由于南京理工大学图书馆服务范围的局限，暂时不考察关联结构因素的影响。

表 3.21　南京理工大学图书馆知识服务战略管理体系规划方案

<table>
<tr><th colspan="3">内容</th><th>基本阶段</th><th>发展阶段</th><th>领先阶段</th></tr>
<tr><td colspan="2" rowspan="3">知识服务的层次、生命周期和服务形式</td><td>层次特征</td><td>基于外部特征项的加工、组织与基于内容特征项的简单匹配，仅提供显性知识</td><td>基于内容特征项的简单匹配和基于外部特征项的统计与分析，提供显性知识为主，辅以隐性知识</td><td>基于内容进行知识的归纳、提炼与创新，提供隐性知识为主</td></tr>
<tr><td>生命周期</td><td>主要处于知识服务流程的知识采集、知识组织与知识分发阶段</td><td>主要处于知识服务流程的知识采集、知识组织、知识挖掘、知识分发、知识利用与反馈阶段</td><td>知识服务贯穿于知识采集、知识组织、知识挖掘、知识创新、知识分发、知识利用与反馈各个过程</td></tr>
<tr><td>服务形式</td><td>能提供文献借阅、查收查引、科技查新、读者培训等服务</td><td>能提供在基本阶段基础上的科学家门户、相关知识点、引证分析等多种服务形式</td><td>能提供在发展阶段基础上的个性化知识推介、情报咨询、知识定制和情报研究等更多种服务形式</td></tr>
<tr><td colspan="3">知识服务战略管理</td><td>战略定位明确，主要为教师教学、科研和研究生学习、论文的撰写提供资源</td><td>能参与相关课题，能收集课题相关领域的新信息，并进行分析、对比、归纳等处理，为项目完成提供有针对性的资源服务</td><td>通过跟踪分析用户以往的检索记录，使用个性化推送服务等手段，不断为用户的科研项目提供动态、新颖的专题信息知识，做到从立项到成果鉴定全过程的跟踪服务，并收集反馈意见</td></tr>
<tr><td rowspan="2">要素结构因素</td><td rowspan="2">实物资源</td><td>馆舍资源</td><td>具有阅览室、电子服务室等，但数量与规模不大</td><td>具有数量和规模都比较完备的阅览室、电子服务室、计算机编目室、数据库加工室、情报研究室等</td><td>具有数量、规模完备的各种服务与工作场所，而且计算机网络化程度很高</td></tr>
<tr><td>设备资源</td><td>具有基本的条码阅读器、配有图书馆信息管理系统的软硬件设备，但是数量不多且配置一般</td><td>具有足够数量和规模的服务设备，计算机和网络通信配置比较先进</td><td>具有充足的服务设备，计算机和网络通信配置很先进</td></tr>
</table>

续表

<table>
<tr><th colspan="4">内容</th><th colspan="2">基本阶段</th><th>发展阶段</th><th>领先阶段</th></tr>
<tr><td rowspan="6">要素结构因素</td><td rowspan="3">实物资源</td><td rowspan="3">服务资源</td><td>信息资源</td><td colspan="2">有较为完整的、面向广大师生的纸质文献库与电子文献库，并可以通过基于校园网的网络信息检索系统提供给用户</td><td>在基本阶段基础上，逐渐建立一些基本的知识库，如用户检索记录库、专家咨询问题库等，方便用户查询，形成具有国防特色的标准数据库，如兵器数据库等</td><td>在发展阶段基础上，加工形成有本图书馆特色的参考信息资源库、深加工的用户需求信息库及各类专业知识库</td></tr>
<tr><td>信息技术与工具</td><td colspan="2">能采用基本的、能实现信息采集、组织与分发等服务的信息技术和工具</td><td>拥有先进的信息采集、组织加工、传递的信息技术和工具，并且能够运用数据仓库、数据挖掘、数据库知识发现、人工智能技术等新技术，从而帮助获取信息中隐含的知识</td><td>在发展阶段基础上，拥有建立知识网格和协同技术及实现智能代理的技术和工具，能够用大型数据库、新型检索技术、智能代理、搜索引擎等存储与传播知识，用网格技术、组件技术等保证知识的充分共享</td></tr>
<tr><td>知识服务系统或平台</td><td colspan="2">没有专门的知识服务系统，即便有相关的服务平台也只是作为图书馆管理信息系统的一个辅助部分且实现的功能简单</td><td>有具备基本功能的能实现信息采集、组织加工与分发传递等服务的知识服务系统，有简单的知识服务平台</td><td>有专门的知识服务系统且功能完善，并提供先进的个性化的知识服务平台</td></tr>
<tr><td colspan="2">人力资源</td><td colspan="3">拥有比较充足的不同岗位的服务人员，人员的知识结构比较合理，且大部分工作人员具备称职的职业能力、专业能力、技术能力</td><td>拥有充足的不同岗位的服务人员，人员的知识结构和年龄分布比较合理，不仅大多数具备较好的信息环境的分析能力、分析和评定用户信息需求的能力、生产和评估信息服务产品的能力、灵活调用各种信息资源的能力、项目运作及管理的能力等，而且工作热情较高，有一定的实践经验</td><td>拥有充足的不同岗位的服务人员，人员结构配置合理，大多数具备较强的信息组织和处理的能力，具备数据库技术、数据检索和挖掘技术、信息集成技术等现代化技术，探索和学习的热情高，创新及合作愿望强，实践经验丰富</td></tr>
<tr><td colspan="2">财务资源</td><td colspan="3">图书馆具有维持正常运转的资金，能购买 CNKI、维普数据、万方数据、超星等各种基本的中文数据库和少量的外文数据库</td><td>图书馆拥有比较充足的资金，且能拓展一定的资金来源渠道，在基本阶段的基础上购买各种数学、物理、化学、机械、人文社科等多种外文科技数据库，为广大师生提供更加广泛的学习资源</td><td>拥有充足资金，图书馆拥有各种中外文专业数据库，且知识服务业务开展具有持续、可拓展的资金渠道，随时都有能力根据用户检索记录库等进行的情报分析结果购买必要的信息资源，且能购买各种软硬件设施为师生提供多种途径使用网上专业资源的机会</td></tr>
<tr><td colspan="2">无形资产</td><td colspan="3">尚未形成符合知识服务战略管理的组织结构、组织文化和管理机制，在高校图书馆领域还缺乏一定的知名度</td><td>在基本阶段的基础上逐步向学习型组织过渡，建立利于有效开展知识服务的组织文化和管理机制，图书馆品牌形象在高校图书馆领域有一定的知名度和影响力</td><td>拥有扁平而柔性化的组织结构，培育学习型的组织文化，健全的管理机制，在高校图书馆领域具有较强的影响力，尤其是各种特色知识库有很强的知名度</td></tr>
</table>

在构建知识服务战略管理体系时，首先，图书馆要对知识服务的内涵有清晰的认识，这是整个体系的核心，在基本阶段知识服务的层次是初级的，主要表现是为用户提供检索服务、借阅服务、文献保障服务、链接服务、导引服务等；其次，应该对知识服务的目标进行定位，对于高校图书馆来说，知识服务的目标应该是为教师教学、科研和研究生论文的撰写提供所需的优质服务；最后，根据基本阶段的知识服务体系，影响南京理工大学图书馆知识服务质量的要素结构因素有人员要素和资源要素。因此，构建知识服务战略管理体系应该着眼于如何提高服务人员的职业能力，如何搭建有效的服务平台及如何提供丰富的信息资源库。

朝向发展阶段的知识服务战略管理体系，在服务形式上应体现为科学家门户、相关知识点、引证分析等；此时，知识服务的战略定位不应再停留在为师生提供资源上，而是知识服务人员参与到重大课题里去，深入了解课题立项的背景、项目要求与内容，收集相关领域的信息，并帮助进行分析、对比、归纳等处理；在组织结构和管理上，逐渐向学习型组织、动态化、扁平化方向过渡；对人员来说，除了具备基本的职业技能以外，还应具备信息环境的分析能力、分析和评定用户信息需求的能力、生产和评估信息服务产品的能力、灵活调用各种信息资源的能力、项目运作及管理的能力等；在资源方面，图书馆应该建立一些基本的知识库，如用户文档、特色资源、咨询问题库等，方便用户查询；在技术方面，图书馆应该能够运用数据仓库、数据挖掘、数据库知识发现、人工智能技术等新技术，从而帮助用户获取信息中隐含的知识。

朝向领先阶段的知识服务战略管理体系，在服务形式上应表现为个性化服务、咨询服务、定题跟踪服务或者情报研究等；此时，知识服务的目标应是通过推送服务，不断为科研项目提供动态、新颖的专题信息知识，做到从立项到成果鉴定全过程的跟踪服务，收集反馈意见；在组织结构和管理上，图书馆完全从过去的结构化部门过渡为专门为知识服务而成立的动态团队；对人员来说，在具备职业能力和专业能力的基础上，还应具备技术能力，包括信息组织和处理、数据库技术、数据检索和挖掘技术、信息集成技术等现代化技术应用能力；在资源方面，图书馆应建立起完整的知识库；在技术方面，能够用大型数据库、新型检索技术、智能代理、搜索引擎等存储与传播知识，用网格技术、组件技术等保证知识的充分共享。

3. *规划方案反馈*

为了了解基于卓越阶段理论的南京理工大学图书馆知识服务战略管理体系规划方案的合理性，笔者走访了南京理工大学图书馆的七个部门，分别为文献资源建设部、信息咨询与培训部、军工科技文献部、读者服务一部、读者服务二部、系统与数字化部及图书馆办公室，并与各个部门的负责人就该知识服务体系规划方案的合理性及南京理工大学图书馆知识服务现状的问题进行访谈。

图书馆办公室主任介绍，南京理工大学图书馆提供的文献服务层次相对比较全，加入了 CALIS、江苏省高等教育文献保障系统（JiangSu Academic Library & Information System，JALIS）、城东高校联合体，文献资源丰富且有特色。目前在同行中发行的刊物有《兵工文献速报》《SPIE 文献通报》等馆办刊物，并正在启动建设军工数据库，为学校国防科研项目服务。

关于南京理工大学图书馆知识服务战略管理体系规划方案，多数被访者都认为该方案比较合理，符合知识服务的发展方向，维度设置比较全面，尤其是将战略管理理论与知识服务相结合的思想具有一定的创新性，对南京理工大学图书馆知识服务各个发展阶段的目标和定位很有帮助。另外，知识服务战略管理影响因素的剖析非常系统，对南京理工大学图书馆将来全面改进知识服务有着很大的参考价值。总体来看，该方案对南京理工大学图书馆知识服务工作的开展及未来进一步的发展具有一定的指导作用。

同时，被访者们也对本体系规划方案提出了中肯的改进意见。

（1）知识服务层次在实际工作中并不完全按照对特征项的加工来划分，以南京理工大学工图书馆的服务为例，个性化服务或者定题服务在实际工作中已有部分涉及，不能完全将这些服务归纳到领先阶段。因此，在今后的改进中应注意将阶段特征体现得更加典型，更具有明显的递进关系。

（2）在发展阶段，南京理工大学图书馆知识服务的定位不仅涉及军工特色的课题，而是范围更广，如学校其他学科的课题，甚至是一些企业的项目，图书馆也能参与其中。因此，南京理工大学图书馆在发展阶段知识服务的战略目标和决策应稍加修正。

（3）另外，知识服务战略管理体系构建得合不合理，知识服务效果如何都不能单纯地从客观角度出发，用户的切身感受也是一个重要的参考项目。因此，在实际应用时应适当从用户角度出发，将用户的建议纳入体系中去。

总之，知识服务战略管理体系的构建是一项长期的、阶段性的工作。从长远来看，只有在实际工作中不断改进知识服务战略管理体系，才能更加全面、完整地提供满足用户的各个层面的知识服务的需求，才能提高知识服务水平及产品质量，使知识服务不断地向规范化方向和预期目标发展。

参 考 文 献

[1] 李化恒. 谈图书情报服务工作. 沈阳师范学院学报(自然科学版), 1996, (1): 66-68.

[2] 黄世芳. 现代图书馆知识服务模式初探. 现代商贸工业, 2007, 19(5): 80-81.

[3] Montgomery C A, Porter M E. Strategy: Seeking and Securing Competitive Advantage. New

York: McGraw Hill, 1991.
[4] 罗宾斯 S P, 库尔特 M. 管理学. 8 版. 北京: 清华大学出版社, 2005.
[5] 施金龙.浅谈企业战略管理. 江苏船舶, 1996, 13(1): 19-21.
[6] 马丽涛, 蔡元萍, 汪滨琳. 试论企业战略管理. 黑龙江教育学院学报, 1998, (3): 102-103.
[7] 中共国家图书馆委员会. 国家图书馆"十一五"规划纲要. https://wenku.baidu.com/view/0f4385f0f90f76c661371a9c.html[2018-12-24].
[8] 戚建林. 图书馆知识服务的影响因素及其发展. 图书馆工作与研究, 2003, (1): 11-12.
[9] 曹伟华. 现代图书馆知识服务探析. 林业科技情报, 2007, 39(4): 92-94.
[10] 陈爱祖, 唐雯, 林雪峰. 构建和谐社会的管理学原理体系. 河北学刊, 2006, (3): 173-179.
[11] 陈黎琴. 现代管理学理论发展及其研究方法综述. 商场现代化, 2007, (9): 391-392.
[12] 杨慧漪, 丁清英. 公共图书馆的资源局限与配置方式新探. 图书馆杂志, 2007, (10): 11-12, 44.
[13] 李玉玲. 图书馆知识服务模式的研究. 吉林大学硕士学位论文, 2006.
[14] 曾民族. 构建知识服务的技术平台. 情报理论与实践, 2004, (2): 113-119.
[15] 赵玉敏. 基于信息传递过程的图书馆信息服务工作探析. 图书馆学刊, 2007, (1): 90-91.
[16] 梁柏静. 论在知识服务体系中图书馆馆员的终身教育. 吉林商业高等专科学校学报, 2005, (1): 79-80.
[17] 党跃武, 张晓林, 李桂华. 开发支持知识服务的现代图书情报机构组织管理机制. 中国图书馆学报, 2001, 27(1): 21-24.
[18] 丁波涛. 以用户为中心的数字图书馆系统特征分析. 图书情报知识, 2004, (2): 52-54.
[19] 马凌云, 马红葵. 网络环境下用户需求的表达与图书馆对用户信息的获取. 山东图书馆季刊, 2005, (2): 34-36.
[20] 第 42 次中国互联网络发展状况调查统计报告. http://www.cnnic.net.cn/hlwfzyj/hlwxzbg/hlwtjbg/201808/P020180820630889299840.pdf[2019-07-26].
[21] 潘连根. 论数字档案馆建设的社会人文环境条件. 兰台世界, 2006, (9): 19-20.
[22] 梁新华. 论图书馆特色化建设. 湘潭大学硕士学位论文, 2003.
[23] 马海群, 邓小昭. 信息化浪潮对知识产权法制建设的影响. 情报学报, 1998, 17(1): 56-62.
[24] Stage of travel management excellent. https://www.slideserve.com/tyra/stages-of-travel-management-excellence[2018-12-24].
[25] Stages of supply chain excellence. https://www.benchmarkingsuccess.com/stages-of-supply-chain-excellence[2018-05-20].
[26] Vorontsov A. Development of basic and special endurance in age-group swimmers: a Russian perspective. https://memberdesq.sportstg.com/assets/console/customitem/attachments/developmentofbasicandspecialenduranceinage-groupswimmers.pdf[2018-12-24].
[27] 赵明剑, 孙筱奇. 上海电信服务能力评价体系研究. 通信管理与技术, 2005, (5): 15-16.

第4章　数据驱动的知识服务能力构成与评价体系研究

当图书情报机构架构起面向用户提供知识服务战略管理体系后，该体系能否满足用户需求而有效运转，取决于图书情报机构对其操纵与控制的作用力，这种作用力也就是实施知识服务的能力。知识服务能力是知识服务战略管理的要素结构因素和关联结构因素相互作用的结果，其中，服务人员的智慧、经验、技巧等隐性知识的激活与共享是创造新知识、提升服务质量与水平的关键，也是图书情报机构知识服务能力构成的核心。在图书情报机构中，知识服务能力的理解与评价对知识服务的实施有着重要的指导意义，本章将从能力理论出发探讨图书情报机构的知识服务能力及构成。

4.1　能力理论与知识服务能力的界定

4.1.1　能力及能力理论的主要观点

能力是20世纪70年代初由著名的组织行为研究者David McClelland提出的[1]，当时专指个体能力（individual competence）。90年代以后，能力的概念被Prahalad和Hamel引入战略管理中，他们从企业的角度研究能力，并提出企业高层领导的真正职责是制定指导能力建设的战略[2]。能力，是人们十分推崇而无法完全占有的一种力量，也是学术界长期争论不休的一个概念，心理学、社会学、管理学、人才学及行为科学等，都从不同的视角对其进行了研讨，拟制了许多发人深省的定义[3]。能力的本质、特征、构成与功能等研究形成了能力理论。

1. 能力的内涵

从哲学视角看能力范畴指人的内在素质的外化力量。这里的内在素质，指人本身所固有和潜藏着的各种素质的综合，包括人的身体素质、心理素质、知识素质、思想素质、道德素质和文化素质等，概括起来可分为物质性素质和精神性素质两大类。它们经过训导和激发，在一定条件下可以释放出来。这里的外化力量，指内在素质的外在表现，即人本身释放出来，可以被人们感知与认识的改造客观世界的物质力量[3]。

个体能力是作为社会主体的个人所具有的能够表现、实现和确证自己的社会本质的内在力量，是个人的基本特征，它与一项工作中或一定条件下的参考标准或优良的绩效存在着一定的因果关系[4]。

组织能力是指群体或团队中根深蒂固的、互相弥补的一系列技能和知识的组合，借助该能力，组织能以最佳水平实施一到多项核心流程，主要包括洞察、预见力和业务实施能力[5]。组织能力是组织为了获得一种最终结果的目的，利用组织资源完成一组协调性的任务的能力。组织能力是利用组织成员的知识，保证系统动态地营运、适应和改善所处经营环境，有效地获取、集中、组合和重组原有资源产生新的资源结构，协调行为主体应对市场变化的战略性能力。

如以企业为对象，能力（capabilities）可以描述为企业的知识、经验和技能[6]。能力强调战略管理的关键作用，这种战略管理要求企业应适当地适应、综合和重构内部的及外部的组织技能、资源与职能来满足环境变化的需要。组织能力是企业投入产出过程中对资产、人事、组织程序等的复杂组合[7]。组织优势是企业的各种能力转变为整体优势的整合，是企业竞争优势形成的核心。组织优势的基础是企业的组织能力，而组织能力的优势来自企业的创新能力和企业的协调能力[8]。

2. 能力的特征[3,9,10]

1）目的性

帮助组织把某一具体的目标转化成具体的活动并创造绩效，与绩效构成因果关系。

2）复杂性

能力渗透到组织的各个层次：在基础层，能力侧重目的性，驱动某一环节运行；在战略管理层，能力具有协调性和预见性，促进基础层面能力的有效发挥。

另外，无论是组织能力还是个体能力，其构成要素均多样化，关系复杂化。组织能力驱动着组织隐性资源（诀窍、系统、流程、文化等）和显性资源（资金、设备、信息等）的结合，而这种结合的效率体现了能力的强与弱。这些资源就是能力的构成要素，各种资源间的两两关系决定了能力的复杂构成体系。

3）载体依附性与动态性

资源从存储的角度来看有显性和隐性之分，而能力是一个隐性的概念。能力必须以知识、技术、人力、物力等资源作为载体，但这些资源本身或组合后的资源并不就是能力，只有在整合资源的动态过程中，才能看到能力。能力依附的资源称之为要素。

4）间接评价性及预见性

因为能力与绩效构成直接的因果关系，所以能力是决定绩效的核心因素，二者构成强关联联系。因此，其他因素一定情况下，能力强，则绩效高；能力弱，则绩效低。

通过归纳与总结可以看出：能力的内在结构是由知识及应用知识的技能构成的，包括知识、智力、技能和实践及创新能力。知识是人的认识能力的体现和结果；智力是知识转化为智慧的能力；技能是智慧在实际工作中的一种应用的能力；实践及创新能力是以知识、智力、技能为基础的改造世界的能力。简单地说，能力把输入的资源转变成可以输出的产品，是将资源进行组合的生产力。综合已有的研究成果，本书认为能力是为了实现某种目标，实施一到多项流程，通过操作与控制活动使自身素质外在化，将一种投入转化成一种新产出的作用力，它包括两个层面的含义，即个体能力和组织能力两个层面。

3. 能力理论的主要观点

将个体能力扩展到组织能力，并从战略管理角度出发进行研究，形成了企业能力理论，试图分析、研讨企业与环境变量之间的适应方式并获得长期竞争优势的途径。目前，与企业能力理论有关的主要观点包括：资源基础理论、核心能力理论、动态能力理论。

通过阅读大量文献可知，企业能力理论是从资源观中发展起来的。资源观的理论根源可以追溯到 Marshall、Penrose 及 Richardson，但是直到 Wernerfelt、Prahalad 和 Hamel 才逐渐形成新的战略研究框架，成为今天战略管理研究的主流[11]。

1）资源基础理论

20 世纪 80 年代，资源基础理论（resource-based theory，RBT）开始兴旺起来。研究该理论的学者提出资源的概念，认为企业是生产型资源的集合体。生产型资源包含物质资源（车间、装备、土地、原料等）和人力资源（劳动者、管理层、工程师等）[6]。

资源基础理论即以资源为企业战略决策的思考逻辑中心和出发点，以资源联结企业的竞争优势与成长决策。资源基础理论将两个假设作为分析前提：①企业所拥有的资源具有异质性（heterogeneity）；②这些资源在企业之间具有非完全流动性。因而企业拥有稀有、独特、难以模仿的资源和能力，使得不同的企业之间可能会长期存在差异，那些长期占有独特资源的企业更容易获得持久的超额利润和竞争优势。资源基础理论的实质就是以企业为分析单位，着眼于分析公司拥有的各项资源，以企业内部资源为分析的基础和出发点，通过探讨独特的资源与特异能力，达到提升企业竞争优势和获取超额利润（supernormal returns）的目的[12]。

在资源基础理论中，企业是资源的独特集合体，而企业的长期竞争优势（租金）来自企业所拥有和控制的有难以模仿、难以交易等特征的特殊资源和战略资产[11]。企业能力被确定为获得和发展竞争优势的一个主要源泉[6]。

2）核心能力理论

随着技术推进和全球经济一体化加快，企业面对的外部环境逐渐复杂、竞争日趋激烈，企业持续竞争优势的源泉到底来自何处的问题引起了研究者的关注。

Prahalad 和 Hamel 于 1990 年发表在《哈佛商业评论》上的论文中最早提出核心能力（core competence）的概念，他们根据对世界 500 强中部分机械和电子企业的实证研究，提出了企业持续竞争优势之源在于企业的核心能力，并把这种能力定义为企业内的一种积累性的学识，特别是关于协调不同的生产技能和有机结合多种技术流派的学识[1]。Leonard-Barton 认为核心能力是一个系统，包括员工的技能、知识、管理系统和价值观四种形式的技术竞争[13]。

Prahalad 和 Hamel 强调核心能力不仅仅是整合各种技术，同时还意味着对工作进行组织和提高价值。核心能力是竞争对手难以模仿的，其体现在以下几个方面：第一，在竞争基础上，提高企业竞争能力；第二，在公司结构上，能力、核心产品与业务组合；第三，在商业单元上，战略性的商业单元是核心能力的潜在来源；第四，在资源分配上，业务与能力都是高层管理者分配资本和人才时的分析单元；第五，在高层管理的增值上，为确保未来而阐明战略架构和建立能力[1]。

知识是企业核心能力的基础，知识和能力组合构成企业的核心能力。核心能力是使企业独具特色并为企业带来竞争优势的知识体系。形成企业核心能力的知识体系不是短时期内形成的，而是企业在经营过程中长时间的积累，是组织内部富有个性化技能和经验知识的体现[14]。知识体系包括企业所拥有对内外环境的洞察力、预见性，对企业内外资源的认识和鉴别，企业的独特的技术、技能和技巧等无形资源。知识体系与企业的其他资源一起，构成企业发展不可或缺的必要条件。但是知识体系和资源本身并不等于核心能力。如果把企业比作一座建筑，那么，资源、知识体系就是建筑材料，核心能力是把这些材料有机组合起来，完成建筑物的东西。因此，企业核心能力表现为一种实践能力、一种应用能力、一种整合能力[15]。

3）动态能力理论

在超竞争的经营环境下，企业凭借产业定位或者资源实力所积累的竞争优势会被快速的技术创新所侵蚀，因此，企业必须迅速响应外部需求，及时调整内部资源配置。在此背景下，基于资源观基础，同时又作为资源观理论的继承和发展，动态能力理论（dynamic capabilities theory, DCT）逐步形成并获得了快速发展。

Teece 等于 1997 年发表在《战略管理杂志》上的论文是动态能力理论发展的重要里程碑。在该文中，Teece 等认为：动态能力是企业对内部和外部的竞争能力进行整合、构建或者重置以适应快速变化的外部环境的能力，它反映了企业在既定路径和市场位置约束下，获取新竞争优势的一种综合能力[16]。

信息时代的市场变化和技术进步迅速改变着整个经济结构，环境迫使企业对能力存量不断进行质的改变，能力更是构成产业动态性的驱动力。动态核心能力已经不能再局限于任何一种核心能力，而是处于企业能力结构的最高层，更具抽象性，它使企业在面对变化的市场环境时，能够快速整合、建立和重构其内外部资源、技能和能力，迅速形成新的竞争优势[6]。

动态能力理论关注企业能力的内生创造及其动态适应环境变化的过程，坚持竞争优势来源于由组织内部独特的组织流程、独特的资产存量和企业所继承的独特的进化路径所组成的组织知识。动态能力的战略管理包含组织流程、位置和路径三个关键性要素。组织流程在企业运行中起着协调与整合、学习、重构与转变组织知识的作用；位置是指企业在行业竞争与对外服务过程中，由于某些先天或后天的“根本性差异”，企业追逐特定的战略定位，并界于市场的特定位次；路径则指企业动态能力的发展受路径依赖的影响[17]。

4）基于知识的企业能力理论的发展

这是国外近几年正在兴起的一种新思潮。基于知识的企业能力理论认为，企业所拥有的知识才是企业竞争优势的决定性因素。企业的竞争优势无疑来自企业内部，来自企业配置和开发其资源的能力。但决定企业具有这种能力的却是企业自身所拥有的知识状况。正是企业拥有的知识积累及创新程度，决定了企业配置资源、适应市场的能力状况。企业不仅是资源的集合体，而且是知识的集合体。企业间能力差异的根源是企业所拥有的知识积累及结构的差异。企业的知识存量决定了企业配置资源等创新活动的能力，知识是企业真正拥有的资源，也是企业能力的最终源泉[7]。

基于知识的企业能力理论研究除了动态能力外，还包括吸收能力和转化能力。研究的特点是以组织知识结构的动态性和异质性来描述组织独特能力的来源和形成过程。吸收能力理论（absorptive capacity theory）关注在动态环境下组织知识资源的外部来源及其对公司创新活动的重要作用。企业要获得并维持其竞争优势，就必须不断吸纳外部知识，迅速构建适应环境变化的新的知识结构，能持续地把对组织有用的外部资源和知识快速地转化为现实的组织能力。转化能力理论（transformative capacity theory）关注组织知识的跨时间转化和整合。转化能力理论的基本假设是组织的技术转化能力能够使其适应环境的快速变化，从而获得持久的竞争优势[17]。

4.1.2　知识服务活动中能力的作用及能力理论应用的意义

在图书情报机构中，知识服务的运行不单靠资源或者人，而是要把实物资源、人力资源、财务资源、无形资产这些要素结构因素进行有效的组合，并协调与关联结构因素的关系，使知识服务体系按照服务用户的需求运转，这样才能实现知识服务的目标。依据上述能力概念与能力理论，整合知识服务要素结构因素，协调关联结构因素并使知识服务体系有效运转的综合素质或使自身素质外在化的力量就是知识服务的能力。图书情报领域知识服务活动中能力的作用及能力理论应用的意义体现在以下三个方面。

1. 能力是分析图书情报机构开展知识服务的基本单元

企业从本质上讲是能力的集合体。虽然所有的企业都由有形资产和无形资产构成，但是决定其成败的根本因素不是资产，而是这些资产背后所蕴藏的能力。能力是对企业进行分析的基本单元[15]。同样，构成知识服务战略管理体系的内部要素结构因素不能决定知识服务实施效果，而将内部要素结构因素和外部关联结构因素进行整合、协调、激活的关键是图书情报机构不断培育与发展的能力。所以，研究知识服务能力的内涵不仅可以明晰知识服务战略管理体系运转的内在实质，而且可以通过分析知识服务及能力的构成来评价知识服务的效益。知识服务能力虽然具有一定的抽象性，且隐含在知识服务战略管理体系的运转过程中，但是能力所体现出来的使图书情报机构自身素质外在化的作用力是显著的，知识服务能力也是服务机构取得竞争优势的源泉。知识服务能力是对图书情报机构开展知识服务进行分析的基本单元，它不仅具有能力所具有的一般特征，而且具有实现知识服务的特殊性。所以，借助能力理论对知识服务能力的内涵与构成进行系统性的研究，是升华知识服务目标并提高知识服务效果所必需的。

2. 能力集合体决定着图书情报机构资源的转化和服务的绩效

如前所述，构成图书情报机构知识服务战略管理体系的要素结构因素不仅包括有形的资源，如馆舍资源、设备资源、服务资源等实物资源，以及人力资源、财务资源，还包括无形的资源，如组织结构、组织文化、管理机制、商标、品牌、机构形象等无形资产。这些资源是图书情报机构从事知识服务的基础，但是它们相对知识服务的目标实现来讲，是目标达成的材料。再加上蕴藏在这些要素之后并整合协调操作这些要素的能力，才能使知识服务的投入变成产出，才能使服务机构的内在资源转化为可供服务的外在的产品，也才能决定知识服务的效果。

由能力的内涵与特征可知，个体能力或组织能力这种作用力的结果就是将某一目标转化成具体的活动并创造绩效，能力与绩效构成因果关系。一个组织竞争优势的来源取决于能力及其作用，随着能力理论的不断发展，组织能力以知识、技术、人力、物力等资源作为载体，并在适应环境发展的动态变化中不断地将这些资源进行积累性整合与应用，使组织生产出各种满足用户需求的产品或服务，使组织达到将投入变成产出的目标。而外部环境变化的复杂性和演变的动态性，迫使组织的协调整合能力、快速反应能力、实践应用能力、知识吸收与转化能力等共同作用，使组织的内在素质外在化。共同作用力的大小决定了组织产出的高低。所以，从评价或衡量组织能力的角度看，一个组织的产出，即用户能够体验或感知的产品或服务的绩效是考察该组织能力的量纲。一个组织的能力强，其产品或服务所表现出的绩效就强，反之亦然。一个图书情报机构的知识服务能力由多种能力构成，有强的也有弱的。尽管某项强势的能力可使服务机构为用户提供某些优势产品或服务，但是某些弱势的能力会削减服务机构的服务效益。从能力的依附性、动态性与图书情报机构长期战略发展来看，任何一个机构都无法依靠某项能力保持长久的优势，知识服务的绩效是由能力集合体决定的。所以，图书情报机构若想赢得较长期的战略优势，就必须培育并整合知识服务能力。

3. 以知识为源泉的知识服务能力是图书情报机构走向未来的根本驱动

随着社会的演变与发展，一个组织机构拥有的知识积累及创新程度，决定了其配置资源、适应市场的能力状况，组织间能力差异的根源是其所拥有的知识结构、知识存量及积累方式的差异。知识成为一个组织机构竞争优势的决定性因素和能力构成的基础。

图书情报机构不仅以各种显性化的知识为原材料，而且创造的产品也是知识，在知识产品创新过程中还需要激活与利用大量的经验、技巧等隐性知识。所以，图书情报领域的知识服务活动的任务就是知识的加工、利用与创新，服务机构拥有的有形资源和无形资源都是为支撑这一任务而存在的。作为典型的知识型领域，在组织的核心能力逐渐演变为以知识积累和创新为基础的背景下，图书情报机构更应该牢牢抓住生存发展的根本，时刻注重将知识转化为能力，以知识为源泉培育组织的动态能力、知识吸收能力和知识创新能力，以驱动本领域向着未来的发展路径前行。

4.1.3 知识服务能力的内涵界定及特征分析

1. 知识服务能力的内涵界定

图书情报机构具有知识、技能等各种资源，因此需要相应的能力将这些资源变成可以提供给用户所需的产品或服务。当图书情报机构架构起面向用户提供知识服务的体系后，该体系能否满足用户需求而有效运转，取决于服务机构对其操纵与控制的作用力即知识服务能力。知识服务能力是知识服务的要素结构因素和关联结构因素相互作用的结果，其中，服务人员的智慧、经验、技巧等隐性知识的激活与共享是创造新知识、提升服务质量与水平的关键，也是图书情报机构知识服务能力构成的核心。

根据上述的研究与论证，本书将知识服务能力定义为图书情报机构以知识服务战略规划为导向，在不断变化的环境中，针对用户具体的问题和需求，将其拥有的各种内部资源进行有机整合，通过控制与协调知识服务流程的有效运作，使内部资源转化为可外化的价值更高的知识产品或者服务，为组织机构赢得核心竞争优势的能力。

2. 知识服务能力的特征分析

同其他实体机构一样，图书情报机构通过知识服务能力整合内部资源，并借助外部资源的支撑实现其知识服务目标。所以，图书情报机构的知识服务能力应该具有组织能力的共同特征。同时，作为一个典型的知识型行业，图书情报机构知识服务能力又有其特殊之处。总体来看，图书情报机构知识服务能力的特征主要体现在以下几个方面。

1）目标的导向性

图书情报机构知识服务能力的目标导向性十分明确，就是整合要素结构因素，协调关联结构因素，使知识服务体系有效运转，为用户提供所需的知识产品与服务，创造机构的产出效益，赢取竞争优势。

2）组成的复杂性

图书情报机构知识服务能力要支撑知识服务体系有效运转，必须从基于知识服务三维框架理论的知识服务流程中产生，并在培育成长中控制知识服务流程的实施。所以，在不同阶段维度上，知识服务能力要具有完成各个加工流程的能力。以此为基础，在资源维度上要具有加工不同服务资源的能力；在层次维度上要具有对服务资源外部特征和内容特征进行不同程度加工的能力。此外，在对要素结构因素整合上要具有控制能力，在对关联结构因素协调上要具有管理能力。组织能力是由个体能力表现的，组织能力驱动着组织隐性资源和显性资源的结合，个体能力掌握着各种能力的孕育、成长与利用。

3）存在的依附性

存在的依附性体现在对存在的载体和路径的依附性两个方面。图书情报机构的知识服务能力是以有形资源和无形资源及其资源组合为基础的，但这些资源本身或组合后的资源并不就是能力，只有在整合资源的动态过程中，才能产生并看到能力。所以，能力是一个隐性的概念，必须以知识、技术、人力、物力等资源作为载体而存在。同时，相对于知识服务体系的要素结构因素及开发的产品与服务来讲，知识服务能力具有突出的路径依附性，潜藏在知识服务的投入与产出也存在于知识服务流程当中。

4）成长的动态性

图书情报机构的知识服务能力要坚持以用户的需求和社会的发展为出发点，随着用户需求和社会环境的不断演化，服务机构提供的知识产品与服务要及时地加以调整和创新，还要随着能力的不断提升开发出可引导用户消费的产品及服务。所以，图书情报机构知识服务能力的成长是动态变化的。

5）过程的知识化

图书情报机构将知识既作为原料又作为产品从事生产及服务经营，知识不仅由员工掌握并转化应用以支撑生产过程，而且还要可外化形成用户能够接收、理解和运用的产品，尤为重要的是知识产品的产出价值要高于初始投入，否则，知识服务就不可能有存在的意义。所以，图书情报机构从事知识服务的过程中始终伴随着知识的吸收与转化，特别是隐性知识的激活与挖掘，知识服务能力发挥的过程就是一个知识价值不断提升的知识化过程。

6）作用的间接评价性

能力与目标和绩效构成直接的因果关系。组织拥有的资源是基础，只有能力才能将资源转化，以达成目标和实现绩效。图书情报机构的知识服务能力是核心，当拥有的资源和外部环境要素大体相当时，能力强的机构才更能向用户提供满意的产品及服务，才能取得较大的竞争优势。由于能力是隐含在资源要素和过程路径中的，知识服务能力作用的评价需要借助知识服务的流程和产出，评价是间接的。

4.2　知识服务能力构建的思路与组成

由于图书情报机构的知识服务必须以满足用户的知识产品和服务需求为己任，构建知识服务能力有很强的目的性。而知识服务能力构建的过程也是为认识、管理、评价知识服务奠定基础的过程。

4.2.1　知识服务能力构建的思路与总体结构

1. 知识服务能力构建的思路

由前面的论述可得到的结论：图书情报机构的知识服务能力是整合与协调内外部资源要素，控制知识服务流程有效运转，为机构实现战略目标的作用力。知识服务能力以资源为基础产生于知识服务流程中，是分析图书情报机构开展知识服务的基本单元，也是使知识服务战略管理体系产生效果的控制力，决定着图书情报机构资源的转化和服务的绩效，是图书情报机构走向未来的驱动力。从特征上看，知识服务能力的构成复杂，依附于资源载体和服务流程路径而存在，其培育与成长是动态的，且始终与知识吸收、转化及创新过程相伴。所以，在构建知识服务能力时，必须设计一个清晰的思路，以尽量保证其结构的完整性和逻辑性。

基于上述总结，本书确定的知识服务能力构建的大体思路：首先，以服务用户需求为出发点（目标导向），以知识服务战略管理体系中的要素结构因素为基础，以图书情报机构的知识服务流程为主线（过程优化）；其次，辨识与提取出知识服务能力的组成部分和构成要素；最后，构造出知识服务能力评价的指标体系。其中，目标导向是指知识服务能力构成的总体结构就是朝向目标并为目标服务，过程优化是指知识服务能力的各个组成部分都是在前面提出且论证的知识服务流程中产生并服务于该流程。由于本书提出的数据驱动的知识服务三维框架理论结构的合理性是在进行了三轮实证调查和验证的基础上提出的，提出的知识服务流程也是以数据驱动的知识服务三维框架理论结构构建的，以上述研究为基础进行的知识服务能力的研究可以认为是有比较坚实的理论与实践研究支撑的。

2. 知识服务能力构建的总体结构

1）要素载体层

由能力存在的载体依附性可知，能力必须由具体的要素承载。3.3.3 小节的研究结果表明：图书情报机构知识服务战略管理体系中的要素结构因素包括实物资源、人力资源、财务资源和无形资产，这些因素是支撑能力形成的要素载体。其中人力资源是知识服务能力构成的主体要素载体，其他要素为客体要素载体，主体要素载体掌握与控制客体要素载体，决定着知识服务能力形成的强弱。知识服务的任务是由人来承担的，研究知识服务能力最终会转移到人的能力要素上。对一个机构而言，人的能力要素包括个体能力要素和团体能力要素。个体能力要素是一种综合要求，它是个人为了完成某项工作或某一个绩效目标的多方面要素的组合。个体能力要素的组成可以拆解为显性要素和隐性要素，而隐性要素决定了人的主观能动性，在个体能力发挥中起着关键作用。团体能力要素强调各成员个体的能力与其他要素资源及他们自身素质的整合，即团体能力通过有效的机制和客体要素资源支撑，将团体内每个成员最优秀的方面挖掘出来并进行整合，以充分实现组织内资源要素的价值。从社会心理学的特质视角研究发现，在团体中的个人不再是一个独立单元，而是抽象化了的领域技能、能力倾向、创造技能、专业风格、工作方法、人格特征、动机类型等的特质要素[18]。团体能力就是整合这些个体要素的能力。

2）能力表达层

2.4 节的研究结果表明：基于数据驱动的知识服务三维框架理论的知识服务流

程的核心是知识采集、知识组织、知识挖掘、知识创新、知识分发、知识利用与反馈六个加工阶段，经过这六个加工阶段的操作，知识的价值得以增值。以知识服务流程为主线构建知识服务能力，也就是在横向上从上述六个阶段中辨识出知识服务能力的不同组成部分，这些组成部分共同构成了知识服务能力的表达层。

为了能有效且不重叠地表达知识服务能力的构成，本书结合现有能力理论中有关能力构成的研究成果，将从上述六个加工过程中提取并支持这些过程的知识服务能力分为获取能力、吸收能力、创新能力和服务应用能力四个部分。

3）总体结构

知识服务战略管理体系的要素结构因素是知识服务能力构成的要素载体，获取能力、吸收能力、创新能力和服务应用能力是知识服务能力构成的表达内容，并且在实施知识服务流程中体现出来，它们共同组成了知识服务能力体系的总体结构，如图 4.1 所示。

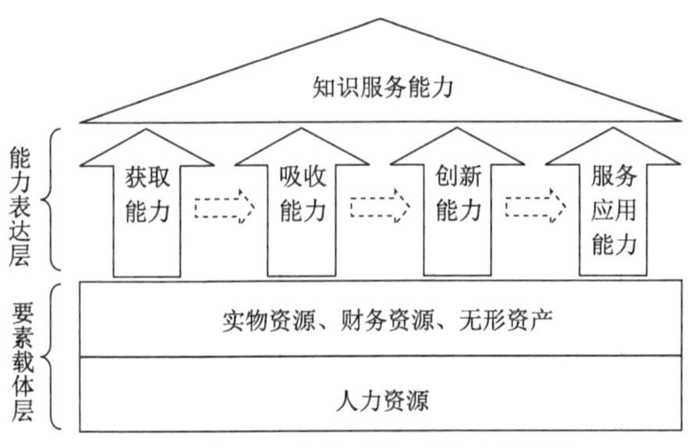

图 4.1　知识服务能力体系的总体结构

此外，从服务机构来看，获取能力、吸收能力、创新能力和服务应用能力应该属于个体能力和团体能力两个层面。个体能力是知识服务能力的基础，团体能力是个体能力整合的结果，如图 4.2 所示。图书情报机构的知识服务能力的培育需要从个体能力抓起，只有员工具备了与知识服务要求相匹配的能力，知识服务的价值才能体现出来。由于隐性资源大部分存储于成员身上，要想充分挖掘与利用这些资源，就必须由团体向个体提出需求并且将满足需求的目标转化成个体的任务，同时团体还要激励个体完成任务。所以，在发挥知识服务能力作用时，个体能力与团体能力相辅相成，缺一不可。在此需要指出的是，为了避免拘泥于个体行为而影响整体研究的结果，本书后面所论述的知识服务能力是从团体能力出发，以个体能力为基础进行探索研究的。

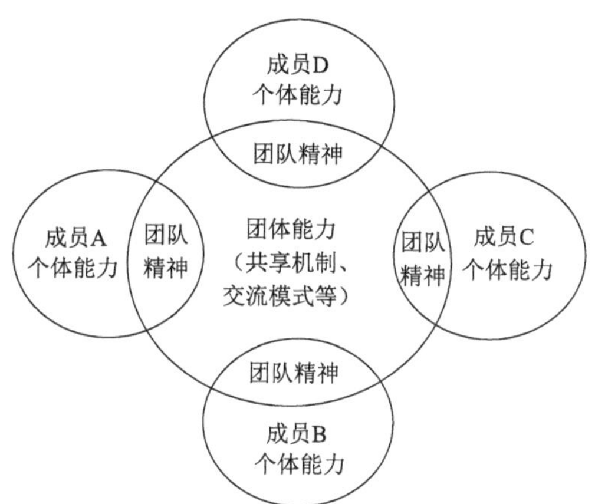

图 4.2　团体能力与个体能力的结合模型

4.2.2　获取能力及构成研究

以知识服务流程为主线，本书将图书情报机构知识服务能力可表达的内容分为知识的获取能力、吸收能力、创新能力和服务应用能力四个构成部分，这四个能力也是评价知识服务能力的下位类——子能力。本节主要研究四个能力的内涵、涉及的流程和影响因素等。

1. 获取能力的内涵

获取是采集、取得、收获。关于知识获取可简单地理解为知识的采集、取得或收获。从知识工程角度理解，知识获取是指领域专家自身或知识工程师与领域专家共同整理总结领域的知识和他们的实际知识、经验、模型及研究成果等，按照所建专家系统规定的知识表示形式，整理成一个个知识单元，放入知识库，这种过程称为知识获取[19]。

结合图书情报机构的特点，本书将图书情报机构知识服务的获取能力定义为：清晰、准确地获取用户的需求并把其转换成问题或任务，然后按照需求和任务，利用各种手段和途径，整合本机构的人力、资金、设备等资源，广泛收集来自各种信息源及数据库中相关领域的信息、知识或研究成果，并进行筛选、过滤与汇总，整理成知识吸收、创新与应用的原料的能力。

2. 获取能力依赖的流程与影响因素

能力依赖于流程路径和要素载体而存在，知识服务的获取能力产生并作用于知识服务的流程中，根据本书在前面提出的基于知识服务三维框架理论的知识服务流程，以及获取能力内涵的界定，具体的知识获取流程描述，如图 4.3 所示。

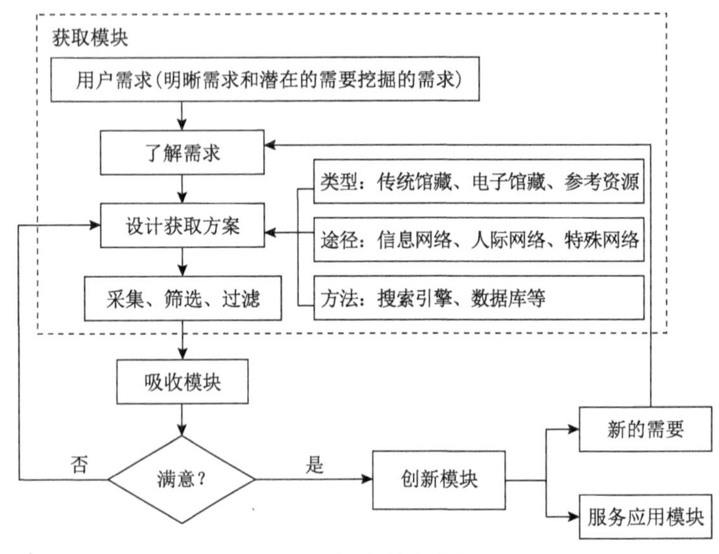

图 4.3　知识获取流程

从上述的知识获取流程中可以看到，影响知识获取流程的因素包括用户需求，服务资源、获取途径、获取方法及相关的支撑条件。所以，知识服务的获取能力应包括用户需求的了解能力，设计获取方案及采集、筛选和过滤资源的能力，支撑条件及其利用能力等。对图书情报机构而言，根据知识的不同存在方式，建立获取网络和培育隐性知识获取能力是知识服务中获取能力研究的重点。

3. 根据知识的不同存在形式建立获取的网络

从知识存在的方式看，知识获取分为显性知识获取和隐性知识获取。

显性知识主要包括来自各种信息源或数据库中的文档信息、数据信息等，显性知识获取相对容易。可以通过设计各种获取策略，同时可以运用信息技术来提高获取的效率和效益。例如，可以通过搜索引擎来提高检索的效率，通过提升标引质量等提高检索的准确率。在显性知识获取时，信息资源的选择与利用尤其重要，一般服务机构除了选择文献信息源、实物信息源、专家信息源、数字信息源等资源外，还要建立特色馆藏资源的渠道。例如，国家图书馆建立了敦煌吐鲁番学文献资料、艺术资料、少数民族文字书刊等获取渠道。

而隐性知识是指技能、经验等知识，它存在于人的头脑中或组织的结构及文化中，是无法用语言或书面材料进行准确描述的，不易编码，因此不易被计算机等媒体存储。也就是说隐性知识具有个体性。正如波兰尼认为“知识的根源或者说知识的产生过程常常是个人的，所有的公共知识首先是由个人发现的。知识的认识范畴决定了其与认识主体的不可分割性”[20]。知识服务获取流程中涉及的隐性知识主要包括：用户的潜在需求，工作人员独有的获取知识的倾向、技巧及经验，生产知识产品及提供服务时所缺的专家知识等。隐性知识获取的最好方式是采用人与人的直接交流，而人际网络（或社会网络）就是提供人与人交流的渠道。

综上所述，从知识获取的规律看，可接近的资源渠道越广、层次越多，获取能力越强。对图书情报机构来讲，只有充分利用各种渠道和方法进行知识的采集，才能提升获取能力。

根据显性知识和隐性知识的来源不同及资源渠道的特点，本书将知识获取渠道划分到不同的网络中，即信息网络、人际网络、特殊网络。其中，信息网络是以信息载体为传输渠道，是提供显性知识的主要来源；人际网络（或社会网络）是以人为传输渠道，是提供隐性知识的主要来源，可以通过知识地图等方法与技术建立人际专家网络；特殊网络即机构根据自己行业关系或者长久维护的特别关系构成的渠道，以获取可形成特色的机构资源。

4.2.3　吸收能力及构成研究

1. 吸收能力的内涵

吸收一般是指物体把外界的某些物质吸到内部。知识吸收可理解为对知识的接受、消化、理解与转化等。吸收能力首先来源于企业管理研究，Cohen 和 Levinthal[21]最早提出“吸收能力”的概念，并将其定义为认识新的外部信息的价值，吸收它，并应用它获得商业结果的能力。他们认为公司的吸收能力是通过长期积累而形成的，并具有路径依赖性——建立在已有的知识上。Zahra 和 George[22]概括了具有代表性的有关吸收能力的实证研究，指出吸收能力具有四个维度，即接受、消化、转化、开发。前两者形成潜在的吸收能力，而后两者为实际的吸收能力。潜在的吸收能力具有倾向依赖于以往的知识、经验及外部知识源的特性，是企业利用外部知识的前提；实际的吸收能力是企业通过利用外部知识，不断创新并保持竞争优势的关键。

根据上述吸收能力的定义和结合图书情报领域工作的特点，本书将图书情报机构知识服务的吸收能力定义为图书情报机构在获取各种来源的信息（或知识）和用户需求信息基础上，按照本机构用户需求特点，依赖工作人员和借助技术工具，对各种信息进行筛选、分类、分析和整理等粗加工，形成具有本机构加工特色且可供直接使用与可供进一步加工的初级知识产品的能力。

吸收能力包括个人吸收能力和组织吸收能力。个人吸收能力取决于个人知识水平和综合素质；组织吸收能力依赖于组织整体的知识结构和共享程度[23]。

2. 吸收能力依赖的流程

根据本书在前面提出的数据驱动的知识服务三维框架理论的知识服务流程，

以及吸收能力内涵的界定，具体的知识吸收流程描述，如图 4.4 所示。

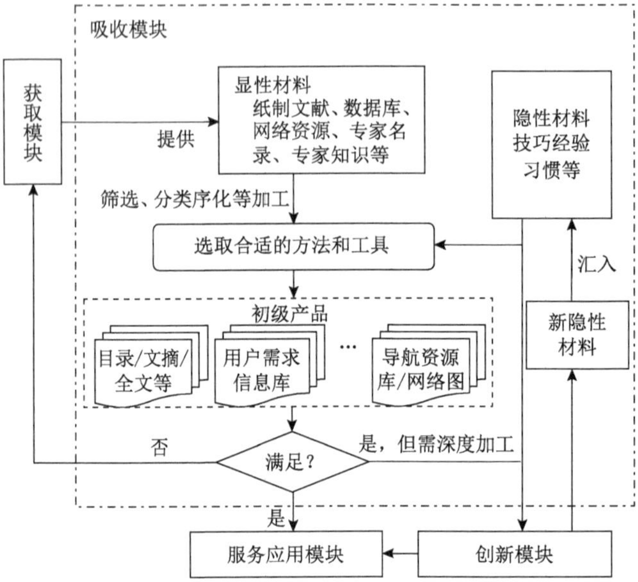

图 4.4　知识吸收流程

从图 4.4 中可以看出，知识获取后得到的纸制文献、数据库、网络资源、专家名录、专家知识等，为知识服务的深入开展提供了充足的资源，在此基础上，图书情报机构需要根据服务战略和先验的知识水平，通过筛选、分类序化等加工途径，并依赖知识工作人员或专家的经验、技巧等，形成具有本单位加工特色的知识服务初级产品，实现对获取知识的接受、消化、转化与开发，由此形成了吸收能力依赖并作用的知识吸收的流程。特别需要强调的是，对图书情报机构而言，采用恰当的技术方法，融合工作人员的经验、技巧等，通过对外部和内部零散知识的重新序化加工，即知识的接受、消化、理解，进一步形成可供本机构用户使用的知识产品，即知识的内化、转化与开发利用。

通过吸收流程，将会产生两类主要的初级知识产品：一类是使用主题法、本体等分类方法或组织工具整理的新的知识库，如各种目录、文摘或全文等知识库；另一类是用户需求信息库及经简单内容分析后的供创新使用的新的知识网络，如把搜集的知识建立起一种逻辑关系，形成相关的导航资源库、网络图等。此外，提供文献标引、剪报等服务也是一种简单的知识吸收。

3. 吸收能力的影响因素

关于吸收能力影响因素的研究已经有许多成果，本书结合图书情报机构的特点，借鉴已有成果总结归纳的吸收能力的影响因素主要有知识基础、知识整序及条件、内部共享环境和努力程度四个方面。

1）知识基础

个人知识基础一般是指所具备的知识结构和达到的专业水平，组织机构的知识基础是指工作人员的知识结构（如学历、专业）分布和专业水平高低。从吸收知识的角度来看，知识基础也就是先验知识水平。

Cohen 和 Levinthal 对组织吸收能力的最初研究，强调组织知识基础的作用，认为吸收能力在很大程度上是其先验知识水平的函数，一方面，组织知识基础的广度影响着组织吸收外部知识的能力，组织知识基础的深度影响着吸收能力提高的速度，“对资料的处理越深入，对已有相关知识的使用程度越深，从后继项目中获取知识就越容易”；另一方面，组织所积累知识的分布状况也影响其吸收能力[21]。

针对图书情报机构，知识基础的广度可指工作人员具备的知识结构分布的宽泛程度，如学历层次分布多样化、专业范围分布多学科；知识基础的深度可指工作人员普遍的专业水平与同行相比所达到的层次。此外，组织所积累的知识分布状况可指已经形成的可提供知识服务的知识库产品或特色产品，以及工作人员长期积累的工作经验、价值观等隐性知识。

2）知识整序及条件

知识整序是指将获取的大量零散的信息或知识按照应用目的和要求进行有序化的过程，也就是对各种信息进行筛选、分类、分析和整理等粗加工并形成初级产品的过程。作为专职的以提供知识产品或服务为主业的图书情报机构，知识整序是其核心业务之一，是连接知识获取和创新知识产品的必需的环节和关键所在。本书认为图书情报机构知识服务活动中将外部大量零散知识和内部离散知识重新整序的过程就是知识吸收的过程。所以，知识整序及条件，包括基本条件、整序的自动化程度、工作人员的技能技巧的掌握、可形成的整序产品形式和种类等，都是影响吸收能力的重要因素。

3）内部共享环境

共享环境包括组织的交流模式、工作人员的互动程度、共享文化机制等，它是知识吸收过程实现的重要前提与支撑。部门内及部门间的交流方式、外部环境与组织间的沟通体系、交流程度、跨职能界面等影响着知识在组织机构中的流动、转化与开发的程度，以及能否及时获取外部专家的智力支持；内部工作人员的互动程度，即互动的层次水平和合作时间的差异，也会影响到知识的消化、扩散并进而影响知识的开发利用；而共享文化机制的建立，如具有明确岗位轮换等机制和大力提倡知识共享，就可以使工作人员激发工作热情、增进员工间的关系强度和信任水平，接触到不同的知识，进而改善组织知识的分布状况。

4）努力程度

Kim 等强调了组织在开发吸收能力上努力程度的重要性[24]。他们发现，组织的努力程度与已有相关知识具有相关性特征：组织的努力程度高可以使组织的已有相关知识基础提升到一定高度；而如果努力程度低的话，也会使组织的已有知识水平下降。图书情报机构为实现知识服务所付出的努力程度指机构为满足用户特定需求或解决产品加工过程中的棘手问题而动用的所有能量，包括机构高层对相应问题的重视、提出的教育培训规定，以及机构内部为解决某一问题而制定的奖惩措施等。

4.2.4 创新能力及构成研究

1. 创新能力的内涵

熊彼特 1912 年在《经济发展理论》中明确提出创新的概念，到 20 世纪 80 年代之后，关于创新理论的研究不断发展。日本学者 Nonaka[25]在《哈佛商业评论》上发表 *The knowledge-creating company*（《知识创造公司》）一文，认为在一个唯一确定性是不确定性的经济体中，持久竞争优势的一个确定来源是知识。企业通过不断地创造新知识，在组织中广泛推广新知识，并迅速将其融到新技术、新产品、新系统中，就能够实现企业知识创新。美国战略专家 Rogers[26]于 1993 年将知识创新定义为“通过创造、演讲、交流和应用，将新的思想转化为可销售的产品和服务，以取得企业经营成功、国家经济振兴和社会全面繁荣”。

简言之，创新能力就是支持知识创新实现的能力。企业创新能力是指企业为支持知识创新实现，附着在内部人员、设备、信息和组织中的所有内生化知识存量的总和。可以认为创新能力的本质是企业拥有的知识和信息。企业的知识创新和创新能力通过知识得以联结[27]。从能力发展的角度来看，创新能力是动态能力的一种表现形式，源于人类认识世界、改造世界的各种活动过程中所产生的新的矛盾和问题，人们在解决这些矛盾和问题的过程中，产生的新思路、创造的新方法。

根据上述知识创新和创新能力的定义，并结合图书情报机构工作的特点，本书将图书情报机构知识服务的创新能力定义为图书情报机构在知识获取、知识吸收基础上，以满足用户的特定需求为目标，充分挖掘和发挥工作人员的潜能与才干，将初级知识产品进行创造性加工形成对策、建议、方案等新知识或者发现新知识的能力。知识创新可分为基于人的创新和基于工具的创新。

基于人的创新是工作人员以分析和整理后的知识为基础，借助已有的知识（尤其是经验、技能等隐性知识）进行的创造性劳动，如新的观点、新的建议方案、专门化的研究报告等；基于工具的创新是采用具体的理论方法和技术方法进行创新，如利用聚类发现数据间的内在关系或者通过共现分析找出信息间的关联，利用本体技术构建领域中概念间的关联，通过统计分析算法对文本知识进行提取等。

2. 创新能力依赖的流程与影响因素

根据本书在前面提出的数据驱动的知识服务三维框架理论的知识服务流程，

以及创新能力内涵的界定，具体的知识创新流程描述，如图 4.5 所示。

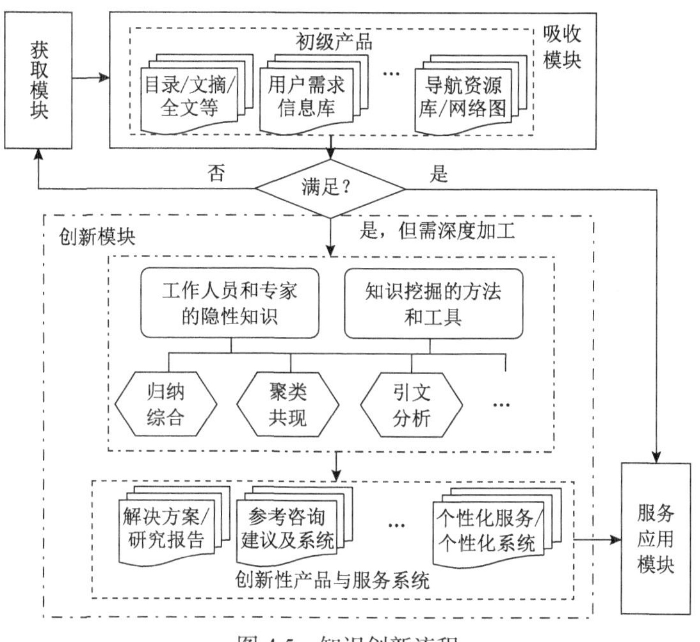

图 4.5　知识创新流程

在图书情报机构知识服务活动中体现着两个方面的创新：一方面，工作人员利用隐性知识与知识挖掘工具及方法在进行生产劳动时创造新的知识；另一方面，向用户提供有利于他们进行创新性劳动的知识产品或服务。因此，知识服务的创新活动是双螺旋上升运动，在创新活动中，既需要营造日本学者 Nonaka 和 Takeuchi 提出的知识转化与创新（socialization，从隐性知识到隐性知识，社会化；externalization，从隐性知识到显性知识，外化；combination，从显性知识到显性知识，结合；internalization，从显性知识到隐性知识，内化）（简称 SECI）模型实现所需的内部创新氛围，又需要创建知识服务系统以向用户提供进行知识创新的平台。

在图书情报机构的知识创新中，组织和个人都可能对创新产生影响，组织可以通过一些技术、管理及机制等方面的改善来营造一种创新氛围，促进组织的整体知识创新；而个人在积极的创新氛围下，根据自身的经验素质，突破现有的思维局限，根据综合的知识经验开发出更有益于客户的产品和服务也是知识创新的重要组成部分。因此，创新素质（个体创新）和创新环境（团体创新）是图书情报机构知识服务的创新能力的主要影响因素。

3. 知识创新的主体——个体与团体

从单元视角看，无论团体创造过程如何进行，认知、智力等活动都是由单个的人独自或合作完成的。也就是说，个体是团体各项功能的物理模块。然而，从社会心理学的特质视角研究，可以发现在团体中的个人不再是一个个独立单元[28]，而是抽象化了的领域技能、能力倾向、创造技能、专业风格、工作方法、人格特征、动机类型等的特质要素。

团体内的相互作用产生创造型设想，常被当作是团体给个人提供了发挥创造力的环境，其实，更重要的是在什么条件下团体成员依靠的是团体内的相互作用，而不是依靠个人的努力来解决问题。团体创造力与个体创造力最大的区别在于，团队要有组织纪律作保证。团体创造活动不可能撇开组织机构的要求，片面强调和追求个人的自由。团体创造活动中个人分工范围的高度自由，首先是建立在团队合作基础上的；因而各团体成员根本不可能在脱离团队情况下，完全凭借个人自由而取得重要的创造性成果。

随着网络信息环境和知识经济的发展，知识服务工作不再是以规范化的信息资源收藏和组织为标志，而是以灵活的服务模式充分利用和调动工作人员的智慧进行特定问题的分析、诊断、解决为标志。知识服务的服务组织工作的最突出特点在于：以用户需求满足的高效性和深入的彻底性为主要参照进行业务流程的设计，从而建立弹性工作体系和柔性服务机制，发展灵活的、深入的、个人化的知识型服务[29]。以高效和个性化服务为宗旨，就必然导致专业化分工。在知识服务流程的各个环节，都可能根据需要组织人员合理分配任务，通过团队合作的形式提供高质量的知识产品和服务。无论用户的知识需要的专业深度，还是服务需要的多样化程度，都以团队为主体，这也应当是未来知识服务的发展趋势。

由此看来，团队知识服务应当是今后图书情报领域的主要模式。因此，本书在研究知识创新时从团体创造力的角度出发进行研究，而把能够对团队创造力评估造成影响的个体创造力中的个人部分（个人创新能力）作为研究团体创造力的因素来考虑。

4. 知识创新环境——氛围

氛围概念是由瑞典心理学家伊科沃提出的，他认为氛围是指与创造主体施展才华（即发挥其创造性）发生关联的社会文化背景和团体中各种心理影响的因素。涉及整个社会文化背景和社会心理因素的方面，可称为创造的大环境；限于团体内部的文化氛围和心理因素影响的方面，可称为创造的小环境。氛围作为一种在一段时间内相对稳定的整体心理因素影响组织中的成员，它持久地作用于成员的行为和感觉[30]。

氛围对知识创造活动有着深刻的影响，其重要性超过团体成员的知识、能力等其他因素，其作用主要体现在两个方面。其一，氛围为知识创造活动主体提供了心理环境，可促进或抑制知识交流和智力互补，如网状的全联系形式的团队就比等级形式的团队更具有创造性。在良好的氛围中，个人的智力就会通过共享融入团队中，变成团队智力的一部分，通过智力互补，使得团队的整体智力拥有了每个成员智力的最优秀的方面。其二，氛围是团体所能够直接控制的因素，如团队成员的认知风格和能力、人格因素、领域技能、动机等在一定的团队氛围中是稳定地存在于成员自身而不易改变的。

关于氛围的影响因素，Amabile 等研究构建了团队氛围对于团队创新能力影响的概念模型[31]，如图 4.6 所示，并通过运用团体工作环境调查表等测评工具对有关团体创造氛围问题进行深入研究，得出结论为，组织中的知识创造氛围取决于以下五个感知评估指标，分别是挑战性工作、组织促进、工作小组支持、领导鼓励、组织障碍。

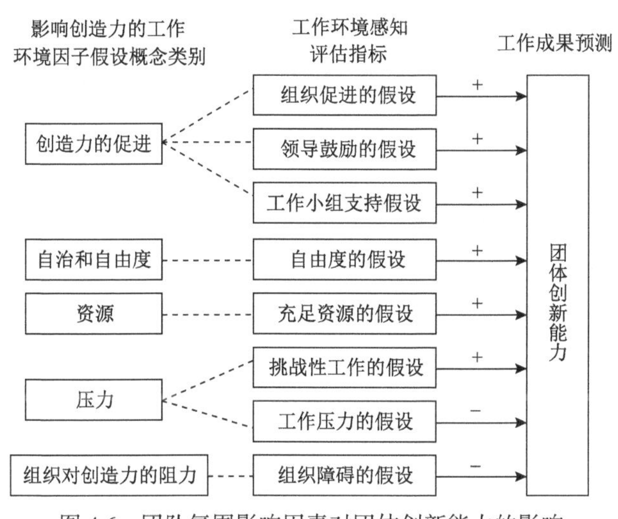

图 4.6　团队氛围影响因素对团体创新能力的影响

4.2.5　服务应用能力及构成研究

1. 服务应用能力的内涵

服务能力的作用是创造出知识产品或提供服务为用户所用。而服务应用能力就是将服务方与需求方连接并使双方充分交流，以使知识产品或服务发挥出应有的价值。简单地说，服务应用能力起到的作用如下：与用户进行及时的交流与沟通，将知识服务产品快捷而方便地传递和分发给需要的用户，指导和培训用户有效地使用。知识服务的应用能力是使知识产品和服务的价值得以实现的关键。

根据图书情报机构的特点，本书将图书情报机构知识服务的服务应用能力定义为图书情报机构根据用户对象的特点和要求，借助知识服务平台或者系统，将加工形成的不同内容、各种类型及层次的知识产品或知识服务提供给所需用户，并帮助用户解决问题的能力。例如，通过检索查新、借阅等提供知识，举办讲座、交流会等培训，提供推理、评价、建议等咨询服务或者情报研究服务，提供知识导航、知识推荐、知识定制等个性化服务。

2. 服务应用能力依赖的流程

根据本书在前面提出的数据驱动的知识服务三维框架理论的知识服务流程，以及服务应用能力内涵的界定，具体的知识服务应用流程描述，如图 4.7 所示。

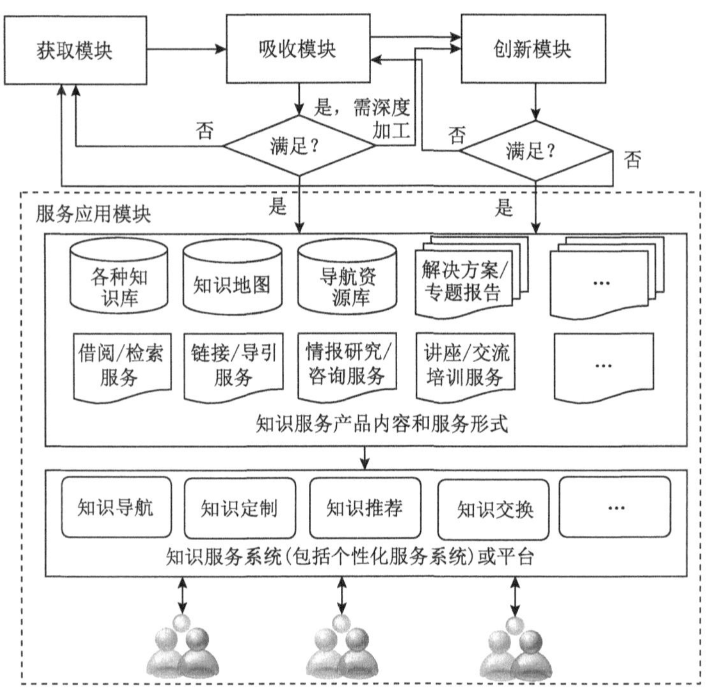

图 4.7　知识服务应用流程

知识服务活动始终贯穿着以用户需求为宗旨、实现知识价值增值的出发点。知识服务应用能力将知识服务流程的“输入”与“输出”连接起来，是沟通用户与工作人员的中介。所以，图书情报机构能否制定以服务用户为中心的管理制度并贯彻落实，服务人员能否通过交流、培训等途径，及时把握用户的需求并快速传输到获取、吸收或创新模块中，服务人员能否通过讲解咨询、宣传推广等途径，按照用户喜爱的方式将产出的产品或服务输送给需要的用户，是服务应用能力发挥作用的关键。因此，在上述知识服务应用流程中，除知识服务产品内容和服务形式、知识服务系统或平台是主要影响因素外，服务人员与服务管理等因素显得尤其重要。

3. 服务应用能力的影响因素

1）服务人员

在知识服务活动中，服务人员是知识价值增值链实现的主体因素，尤其是许多服务机构服务人员本身就是知识产品生产和提供具体服务的工作人员，所以，服务人员是实现知识服务价值的保障。服务人员具有的专业知识结构、学历技术特长、项目经验等素养，服务的态度，与用户沟通技能与经验等，在主观上都影响着服务应用能力的培育与成长。例如，在上海图书馆开设的“网上联合知识导航站”上提供网上实时咨询、知识库浏览、知识库检索等服务，服务的咨询专家由馆内外专家组成，大多数有专业学科背景，具备情报检索技能，熟悉参考资源，并有着丰富的咨询经验。高层次知识水平和业务技能的知识导航专家不仅使上海图书馆的服务应用能力得到提升，而且提高了该图书馆知识服务的质量和水平。

2）服务管理

高质量的产出离不开科学的管理、服务流程的设计、服务人员队伍的建设与职责分配、服务绩效考核制度，以及对用户培训的制度等，这些都应纳入服务管理的范畴。只有在科学规范的管理之下，才能最终确保服务应用流程有序而有效地实施。所以，服务管理在软条件支撑上影响着服务应用能力的培育与提升。

3）知识服务产品内容和服务形式

知识产品与服务是图书情报机构知识服务活动的产出，知识服务的针对性和有效性体现在，根据用户对知识需求的不同深度和形式，提供不同的知识服务产品内容或采用不同的服务形式。在获取、吸收和创新流程中，只有生产出的知识产品的内容多层次和提供的服务多样化，才能在服务应用流程中促使该阶段的能力得到培育和提升，也才能有效地控制该流程的运转。所以，知识服务产品内容和服务形式在客观上影响着服务应用能力的发展。

4）知识服务系统或平台

在网络信息环境下，知识服务系统或平台为知识服务的开展提供了基础设施，通过整合、集成、应用和服务等技术手段，提供符合用户需求的服务功能，是知识服务流程有效运转的保障，是知识服务体系的有力支撑，在服务应用流程中提供了知识服务人员与用户的接口。所以，知识服务系统或平台建设后的功能完备程度、易用性和交互性等，在硬条件支撑上影响着服务应用能力的培养和作用的发挥。

4.3　知识服务能力评价研究

知识服务能力是图书情报机构赢得竞争优势的作用力，以图书情报机构的要素结构因素为载体，依赖知识服务流程而滋生成长，支撑着知识服务体系的有效运转。知识服务能力决定着服务机构知识服务资源的转化和绩效，所以通过评价知识服务能力来衡量知识服务活动的效果，其意义体现在两个主要方面：其一，将有利于服务机构了解自身所处的服务状态及认清存在的差距；其二，将促进服务机构以目标为导向、以过程优化为着眼点构建或完善知识服务能力体系，提升服务机构整体绩效。

评价的本质是一个判断的处理过程，有学者认为：评价就是对一定的想法（idea）、方法（method）和材料（material）等做出的价值判断的过程。它是一个运用标准（criteria）对事物的准确性、实效性、经济性及满意度等方面进行评估的过程[32]。评价指主体对客体满足自身需要的一种估价，它属于主客体关系范畴，其直接对象是客体的价值，其表现形式是价值判断[33]。综上所述，本书认为：知识服务能力评价就是服务机构或相关机构运用一定标准对能力价值进行判断、测度和认同的处理过程。对知识服务活动而言，能力价值就是整合与转化服务机构资源并使知识服务体系有效运转的作用力及其外在表现。

对知识服务能力进行评价主要需解决为什么评价（why）、评价什么（what）、如何评价（how）几个问题。在评价时，首先，需要确定评价的目的、内容（包括对象）、思路、原则；其次，评价指标体系的设计；最后，评价指标体系的权重调查与赋值。

4.3.1　知识服务能力评价的目的、内容、思路与原则

目的也就是为什么评价，是评价活动的导向；内容也就是评价什么，是评价活动的主题；思路、原则也就是如何评价，是评价活动的路径与规范。所以，在评价图书情报机构知识服务能力时首先需要明确目的、设计内容、确定思路、制定原则。

1. 评价的目的与内容

1）评价的目的

在 4.1.3 小节的研究中，本书已经阐明：知识服务在不同生命周期或不同加工层次对知识服务能力的要求是不同的，而简单笼统的知识服务能力的描述或者单一评价数据的输出并不能反映出知识服务在流动过程中价值增值的变化。

知识服务能力的成长与提升是一个服务机构自身朝着卓越的目标不断追求的过程，评价的目的不仅是若干机构通过一系列指标数据比较找出优劣，更是服务机构通过自身对照一系列可参考的目标找出差距，进而制订发展的规划和措施，以达到提升服务能力、满足用户需求的目的。

2）评价的内容

在对知识服务能力进行评价时，评价的内容可以从三个方面进行选择：其一，

选择对能力构成进行评价；其二，选择对能力构成要素发挥作用后的效果进行评价；其三，将两者合在一起进行评价。

由于本书选择以目标（以服务用户需求为宗旨）为导向、以过程优化为着眼点的知识服务能力体系构建的思路，这种能力构建思路的意义在于以最优化的思想设计能力组成结构，以期产生希望的效果。此外，从评价标准需要事先设计才能修订及可操作角度考虑，选择对知识服务能力构成进行评价。在 4.2 节研究中，本书已经提出图书情报领域知识服务能力是由要素载体层和能力表达层组成的，要素载体层由实物资源、人力资源、财务资源和无形资产构成，能力表达层由获取能力、吸收能力、创新能力和服务应用能力构成。所以，能力表达层的四个组成部分就是知识服务能力评价的内容，设计获取能力、吸收能力、创新能力和服务应用能力评价的指标并组成整体的结构，是知识服务能力评价内容的核心。

2. 评价的思路

1）选择可依据的理论

通过 3.5 节中的论述可知，卓越阶段理论思想与本书提出的知识服务分阶段实施相匹配，所以，本书在评价知识服务能力中导入卓越阶段理论，通过卓越阶段理论的“事件”描述，可以非常清楚地找出知识服务的价值嵌入、增加和萃取的关键点，与之相匹配的知识服务能力也将有明确的实践目标，尝试为知识服务能力评价研究提供新的思路和做法。

2）提出指标体系设计的原则

指标是评价标准的具体化，是评价主体对评价客体活动进行测量的依据。整个评价活动都是依据指标体系来衡量的，并在此基础上确定哪些活动达到了标准，哪些活动没有达到标准，差距有多大及产生的原因，以便于制订出改进方案。所以，如何设计指标体系及制定哪些具体的规范，是在指标体系设计原则中必须明确的。

3）构建评价指标体系

从 4.1.3 小节中对图书情报机构知识服务能力内涵界定与特征分析中得知：知识服务能力是隐含的，只有当服务机构使知识服务战略管理体系运转时，在投入的要素结构因素被整合转化的动态过程中才能产生并看到能力对存在的载体和路径具有依附性。所以，知识服务能力的评价同能力构建一样也需要依赖于知识服务载体和流程。知识服务能力的作用与知识服务绩效构成直接的因果关系，因而评价知识服务能力需要同时考虑知识服务绩效的表现。

所以，在指标体系设计时，指标的层次结构与组成来自获取能力、吸收能力、创新能力和服务应用能力的定义、依赖的服务流程和主要影响因素，指标的含义界定来自对预期的知识服务绩效的考量。详细内容见 4.3.2 小节。

4）指标体系合理性验证和各指标权重赋值

提出的指标体系是否合理及指标权重的确定，是知识服务能力评价的关键。指标体系合理性的把握可以有两种方式：其一，是在设计前进行调查，然后进行修订，再调查修订直到取得比较一致的结果；其二，是在设计后进行调查验证，将验证达不到检验标准的去掉，再修订后调查与验证。由前面所述，知识服务能力构成研究同知识服务体系及服务流程的研究一样，是建立在经过大量调查与合理性验证的知识服务三维框架理论的基础上，具有比较坚实的理论与实践研究支撑，而设计后的调查受限于国内图书情报机构知识服务实践开展的现状。所以，在构建知识服务能力总体结构和指标时，本书采取边设计边调查修正的方式，研究人员通过集体研讨、现场调查服务机构及与专家进行电话访谈等途径，经多轮磋商后提出最终方案，并认定该方案在理论上是具有合理性的。

指标权重的确定可以采用专家调查打分或者两两重要性比较的方式，本书采用专家调查打分和借助工具软件统计的方式，详细内容见 4.3.3 小节。

5）提出基于卓越阶段理论的图书情报机构知识服务能力评价指标体系

按照卓越阶段理论的不同划分阶段，将提出的知识服务能力评价指标分别进行描述，给出一个基于卓越阶段理论的图书情报机构知识服务能力评价体系的图谱，以便评价者进行对照操作，找出不同指标在不同阶段的差距，并按照希望达到的图谱上的标准，制定改进的措施。详细内容见 4.4 节。

3. 评价指标体系设计的原则

1）导向性原则

知识服务能力构建的目标导向性，决定了指标体系应具有导向性。在构建指标体系的过程中，应注意采集那些最能满足用户需求、反映知识服务体系运作效果的指标构成因素，以通过评价为知识服务能力的构建与完善指引方向。

2）以前置指标为主原则

前置指标是指取得滞后指标的绩效动因。滞后指标通常代表过去的绩效，如服务效益、客户满意度。

虽然滞后指标很直观，但是受到知识服务实施现状的影响，而且只有当服务效益或客户满意度等与能力构成关系十分明确时评价指标才有意义。由于知识服务尚未全面普及，许多服务内容和问题还没有展开，知识服务能力与服务效益或客户满意度等通过哪些指标可以很好地将它们的因果关系表达清楚还有很大难度。所以，根据本书对评价目的和评价内容的理解与设计，在知识服务能力评价时主要以前置指标为设计的原则，以便对知识服务活动更具有指导意义，让滞后指标的取得成为一种必然，增加知识服务绩效的可控性。

前置指标和滞后指标的划分有两个层面：一个层面是按照知识服务流程的状态分为结果指标和非结果指标。结果指标是滞后指标，它只能反映上一次知识服务流程运作的情况，不能告诉如何改善服务；而非结果指标（如用户、内部流程、学习与成长）是前置指标。另一层面是指非结果指标本身又分为前置指标和滞后指标，譬如学习与成长中员工成就感是滞后指标，而启动个人发展计划、奖励员工共享制度则是员工成就感这种滞后指标的前置指标。

3）客观性原则

评价指标体系所涉及的事物属性应能真实地反映事物的本质和目标，客观地反映知识服务能力。对指标的选择、确定、内涵解释等都要从评价目的、内容和现实状况等实际情况出发，构建具有客观性的评价指标体系。

4）可操作性原则

可操作性原则是设置评价指标体系必须考虑的重要因素，离开了可操作性，再科学、合理、系统的评价体系也是枉然。在构建指标体系时，应尽量选择信息量大、切实可行、易于被专家理解和掌握的指标。

5）科学性原则

评价指标体系必须能够明确地反映目标与指标间的一致关系。指标的大小也必须适宜，即指标体系的设置应有一定的科学性，因为指标体系过大，指标层次过多，指标划分过细，势必将决策者的注意力吸引到细小的问题上；而指标体系过小，指标层次过少，指标划分过粗，不能反映知识服务的客观能力。

4.3.2　知识服务能力评价指标体系的设计

在指标体系设计时，指标的层次结构与组成来自获取能力、吸收能力、创新能力和服务应用能力的定义、依赖的服务流程及主要影响因素，也就是在纵向上从要素结构因素和对不同服务资源加工层次中提取出各个组成部分的指标，指标的含义界定来自对预期的知识服务绩效的考量，也就是指标依据的具体表述。

1. 获取能力评价指标体系的设计

由 4.2.2 小节论证可得，知识服务的获取能力应包括目标用户和用户及需求的了解能力，服务资源获取途径的能力，支撑条件的利用能力。其中，目标用户和用户及需求主要包括用户规模、用户种类、基本信息、查询行为的动态获取、反馈信息等；服务资源获取途径包括信息网络、人际网络和特殊网络；支撑条件包括人员、技术、设备和资金。由此，本节整理与设计的获取能力评价指标体系，如表 4.1 所示。

表 4.1　获取能力评价指标体系

一级指标	二级指标	依据
目标用户	用户规模	预期的目标用户群的规模
	用户种类	预期的目标用户群的种类
用户及需求	基本信息	以表格等方式获取用户基本资料的能力
	查询行为的动态获取	借助技术手段动态跟踪用户查询与筛选信息行为的能力
	反馈信息	定期接受和回访用户对产品与服务的感受
信息网络	信息源	信息源的熟知程度和可利用程度
	途径和方法	信息获取途径和方法的掌握和应用
人际网络	专家	数量、层次、覆盖面
	合作	合作时间、联系密度、信任度
	人才引进	对人才引进的重视程度
特殊网络（搜集特色馆藏的来源）	规模	特色资源的数量
	可靠性	特色资源的可信赖和权威程度
	持续性	特色资源是否可长久利用
支撑条件	人员	工作人员的知识基础与工作经验、技巧等
	技术	所利用的获取技术的先进程度（搜索、爬取、下载、处理、存储等）
	设备	支撑知识获取的硬件设备
	资金	资金的充裕程度

2. 吸收能力评价指标体系的设计

由 4.2.3 小节论证可得，知识服务的吸收能力就是指图书情报机构在获取各种来源的信息（或知识）和用户需求信息基础上按照本机构用户需求特点，依赖工作人员和借助技术工具，对各种信息进行筛选、分类、分析和整理等粗加工，形成具有本机构加工特色且可供直接使用与可供进一步加工的初级知识产品的能力。吸收能力包括个人吸收能力和组织吸收能力，主要影响因素有知识基础、知识整序及条件、内部共享环境和努力程度。由此，本书整理与设计的吸收能力评价指标体系，如表 4.2 所示。

表 4.2　吸收能力评价指标体系

一级指标	二级指标	依据
知识基础	知识结构	机构人员知识结构（专业、学历等）分布的合理程度
	专业水平	机构人员的专业领域达到的层次
知识整序及条件	基本条件	是否具备分类标引能力，以及对不同种类和层面知识分类标引的实现程度
	自动化程度	采用新方法和新技术（包括工具）的能力
	技能技巧	长期以来积累的工作经验和操作技能应用到知识整序过程的程度
	产品形式和种类	对知识内容加工的程度（目录、文摘、全文等）
内部共享环境	交流模式	交流机制完备程度、沟通渠道的多样化程度
	互动程度	人员工作中的信任水平、交流频率、探讨深度
	共享文化机制	对知识共享的重视与提倡程度
努力程度	高层重视	出台政策并管理到位
	教育培训	对新知识的学习强度
	奖惩措施	奖励与惩罚措施明确并有效贯彻

3. 创新能力评价指标体系的设计

由 4.2.4 小节论证可得，知识创新可分为基于人的创新和基于工具的创新。基于人的创新是工作人员以分析和整理后的知识为基础，借助已有的知识（尤其是经验、技能等隐性知识）进行的创造性劳动，如新的观点、新的建议方案、专门化的研究报告等；基于工具的创新是采用具体的理论方法和技术方法进行创新，如利用聚类发现数据间的内在关系，通过共现分析找出信息间的关联，利用本体技术构建领域中概念间的关联，通过统计分析算法对本书知识进行提取等。所以，工作人员隐性知识的激活共享（个体创新）和知识创新环境的营造（团体创新）是图书情报机构知识服务的创新能力的主要影响因素。由此，本书整理与设计的创新能力评价指标体系，如表 4.3 所示。

表 4.3　创新能力评价指标体系

一级指标	二级指标	依据
创新素质（个体创新）	业务水平	机构中人员的职称和学历的水平、人员已有成果与工作经历等
	经验积累	机构中人员在工作过程中积累与利用经验技能及技巧的水平
	人际网络的利用	机构中人员利用人际网络解决问题的水平
	工具的利用	采用恰当的方法和技术，创造性地加工知识
	挑战性	机构中人员承担重要工作愿望和接受挑战性工作意愿的程度

续表

一级指标	二级指标	依据
创新环境（团体创新）	需求驱动	用户需要的产品和服务的难度对整个机构的驱动
	领导态度	机构接受新的设想，对创新的重视程度
	自由度	有选择工作、业务的自由度，有做不同业务的自主性
	激励机制	机构具有发展新设想的激励机制和有效的奖惩制度
	交流	成员能够展开积极思想交流和挑战，机构经常通过对新设想的交流促进创造力
	工作压力	做课题感受到很大的外在的时间压力 机构中有时能听到对新设想的讥讽

4. 服务应用能力评价指标体系的设计

由 4.2.5 小节论证可得，知识服务的服务应用能力是指图书情报机构根据用户对象的特点和要求，借助知识服务平台或者系统，将加工形成的不同内容、各种类型及层次的知识产品或知识服务提供给所需用户，并帮助用户解决问题的能力。知识服务产品内容和服务形式、知识服务系统或平台、服务人员与服务管理是服务应用能力的主要影响因素。由此，本书整理与设计的服务应用能力评价指标体系，如表 4.4 所示。

表 4.4　服务应用能力评价指标体系

一级指标	二级指标	依据
服务人员	素质	学历、技术特长、接受项目的经验
	态度	积极性、耐心程度
	沟通	沟通能力、可信任程度
服务管理	流程	流程的规范性
	绩效	绩效考核制度的完备及执行度
	培训	对用户的培训
知识服务产品内容和服务形式	产品内容	内容的层次性
	服务形式	形式的多样化
知识服务系统或平台	功能性	功能的完备程度（推送、知识导航、定制等）
	易用性	方便用户的利用
	交互性	接受用户建议或反馈

4.3.3　图书情报机构知识服务能力评价指标体系的权重调查及赋值

根据前面的知识服务能力评价研究思路，在设计好评价指标体系后，需要调查并对指标体系中各个指标的权重赋值。

1. 指标体系权重调查与赋值的规划

在进行实证调查分析前，必须先明确此次调查的目标、形式、对象及分析方法等几个方面。

1）调查目标

通过调查获取被调查者对已设计的知识服务能力指标体系权重打分的数据，经过统计分析后得出各个子能力指标的权重值，并在统计分析过程中进一步验证所提出的指标体系是否具有系统性和逻辑性，以及指标之间是否相对独立。

2）调查形式

根据知识服务能力的四个组成部分和设计的各个子能力的指标体系，设计与制定调查问卷，然后采用面对面的实地调查方式，详细问卷见附录B。

3）调查对象

在选取调查对象时，考虑到对象的可近性，以及对象之间要有明显的差异才能对评价效果进行考察。因此我们选取了南京理工大学图书馆、万方数据股份有限公司南京销售区、江苏省科学技术情报研究所和南京市科技信息研究所四家机构。

本次调查问卷共发问卷50份，实收50份。由于有些问卷不合要求，因此最终可以使用的问卷一共46份。在整个调查过程中，中高层人数占一半以上，可以说对图书情报领域的情况非常清晰。

4）调查分析方法

调查分析方法包罗广泛，如系统工程法、灰色系统法、层次分析法（analytic hierarchy process，AHP）、模糊数学法和数理统计法等。针对本书设计的知识服务子能力评价指标的特点，选用层次分析法来进行评价测量。

层次分析法是一种定性与定量分析相结合的多因素决策分析方法。这种方法将决策者的经验判断给予数量化，在目标因素结构复杂且缺乏必要数据的情况下使用更为方便，因而在实践中得到广泛应用[34]。软件Yaahp可以很好地支持层次分析法，将统计的直接数据转换为可比较的判断矩阵并得出每一项的权重值。所以，在统计工具上选择Yaahp软件。

2. 指标体系权重调查与统计分析的步骤

第　，按照调查目的、调查形式和内容制定调查问卷。

第二，与选择的调查单位联系，并请有代表性（在每个单位是各个部门的骨干，具有较丰富的图书情报工作实践经历）的被调查者对问卷中的指标给予打分。

第三，回收汇总调查问卷，统计各调查项的平均值。

第四，利用软件 Yaahp 进行层次分析，得出指标权重值、计算结果及详细数据。

3. 指标体系权重调查与统计的结果分析

（1）将四个机构的调查问卷回收汇总，然后求得各调查项的平均值，如图 4.8 所示。

A	B	C	D	E	F	G	H	I	J	K	L	M
2.2.1	2.2.2	2.2.3	2.2.4	2.3.1	2.3.2	2.3.3	2.4.1	2.4.2	2.4.3	3.1.1	3.1.2	3.1.3
7	8	7	8	8	6	8	8	8	6	7	8	8
6	7	7	6	6	6	7	8	8	6	6	6	6
10	10	9	9	10	9	9	10	10	9	10	10	9
7	7	6	6	6	6	8	8	7	6	7	7	6
7	6	7	9	9	10	8	8	9	6	5	8	8
9	9	9	9	8	8	8	7	7	7	8	8	8
7	7	7	7	8	8	8	7	7	7	8	8	8
10	10	10	10	10	10	10	10	10	10	10	10	10
7	8	9	10	8	9	8	9	8	8	10	8	8
3	5	3	5	5	5	5	5	5	3	7	7	7
5	5	6	5	6	6	5		6		6	6	5
5	5	6	5	6	6	5		6		6	6	5
5	5	6	5	6	6	5		6		6	6	5
5	5	6	5	6	6	5		6		6	6	5
6.6429	6.9268	7.2857	7.0714	7.2857	7.2143	7.0714	8	7.3571	6.8	7.2857	7.4286	7
4.65003	4.85002	5.09999	4.94998	5.09999	5.05001	4.94998	5.6	5.14997	4.76	5.09999	5.20002	4.9
5.1429	5.4286	5.5714	5.4286	6	6.1429	5.7143	5.1429	5.8571	5	5.5714	6.1429	4.7143
5.5556	5.1111	5.3333	5.1111	5.5556	5.2222	5.3333	5	5.2222	3.6667	4.8889	5.1111	4.6667
5.875	5.5	5.6250	5.75	6.375	5	5.125	5.8333	4.75	5.5	5.25	5.625	5.375
0.904165	0.89342	0.915388	0.911834	0.849998	0.822089	0.866244	1.08888	0.87927	0.952	0.915388	0.846509	1.039391
0.836999	0.948919	0.956254	0.968476	0.917991	0.967027	0.928127	1.12	0.986169	1.29817	1.043177	1.017397	1.049993
0.791494	0.881822	0.906665	0.860866	0.799998	1.010002	0.96585	0.960005	1.084204	0.865455	0.971427	0.924448	0.911628
0.925715	1.06212	1.044644	1.06212	1.079991	1.176305	1.071438	1.02858	1.121577	1.363624	1.139602	1.201874	1.0102
0.875387	0.887018	0.990471	0.944104	0.941176	1.22858	1.114985	0.881645	1.233074	0.909091	1.061219	1.092071	0.877079
0.945634	0.929291	0.948142	0.888887	0.871467	1.04444	1.040644	0.857148	1.099411	0.666673	0.931219	0.90864	0.868223

图 4.8　问卷调查的数据统计

（2）在软件 Yaahp 中建立子能力的层次分析模型，以获取能力为例，如图 4.9 所示。

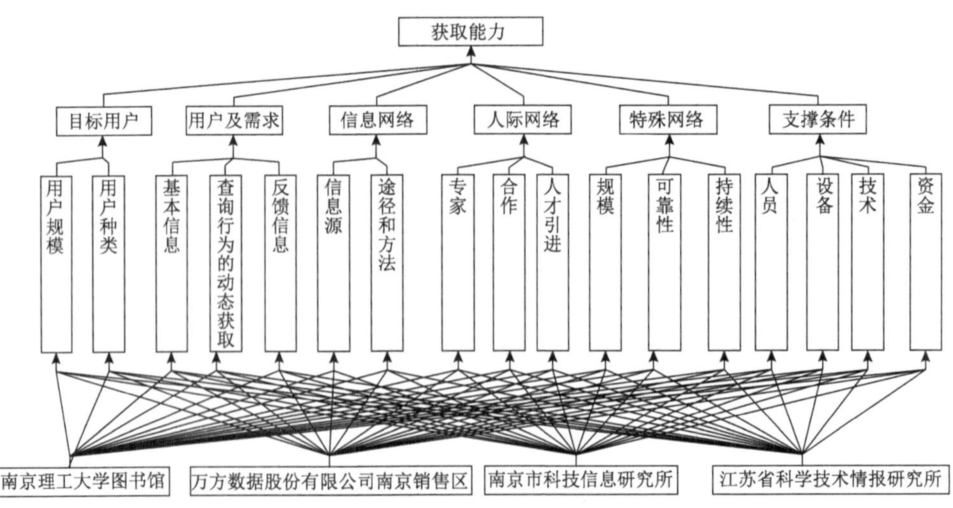

图 4.9　获取能力的层次分析模型

（3）将取得的数值转化为判断矩阵，如图 4.10 所示。

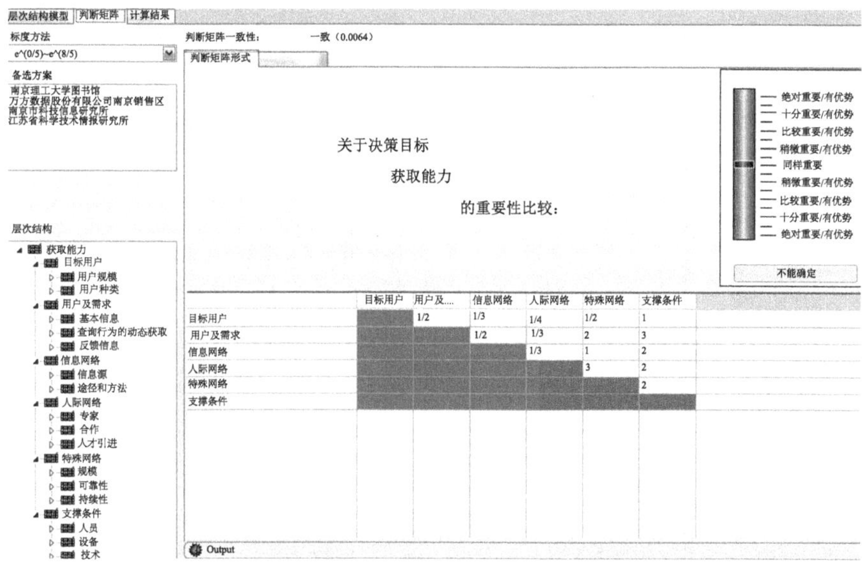

图 4.10　获取能力的判断矩阵

（4）在详细数据中，查看具体的各项指标所得到的权重值，如图 4.11 所示。

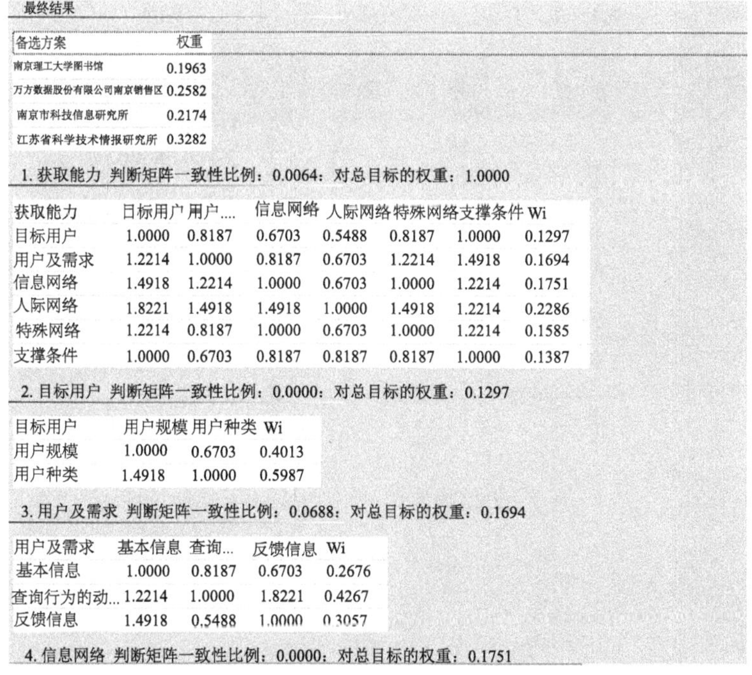

最终结果

备选方案	权重
南京理工大学图书馆	0.1963
万方数据股份有限公司南京销售区	0.2582
南京市科技信息研究所	0.2174
江苏省科学技术情报研究所	0.3282

1. 获取能力 判断矩阵一致性比例：0.0064；对总目标的权重：1.0000

获取能力	目标用户	用户....	信息网络	人际网络	特殊网络	支撑条件	Wi
目标用户	1.0000	0.8187	0.6703	0.5488	0.8187	1.0000	0.1297
用户及需求	1.2214	1.0000	0.8187	0.6703	1.2214	1.4918	0.1694
信息网络	1.4918	1.2214	1.0000	0.6703	1.0000	1.2214	0.1751
人际网络	1.8221	1.4918	1.4918	1.0000	1.4918	1.2214	0.2286
特殊网络	1.2214	0.8187	1.0000	0.6703	1.0000	1.2214	0.1585
支撑条件	1.0000	0.6703	0.8187	0.8187	0.8187	1.0000	0.1387

2. 目标用户 判断矩阵一致性比例：0.0000；对总目标的权重：0.1297

目标用户	用户规模	用户种类	Wi
用户规模	1.0000	0.6703	0.4013
用户种类	1.4918	1.0000	0.5987

3. 用户及需求 判断矩阵一致性比例：0.0688；对总目标的权重：0.1694

用户及需求	基本信息	查询...	反馈信息	Wi
基本信息	1.0000	0.8187	0.6703	0.2676
查询行为的动...	1.2214	1.0000	1.8221	0.4267
反馈信息	1.4918	0.5488	1.0000	0.3057

4. 信息网络 判断矩阵一致性比例：0.0000；对总目标的权重：0.1751

图 4.11　获取能力指标的权重赋值

（5）通过赋值，得出一套较为完整的获取能力评价指标体系，如图 4.12 所示。

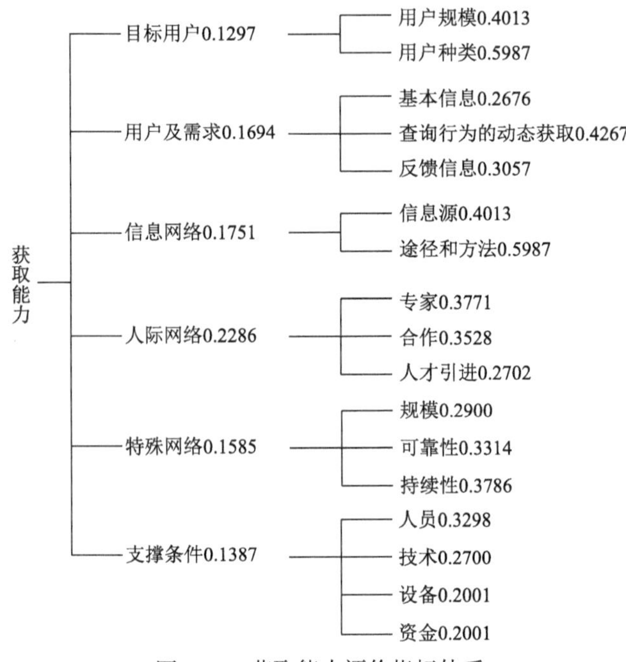

图 4.12　获取能力评价指标体系

本图中数据未经修约，可能存在比例合计不等于 1 的情况

（6）同理，吸收能力、创新能力、服务应用能力按照上面的步骤得出，如图 4.13 所示。

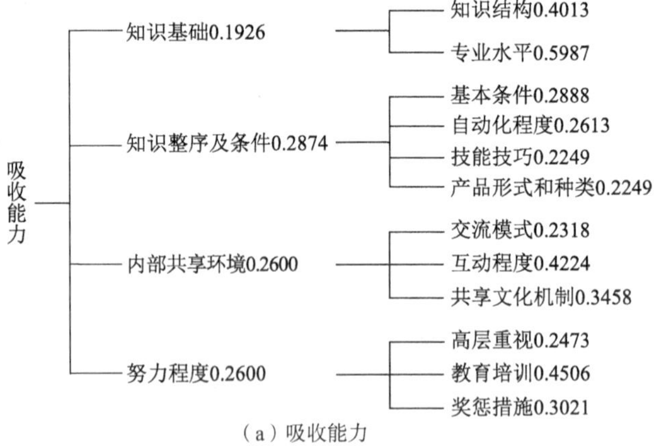

（a）吸收能力

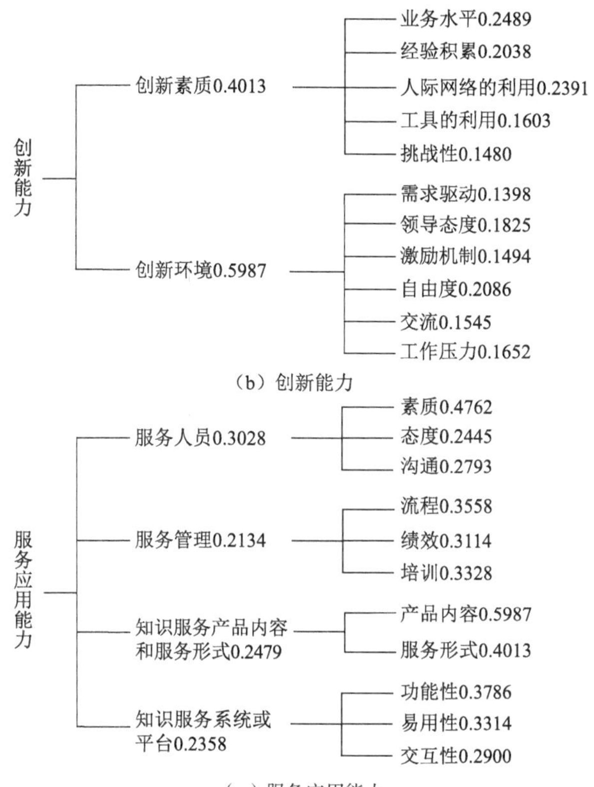

（b）创新能力

服务应用能力——服务人员0.3028——素质0.4762、态度0.2445、沟通0.2793；服务管理0.2134——流程0.3558、绩效0.3114、培训0.3328；知识服务产品内容和服务形式0.2479——产品内容0.5987、服务形式0.4013；知识服务系统或平台0.2358——功能性0.3786、易用性0.3314、交互性0.2900

（c）服务应用能力

图 4.13　吸收能力、创新能力与服务应用能力评价指标体系

本图中数据未经修约，可能存在比例合计不等于 1 的情况

4.4　基于卓越阶段理论的知识服务能力评价指标体系的构建——以图书情报机构为例

4.3 节中研究了图书情报机构知识服务能力指标体系包括的具体指标和指标权重值，应用该指标体系就可以指导图书情报机构开展知识服务能力的定量评价，然而操作起来相对复杂，为了从宏观上对知识服务能力有一个定性且直观的认识，本节将在指标体系架构的基础上，导入卓越阶段理论研究知识服务能力的定性评价。在图书情报领域知识服务能力评价中，导入卓越阶段理论的宗旨是将其作为一个评价能力的方法和框架，以指导图书情报机构对照不同的卓越阶段理论发展阶段的标准评价所处的位置，找出不足，并依据更高阶段的要求制订发展的计划，从而提高知识服务水平。

4.4.1 图书情报机构知识服务能力发展阶段的判断

判断知识服务能力所处的发展阶段，可根据标杆管理原理，主要依据知识服务流程的阶段，找出某一阶段在重点能力方面具有代表性的特征——标志性事件。

对图书情报机构知识服务流程而言，可以通过各个流程具体包含的环节和事件描述来提取判断标志性事件。通过 4.2 节研究可知，评价知识服务获取能力、吸收能力、创新能力和服务应用能力的指标就是对各个子能力具有代表性特征的表示。例如，对卓越阶段理论中的获取能力来说，目标用户和用户及需求的了解、服务资源获取的途径等就是代表该子能力的标志性事件。其中，用户规模、用户种类、基本信息、查询行为的动态获取、反馈信息等就是对知识服务获取能力的具体概念描述。将代表与描述各个子能力的一级和二级指标置于不同的发展阶段进行具体的界定，就能够形成基于卓越阶段理论的图书情报机构知识服务能力评价体系。

4.4.2 图书情报机构知识服务能力发展阶段的划分

知识服务能力是支撑知识服务体系运转的作用力，所以，下面将在 3.5.2 小节提出的基于卓越阶段理论的图书情报机构知识服务战略管理体系的基础上，遵循卓越阶段理论发展阶段的判断，将知识服务子能力中的评价指标作为标志性事件对各个阶段进行区分。按照卓越阶段理论、3.5.2 小节和 4.2 节的研究结论，本书把知识服务能力发展阶段划分为三个阶段：基本阶段、发展阶段和领先阶段。将标志性事件进行具体区分，形成如下的三个阶段。

1. 基本阶段

在该阶段，图书情报机构需具备基本知识服务体系，对知识服务能力要求不高，还处于起步和建设之中。例如，工作人员具有基本的素质和少量的工作经验，具备一定的技术能力，但无法采用各种先进的技术，人员之间合作时间短，交流模式和沟通渠道单一，默契度不够；服务机构拥有基本的服务平台，但硬件基础还较薄弱，资金有限，主要依靠馆藏向用户提供借阅和检索服务；工作激励机制和培训制度还有待完善，高层的重视程度还有待提高；在创新时依赖组织中的个人，只有少数人对创新持积极态度；服务流程不够规范，绩效制度也处于建设阶段，对用户的培训基本满足需要；等等。

2. 发展阶段

在该阶段，图书情报机构需具有一定的规模，在资金、人才和资源方面的实力都优于基本阶段的机构，对知识服务能力的要求高于基本阶段。例如，工作人员素质高，必须具备职业能力，成为信息代理和中介，采用各种比较先进的技术与工具，并具备一定的专业能力，如信息组织和处理能力、数据库能力等，工作经验丰富；专家数量达到一定的规模，且具有权威性，合作默契程度高；机构重视对人才的引进激励机制和培训制度完善，高层的重视程度明显提高；服务流程规范，绩效制度合理，能够起到激励和监督的作用，对用户的培训到位、有效；注重知识的二次组织加工，挖掘潜在知识为用户服务，服务内容深入，服务形式多样，机构拥有实现基本功能的知识服务系统，如数字参考系统、个性化服务系统、学科门户系统等能够满足多数用户需求的非大型系统；等等。

3. 领先阶段

在该阶段，图书情报机构通过各种资源的整合，为用户提供有针对性的个性化知识服务，除了提供专业的咨询和相关的决策方案外，同时还能为社会提供公共服务。例如，对知识服务能力要求很高，工作人员必须具备较高的职业技术和专业能力，能够在知识产品中加入自己的隐性知识，熟练掌握各种先进的技术与方法，接受挑战性工作的意愿强烈；专家规模庞大，且具有权威性，合作踊跃而且默契；机构领导鼓励成员学习新知识，并对成员的工作施加适当的压力，十分重视对人才的引进；用户需要的产品和服务的难度较高，领导十分重视创新工作；信息共享程度高且传递准确，承认并奖励那些有创造性的人；特色资源丰富、可靠，能够及时更新和扩充；服务平台的功能强大，用户便捷地使用平台，平台交互性好，能及时接受用户的反馈信息并及时做出修正；等等。图书情报机构将保持以人力资本为核心的竞争优势。

4.4.3　图书情报机构知识服务能力评价指标体系

综上所述，本书构建基于卓越阶段理论的图书情报机构知识服务能力评价指标体系，并对获取能力、吸收能力、创新能力和服务应用能力在基本阶段、发展阶段、领先阶段的标志性事件进行具体区分与描述，如表 4.5 所示。

表 4.5　基于卓越阶段理论的图书情报机构知识服务能力评价指标体系

阶段能力	基本阶段	发展阶段	领先阶段
获取能力	（1）用户群体还未形成规模，用户种类单一 （2）用户的基本信息尚未完整，另外没有记录用户的动态查询行为，用户的反馈信息延迟或缺乏 （3）对信息源基本熟知，并能使用常用的获取途径和方法 （4）专家数量有限，水平参差不齐，合作时间短，默契程度低，对人才引进不够重视 （5）尚不具备特色资源，或特色资源可靠性低，且更新困难 （6）人员具有基本的素质和少量的工作经验，无法采用先进的获取技术，硬件基础薄弱，资金有限	（1）用户群体形成一定的规模，用户种类已经多样化 （2）用户的基本信息完整，可跟踪用户的动态查询行为，用户的反馈信息及时、准确 （3）对信息源熟知，并熟练使用获取途径和方法 （4）专家数量达到一定的规模，且具有权威性，合作默契程度高，重视对人才的引进 （5）积累了一些特色资源，且资源可靠，能够及时更新 （6）人员素质高，工作经验丰富，采用适当的先进的获取技术，硬件得到加强，资金较为充足	（1）用户群体具有较大的规模，用户种类广泛 （2）用户的信息详尽，可出色地跟踪用户的动态查询行为，用户的反馈信息及时、准确 （3）对信息源熟知，熟练使用获取途径和方法并能够对获取的方法进行完善 （4）专家规模庞大，且具有权威性，合作踊跃而且默契，十分重视对人才的引进 （5）特色资源丰富，可靠，能够及时更新和扩充 （6）人员素质高，工作经验丰富，能迅速采用先进的获取技术，硬件配置高，资金充足

续表

阶段能力	基本阶段	发展阶段	领先阶段
吸收能力	（1）知识领域不完整，人员素质参差不齐，缺乏足够的领域权威 （2）可以整序的知识范围狭窄、层次较低，不采用新的方法和技术，没有多少技术积累 （3）交流模式和沟通渠道单一，成员之间合作时间短，默契度不够 （4）激励机制和培训制度还有待完善，高层的重视程度还有待提高	（1）知识领域涵盖全面，且有一定比例的权威 （2）整序技术成熟，涉及的知识领域较为广阔，能够逐渐采用新方法和技术，技术积累达到一定规模 （3）交流模式和沟通渠道较为多样，成员配合默契 （4）激励机制和培训制度完善，高层的重视程度明显提高	（1）专家群体结构完整，且精通各个领域 （2）积累了大量的关于整序的技能技巧并能熟练运用，能够及时采用新方法和新技术 （3）交流模式和沟通渠道多样化，成员积极互助，有很高的默契程度 （4）组织领导鼓励成员学习新知识，并对成员的工作施加适当的压力
创新能力	（1）人员职称和学历有待提高，工作经验和成果积累较少，人员缺乏利用人际网络的意识，对创新工具不够熟悉 （2）人员不愿接受挑战性的工作 （3）用户需要的产品和服务的难度较低，领导对创新没有足够的重视 （4）工作的分工过细没有足够的自由度，工作比较单调、沉闷，对创新的激励机制还不完善 （5）在创新时依赖组织中的个人，只有少数人对创新持积极态度 （6）信息共享程度低，且传递不够准确，经常遇到阻力，对反对意见不够宽容	（1）人员职称和学历层次较高，专家级和权威级比例相当，工作经验和成果有了一定积累，人员逐渐学会利用人际网络，熟悉创新工具 （2）人员愿意接受挑战性的工作 （3）用户需要的产品和服务的难度适中，领导对创新给予重视 （4）工作分配会考虑到自由度因素，创新的激励机制比较完善 （5）能够发动所有成员参与创新 （6）信息共享程度较高且传递准确，创新的阻力较小，发现有冲突，就努力解决问题，并弄清问题的实质	（1）人员职称和学历层次很高，权威成员为主体，工作经验丰富，工作成果显著，人员熟练利用人际网络，精通创新工具 （2）人员接受挑战性工作的意愿强烈 （3）用户需要的产品和服务的难度较高，领导十分重视创新工作 （4）成员对工作的分配很满意，能够充分发挥自己 （5）创新的激励机制完善 （6）信息共享程度高且传递准确，承认并奖励那些有创造性的人；与他人开诚布公地讨论问题
服务应用能力	（1）服务人员的学历和职称较低，缺乏项目经验，态度比较积极有耐心，沟通能力基本达到要求 （2）服务流程不够规范，绩效制度也处于建设阶段，对用户的培训基本满足需要 （3）产品内容不够深入，服务形式比较固定 （4）服务平台的功能比较薄弱，不太方便用户的使用，平台交互性差，不利于接受用户的反馈信息	（1）服务人员的平均学历和职称较高，积累了一定项目经验，服务人员有耐心，有较强的沟通能力 （2）服务流程规范，绩效制度合理，能够起到激励和监督的作用，对用户的培训到位、有效 （3）产品内容深入，服务形式多样 （4）服务平台的功能得到提升，用户使用方便，平台交互性好，能及时接受用户的反馈信息	（1）服务人员的平均学历和职称很高，积累了丰富项目经验，服务人员有耐心，有出色的沟通能力 （2）管理过程机动性高，绩效制度合理，能够起到激励和监督的作用，对用户的培训到位、有效 （3）产品内容层次、服务形式可根据用户的需要变换 （4）服务平台的功能强大，用户便捷地使用平台，平台交互性好，能及时接受用户的反馈信息并及时做出修正

参 考 文 献

[1] McClelland D C. Testing for competence rather than for “intelligence”. American Psychologist, 1973, 28(1): 1-14.

[2] Prahalad C K, Hamel G. The core competence of the corporation. Harvard Business Review, 1990, (5/6): 79-91.

[3] 唐志龙. 略论能力的基本特征. 学习论坛, 2005, (4): 52-54.

[4] 董岗彪. 论个体能力. 前沿, 2002, (12): 27-29.

[5] 樊宏, 戴良铁. 基于能力的人力资源管理新模式. 科学学与科学技术管理, 2004, (9): 98-101.

[6] 黄培伦, 尚航标, 王三木, 等. 企业能力: 静态能力与动态能力理论界定及关系辨析. 科学学与科学技术管理, 2008, (7): 165-169.

[7] 黄汉民. 组织能力: 形成企业竞争优势的基础. 中南财经政法大学学报, 2002, (6): 114-118.

[8] 方润生. 基于能力的理论及其局限性. 科研管理, 2004, (4): 134-139.

[9] 冯海龙, 焦豪. 动态能力理论研究综述及展望. 科技管理研究, 2007, (8): 12-15.

[10] 王斌, 颜宏亮, 郑刚. 企业动态能力的构成维度与特征研究. 科学学与科学技术管理, 2006, 27(9): 124-128.

[11] 程兆谦, 徐金发. 资源观理论框架的整理. 外国经济与管理, 2002, (7): 6-13.

[12] 黄旭, 程林林. 西方资源基础理论评析. 财经科学, 20-05, (3): 94-99.

[13] Leonard-Barton D. Core capabilities and core rigidities: a paradox in managing new product development. Strategic Management Journal, 1992, (13): 111-125.

[14] 李怡靖. 企业核心能力理论回顾. 经济问题探索, 2004, (1): 50-52.

[15] 赵勇. 企业核心能力理论研究与实证分析. 西南交通大学博士学位论文, 2003.

[16] Teece D J, Pisano G, Shuen A. Dynamic capabilities and strategic management. Strategic Management Journal, 1997, 18(7): 509-533.

[17] 张玺. 基于知识的企业能力理论最新发展述评. 现代管理科学, 2005, (12): 45-47.

[18] 傅世侠, 罗玲玲. 建构科技团体创造力评估模型. 北京: 北京大学出版社, 2005.

[19] 余媛芳. 面向产品创新设计的知识获取研究. 西北工业大学硕士学位论文, 2004.

[20] 张瑛, 武忠. 隐性知识获取的最佳来源研究. 情报杂志, 2007, (11): 78-79.

[21] Cohen W M, Levinthal D A. Absorptive capacity: a new perspective on learning and innovation. Administrative Science Quarterly, 1990, 35(1): 128-152.

[22] Zahra S Z, George G. Absorptive capacity: a review, reconceptualization and extension. Academy of Management Review, 2002, 27(2): 185-203.

[23] 许小虎, 项保华. 社会网络中的企业知识吸收能力分析. 经济问题探索, 2005, (10): 18-22.

[24] Kim L. Crisis construction and organizational learning: capability building in catching-up at Hyundai Motor. Organization Science, 1998, 9(4): 506-521.

[25] Nonaka I. The knowledge-creating company. https://hbr.org/2007/07/the-knowledge-creating-company[2018-12-24].

[26] Rogers D M A. Knowledge innovation system: the common language. Journal of Technology Studies, 1993, 19(2): 2-8.

[27] 颜晓峰. 论知识创新的能力. 南京政治学院学报, 2000, 16(4): 31- 36.
[28] 张阳, 张爽. 动态视角的企业知识创新能力形成的内在机理研究. 生产力研究, 2008, (1): 123-126.
[29] 李桂华, 张晓林, 党跃武. 知识服务之运营方式探索. 图书馆, 2001, (1): 18-22.
[30] 周春芳, 罗玲玲. 论高校科技团队核心竞争力. 创造创新与可持续发展国际学术研讨会, 北京, 2006.
[31] Amabile T M, Conti R, Coon H, et al. Assessing the work environment for creativity. The Academy of Management Journal, 1996, 39(5) : 1154-1184.
[32] 高清海. 文史哲百科辞典. 长春: 吉林大学出版社, 1988.
[33] 陈敬全. 科研评价方法与实证研究. 武汉大学博士学位论文, 2004.

第 5 章　数据驱动的知识服务方法与技术体系研究

随着知识服务向深层次发展及知识服务面临的社会背景日益复杂，知识服务与大数据的结合越来越紧密。知识服务研究的对象常常具有数量巨大、来源分散、格式异构等大数据特征，结合知识服务的用户需求与流程，研究并运用大数据技术对知识服务过程中所需的数据/信息进行采集、存储、关联及融合分析，进而达到发现新知识、创建新价值、提升新能力的研究目标，这将会是今后知识服务研究的创新发展方向与必然的选择。

5.1　面向知识融合的知识服务方法与技术体系架构

大数据时代的到来，影响和冲击着社会的方方面面，尤其是在学科领域科学研究活动中，大数据及其相关思维与技术彻底地改变了传统知识生态的进化模式及传统学科创新研究模式。那么，面对大数据的挑战，如何将多源异构、庞杂多样、真伪难辨、更新快速的数据和信息转化为知识并加以有效融合，也就是如何从“大数据”中提取为学科创新研究服务的“小知识”全景视图，是面向学科创新研究的知识服务与管理亟待解决的问题。这一问题从客观上提出了对大数据时代知识融合的迫切需求。因此，本章选择以学科创新研究为例，针对大数据时代知识融合的需求，围绕大数据、知识生态重构、面向学科创新研究服务的知识融合分析展开，基于知识论、决策论、系统论及生态论相结合的视角，以大数据对传统信息和知识环境的变革驱动为切入点，研究大数据对知识生态的重构及其对知识融合的客观需求，梳理面向知识融合的知识服务的基础理论和方法，进而提出大数据时代知识融合的总体体系架构。

5.1.1　知识融合基础理论和方法研究

随着信息技术的不断革新，数据、信息与知识交错涌现并呈爆炸式增长，如何使庞杂的数据、信息得以集成与转化，如何有效管理和利用知识成为知识工程与知识服务领域面临的重大课题。知识融合理论与技术的发展为解决这些问题开辟了新的路径，通过对分布式数据源和知识源进行组织和管理，结合应用需求对知识元素进行转化、集成和融合等处理，从而获取有价值或可用的新知识，同时对知识对象的结构和内涵进行优化，提供基于知识的服务[1]。

1. 知识融合的兴起与概念解读

知识融合的兴起首先来自知识工程的迫切需求，并随着知识服务的应用不断扩展。知识工程发展到 20 世纪 90 年代中期时，知识获取系统已经可以表示领域专家的专业知识，但是无法综合不同专家的知识以解决实际问题。因此，以 Garner 和 Lukose[2]为代表的学者提出的知识融合，旨在针对某些问题上由于观点不同而需要不同专家的协同参与并深度汇聚不同观点，以便获取更好的问题解决办法。随后，越来越多的学者从自己的研究方向对知识融合进行理解和解读，如表 5.1 所示。

表 5.1　关于知识融合的相关概念解读

经典文献	概念界定	研究视角	分析单元
Preece 等[3]	大量的知识资源分布于各个组织机构信息系统网络中的节点里，为了开发这些资源，人们希望将不同组织机构信息系统中的知识动态结合称为知识融合；单纯对分布式数据库的检索不能称为知识融合，人们需要结合背景知识来进行数据实例的解释和利用	建构+实证	系统层面
Meijer[4]	从管理者角度分析知识融合和知识创新，提出管理者需要有效地管理组织内部解决问题的过程，而知识融合旨在解决问题，但是大多数情况知识融合是人们在自己头脑中进行的，只有将交流知识的过程呈现出来，才能从对方的知识中得到启发从而进行创新	理论	组织和群体层面
Smirnov 等[5]	结合先前的研究[3,4]，将知识融合界定为为了补充不足的知识或者获取新知识，将原先松散耦合的资源体系中的知识进行集成整合；指出知识融合是一种基于不同资源中知识的协同使用的方法	建构+实证	系统层面
Kuo 等[6]	提出知识融合的基础概念是重构：首先，知识库被转换成相应的关系图，即中间知识表示；其次，依据该研究提出的结构简介标准及语义聚类标准将关系图分解为多个子图；最后，将子图利用起来，重构为融合知识库的元知识	建构+实证	模型层面
Martens 等[7]	知识融合问题被描述为通过数据挖掘而自动生成的知识与反映领域专家的专业知识相结合而形成的挑战性问题；问题解决的最终目标是提供精确、让人理解、合理并且可实施的模型	建构+实证	模型层面、方法论层面

除此之外，很多研究者基于知识融合提出其他相关概念。例如，Chen 和 McQueen[8]提出一种非结构化融合，认为当现有的知识体系无法提供合适的知识时，这种融合就会发生，新的知识产生于知识融合的过程；Kampis 和 Lukowicz[9]通过对人群中发送信息的分布来研究协作知识融合，认为传统的知识融合假设信息是具有完整性的，可永久性地获取，因此他们提出一种动态环境下的知识融合，即人们在互动过程中产生的知识融合；Smirnov 等[10]研究在决策支持系统中基于上下文的知识融合模式，一共分为七种，分别是简单的融合、扩展、实例化融合、配置的融合、适应、平缓融合和历史融合。

目前，在国内比较认可的知识融合的含义是知识重用与融合/转化（knowledge

reuse and fusion/transformation，KRAFT）工程项目从知识科学角度所做的两类界定[11]：第一类认为知识融合是指从众多分布式异构的网络资源中搜索和抽取相关知识，并转换为统一的知识模式，从而为某一领域的问题求解构造有效的知识资源；第二类定义强调集成过程的结果是新知识的产生，认为知识融合是一种服务，它通过对来自分布式信息源的多种信息进行转换、集成和合并等处理，产生新的集成化知识对象，同时可以对相关的信息和知识进行管理。

综上所述，尽管不同的学者对知识融合概念理解的侧重点有所区别，但是基本上形成了一定的共识。本书将其总结如下。

（1）知识融合的研究对象是不同来源的知识体及其依附载体。

（2）知识融合研究的主要目标是针对某个问题，或者某种知识需求，通过一定的技术手段融合互异知识以求解决问题或者满足相关需求。

（3）知识融合是一个跨学科的研究领域。研究过程中主要运用到信息科学、计算机科学、图书情报学、数学等不同学科的理论和方法。

（4）知识融合的结果可以提供所需的有效知识，或者对现有知识体系来说的新知识，并且能够给人们带来额外的价值。

同时，从目前知识融合的相关研究文献资料来看，有关的研究工作主要集中在知识融合体系框架、知识融合实现模式和知识融合应用实践三个方面。此外还涉及与知识融合相关的一些概念的研究和探索，以及对知识融合进行术语学层面的思辨和讨论。

2. 知识融合体系框架

国内早期的知识融合体系主要服务于产品设计[12-15]，是基于知识工程与计算机辅助设计（computer aided design，CAD）技术相结合构建起来的，知识库中知识的表示主要采取产生式表示法和面向对象表示法。刘忠途等[16]对基于知识的计算机辅助设计系统若干关键技术进行研究，为了避免烦琐的知识获取过程，降低知识维护成本，提出在传统特征基础上进行扩展以实现知识融合机制的方法，以及景旭等[17]提出基于 UG/KDA（unigraphics/knowledge driven automation）的广义知识库系统。还有一些学者考虑利用 XML 的结构化描述语言实现知识融合的框架对知识进行表示，以构建知识融合的体系架构[15,18,19]。

在对知识融合的结构划分方面，如侯济恭[20]研究政府智能系统体系结构，将该结构划分为四个层面，即数据管理、数据分析、知识发现和知识融合。从技术的角度而言，政府智能系统体系是数据仓库、知识系统、联机分析处理（online analytical processing，OLAP）和数据挖掘等技术的综合运用。政府智能系统体系是比较典型的知识融合体系，利用独立的知识发现过程或者专家系统，通过学习将知识存放到指定的知识库中，再根据问题求解或者实际应用的需求，寻找适合的知识进行数据的智能化处理。该结构中，知识的表示方法、存储方式和管理模式都是相对固定的。虽然这类知识系统能够完成问题求解、智能推理等多项工作，但是由于知识库是针对具体应用系统独立设计和维护的，知识本身的扩展性受到很大限制，不同知识库之间协同工作的可能性也相当低[1]。

在知识融合中，知识库的作用越来越重要，知识库已经成为各类应用系统的核心部分之一。随着网络应用的增加和拓扑结构的复杂，传统的中心集成式知识库逐渐无法满足日益增长的服务需求，因此分布式知识库的建设和管理得到学界和业界的广泛重视。分布式知识库的优势不仅在于知识的分布式存储，还在于它为知识的自主学习提供平台，从而多个知识库之间可以通过某种方式进行协同工作和深层次的知识发现，在现有的知识基础上产生新的知识，实现知识的自动扩充和维护[21]。

鲁慧民等[21]针对知识融合的效率问题，扩展传统主题图的组织结构，并在此基础上构建一种基于扩展主题图的分布式知识融合体系结构，提出一种基于全信息的主题图相似度算法，并设计扩展主题图融合的规则和算法。徐赐军等[22]提出包含元知识集构建、知识测度指标确定、知识融合算法设计和融合知识后处理等功能模块的知识融合框架。这些知识融合体系更加关注分布式知识库的融合，目前的研究一般都会选择具体的领域知识背景，尚未形成通用性较强的统一的融合框架。因此，如何确立知识融合过程中必备的功能模块，如何对各功能模块之间进行关系划分，如何确立通用性的知识融合体系结构等问题还没有得到很好的解决，需要今后进一步地研究[11]。

国外研究方面，如 2001 年，Smirnov 等 [5]针对基于分布式知识资源进行知识融合任务的系统，提出一种多代理架构的组织原则和属性。研究还给出知识融合的运作过程：①捕捉知识，从知识源捕捉知识并转换成可以利用的模式；②获取知识，从外部资源获取知识；③选择知识，从内部资源选择知识（知识基础）；④生成知识，从现有知识中通过发现或派生出新知识；⑤内化知识，通过保留所获取的和选择所生成的知识，改变系统的知识；⑥外化知识，将知识嵌入并通过系统输出投入到环境中；⑦知识管理，通过计划、协调、协作和控制，最终构成知识融合的过程。也有学者指出，知识融合的对象是不同的知识体，如 Lawry 等[23]提出一种利用模糊标签将专家知识与人们学习得到知识进行融合的框架；Hu 和 Cao[24]提出一种基于网页文本的知识融合框架，用于合成网页中存在的知识；Dunin-Kęplicz 等[25]研究如何融合近似的知识，而这些知识来源于分布式异构的信息资源。

已有研究还发现，不同环境和情境下知识需求也有所不同，如 Smirnov 等[26]研究在以网络为中心的环境下，为了支持智能决策，基于融合的知识流动（knowledge logistics），利用先进的技术，如智能代理、本体管理和标记语言等将知识融合和知识流动进行结合以支持实时的决策；Heffner 和 Sharif[27]探究在组织机构中知识融合对技术创新的影响，提出一种关于知识管理的指导性综合框架，用于指导创新知识与创新技术之间的融合过程及决策过程；Hayne 等[28]介绍面向认知的快速评价方法系统（cognitively-based rapid assessment methodology），此类系统用于管理在多信息资源环境下不同用户之间的交互，同时，该文章对分布式协作的团队之间的知识管理进行研究，提出通过信息的融合来构建知识仓库。

3. 知识融合实现模式

国内早期的知识融合技术是基于数据仓库技术的知识集成和知识发现，是利用数据仓库技术对海量数据的约简和分类[29]，着眼于海量数据的标准化处理技术和知识挖掘算法的研究，如代六玲等[30]提出基于知识融合的在线文本分类算法。随着互联网和语义技术的发展，知识融合的方法进一步更新，如鲍军鹏等[18]基于 XML 语言将产生式、框架、语义网络、过程表示法等多种传统的知识表示方法融合到一起，用 XML 作为统一的形式描述语言，实现不同背景不同类型的知识融合；王瑜[13]提出一个多源知识融合引擎，可直接从多 XML 文档、关系数据库、网络页面提取数据，并提供可视化快速建模工具；谢能付[19]给出一种基于概念空间的 XML 信息源集成模型，目的在于利用概念空间与 XML 相结合的方法来实现 XML 信息源的语义集成。此外，为了提高知识融合后知识的语义规范性和准确性，基于本体的知识组织方法被应用于知识融合体系框架中，如唐之一和张仲义[31]探讨本体论在知识库管理中的应用和方法，给出基于本体论知识库元模型结构，阐述知识库本体的建立和融合过程，并利用有色 Petri 网对融合工程进行验证。而为了梳理本体技术应用于融合新知识研究的进展，刘金花等[32]基于本体演化从理论和技术两个层面进行综述。

知识融合算法是知识融合模型的重点，目前知识融合算法主要有：基于遗传算法理论构造的新的知识融合算法（如遗传融合算法[33]、蚁群算法[34]、最大熵算法[22]），基于机器学习模型与众包的方法[35]，基于多 Agent 的算法[36]，基于主题图扩展的方法[21,37]，基于知识源粒度的改进算法[38]，基于 Bayes 网络或准则[39-42]，基于 D-S(Dempster-Shafer)证据理论[43,44]和基于模糊集理论的知识融合算法[45-48]，以及这几种主流方法的综合运用[49]。目前较为典型和普遍的做法是采用定义融合规则的方式和基于人工神经网络或遗传算法原理的流程化算法，但总体来说，这类算法的数量较少，以至于很难在效率上进行要求或比较。将现阶段在人工智能领域中取得很好成果的智能算法应用于知识融合领域并提出新的高效算法，将会对知识融合研究的发展有很大帮助。

国外研究人员从不同的角度对知识融合过程中的方法与模型进行改进，并不断提出新的实现模式。例如，Mészáros 等[50]构建一个信息和知识的融合系统，利用结构化信息（数据库与基于 XML 格式）和非结构化信息（信息检索）来获取数据的技术，通过各种不同的知识表示方案来对获取到的信息进行融合，最终向用户提供相关定制报告。他们的研究指出，信息知识融合系统中主要的技术包括：

数据挖掘技术，从大量的数据库中获取定义好的结构化知识（聚类、分类、序列匹配等）；信息检索技术，对数据库类型的数据可以结构化检索，对互联网上的资源可以进行非结构化数据的检索；多代理系统架构技术；知识仓储技术等。Kuo等[6]提出一种基于重构概念三阶段的知识融合框架。第一阶段：处理阶段，整合知识库中所有的规则成为一个具有结构的知识库，并且构建对应的关系图。第二阶段：划分阶段，将关系图划分为多个具有内部联系的子图，各个子图表示着不同等级的知识体。第三阶段：元知识构建阶段，根据划分后的关系图和整合后的结构化知识库，构建新的元知识。为了解决语法异构的问题，需要用到ODBC（open database connectivity，开放数据库连接），HTML（hyper text markup language，超文本标记语言），XML 等关键技术[51]。Gou 等[52]提出一种可以控制知识融合系统中进化模式的方法，并且还构建一种自适应的评价机制，在模型中作者提出LKS（local knowledge state，本地知识状态），这种新的知识体可以重新定向知识融合系统中的路径并且进化成其他的知识体，案例证明这种知识体可以提高知识融合系统的效率，减少复杂性。此外，Gou 等[53]后续研究还提出一种利用融合的过程集成并分享分布式的知识体的方法，知识体被映射到本体并转化为元知识集合中，期间利用反馈机制来优化融合过程。随后，Gou 等[54]提出一种结合反馈与自适应机制的知识融合方法，详细介绍基于遗传算法和语义过滤的改进融合算法。

4. 知识融合应用实践

研究知识融合对很多相关学科的科研和应用实践都产生了较大的价值。2005年以后基于知识融合理论或方法的应用研究如雨后春笋，占据了研究的重点。国内知识融合最主要的应用是与知识工程有关的产品概念设计、产品结构优化和企业管理[39, 55-57]，其次是计算机图形设计，以及越来越多的图书馆情报学相关的应用研究。具体的，在机械工业领域特别是智能产品设计领域，知识融合的研究应用到产品设计系统[58-63]和产品工艺调整[35, 63-67]。知识融合和计算机科学与技术的分支领域如计算机辅助设计[65,68]、网络入侵检测、图像处理等也都有交叉性应用研究[69]。与此同时，在图书情报领域，知识融合在知识社区和数字图书馆中的应用也逐渐增多。例如，张玉峰和何超[70]将本体和上下文知识融入企业竞争情报分析之中，设计一种基于语义决策树的归纳学习算法进行语义层面的情报分析和情报知识发现，该算法利用本体解决情报语义问题，利用上下文知识解决应用环境和具体对象问题；佟泽华等[55]将知识融合的观点引入企业竞争情报，将企业的竞争情报分析看成是一个以知识集成系统为支撑，以探索“技术—非技术融合策略”为重要特点（技术策略、非技术策略同时并存，并具有一定独立性）的多主体协同参与的知识系统工程的本质规律；宋海艳[71]以泛在知识环境为背景，分析其对图书馆学科服务的影响，从信息素养教育、学习共享空间、学科服务平台和知识社区 4 个方面探讨学习空间与学科服务融合的模式，并从读者需求、图书馆服务诉求、资源与服务的强强整合、Web2.0 技术研究其融合的动力机制；沈旺等[72]为提高数字参考咨询知识服务能力，提出一个数字参考咨询知识融合框架，用以解决异构数据的结构异构性、语义矛盾性等问题。国外关于知识融合的实际应用，大部分研究探索主要集中在计算机科学、信息科学和医学等领域。在计算机科学领域，知识融合多被应用于分布式任务中。1999 年，研究人员将多源信息和知识（图片信息、地理地图气候知识、来自专家的专业知识）进行融合用于探索智能 SAR（synthetic aperture radar，合成孔径雷达）海冰分类[73]。不同的分类规则也可以被看做是知识的一种，如果分布式将这些分类规则从数据中抽取出来，那么人们就可以将这些规则进行融合，生成新的知识。例如，Fisch 等[74]提出一种针对分类规则的不同级别参数下融合分类器的方法，对概率生成分类器的知识融合进行研究并用于知识挖掘的应用中。在信息科学领域，研究者将符号知识与不确定性信息进行融合用于机器人的移动定位[75]，对于环境中的各个位置都可以依据传感器数据计算出机器人当前位置的信度。知识融合的思想是将人类知识、先验知识和计算知识进行融合，旨在探索人们和计算机之间关联优势。而卫星舱的布图设计很难用传统的计算方法进行解决，挑战来自三个方面：计算复杂度、工程复杂度和工程实用性。研究者将知识融合的设计思想用于卫星舱布局设计过程中[76]，将优秀设计师的经验及先进的计算技术相结合用以开发出更好的卫星舱布局。定性推理的方法经常被用于复杂网络分析中，但是由于信息量的流失会造成推理冲突，因而研究人员提出一种面向网络分级分解的策略，将多级知识融合用于定性的图形推理[77]。在医学领域中，研究人员主要将知识融合运用到基因学，通过融合得到的新知识来识别并判定疾病。例如，Williams 等[78]将分布式代理协助的知识融合用于疾病基因的发现。Ge 等[79]利用知识融合分析东亚与东南亚的禽流感 H5N1，研究识别出禽流感地区性的出现与社会生态学各个因素（海拔高度、人口密度、家禽密度、海岸线等）之间的联系。有研究人员将视觉信息与红外图像进行信息融合，构建知识库的系统来进行无损诊断[80]。知识融合同样也被用于识别基因资料[81]，还被用于知识融合策略模拟人们的正常与病理情况[82]。

随着应用的不断扩展与深入，相应的知识融合系统研究也应运而生。1997 年，Gray 等[83]首度提出知识融合系统 KRAFT 项目，此项目旨在利用多代理和中间件技术来实现知识体的变换和映射，即利用分布式信息系统来支持某类知识的转换与重新使用，从而通过知识融合来获取额外的价值。随后，有学者对知识融合系统的扩展进行深入探讨[84]。研究指出，使用知识融合系统的用户大致上具有两种基本需求：检索知识和解决问题。因此，知识融合系统应该具有以下基本服务：知识定位、知识转换及知识融合。基于已有的研究工作，本书对几个经典的知识融合系统进行比较，如表 5.2 所示。

表 5.2 知识融合系统的比较

系统名称	系统介绍	系统平台	基础本体	本体关系	本体表示语言
InfoSleuth[85,86]	在异构信息源的网络中获取和处理信息的多代理系统	OKBC, JDBC,LISP, CLIPS, LDL+, Java, C/C++, NetScape	基于应用环境	元层级提供翻译	初期为 KIF 和 LDL+，现在是 OKBC
KRAFT[3,83]	用于异构信息系统集成的多代理系统，目的是共享和重用嵌入异构数据库和知识系统的约束	KQML, P/FDM, CoLan	语义网	层级	P/FDM
KSNet[5]	用于知识资源网络中知识融合的多代理系统	RDF, ILOG, C++	基于应用环境	顶级本体支撑创新，应用本体支撑翻译	RDF

注：OKBC （open knowledge base connectivity，开放知识库连接）；JDBC（java database connectivity，Java 数据库连接）；LISP（list processing，表处理）；CLIPS（C language integrated production system，C 语言集成产生式系统）；LDL+（logical data language，逻辑数据语言）；Java（计算机编程语言）；C/C++（面向对象的程序设计语言）；NetScape（网景）；KIF（kowledge interchange format，知识交换格式）；KQML（knowledge query and manipulation language，知识查询与处理语言）；P/FDM（prolog/functional data model，逻辑语言/函数式数据模型）；CoLan（a functional constraint language，一种函数约束语言）；KSNet（kowledge sources net，知识资源网）；RDF（resource description framework，资源描述框架）

5.1.2 大数据时代知识融合的流程与体系架构

1. 基于 DIKW 价值链视角的知识融合流程

通过上述对大数据时代知识融合的背景与需求分析，以及知识融合的理论与方法梳理，可知大数据对知识生态和学科创新模式的重构迫切需要研究者从根本上思考数据驱动的知识服务和创新支持问题。本书根据学科创新研究的需求与任务情境，认为在支撑数据密集型科研第四范式下的科学活动中，从异构化、碎片化、实时变化的大数据中捕捉和甄取非噪音知识碎片，从知识碎片中提取知识并构建元知识库，进而将不断更新和迭代的语义、规则和模型知识（以知识库、本体、知识图谱等形态存在）作为激活因子，并通过元知识的生态反应（交互、竞争、演化等）完成知识的再生和创新，这样，在提供“小知识”全景视图的同时发现“涌现”知识是解决这一问题的基本手段。因此，为了区分于现有知识提供与表现方式，本书提出的学科知识全景图谱将由“基础知识”、“比较知识”、“演进知识”与“创新主体知识”等四个方面构成。其中，基础知识涉及学科领域问题相关的理论（概念、特征、功能、原理）、方法（操作程序）、应用等；比较知识主要涉及针对学科领域问题的原理、方法、结果、应用等在不同研究或者视角上的对比；演进知识主要指学科领域问题的历史、现状、发展、热点、衍生、嬗变、趋势、问题及对策等知识；创新主体知识涉及个人、研究机构、区域、国家及由创新主体构成的社会网络。学科知识全景图谱、个性化知识融合图谱和检索结果图谱组合形成完整的知识融合结果体系，形成支撑知识生态重构的知识基础。要使完整的知识融合结果体系得以实现，以支撑学科创新研究知识服务，需要构建知识融合流程。这就是本书所提出的大数据时代面向知识生态重构和学科创新研究服务的知识融合流程。基于 DIKW 价值链视角，将 DIKW 价值链过程要素与知识生态重构要素相结合实现知识融合，以达到支撑学科创新服务的目的，这一知识融合流程可理解为如图 5.1 所示的内容。

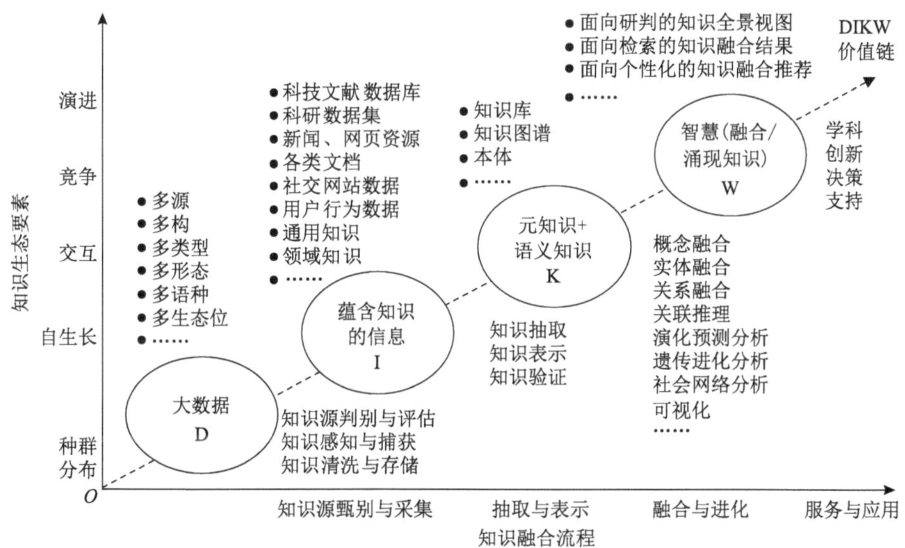

图 5.1　大数据时代面向知识生态重构和学科创新研究服务的知识融合流程：DIKW 价值链视角

2. 大数据时代知识融合的体系架构

为使图 5.1 所示的知识融合流程得以实施，并为大数据时代知识融合平台构建、组织运行、优化升级提供总体规划和实施指南，需要构建大数据时代知识融合的体系架构，这个架构应该包括功能与应用体系、运行与保障体系、评估与优化体系三个主要层面。总体上，该体系架构及其构成如图 5.2 所示，具体地从三个层面展开的构成要素如下。

1）大数据时代知识融合的功能与应用体系架构及其构成

在大数据时代知识融合的需求和方法体系基础上，以服务于学科创新研究为导向，提出功能与应用体系架构，针对大数据资源建设与利用（涉及对面向学科创新研究的多源异构大数据资源的整体布局与规划、协同建设和有效利用等）进行流程设计、功能设计与技术设计。功能与应用体系是知识融合体系架构的核心，具体包括：①需求分析与问题提取层；②知识源甄别与采集层（主要涉及对学科研究

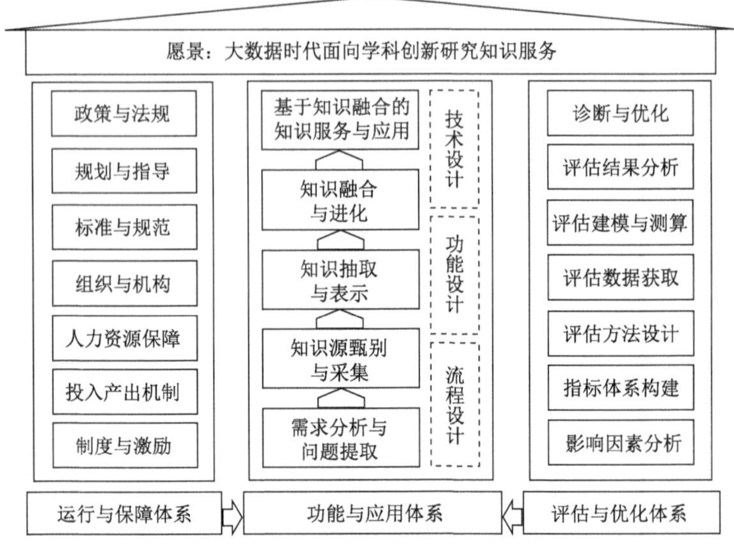

图 5.2　大数据时代知识融合的体系架构及其构成

活动产生的多源、多构、多类型、多形态、多语种、多生态位等资源，进行判别与评估、感知与捕获、清洗与存储等）；③知识抽取与表示层（主要涉及对来自科技文献数据库、科研数据集、新闻、网页资源、各类文档、社交网站数据、用户行为数据、通用知识和领域知识等知识源，进行元知识抽取、表示和验证，构建知识库、知识图谱和本体）；④知识融合与进化层（主要通过对知识库、知识图谱和本体中概念、实体及关系等的融合、关联推理、演化预测分析、遗传进化分析、社会网络分析等手段，为学科创新研究中的学科研判、知识检索、个性化服务等知识需求提供融合的知识视图）；⑤基于知识融合的知识服务与应用（即面向学科创新的决策支持服务）等。

2）大数据时代知识融合的运行与保障体系架构及其构成

大数据时代知识融合的运行与保障体系架构主要是为了保障上述功能与应用体系良性运作，主要包括：政策与法规、规划与指导、标准与规范、组织与机构、人力资源保障、投入产出机制、制度与激励等。

3）大数据时代知识融合的评估与优化体系架构及其构成

知识融合的评估体系的构建是在面向大数据时代学科创新服务的知识融合的影响因素调查与分析基础之上的，并形成有关评价指标体系构建；进而涉及评价方法选择、评价数据获取、运算及评价结果分析、诊断与优化的基本方法及其构成要素。同时，为保障知识融合流程中每个阶段研究结果的可验证性，应将评估与优化嵌入每一个阶段中加以设计实施。

下面将对知识融合流程中的知识源甄别与采集、知识抽取与表示两个环节中的数据驱动的方法和技术展开论述。

5.2　数据驱动的知识源甄别与采集的方法和技术

当科学研究逐渐步入数据密集型研究范式，其表现的特点主要为：一方面，科学研究的全过程均产生大量数据；另一方面，科学发现和知识创新依赖于大数据驱动。这样，对知识融合来讲，知识资源的分散、异构、实时等特征更为明显，知识源种类的增加及其形态变化直接影响其采集效果，进而决定知识融合效果和知识服务水平。同时，当前科学研究的大规模协作模式对知识源运行与保障体系提出了新的要求，用户在知识源的广度、深度、及时性、准确性和效用等方面均有新的需求，知识源质量的整体评估问题更为突出。

知识源的甄别与采集主要涉及知识源的判别、评估、采集、存储等环节。由于知识源形态的多元异构和用户对不同类型知识源采集的多样化需求，在研究相关的方法与技术时，首先，需要探索科学研究全过程中多层次知识源类型特征；其次，明确用户对科学研究知识源采集的需求变化；最后，设计知识源质量评估的原则、构建评估体系、选择评估方法。在上述基础上，针对多层次知识源采集模式、数据清洗与存储，研究具体的方法和技术。因此，本书以大数据环境下知识融合的整体体系架构为指导，以“需求—资源—方法”为思路，围绕着知识源的形态与采集需求分析、质量评估与筛选、采集模式及采集后数据清洗与存储等环节，提出数据驱动的知识源甄别与采集的方法和技术，主要包括：知识源的形态与采集需求分析、知识源的质量评估与筛选、多层次知识源采集模式、数据清洗与存储、学科研究知识源采集与加工平台等，如图 5.3 所示。

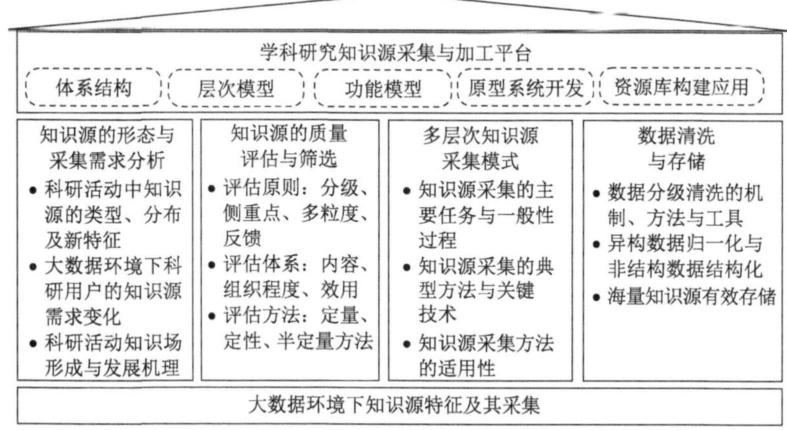

图 5.3　数据驱动的知识源甄别与采集的方法和技术

5.2.1　知识源的形态与采集需求分析

在科学研究中，大科学装置和大规模协作会产生大量数据，同时科学研究各阶段产生的多种数据又与文献资源整合形成新的知识资源。所以，从知识利用的多元化要求来看，知识源的类型不能仅从某一方面划分，而应从其多维属性出发进行梳理，具体应包括：知识产生阶段维度（包括原始数据、中间数据、研究成果等）、知识交流维度（包括正式交流知识和非正式交流知识）、知识内容的结构化程度（包括结构化数据知识源、半结构化数据知识源、非结构化数据知识源）、知识的产生和处理周期（包括批处理型知识源和流处理型知识源等）。其中，作为学科研究支撑的原始数据和中间数据是实现研究协作、知识融合的重要资源；以专业数据库资源为代表的结构化深网资源采集仍然是重点；而对于海量非正式交流知识的质量评估、采集、挖掘和利用则是不可或缺的。

在知识源的采集需求分析上，一方面，针对学科研究活动，应首先通过文献调研、科研院所和服务机构考察，总结所涉及的知识源的类型，研究不同类型知识源的表现形式、特点和分布形态，针对用户需求和行为，需要通过调查问卷、实地考察和直接获取相关系统运行数据等途径，考察科研用户的需求状况和对所获取知识的利用状况，归纳用户获取资源的一般过程、主要行为模式、存在的障碍和新的服务要求；另一方面，针对尤为突出的多源异构数据采集与转化问题，需要根据知识的产生和处理周期采用不同的采集模式和技术方法。同时，大数据时代，知识、知识源、用户之间将形成类似于社群分布的学科研究资源知识场。所以，对学科研究资源知识群的形成及发展演变机理的研究和分析也是需要关注的。

5.2.2　知识源的质量评估与筛选

数据真伪难辨是大数据应用的最大挑战，而学科研究活动自身的特性决定其对数据质量的要求更为严格。因此，知识源的质量评估是知识融合过程与结果的保障。知识源质量评估包括粗粒度的知识源质量评估和细粒度的知识源质量评估。知识源质量评估在知识采集环节之前，主要包括以下几方面内容。

（1）知识源的评估原则。在评估原则的设计上，采用以用户需求为导向、以资源特征为基础展开的思路，针对不同大类资源采取分级评估，评估指标设计各有侧重，评估方法选择知识源定性评估和抽样定量评估相结合，并且根据后续环节进行反馈调节。

（2）知识源的评估体系。在评估体系的设计上，参考国内外涉及信息源质量的相关研究和工程实践规范，结合大数据环境下知识源的多维类型特征和用户需求，构建学科研究知识源描述的质量评价指标，提出从知识源的内容、组织程度、效用三个主要维度构建评估体系。其中，内容维度的质量评估主要考察知识源内容的准确性、权威度、完整性、与用户需求的整体相关性等方面；组织程度维度主要考察知识源是否已经经过一定的加工处理以便于后续利用；效用维度主要考察知识源是否具备使用价值，以及其使用效率等方面。

（3）知识源质量的评估方法。根据已有的研究，评估方法可以包括定性、定量和半定量方法。在具体评估时，以已确立的知识源质量评价指标体系为指导，明确各类知识源在指标体系中的侧重性，并针对相应的指标确立评估方法。知识源质量的评估应以大数据环境下知识源特征和用户需求为前提，优化传统知识质量评估方法并引入新的方法。

5.2.3　多层次知识源采集模式

知识源的采集是构建学科研究资源库的前提工作，是开展知识融合和知识发现的基础。知识源的采集应主要通过计算机自动搜集提取来实现，以克服知识源规模大、数量多、分布广泛的问题，提高多源异构知识源的采集效率。本书基于“需求—资源—方法”构建多层次的知识源采集模式，如图 5.4 所示。在需求层次主要涉及用户需求信息，在资源层次主要涉及科技文献数据库、科研数据集、新闻、网页资源、各类文档、社交网站数据、用户行为数据等，在方法层次上主要涉及采集过程中可行的方法与技术。具体设计采集模式时应考虑的三个方面：一是多源异构资源及其相应的数据格式；二是用户需求经转化后形成的知识源质量信息和配置信息；三是针对不同类型知识源开发的采集调度模块。

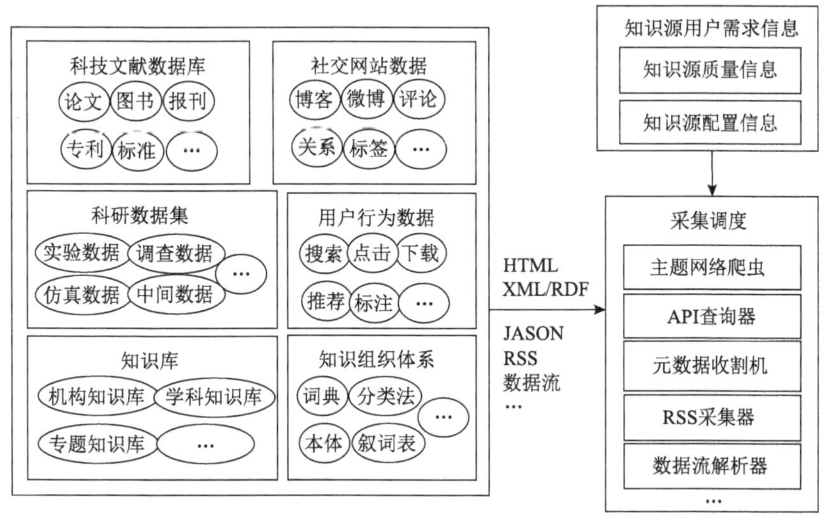

图 5.4　多层次知识源采集模式

API（application programming interface，应用程序编程接口）；JASON（JavaScript object notation，JavaScript 对象图谱）；RSS（really simply syndication，简易信息聚合）

5.2.4 数据清洗与存储

知识的利用需要以其显式化为前提，在完成多源、异构、海量知识源的采集后，对其进行有效显示化和存储是保障最终知识获取和融合利用的关键环节。大数据环境下，知识源的新特征和用户需求的变化对数据清洗和存储提出了新的要求。与传统方法相比，大数据环境下数据的清洗与存储有明显区别，大数据多样性要求在知识源采集中建立与之相适应的全面、分级制数据预处理方案，以保障后续知识抽取和知识融合的效果。

针对这一问题，需要考虑数据清洗的算法、体系方案和工具在大数据知识源特征下的优缺点和适用性，建立具有“分级触发”特点的数据清洗机制，有针对性地调配多种数据清洗策略。在数据存储方面，主要涉及两个方面问题：一是采集清洗完成后数据的转化，包括异构数据的归一化和非结构数据的结构化；二是海量知识资源的有效存储。

5.2.5 学科研究知识源采集与加工平台

学科研究知识源采集与加工平台的设计应在前述相关基础理论和技术方法研究实验的基础上展开，以面向学科创新研究的知识资源库建设为目标，设计和开发知识源采集与加工平台，并进行资源采集处理和资源库构建的应用实验工作。针对大数据环境下多源海量数据的采集、清洗与存储问题，在设计与平台开发方面，应重点考虑分布式系统基础架构和处理技术（以 Hadoop、Spark 为代表）、分布式文件系统和非关系型数据库存储技术[以 HDFS（Hadoop distributed file system，Hadoop 分布式文件系统）、NoSQL（not only SQL，非关系型数据库）为代表]等。

5.3 数据驱动的知识抽取与表示的方法和技术

数字化、网络化的发展使得各种网页数据、文档数据、图片数据、音频数据和视频数据在内的非结构化数据的增长远远超过结构化数据。此外，多种传播渠道与模式交互链接、各种信息更迭瞬息万变、碎片化评论主题混杂无章，这些都进一步加大了知识融合与知识服务的难度，需要研究可行的解决方案与技术方法。那么，在知识源采集与加工的基础上，如何针对知识融合与知识服务的需求，利用大数据关键技术，探索出高效的知识抽取模式；在此基础上，如何利用大数据的优势，从异构知识源进行多元化（多层次与多维度）的高质量知识抽取；如何借助技术方法，结合大数据优势，对抽取的知识进行验证与质量评估，进而采用哪些方法对抽取的知识进行有效的表示，这些都是知识抽取与表示需要解决的主要问题。

知识抽取是指将从各种知识源中采集到的知识经过识别与筛选，然后按照一定的模式进行提取的过程。知识表示是指将抽取出的知识加以表示并建立关联的过程。知识抽取与表示在知识融合流程中起着承上启下的作用，决定着知识融合的模式选择和效果，进而影响知识服务产品的形态与质量。所以，数据驱动的知识抽取与表示方法和技术是解决知识融合中资源加工处理问题的关键。本书基于语义关联和知识元表示相结合的思路，结合大数据知识抽取与表示的新特点和新需求，从科学与技术领域发展及学科研究活动的全生命周期出发，研讨知识抽取实现模式、知识抽取的方法与技术、知识验证与质量评估、知识表示的方法与技术等，以探索大数据时代下知识抽取与表示面临的特殊性，提出可行的知识抽取模式、知识表示模式及相应的解决方案。

5.3.1　知识抽取实现模式

由于知识以各种数据形式蕴含在不同的知识源中，知识抽取的难点首先在于对不同知识源中多种呈现形式的数据进行识别与筛选处理，然后从汇集的数据中萃取出有用的知识。因此，知识抽取实现模式需要解决异构知识源统一建模、基于异构知识源的多维度知识抽取模式等问题。

1. 异构知识源统一建模

从上文可知，采集的知识来自科技文献数据库、科研数据集、新闻、网页资源、各类文档、社交网站数据、用户行为数据等知识源，呈现出多源、多构、多类型、多形态、多语种、多生态位等特点，所以，为了高效地实现知识抽取，必须对异构知识源进行统一建模。其中，首先要解决的就是异构数据的归一化处理，进而转换成统一的规范文本格式加以存储。以社交网站数据知识源为例，如在微博论坛中经常出现的长微博、含有大量文字的图片或照片一直以来都因为难以提取其中的信息而不得已被忽视。在该问题的解决中，一方面，应利用模式识别和 OCR（optical character recognition，光学字符识别）技术对图片中的文字，特别是长微博中包含的大量文本进行提取，以充分利用其中的信息，并将大量的表情信息转换为文本辅助情绪或情感判断；另一方面，将含有字幕的视频转换为关键帧图片，对歌曲提取歌词转储文本信息。如此，尽最大限度地将多媒体中包含的信息转换为相对易处理的文本信息，完成信息载体的归一化。

2. 基于异构知识源的多维度知识抽取模式

从知识产生过程、知识源的表现形式与用户需求来看，只有从多维度出发进行知识抽取，才能满足后续的知识融合与知识服务的多样化要求。而多维度则意味着涉及的要素构成是多元的、方法采用是多样的、路径实施是多层次的。因此，为使多维度知识抽取达到需要的效果，首先需要构建异构知识源的多维度知识抽取架构，其次需要研究异构知识源的多维度知识抽取模型。

多维度知识抽取架构建立就是要综合考察构成要素、采用方法与选择路径的交互影响，从多个维度来表达、体现知识特征的单元，进而使通过异构知识源归一化处理与统一存储的碎片化知识元，按照一定次序与内部联系组合成整体。通过研究已有的成果，本书按照将知识内容与知识载体组合的方式，选择外部特征、内容特征、关联特征、用户特征、行为与交互特征、传播特征等特征作为知识单元表达的维度，建立多维度知识抽取架构，进而根据不同的维度采用知识抽取模式，提取知识源中蕴含的知识特征单元，建立各种知识特征单元之间的链接与映射，构建知识特征知识库、本体、知识地图等，为知识表示、知识融合和知识服务提供最基本的知识数据基础。

具体地，外部特征维度，主要是从元数据中提取出来的标识、名称（标题）、创作者、来源、媒介、创作日期、媒介再现日期、资源类型等知识特征单元；内容特征维度，一方面是从资源内容中提取的关键词、摘要、主题词、分类等描述性知识特征单元，另一方面，通过综合运用自然语言处理、信息抽取、命名实体识别、实体关系发现等技术，从知识源中识别和提取的段落、图表、概念定义、观点、结论、方法、人物、机构、时间、地点等知识特征单元，并对它们进行标识、命名、描述和关联；关联特征维度，主要从知识源中提取所蕴含的与其他资源的关联特征（最典型的如超级链接关联、引证关联、相关推荐等），并在此基础上建立初步的资源关联映射；用户特征维度，从知识源载体中识别出相关用户，并对用户进行基本特征建模，包括用户标识、人口统计特征、类型、身份地位、登录等；行为与交互特征维度，从学科研究活动中提取出用户的资源使用和交互行为特征，包括用户对资源的点击、下载、转发、分享等时点层面上的行为特征（并建立资源标识、用户标识及行为之间的映射）、总体统计性使用特征，以及在资源使用、交互与传播过程中的用户生成内容（user generated content，UGC）特征（如评分、评论、标签、情感标识等）；传播特征维度，涉及知识源传播的时间、路由节点、媒介、用户参与、影响等知识特征单元。

5.3.2 知识抽取的方法与技术

知识抽取是自然语言处理、语义 Web、机器学习、知识工程、知识发现、文本挖掘、知识服务、人工智能等领域共同关注的研究课题。随着信息化、网络化与数字化的普及，在知识抽取时，需要处理的数据的来源更加复杂、表现形态更加多样、实时变化更加快速，使得对数据进行分析、识别、解析、联系等处理的难度大幅增加，迫使知识抽取技术不断地发展。例如，基于机器学习和基于自然语言处理的两大知识抽取技术相互融合、相互借鉴，不断取得新进展[87]，涌现出自适应的信息抽取（adaptive information extraction，AIE）、开放信息抽取（open information extraction，OIE）、基于模式标注（pattern-based annotation，PBA）、语义标注（semantic annotation，SA）、自动本体学习（automatic ontology learning，OL）等新技术思路，并在实践应用中不断进化出许多具体的技术方法。下面本书将选择知识抽取的关键技术、异构知识源的知识抽取和大数据知识迭代抽取进行阐述。

1. 知识抽取的关键技术

知识抽取的目的是从各种知识源中提取出蕴含的有价值的知识，涉及识别、筛选、解析、归类、关联等处理环节。因此，要实现实时化、自动化、大规模的知识抽取，需要自然语言处理、数据挖掘、社会网络分析等关键技术。其中，①自然语言处理，研究的是实现人与计算机之间用自然语言进行有效通信的各种理论和方法，以大规模语料库的机器学习为主要支撑。人类的自然语言，仅以中文文本为例，在形式上其构成是字、词、词组、段、节、章、篇，在语义上存在着不同场景与语境下的歧义和多义现象。所以，要实现人机间自然语言通信需要突破的难点很多，需要用到篇章分析、中文分词、英文词干提取、中英文词性标注、命名实体识别、句法分析等技术。此外，可以采用条件随机场模型与规则结合的方式，来完成概念抽取、实体抽取、定义抽取，还可以依据大规模语料库，通过将当前流行的词向量方法与规则结合的方法，完成概念关系抽取与实体链接工作。②数据挖掘，一般是指从大量的数据中通过采用统计、情报检索、机器学习、专家系统和模式识别等方法构建算法，搜寻和发现隐藏于其中的信息或者知识的过程。涉及的方法主要体现在自动分类、自动聚类及关联挖掘等方面。自动分类可用于知识源的学科分类、主题分类、情感或情绪分类，该方法是根据学科、主题及情感或情绪等特征进行知识源的分类，根据获取的特征构建训练语料，然后通过朴素贝叶斯、支持向量机等完成知识源的自动分类。自动聚类主要可用于大规模的知识源的层次体系构建，即在没有标注语料的情况下，通过聚类可以快速地发现知识源的主题或情感分布情况。关联挖掘就是指挖掘和发现隐藏在各种知识源中的反映不同对象知识间的关联。关联一般可以分为简单关联、时序关联、因果关联、数量关联等，这些关联并不总是事先知道的，而是需要通过建立关联规则从隐藏的数据库中发现出来。随着大数据关联挖掘需求的增加，为发现有意义的关联规则，常用最小支持度和最小可信度两个阈值来评估最低联系程度。③社会网络分析，是一种流行的社会科学研究方法，是基于数学方法、图论与社会科学等结合来研究社会中各种事物之间关系的方法，并被不断应用到科学、经济与公共管理等许多领域。在知识抽取中，可用于社交网络上用户社区发现和意见领袖识别，根据社交网络上用户的相关知识源，通过复杂网络分析来发现网络结构与核心节点。

此外，用户的知识抽取方面主要涉及用户建模技术，具体包括用户属性抽取技术、用户行为预测技术。其中，用户属性抽取的目标在于抽取用户基本属性、行为轨迹、兴趣及演化等，其主要抽取技术包括：依据用户注册信息、用户日志进行用户基本属性的抽取；依据论文、专利、博客、微博、评论等信息挖掘用户研究主题与兴趣属性；依据用户的阅读、浏览、评论、转发、点赞等行为数据抽取用户行为属性。用户行为预测技术主要利用链路预测等方法预测各种用户行为。

2. 异构知识源的知识抽取

异构知识源集成和处理是知识融合与知识服务面对的难点。从异构知识源中抽取不同类型知识，涉及的知识抽取方法包括文献内容元数据抽取、概念抽取、定义抽取、实体抽取、概念关系抽取、实体链接、实体关系抽取等。①文献内容元数据抽取，主要对学术论文、专利等文献内容进行内容元数据抽取，需要抽取的内容元数据包括背景、意义、特点、发展趋势等，可采用监督学习方法与基于规则结合的方法。②概念抽取，概念在科研领域通常以术语方式呈现，针对术语抽取，可采用的基本方法包括监督学习方法与基于规则结合的方法。在监督学习中，首先可针对人工标注专业领域中的术语，构建术语标注语料库，然后借助条件随机场模型学习得到术语自动分类模型，最后基于术语自动分类模型完成新文献的术语抽取；在基于规则的术语抽取中，可先收集、整理术语形成规则组合的模式，然后依据模式抽取新术语。此外，还可对社交网络上的短文本的术语抽取进行研究。③定义抽取，定义在科研领域具有重要作用，抽取定义对了解新概念、新技术的分享与传播有促进作用。可以采用基于规则与排序学习结合的方法，从文本中抽取定义，并按照相关度给出定义的排序列表结果。④实体抽取，实体之间的关联、实体与其他元数据的关联是知识融合和知识服务的基本组成部分。可采用监督学习方法与规则结合的方法，从知识源中抽取人名、地名、机构名等实体。⑤概念关系抽取，概念关系是领域本体、知识图谱等语义资源的基本要素。可利用机器学习方法，从海量的知识源中抽取概念之间的关系，如概念之间的上下位关系（或层次关系）、概念之间的从属关系等。⑥实体链接，实体链接是指在给定文档中的实体指称，确定这些指称在给定知识库中的目标实体。实体链接主要包括实体抽取与实体消歧两个基本任务，可采用语境信息结合篇章信息的方法来进行实体消歧。⑦实体关系抽取，通过大规模的语料库，通过规则抽取与机器学习方法相结合的方式，抽取实体关系。

上述知识抽取的结果中，文献内容元数据抽取等抽取结果可以知识库方式表示；概念抽取、定义、抽取概念关系抽取等抽取结果可以本体方式表示；实体抽取、实体链接、实体关系抽取等抽取结果可以知识图谱方式表示。

3. 大数据知识迭代抽取

从词典中可知，迭代是为产生一个结果序列的重复反馈的过程，以使输出逼近所期望的目标或结果。该过程的每一次重复也被称为一次“迭代”，每一次迭代的结果被用作下一次迭代的起点。

由于大数据具有类型繁多、变化速度快、数据价值密度较低等特征，为保证大数据知识抽取在不断地扩大规模与扩充内容中使抽取结果一次次接近所期望的目标，就需要重复反馈与优化，也就是大数据知识迭代抽取。具体地，在知识融合和知识服务中，大数据知识迭代抽取一方面通过新知识扩大知识库、本体及知识图谱的规模，另一方面抽取出的知识还可以进一步用于新知识的抽取。针对后者，大数据知识迭代抽取模式主要包括：对抽取的知识进行知识验证与质量评估、将通过验证的高质量知识用于新知识的抽取过程。而大数据知识迭代抽取的应用体现在将通过验证的高质量知识，用于概念抽取、实体抽取、定义抽取、概念关系抽取、实体链接等环节中。同时，通过迭代机制一方面可以检验前期所抽取知识的有效性，另一方面还可以不断扩大知识库、本体及知识图谱的规模。

5.3.3　知识验证与质量评估

在知识抽取中，由于各种异构知识源载体承载了质量不同、数量不同的知识，一方面，有必要根据不同知识源，对从不同知识源所抽取的知识进行冲突检测、有效性验证及可信度计算；另一方面，可以构建知识质量评估体系，依据该体系对候选知识进行质量评估。

1. 知识验证

从大规模的异构知识源中抽取知识，存在知识冲突的现象，需要自动检测存在冲突的知识，还需要对知识的权威度或可信度进行计算，在此基础上，进行知识的验证。

知识验证的方法主要涉及：①知识冲突检测，对抽取出的新知识，需要与已有知识进行匹配计算，检测该知识是否与已有知识存在不一致甚至有冲突，如对概念关系、实体属性等进行知识冲突检测。②知识权威度计算，首先，根据知识源的权威度或可信度，得到知识的权威度或可信度；其次，依据知识之间的关系，如知识网络结构，来计算知识节点的权威度；最后，综合以上两个因素得到知识的权威度或可信度。③知识验证方法与技术，对检测到的存在冲突的知识，根据已有的常识知识库或后续构建的知识库进行知识推理，结合知识的权威度或可信度，过滤不正确或可信度低的知识。对于来源于不同知识源的知识，依据知识推理技术，结合知识权威度，对知识进行排序。此外，还可以通过众包的方式来完成部分知识的验证工作，并形成知识验证语料库，为计算机自动进行验证提供训练语料。进而在对知识验证训练语料进行机器学习的基础上，来辅助完成知识的自动验证工作。

2. 候选知识质量评估方法

经过知识验证之后，还需要对知识进行质量评估，以保证在知识融合和知识服务中，调用不同层次和水平的知识。要进行质量评估，首先需要建立大数据知识评价体系，然后依据该评价体系评价知识的质量。知识质量评估方法主要涉及：①大数据知识质量评估体系构建，可以结合大数据特征，从知识内容质量、知识表达质量、知识效用质量和知识来源质量四个方面调研知识评价要素，然后通过调查等方法确定评价指标与权重。其中，知识内容质量维度主要从知识的主观性、可信性、准确性、完整性等因素进行评价；知识表达质量维度主要从知识的易解释性、易理解性、简要表达性、表达的一致性等方面来评价；知识效用质量维度主要从知识的时效性、有用性等角度来评价；知识来源质量维度主要从知识源的权威度、可信度等角度来评价。②知识质量评估方法，可以选择的方法有层次分析法、模糊综合评价法、灰色综合评价法等，具体可结合评价的对象与需要进行确定。

5.3.4　知识表示的方法与技术

知识表示是在知识抽取基础上将可用知识表达出来并建立关联的过程，是知识融合的关键环节。由于知识服务在不同维度和不同场景需要有不同层次或者粒度的知识，知识融合需要生成多层次多粒度的知识，需要多层次的知识表示方法与技术。

目前，关于知识表示方法，比较成熟的有逻辑表示法、产生式表示法、框架表示法、面向对象的表示法、语义网表示法、基于 XML 的表示法、本体表示法等。下面主要从知识内容与用户两个角度出发阐述知识表示的模式与技术方法。

1. 多层次知识表示方法与技术

在大数据时代，知识融合与知识服务需要不同层次的知识和不同知识粒度的知识库，需要不同的知识表示方法来支撑。具体地，针对知识内容的知识表示方法主要包括知识库、本体、知识图谱等三种类型，涉及通用知识库、领域知识库、用户知识库、通用知识图谱、领域知识图谱、用户图谱、通用本体、领域本体及用户本体等。

多层次知识表示模式主要涉及以下三个方面：①基于多层次知识库的知识表示，多层次知识库主要包括通用知识库、领域知识库及用户知识库，主要以传统的数据库方式存储知识。通用知识库与领域知识库通过知识源采集与知识抽取结果相结合的方式构建。用户知识库主要通过用户知识的抽取方式，通过用户建模获得。②基于多层次知识图谱的知识表示，主要包括通用知识图谱、领域知识图谱及用户知识图谱（或称社交图谱）。知识图谱是大数据时代的一种重要知识表示方式。通用知识图谱、领域知识图谱及社交图谱可对大规模知识源进行知识抽取后，进行知识验证与构建。而用户知识图谱可根据用户知识库并结合用户的社会关系网络构建。③基于多层次本体的知识表示，主要包括通用本体、领域本体及用户本体。不同于知识图谱的是，本体更加强调概念之间严格的逻辑关系。当前已有很多通用本体可以直接用于通用知识的融合与知识服务。在应用时，可以从学科发展、技术领域发展及学科研究活动的全生命周期角度出发，采用人工构建与本体自动学习的方式构建领域本体。另外，还可以以用户建模为基础，通过结合传统文献资源中用户的属性与社交网络上用户的多维度属性，采用人工构建用户本体。

2. 用户知识表示方法

大数据时代对用户知识进行有效表示，一方面对内容型知识与用户知识的融合可以起到促进作用，另一方面还可以提高个性化知识服务的质量。具体地，可以通过采用传统的用户知识表示方法与用户知识图谱（社交图谱）相结合的方法来进行用户知识的表示。

传统的用户知识表示方法主要通过用户属性表的方式表示用户知识，用户知识图谱主要依据用户与属性之间的关联、用户与用户之间的关联，来构建用户相关的知识图谱。

参 考 文 献

[1] 缑锦. 知识融合中若干关键技术研究. 浙江大学博士学位论文, 2005.

[2] Garner B J, Lukose D. Knowledge fusion//Pfeiffer H, Nagle T E. Proceedings of the 7th Annual Workshop on Conceptual Structures: Theory and Implementation. Berlin: Springer, 1992: 158-167.

[3] Preece A, Hui K, Gray A, et al. The KRAFT architecture for knowledge fusion and transformation. Knowledge Based Systems, 2000, 13(2/3): 113-120.

[4] Meijer B R. A management attitude towards knowledge fusion and innovation//Lightfoot R. Proceedings of the 2000 IEEE Engineering Management Society. New York: IEEE, 2000: 642-647.

[5] Smirnov A, Pashkin M, Chilov N, et al. Multi-agent architecture for knowledge fusion from distributed sources//Dunin-Keplicz B, Nawarecki E. From Theory to Practice in Multi-Agent Systems. Berlin: Springer, 2001: 293-302.
[6] Kuo T T, Tseng S S, Lin Y T. Ontology-based knowledge fusion framework using graph partitioning. //Chung P W H, Hinde C, Ali M. Developments in Applied Artificial Intelligence. Berlin: Springer, 2003: 11-20.
[7] Martens D, Backer M D, Haesen R, et al. Ant-based approach to the knowledge fusion problem. International Workshop on Ant Colony Optimization and Swarm Intelligence, 2006.
[8] Chen J, McQueen R J. Knowledge transfer processes for different experience levels of knowledge recipients at an offshore technical support center. Information Technology & People, 2010, 23(1): 54-79.
[9] Kampis G, Lukowicz P. Collaborative knowledge fusion by ad-hoc information distribution in crowds. Procedia Computer Science, 2015, 51(1): 542-551.
[10] Smirnov A, Levashova T, Shilov N. Patterns for context-based knowledge fusion in decision support systems. Information Fusion, 2015, 21(1): 114-129.
[11] 郭强, 关欣, 曹昕莹, 等. 知识融合理论研究发展与展望. 中国电子科学研究院学报, 2012, 7(3): 252-257.
[12] 张彦铎, 姜兴渭, 黄文虎. 故障诊断中关联结果与专家知识的融合技术. 哈尔滨工业大学学报, 2002, 34(1): 1-3.
[13] 王瑜. 知识工程中知识度量、推理与融合的若干关键技术研究. 复旦大学博士学位论文, 2004.
[14] 范君晖. 融合知识管理的电子政务系统. 上海管理科学, 2004, (2): 17-19.
[15] 赖朝安. 基于知识融合的人机协同创新概念设计理论与系统研究. 华南理工大学博士学位论文, 2003.
[16] 刘忠途, 王启付, 陈立平. 三维 CAD 系统的知识融合与驱动技术研究. 计算机辅助设计与图形学学报, 2005, 17(5): 1013-1018.
[17] 景旭, 李莉敏, 唐文献. 基于 UG/KDA 的广义知识库系统的研究与实现. 计算机工程, 2003, 29(4): 124-126.
[18] 鲍军鹏, 刘晓东, 沈钧毅. 基于 XML 的知识融合与知识库组织. 计算机工程, 2003, 29(3): 56-57, 138.
[19] 谢能付. 基于语义 Web 技术的知识融合和同步方法研究. 中国科学院博士学位论文, 2006.
[20] 侯济恭. 政府智能系统体系结构. 计算机工程与设计, 2007, 28(18): 4494-4497.
[21] 鲁慧民, 冯博琴, 赵英良, 等. 一种基于扩展主题图的分布式知识融合. 吉林大学学报(理学版), 2009, 47(3): 543-547.
[22] 徐赐军, 李爱平, 刘雪梅. 基于本体的知识融合框架. 计算机辅助设计与图形学学报, 2010, 22(7): 1230-1236.
[23] Lawry J, Hall J W, Bovey R. Fusion of expert and learnt knowledge in a framework of fuzzy labels. International Journal of Approximate Reasoning, 2004, 36(2): 151-198.
[24] Hu S K, Cao Y D. Knowledge fusion framework based on web page texts. Frontiers of Computer Science in China, 2009, 3(4): 457-464.

[25] Dunin-Kęplicz B, Nguyen L A, Szałas A. A layered rule-based architecture for approximate knowledge fusion?. Computer Science and Information Systems, 2010, 7(3): 617-642.
[26] Smirnov A, Pashkin M, Levashova T, et al. Fusion-based knowledge logistics for intelligent decision support in network-centric environment. International Journal of General Systems, 2005, 34(6): 673-690.
[27] Heffner M, Sharif N. Knowledge fusion for technological innovation in organizations. Journal of Knowledge Management, 2008, 12(2): 79-93.
[28] Hayne S C, Troup L J, McComb S A. "Where's Farah?": knowledge silos and information fusion by distributed collaborating teams. Information Systems Frontiers, 2011, 13(1): 89-100.
[29] 叶施仁. 海量数据约简与分类研究. 中国科学院博士学位论文, 2001.
[30] 代六玲, 李雪梅, 黄河燕, 等. 基于知识融合的在线文本分类算法——语义 SVM. 华南理工大学学报(自然科学版), 2004, (S1): 67-72.
[31] 唐一之, 张仲义. 基于本体的网络消费行为模型研究. 湖南大学学报(自科科学版), 2008, 35(11): 83-86.
[32] 刘金花, 张友华, 李绍稳, 等. 本体演化研究进展. 计算机系统应用, 2011, 20(7): 239-243.
[33] 缑锦, 杨建刚, 蒋云良, 等. 基于元信息和本体论的知识融合算法. 计算机辅助设计与图形学学报, 2006, 18(6): 819-823.
[34] 夏跃龙. 多源异构民族信息资源知识融合算法研究. 云南师范大学硕士学位论文, 2014.
[35] 李春华. 基于机器学习模型与众包的知识融合方法. 苏州大学博士学位论文, 2017.
[36] 邹湘军. 虚拟环境下基于知识融合的机械产品建模与设计研究. 广东工业大学博士学位论文, 2005.
[37] 鲁慧民, 冯博琴, 李旭. 面向多源知识融合的扩展主题图相似性算法. 西安交通大学学报, 2010, 44(2): 20-24.
[38] 张瑶, 李蜀瑜, 汤玥. 大数据下的多源异构知识融合算法研究. 计算机技术与发展, 2017, 27(9): 12-16.
[39] 周芳, 韩立岩. 基于知识融合的公司失败判别方法. 财会通讯, 2015, (8): 61-63.
[40] 张振海, 王晓明, 党建武, 等. 基于专家知识融合的贝叶斯网络结构学习方法. 计算机工程与应用, 2014, 50(2): 1-4, 9.
[41] 张玉洁. 基于评分的贝叶斯网融合方法. 云南大学硕士学位论文, 2011.
[42] 杨善林, 胡笑旋, 毛雪岷. 融合知识和数据的贝叶斯网络构造方法. 模式识别与人工智能, 2006, 19(1): 31-34.
[43] 姚路, 康剑山, 曾斌. 结合 DSmT 理论和系统建模的知识融合算法. 火力与指挥控制, 2014, (12): 88-91.
[44] 韩立岩, 周芳. 基于 D-S 证据理论的知识融合及其应用. 北京航空航天大学学报, 2006, 32(1): 65-68, 73.
[45] 冯涛. 多源模糊信息系统的信息融合与知识获取方法研究. 河北师范大学博士学位论文, 2012.
[46] 周芳, 刘玉战, 韩立岩. 基于模糊集理论的知识融合方法研究. 北京理工大学学报(社会科学版), 2013, 15(3): 67-73.
[47] 徐晓, 翟敬梅, 刘海涛, 等. 制造决策的知识融合粗糙集模型. 华南理工大学学报（自然科

学版), 2011, 39(8): 36-41.
[48] 郑丽英, 刘丽艳, 王海涌. 一种多知识融合的获取模糊规则的集成方法. 自动化与仪器仪表, 2005, (2): 5-7, 45.
[49] 周芳, 王鹏波, 韩立岩. 多源知识融合处理算法. 北京航空航天大学学报, 2013, 39(1): 109-114.
[50] Mészáros T, Barczikay Z, Bodon F, et al. Building an information and knowledge fusion system. Engineering of Intelligent Systems, 2001, 187(3): 82-91.
[51] Visser U, Stuckenschmidt H, Wache H, et al. Enabling technologies for interoperability. Workshop on the 14th International Symposium of Computer Science for Environmental Protection, 2000.
[52] Gou J, Yang J, Chen Q. Evolution and evaluation in knowledge fusion system. International Work-Conference on the Interplay Between Natural and Artificial Computation, 2005.
[53] Gou J, Wu Y, Luo W. Knowledge fusion: a new method to share and integrate distributed knowledge sources. European Conference on Technology Enhanced Learning, 2006.
[54] Gou J, Jiang Y, Wu Y, et al. A new self-adapting knowledge fusion system. Fourth International Conference on Fuzzy Systems and Knowledge Discovery, 2007.
[55] 佟泽华, 韩春花, 王克平, 等. 基于知识集成的竞争情报分析模型实施策略研究——技术策略、非技术策略及其融合. 情报理论与实践, 2015, (2): 108-115.
[56] 古志文, 陈春, 吴新年. 支撑企业技术创新的知识服务模式研究——知识服务与信息服务融合发展的视角. 科技进步与对策, 2014, (7): 131-135.
[57] 李俊华. "知识—技术—组织"三维融合的双元性创新运行机制研究. 科技管理研究, 2014, 34(5): 149-154, 160.
[58] 张平, 邹湘军, 孙健, 等. 仿真网格环境下面向制造资源的知识融合. 系统仿真学报, 2006, 18(5): 1414-1417.
[59] 方峻, 徐诚. 支持"知识融合"的产品概念设计知识建模研究. 机械设计与研究, 2007, 23(6): 6-11.
[60] 王宇, 朱煜忻, 王卫星, 等. 基于KBE的航空发动机复杂壳体MBD设计模式研究. 航空制造技术, 2014, 466(22): 35-38.
[61] 邹湘军, 孙健, 顾邦军. 基于知识融合的虚拟产品设计知识信息抽取和建模. 现代制造工程, 2006, (8): 1-4.
[62] 顾邦军. 网络环境下虚拟产品设计的知识融合技术研究. 南华大学硕士学位论文, 2007.
[63] 魏少华, 陈效华, 常思勤. 发动机智能化故障诊断系统中的知识融合技术. 汽车工程, 2007, 29(9): 827-832.
[64] 刘骄剑, 廖文和, 郭宇, 等. 基于知识融合的扩散制造工艺调整方法. 计算机辅助设计与图形学学报, 2011, 23(8): 1380-1385.
[65] 王奕首, 滕弘飞. 辅助工程师设计的知识融合设计方法: 卫星舱布局设计(英文). 中国航空学报(英文版), 2009, (1): 32-42.
[66] 谷宇, 王岳淼, 陆应芳, 等. 基于知识融合的虚拟产品装配设计知识管理研究. 盐城工学院学报(自然科学版), 2013, 26(3): 48-53.
[67] 赵翠荣, 马军. 舰船威胁态势估计中的知识融合技术研究. 蚌埠学院学报, 2015,(3):

10-14.
[68] 谢昭. 图像理解的关键问题和方法研究. 合肥工业大学博士学位论文, 2007.
[69] 朱玉屏, 刘丽兰, 俞涛. 基于知识融合技术的产品设计知识模型研究. 计算机应用研究, 2009, 26(9): 3235-3238.
[70] 张玉峰, 何超. 融合本体和上下文知识的企业竞争情报分析算法研究. 情报资料工作, 2012, 33(2): 48-52.
[71] 宋海艳. 泛在知识环境下的图书馆学科服务模式与动力机制研究——基于学习空间融合服务的探索. 情报理论与实践, 2010, 33(7): 58-62.
[72] 沈旺, 李亚峰, 侯昊辰. 数字参考咨询知识融合框架研究. 图书情报工作, 2013, 57(19): 139-143.
[73] Soh L K, Tsatsoulis C. Multisource data and knowledge fusion for intelligent SAR sea ice classification. IEEE International Geoscience and Remote Sensing Symposium, 1999.
[74] Fisch D, Kalkowski E, Sick B. Knowledge fusion for probabilistic generative classifiers with data mining applications. IEEE Transactions on Knowledge & Data Engineering, 2014, 26(3): 652-666.
[75] Sossai C, Bison P, Chemello G. Fusion of symbolic knowledge and uncertain information in robotics. International Journal of Intelligent Systems, 2001, 16(11): 1299-1320.
[76] Wang Y, Teng H. Knowledge fusion design method: satellite module layout. Chinese Journal of Aeronautics, 2009, 22(1): 32-42.
[77] Zhang Z H, Miao D Q, Qian J, et al. Qualitative graphical inference with enhanced knowledge fusion//Liu C L, Zhang C S, Wang L. Pattern Recognition. Berlin: Springer, 2012: 33-40.
[78] Williams A B, Krygowski T A, Casavant T L. I-DOCS: distributed agent-assisted knowledge fusion for disease gene discovery. International Conference on Parallel and Distributed Systems. 2001.
[79] Ge E, Haining R, Li C P, et al. Using knowledge fusion to analyze avian influenza H5N1 in East and Southeast Asia. PLoS One, 2012, 7(5): e29617.
[80] Ribarić S, Marčetić D, Vedrina D S. A knowledge-based system for the non-destructive diagnostics of façade isolation using the information fusion of visual and IR images. Expert Systems with Applications, 2009, 36(2): 3812-3823.
[81] Rubio-Escudero C. Fusion of knowledge towards the identification of genetic profiles. AI Communications, 2012, 25(1): 65-67.
[82] Martínez F, Cifuentes C, Romero E. Simulation of normal and pathological gaits using a fusion knowledge strategy. Journal of NeuroEngineering and Rehabilitation, 2013, 10(1): 73.
[83] Gray P M D, Preece A, Fiddian N J, et al. KRAFT: knowledge fusion from distributed databases and knowledge bases. Proceedings of Database and Expert System Applications Conference. 1997.
[84] Gray A, Marti P, Preece A. Towards a scalable architecture for knowledge fusion//Wagner T, Rana O F. Infrastructure for Agents, Multi-Agent Systems, and Scalable Multi-Agent Systems. Berlin: Springer, 2000: 279-292.
[85] Jacobs N, Shea R. The role of Java in InfoSleuth: agent-based exploitation of heterogeneous

information resources. Proceeding of Intranet-96 Java Developers Conference, 1996.
[86] Nodine M H, Unruh A. Facilitating open communication in agent systems: the InfoSleuth infrastructure. International Workshop on Agent Theories, Architectures, and Languages, 1997.
[87] 张智雄, 吴振新, 刘建华, 等. 当前知识抽取的主要技术方法解析. 现代图书情报技术, 2008, (8): 2-11.

第 6 章　数据驱动的知识服务方法与技术应用研究

网络化、数字化与知识化的发展，尤其是大数据时代带来的数据碎片化涌现、信息与知识碎片化传播，使得知识服务面临着原有的理论与方法需要不断发展及突破的挑战。根据用户问题空间与任务情境，基于数据密集型科学研究范式，从多源异构数据中捕捉和甄取非噪声知识碎片，对知识碎片进行提取与表示以形成知识元，进而通过对知识元的处理完成知识融合与进化，生产出用户所需的系统化或创新性知识成为当今社会发展的一种趋势。因此，数据驱动的知识服务方法与技术及其应用研究将是满足知识服务发展需求的关键。

信息技术的创新与发展促进了图书情报机构知识服务的开展，其中，可用于知识组织、知识挖掘与分析、隐性知识激活、知识源异构整合等方法及技术，是数据驱动的知识服务方法与技术体系的要素结构因素，也是知识服务能力依赖的要素载体。只有这些方法与技术及应用取得长足的进步，才能推动知识服务逐渐走向深入阶段。所以，研究支撑知识服务的先进方法与技术（如机器学习、文本挖掘、知识图谱等）是当今图书情报机构关注的热点。由此，在前面宏观研究的基础上，在微观操作层面上，本章将重点研究知识组织系统、共现分析方法与技术、知识地图和科学知识图谱方法与技术、主题模型方法等在知识服务中的应用。

6.1　知识组织系统的应用

知识组织系统或者知识组织体系（knowledge organization systems，KOS），是指各种对人类知识结构进行表达和有组织阐述的语义工具（semantic tools）的统称，包括传统图书馆建立在文献单元基础上的分类法、标题表、叙词表及更泛指的情报检索语言、标引语言，也包括网络时代建立在概念单元或知识单元基础上的概念地图（concept maps）、语义网（semantic networks）、概念本体（concept ontologies）等[1]。从以文献单元、数据单元为基础的知识组织系统[2]，发展到以本体为基础的语义网知识组织系统[3]，知识组织系统研究的方法与技术不断提高，应用范围不断扩展。知识组织系统是图书情报领域从事知识服务的基础和重要保障，是知识整序不可缺少的工具和依托。下面从国外案例出发，分析几个典型的知识组织系统及应用。

6.1.1 数字图书馆中科学概念高度结构化描述的知识组织系统模型

Smith 和 Zeng [4]通过使用传统的知识组织系统的原理和其他一些语义工具，构建了特殊领域的高度结构化模型，并且使用知识基础和可视化工具表示关于科学概念的知识。这些高度结构化模型集中于客观的表示、操作性语义、使用和概念间相互关系等这些属性上。在数字图书馆中，知识是基于概念的高度结构化模型，而服务是支持基于这些高度结构化模型的不同信息资源集合的[5]。

1. 科学概念的基本描述

许多重要的和特有定义的科学概念，如它们的表示、语义、特性、与其他概念的关系及使用，在组织的文献资料中是以无结构方式分布存在的，不能用简单的语言学术语来表示。然而，大部分传统的知识组织系统，在科学建模活动中，特别当其被单独使用时，对有用处的相关概念属性知识的存取或集成缺乏有力的支持。在对传统的"信息容器"方面的知识存取上，传统的知识组织系统的优势也受到很大的限制。例如，"信息容器"中的内容可以被作为主题标题的基于术语的概念表示来存取。

传统知识组织系统的概念模型在提供深度上对学习是很有用的，但在知识的组织和存取上只有有限的价值。受不同的科学组织在自己领域下构造的详细的、客观的概念模型的推动，ADEPT（the Alexandria digital earth prototype，亚历山大数字地球原型）已经发展成为科学领域关于概念的高度结构化模型，它是基于框架的用属性值填充的知识表示系统。这种高度结构化概念模型，明显地扩充了传统形式在图书馆环境下使用的极具特色的类主题词表定义的概念。受到存在论中进化理论和应用的影响，高度结构化模型不仅包含概念和它们之间关系的表示形式，而且包含它们的属性值，如图 6.1 所示。

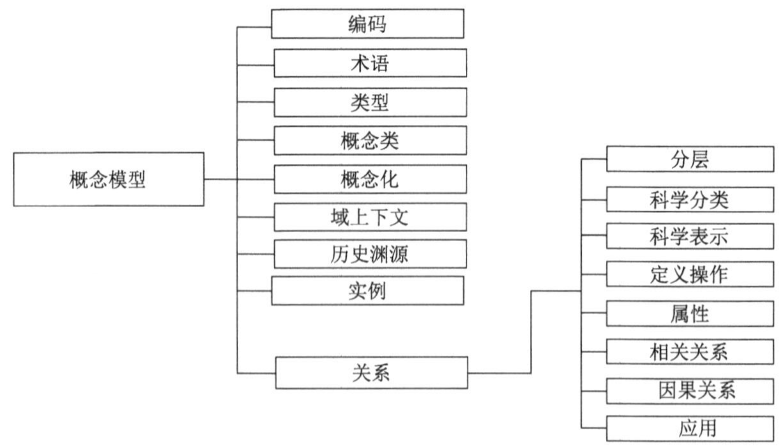

图 6.1　科学概念高度结构化模型的组成要素

2. 基于应用的科学概念的分类方法

为了表示“概念分类”的价值空间，研究者发展了一种面向科学概念基于使用的分类，是以美国国家研究委员会（National Research Council，NRC）的科学教育出版物（NRC 1996）为基础的。这个分类提供了以详细说明操作性语义的客观科学操作形式来表现概念的功能。例如，一个抽象的数学概念“算术平衡”，可以部分地被定义为能够实现用符号表示的平衡的客观语义操作。由此将概念进行分类，这些概念在操作性上能在被说明的概念的基础范围内进行阐释。另外，还有许多不能如此分类的概念，包括那些无法说明的概念，如“the ‘way’ of Lao Tzu”（老子之道）。

图 6.2 展示了研究者对科学概念基于应用分类的基本形式，在应用分类中阐述了科学家引用的概念包含有大范围的前后关系，如多边形、试验、数据设置等可操作性的说明。这种分类所表现的操作上可说明的概念属于下面三类之一：抽象概念（abstract concepts）、方法概念（methodological concepts）、具体概念（concrete concepts）。抽象概念具有依据造句法的（或计算的）符号表现操作的形式定义的操作性语义，包含三个子集，分别是依据句法（语言）的概念、合乎逻辑的概念、精确的概念；方法概念具有按科学方法明确定义的不同操作形式定义的语义，这些操作能够在与它们相关的各个方面得以实现，方法概念中的子类包括识别/描述的概念、表现的概念、理解的概念、应用的概念、交流的概念等相关操作的概念；具体概念包含按科学方法明确定义和操作形式定义的语义，这些操作提供对某一概念的解释。大体上，具体概念是用于模型和理论构建的概念类，主要的子类包括：可测量的概念、可认知的概念、可解释的抽象概念。例如，对于概念“河水流量”有一个很有特色的操作，它可以用在现实环境下实现的不同测试程序的形式来定义，如程序测定水流在一个给定的时间间隔内穿过某一横截面的量。

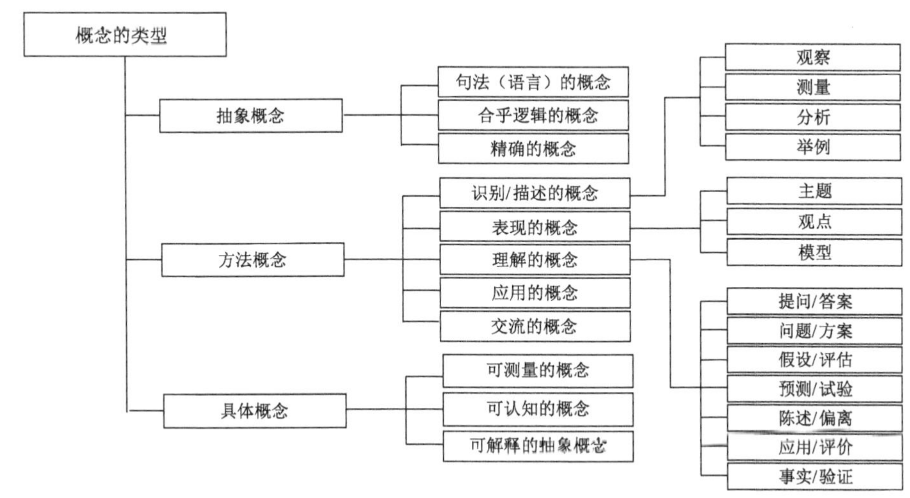

图 6.2　基于应用的科学概念分类模型

3. 科学概念高度结构化表示的形式

高度结构化模型的表示可以通过两种形式存取：可视形式和原文形式。可视形式的意图是表示概念间的相互关系，并且能提供一个概念空间结构的全部观点；原文形式允许用户通过一些概念的高度结构化模型的元素内容进行浏览。对概念空间的可视化表示已经可以通过两种程序执行：一种是 OpenGL（Open graphics library，开放式图形库）图表可视化工具，另一种是 Java 脚本。

4. 高度结构化模型所需要的技术工具

科学概念的高度结构化模型集中了各种各样的关于知识组织和表示的结构及其他语义化工具所涉及的原理，如图 6.3 所示，主要包括：辞典（叙词表）、分类、语义网络、概念地图、分面分析和分类法等。不同的知识组织系统或结构或服务所使用的原理和元素为 ADEPT 模型提供坚实的基础。

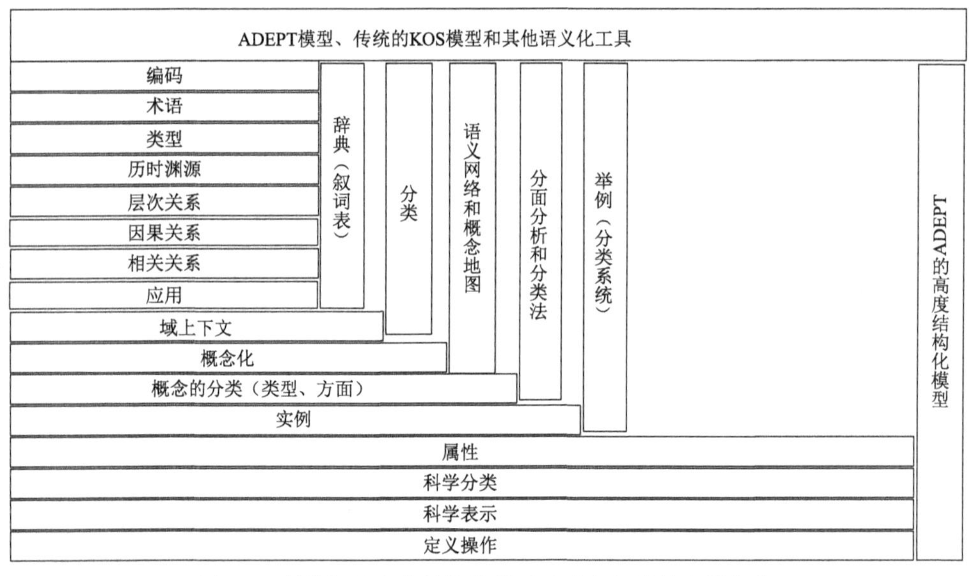

图 6.3　科学概念高度结构化模型元素和相关的支撑技术

6.1.2　基于语义网的映射辞典语义的知识组织系统模型

下面以领域映射辞典为例分析知识组织系统的应用[6,7]。

1. 研究的背景

术语资源在广阔的网络环境下对信息重组日益重要，为了通过查询数据库和元数据重组文献知识，就需要引用受控词表。特别是以简单的语义网络形式组织术语及其相关概念的 thesauri（叙词表），成为从迅速增长的电子信息潮流中搜索资料的重要工具。在发展自动化的媒介来超越受控词表方案之间的差异方面，一直有持续增长的兴趣，这样用户可以使用一组熟悉的术语来搜索用其他词表方案组成的知识集合。一个特定的集合与一种术语资源紧密相连，术语资源以词库的形式提供，其中包含术语和概念之间的类型关系。研究者集中于术语及其关联的某一特殊集合而决定的不同含义，并且与研究集合中所统计的适当术语相比较，在此基础上，对映射辞典语义的知识组织系统模型展开研究。

2. 一个领域的辞典映射

研究者把辞典映射视为识别条件、概念和约计相等的阶层关系式的过程。它是合并 thesauri、原数据辞典和交叉和谐的构造及辞典交换的中央程序，研究寻找其适当等价物的问题，特别集中于与 polyhierarchies（多层次）及化合物和非化合物术语相关的问题。

在这些研究中有一个普通的假设（图 6.4），使用者使用一个选择的特定辞典来寻找不同的数字集合，这以其他语言的形式被映射到 thesauri 中专门的词汇，或辞典的不同版本。研究者采用来自 Krause（克劳斯）的两步程序的观点，它能将来自辞典映射的含糊性与来自使用者查询和文件之间的关系分开。为了智能地区分这些效果，每个辞典被假定与一个或较多集合的索引相一致，也就是经过它自己的辞典，对一个集合正确的使用者查询能产生完全的回收和很高的精确度。更进一步假定，所有的集合的对象组基本上具有相同的本源和来自一个网域，这样来排除含糊性的另一个来源。

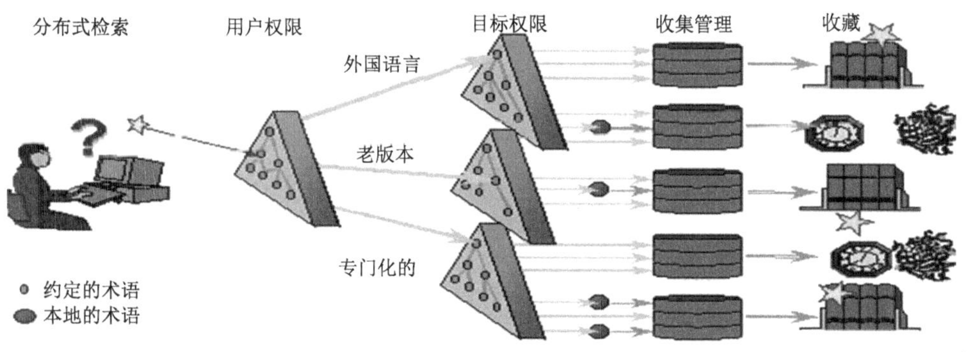

图 6.4 使用关联术语或词汇的假设

3. 应用

在特定的假设之下，首选的术语即描述符可以被视为概念。每个概念依次能被视为一组对象的目的。顺次，把映射问题转变成关于组的数学问题，也就是术语被视为它们正确地分类的对象组。“正确地”是一个使用者惯例的问题。并假定，使用者能大体上肯定地决定哪个术语正确哪个错误。这一个假设提供一个在

thesauri 中甚至多语言之间的概念比较的绝对的估量。只要在一个足够大的数据库中的对象，以定义明确的方式被平行的两个 thesauri 分类，在两个 thesauri 中的概念之间的组关系能自动地被接近。任何的矛盾都能被转为人类的错误。这些假设是广为人知的，也是描述逻辑（description logic，DL）的基础，如 DL 网站和描述自然对象的 thesauri 所隐含的假设。在实践中，不是所有的子集关系可以在一个辞典中被表达，并且术语解释可能是以复杂的方式上下文依赖的。为了使统计方法或神经网络方法形成一种清楚的区别，研究者定义“基于观念的映射”的原则是：术语被映射成相联系的正确分类的对象组（如描述逻辑中的“解释功能”）；相关联的一些术语的上（下）位类组是术语相关联组的一个扩展集（子集）。根据描述逻辑，上位类术语“包含”下位类；一些相关术语（relevant terminology，RT）的关系以描述逻辑感觉可以被视为角色，尤其是部分-整体关系和函数关系；两个术语之间的映射通过它们相关联的集合的一套关系来定义。

图 6.5 引用了法国文化部在英语遗产叙词表与梅里米词表之间建立相关性的例子，显示了多语言辞典的不同概念，以及研究者增加的假设转换和假设的中间语言。此外，有时来自一个组的一个定义明确的概念系统被另外语言的用户群作为一个整体采用。例如，美国国会图书馆的标题词表在希腊大学图书馆和许多其他较小的语言组的图书馆中被使用。同样可以将美国艺术和建筑辞典转换成荷兰语与西班牙语，而且还计划转换成其他的语言。在如此的情况下，被转换的辞典中的概念能变成中间语言，它的优势是至少包含一项原来的概念。研究者主要感兴趣的是有相互关系的 thesauri，这也是 ISO5964 的目标。

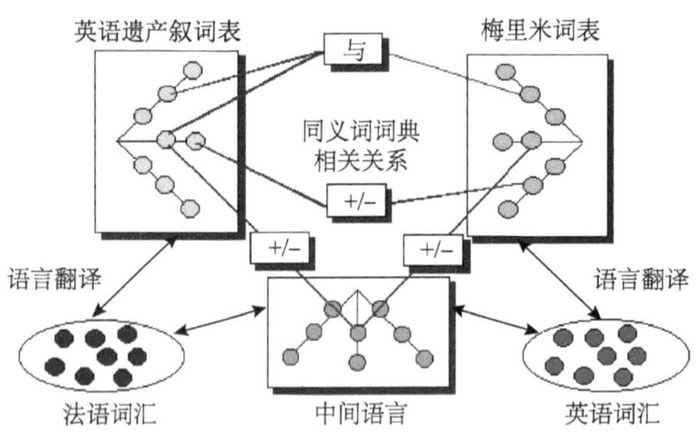

图 6.5　在一种环境下一个多语言辞典的不同概念的示例

此外，基于以概念为基础的映射而且使 thesauri 有相互关系的观点，应当提供采用不同术语资源的交叉系统等价的重组结果，研究者提议映射的表达能力应该至少与搜索示例的表达能力是相等的，而且使用者在目标系统中表达的搜索请求应该胜于映射机制可以提供的。

这些等效表达式可以提供任何一个目标辞典的术语中表达初始的查询术语的方法。明显地，初始查询的任何布尔逻辑组合能转换成一个目标术语的布尔逻辑组合，图 6.6 和图 6.7 示范了用布尔体系的复合物等效展示语句的语义学。图 6.6 中的例子是法国术语 bergerie（羊棚）在 AAT（art & architecture thesaurus，艺术与建筑词表）中有精确的等价“sheep barns OR sheep folds”（羊仓或羊圈）。在 AAT 中术语的第一个公共上位术语是单一建造工作（single built works）。明显的上位术语 animal housing（动物住宅）在 AAT 中只是 sheep folds（羊圈）的上位术语，大概是因为它的多层次设计。在图 6.7 中，在 BT（broader terms，上位术语）关系表达包含的假设之下，右边星罗棋布的循环指出在目标层次上概念的大概位置。

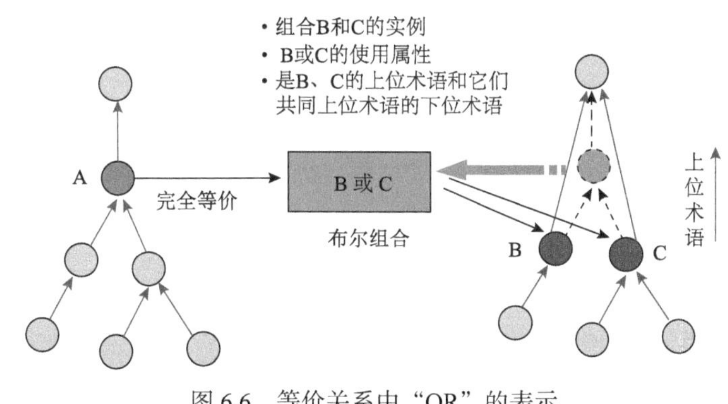

图 6.6　等价关系中“OR”的表示

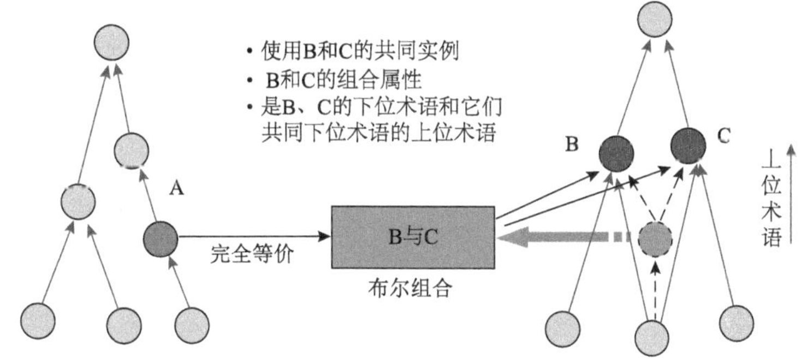

图 6.7　等价关系中“AND”的表示

6.1.3　不同元数据领域之间的语义互操作的元网

下面以不同领域的元数据语义互操作为例，分析知识组织系统的应用[7,8]。

1. 研究的背景

网络化知识组织系统往往包含使用多种元数据模式描述的混合媒体类型，所以机器理解不同领域的元数据描述是在网络化知识组织系统中存取信息的一个基本要求。尤其有三种情形下元数据描述的互操作是需要的：①在异构元数据描述中需要使用统一检索界面；②集成或合并补充的但可能是重叠的元数据模式或标准的描述；③根据用户特定的兴趣、视角或需求，使一个隐含和完整的元数据描述产生不同的视图。

不同领域的元数据描述的语义并不是完全相互区别的，而是在很多方面相互重叠和相关联的。通过人工生成一对一的路径达到互操作是可行的，但这种方法不能随着元数据词汇的扩大而变化路径。一个可扩展和经济的方法是利用实体与关系，如人、地点、创造、组织、事件等。

2. ABC 元数据模型概述

ABC（公共基础数据模型）采用一个事件相关视图来为一个创造不同表示的关系建模（也就是公共基础数据模型）。这种事件相关视图为在一个资源生命周期中包含的众多表示、事件和发布人（代理）的特性集合提供了明确的语义连接点。另外，ABC 提供内部视图转换的元数据模型和方法的多视图。如果需要生命周期信息，可以使用事件模型。当需要单资源元数据，可以使用以资源为中心的模型。图 6.8 表示了 ABC 元数据模型的 UML（unified modeling language，统一建模语言）表示，该模型包括基本类有：Event（事件）、Resource（资源）、Event Relation（事件关系）、Act（行为）、Context（情景或上下文）、Input（输入）、Output（输出）等。

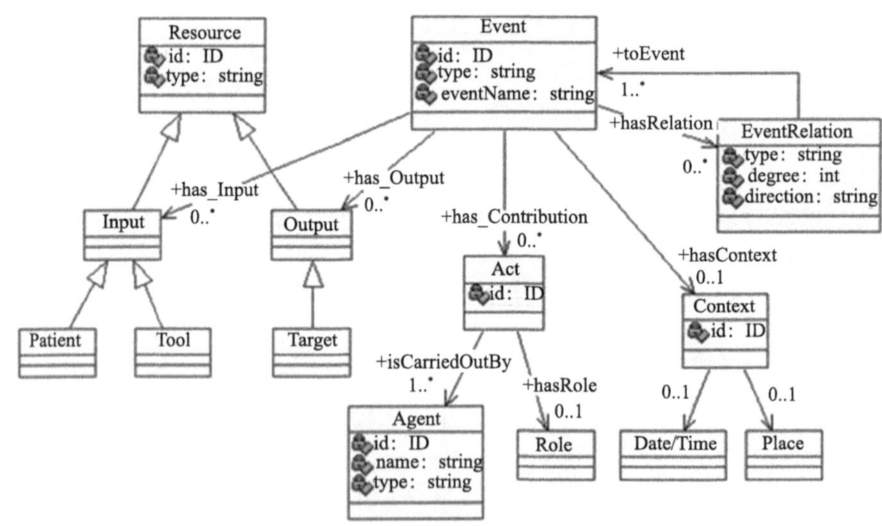

图 6.8　ABC 元数据模型的 UML 表示

3. 元网的开发

将一个元数据术语主题词表与其他语义映射限定在一个确定领域或词表（如映射矩阵的列数）更为通用的方法是，从元数据术语语义主题词表中动态地抽出映射，这个主题词表正式定义许多不同领域的标准词表里的元数据术语之间的关系。

（1）主题词表内和主题词表间的关系。包括定义单语主题词表的标准和存档的 ISO2788 标准，诸如层次的、相关的、等价的主题词表内的关系模型。其中，层次关系在有“更广/更窄”意义的概念之间产生，这种关系能进一步分为 generic（通用术语）（BTG/NTG，broader terms generic/narrower terms generic，即上位术语或下位术语）、整体/部分（BTP/NTP，broader terms part/narrower terms part，即上位术语部分或下位术语部分）和实例（BT/NT，broader terms/narrower terms，即上位术语或下位术语）关系。为简洁起见，研究者仅选择建模 BTG/NTG 关系（一种主题词表开发的常见行为）和等价关系，在元网中不包括相关关系。

多语主题词表的建档和确定的ISO5964 标准定义以下的主题词表间的关系类型：完全等价、部分等价、对多等价、不完全等价。这些关系说明不同元数据词表的术语间的语义关系可能比 1 对 1 完全等价复杂得多，并且“完全等价”也是一种近似。但是，因为研究者针对的问题仅是在许多标准英语元数据词表里的术语关系，所以认为这种更复杂映射的程度要比自然语言主题词表来得简单。在元网开发中的元数据术语主题词表——元网仅包含优先术语（ABC 核词表）、等价或重叠关系（equivalent/overlapping terms，ET）下位术语（NT）和上位术语（BT），并试图包括最重要和广泛使用的元数据词表[都柏林核心集、IFLA（International Federation of Library Associations，国际图书馆协会联合会）、IEEE LOM（Institute of Electrical and Electronics Engineers learning objects metadata，国际电气电工工程师协会学习元数据）、INDECS（interoperability of data in E-commerce systems，电子商务数据互操作性）]。

（2）元网的描述。元网主题词表的目的是提供使机器能理解的在不同领域中元数据术语等价和层次（上下）关系的语义知识。这种主题词表仅限于用来描述与资源和它们的生存周期有关的属性与事件的最有影响力的元数据模型或词表。元网包括书目、博物馆、档案馆，记录和权益管理组织等的元数据词表。这是通过使用 ABC 词表中的核心术语并抽取那些同义词和在元数据模式中可能用来表示原来核心术语的 hyponyms 下义词运行 WordNet 搜索。另外，结果与 DC（Dublin core，都柏林核心集）、INDECS、IFLA、IMS 和 CIDOC CRM 这些词表比较以确定大部分在这些元数据字典里的术语被加进了这个主题词表。

开发这种词表的机器可识别 RDF 模式，并且表示 RDF 模式元素、类、子类、属性、子属性，被用来定义元数据元素之间的层次/上下和实体/属性关系。

RDFS（resource description frame work schema，资源描述框架纲要）标签元素用来说明可能用到的语义等价术语。ABC 核词表用来作术语的顶层集。尽管这个主题词表是手工生成的，它可以认为是通过使用推理机制合并不同领域的 RDF 模式——正如在 OIL（ontology inference layer，本体推理层）提出的——自动生成的。例如，考虑“Agent”（行为主体），ABC 词表中的核心词汇，并因此生成元网词表中的优先术语，“Agent”的使用在其他元数据词表中的语义等价术语，包括：actor（行动者）、contributor（贡献者）、creator（创造者）、player（参与者）、doer（行为者）、worker（劳作者）、performer（执行者）。“Agent”的可能的语义窄些的术语或 hyponyms（下义词）包括 author（作者）、composer（作曲家）、artist（艺术家）、musician（音乐家）等。

（3）把元网连至 XSLT（extensible stylesheet language transformations，可扩展样式表语言转换）中。使用 XSLT 可以从语法上分析输入的 XML 描述，并对每个元素调用一个根据元网主题词表中定义的语义关系确定输出领域等价术语的 Java 过程性编码扩展。

例如，假定 Java 程序，Mapping.java 包括一个扩展函数 readMetaNet 对于在语法分析输入元数据描述时的每一个元素，输入元素名（如 abc:Agent）和输出领域模式定义（如都柏林核模式）被传给 readMetaNet 函数。这个函数在元网 RDF 模式文档中查找同输入模式定义描述元素，并返回这个值。XSL（extensible stylesheet language，可扩展样式表语言）在输出描述中用这个名字创造一个新的输出元素。图 6.9 说明了程序的流程图。

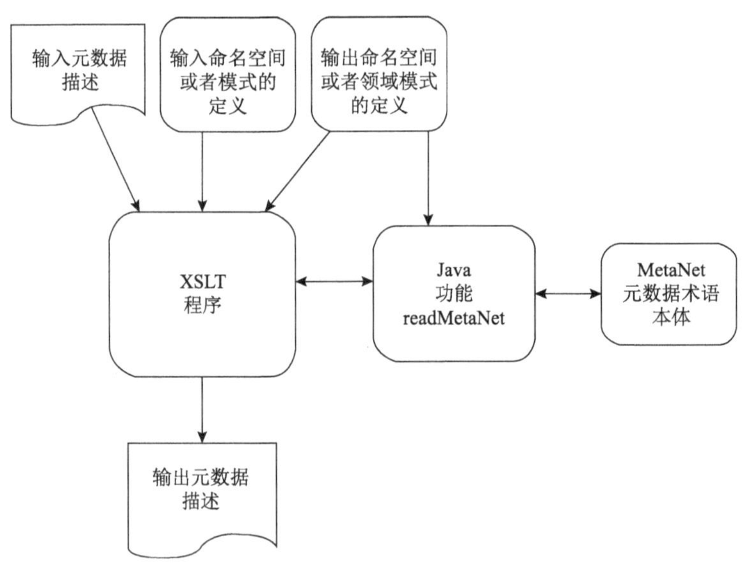

图 6.9　元网连至 XSLT 的流程

6.2　共现分析方法与技术的应用

共现分析（co-occurrence analysis）是将共同出现在各种信息载体中的信息进行定量化分析的方法，以揭示信息的内容关联和特征项所隐含的寓意。经过三十多年的发展和完善，共现分析在语言学、自然语言处理、知识发现等领域范围应用日趋广泛。知识服务遵循着信息或知识的运动流程，根据用户的问题和环境，以面向知识内容向用户提供增值服务为目标。因此，共现分析在知识服务中可以体现如下的主要应用。

6.2.1　基于概念空间和本体实现语义检索

基于概念空间的语义检索实际上就是将具有语义关系描述(通过词语的同义、上下位等关系来体现）的受控词表视为概念空间来辅助信息检索[9]，如图6.10所示。概念空间的组织方式有两种：一是根据词之间的语义联系把词分至不同的类或组；二是将概念词汇组织形成层次。利用共现分析挖掘语义关联和知识结构的思想可以实现概念空间的构建。

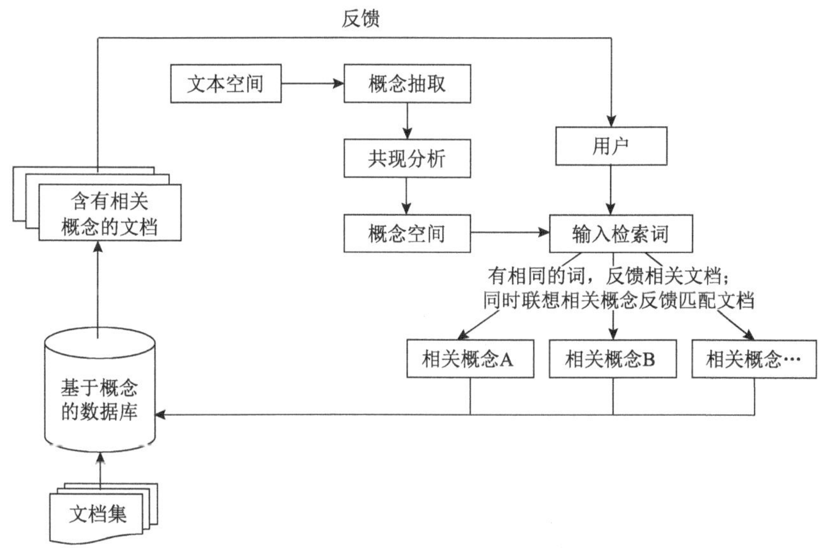

图6.10　基于概念空间的语义检索过程

利用共现分析创建第一种组织结构概念空间的步骤：首先根据词表或利用文本中的词汇信息选定待归类的主题词和归于该主题词下一定数量的种子词（seed word），统计在语料库中待归类词汇与种子词共现频率，然后将待归类词汇与种子词进行关联度计算，其中高关联度的词汇定位到相应的主题词下[10]。研究表明现有的构建方法有两种，一种是Woods提出的基于语言学知识应用的分析方法；另一种是Forsyth与Rada提出的不使用任何语义和语形学知识或现有词表，直接从文本集中抽取词汇频率和共现信息的方法。前者需要广泛的语言学知识库，以获取所有管理词汇组包含关系的规则。Woods的方法很明显的缺陷是“整个分类操作的复杂性”，需要强大的计算机和预开发好的知识库才能生成概念层次。而Forsyth 与 Rada 的方法则避开了语言学知识不足的问题，直接从词汇的共现信息中寻找概念和概念之间的层次。这种方法能够自动形成概念层次并在一定程度上解决词语的多义处理[11]。在此基础上，实现的基于概念空间的语义检索的主要步骤：①确定研究领域，训练文档的收集；②预处理数据，信息过滤和自动标引；③共现分析，建立关联词典；④联想检索[12]。

随着语义网的兴起和新技术的涌入，基于本体的语义检索成为研究的热点，研究人员开始探索自动生成类似 WordNet 这样的语义本体（linguistic ontology）。Hwang 提出以领域专家提出的种子词为起点自动生成本体。这种方法从网络中搜集相关文献，抽取出包含种子词的短语生成对应的概念词汇并把它们放在本体中“合适的”位置上。抽取的关系类型有：is-a（是什么），part-of（是一部分），manufactured-by（谁制造），owned-by（被谁拥有）等。它也收集有关概念出现的上下文信息、词的频率和共现统计信息。该方法的缺陷是本体的构建依赖于领域专家提供的种子词[10]。正在开发 DODDLE-OWL（a domain ontology rapid development environment- OWL extension）本体构建项目的 Morita 等及 Ding，都综合利用共现分析方法和现有词表或本体中的分类学知识为特定知识系统构建本体。其中DODDLE-OWL 项目利用已有本体中类别信息，构建本体中的基础类别关系，同时通过从该领域文本集中抽取的相关概念进行共现分析以确定概念之间的非分类关系；Ding 构建 IR（information retrieval，信息检索）和 AI（artificial intelligence，人工智能）本体，首先利用共现分析获得具有语义关系的关键词对，随后利用现有的领域词表提供的 BT 或 NT 关系丰富词汇间层次关系[13,14]。

6.2.2　改进知识组织中文本分类的效果

传统的利用标题、作者等外部特征对信息进行标引和存储的组织方法既不符合数字化信息的实际属性，也不能满足用户依据知识内容检索和利用的需要。因此，利用信息技术及自动化对知识组织中文本进行分类，已成为知识服务中处理和组织大规模文档数据的关键技术。

文本分类是在给定的分类体系下，根据文本的内容或属性，将大量的文本归到一个或多个类别中。向量模型是文本分类模型中主要的一种。该模型以特征项作为文档表示的坐标，以向量的形式把文档表示为多维空间中的一个点，特征项可以选择字、词和词组等来表示向量中的各个分量。文本与类别的关联程度是通过计算它们之间的相似度来衡量的，通过选择那个与文本相似度最大的类别对文本进行归类。利用向量模型进行文本分类的一个最大问题是研究人员假定表征文本的词语相互独立。因为一些词会在许多文献中同时出现，它们之间是有关联的，所以该假定不可能一直正确。利用共现分析找到词语间的关联，一方面能够摒除文本向量中的冗余；另一方面还能识别那些与初始类向量相关的词语，将之加入类向量中，可以使得类别特征更为突出、类间差别更为明显，最终达到显著提高知识组织中文本分类的效率的目的。同时，由于这种语义知识可以从文本集中直接获取，并不需要准备特定资源加以处理，在改善分类效果的同时能保证分类过程的完全自动化[15]。

我国学者吴光远等[16]在文本分类时，首先忽略共现词对类向量的影响而进行分类，其次利用特征词共现资源对各类初始类向量进行扩展，即如果特征词 A 出现在某一类初始类向量中，并且通过特征词共现资源知词 A 和词 B 共现概率较高的话，那么则将词 B 添加进该类类向量中，然后再进行分类，试验结果证明词共现的引入大大提高了分类的准确性。

6.2.3　分析文献中知识内容关联

面对海量的信息资源，如何从宏观层面上分析知识内容之间的关联，把握信息资源的核心主题，为用户提供一个快速进入研究领域的知识入口，对知识服务有着重要的意义。Seibersdorf research GmbH（塞伯斯多夫研究公司）开发的 BibTechMon 项目，对 Apilit 数据库中检索 1995～2001 年 fuel cell（燃料电池）的所有文献进行分析，利用 Jaccard 指数将文献关键词聚类成簇，结合可视化技术构造出关键词之间关系的关联网络图，揭示文献资源中所包含知识的主要内容[17]。而 Drexel（德雷克塞尔）大学开发的 ConceptLink 和 AuthorLink 系统，通过对美国国家医学图书馆文献资源的共现分析，将共现标引词和同引作者的共现分析结果以图形提供给用户，为用户全面提供与检索知识内容相关的描述信息，引导用户高效、全面地利用所需的知识或信息[18]。

除此之外，共现分析方法还被用来映射学科结构，从而考察学科范式和跟踪学科发展及技术革新模式。传统上，当要获得这方面的知识时，往往需要采用专家调查法（德尔菲法）来完成任务。尽管这种方法比较实用，但也存在种种弊端，如花费较大、操作复杂等。利用文献中知识反映特定科学或技术领域的学科结构和发展状况这一机理，通过对文献进行共现分析能克服专家调查法的种种弊端，准确、快捷地获得相关知识。

可以将映射解决的问题分为三个层次：领域或范式、团体或网络、成果评价或发展空间分析。在获取有关领域结构和范式知识的分析活动中，共引和共词是两种最普遍采用的分析方法。这两种方法会产生文献聚类的不同结果，在最好的情况下，共引技术能够根据学科范式或根据相同的研究课题和假设聚类文献，而共词文献聚类更与研究主题相关，反映的是研究主题之间的联系。有的研究将共词技术与引用分析结合起来使用，以期获得更好的分析效果。例如，Drexel 大学的 Morris[19]利用该方法分析医药信息学的学科范式，Bhattacharya 等[20]根据专利引用和共词分析对 thin-film（薄膜）技术领域中科学与技术之间的关系进行研究。Cahlik[21]综合共引和共词，对经济学领域的核心研究主题和核心主题的基础进行分析。除此之外，还可以根据研究主题与研究机构的共现获得对团体和网络的认识，根据研究主题的分布和主题网络随时间的变化，获得对研究人员、研究团体等的分布和转移方面的知识。例如，上文提到的 Seibersdorf research GmbH 开发的 BibTechMon 项目就通过分析关键词与研究机构之间的共现关系，将研究机构与研究内容联系起来，构造出根据文献内容描述机构之间合作关系的关联网络图[17]。

6.2.4 发掘知识的价值

共现分析能够提供"认识论层次的价值"，发现现有知识中"出人意料"的联系或问题，最终可能产生新的研究方法或知识[20]。

利用共现分析挖掘文本知识包括：对显性知识的挖掘和对隐性知识的挖掘两种类型。显性知识是指在文本内容主体中著者直接阐述的、对某种问题的规律性认识，通过共现分析可以抽取文本内容中的知识单元，分析不同知识单元之间、词汇之间的关联关系并以某种形式加以展现，以获得对整个文本集合的整体认识。对显性知识的挖掘包括两个方面：以同一主题、固定时间区间内的文本为分析对象，能够获得领域知识构成、知识构成中的核心领域和边缘化领域，以及各领域之间的亲疏关系和相互作用方式方面的知识；以同一主题、具有时序性的若干个时间区间内的文本为分析对象，能够客观回顾领域中知识组成部分或分化或融合的发展历程，掌握知识发展的规律。例如，Leroy 和 Chen[22]开发 Genescene 系统利用语言解析器和概念空间（共现分析得出的语义网）综合相关摘要为研究者提供细胞内化学过程的全面知识，解决由文献数量的剧增和单一文献的研究对象的局限所造成的研究人员没有能力全面理解基因和生物化学之间的关联的问题。

隐性知识则是指在文本内容主体中著者没有直接指出，但可以通过综合文本中的多个知识元素归纳、推测得出的客观认识。共现分析对文本隐性知识的挖掘主要体现在：从文本内容出发，分析某一领域著者群（研究机构群）的组成情况，判定领域中最具影响力的核心作者（核心研究机构）及核心作者（核心研究机构）的主要研究方向。具体来说，根据领域知识构成的分布和发展情况来选定科研项目，能为研究人员找到代表学科发展方向、较有发展潜力的研究问题提供帮助，也可为科研立项的审定工作提供理论依据，实现科研经费的"低投入、高产出"，促进领域乃至整个国家科学的良性、高速发展；考察特定科研人员的科研成果及水平时，将该科研人员放置于其所在领域的著者群中，根据著作本身的内容关系构造著者关联网络，可以观测并计算出科研人员对该领域发展所起到的作用，从而更为准确、客观地形成考察结果。非相关文献知识发现方法的发现就是一个典型的隐性知识挖掘的例子，美国情报学家 Swanson 于一个偶然的机会发现两篇医学文学放在一起会揭示出问题的答案，而这个答案从任何一篇文献中都得不到。举例来说，A 表示一种物质的摄入可能导致某生理改变 B，而 B 的生理变化又引发某一器官的疾病 C，这样可获得有用信息 A 作用于 C，这在单独一篇文献是发现不到的，而通过中间联系 B，便能够把这种隐含联系挖掘出来。由此 Swanson 教授提出基于非相关文献的知识发现方法，先找出不相关的 A、C 文献集的中间联系 B，再由 AB、BC 推测 AC 的联系[23]。

此外，共现分析还可以加速这种知识价值发现的过程。如果概念 A 与概念 B 存在较强的共现关系，概念 B 与概念 C 之间也存在较强的共现关系，那么可以推测概念 A 和概念 C 之间也可能存在某种关联，通过找到中间概念 B 便有可能导致科学上的某种创新性发现。Stegmann 和 Grohmann[24]根据包含关键词簇的密度和向心度，在非相关文献构成的战略坐标中分析中间概念 B 的可能出现的大概位置。

综上所述，本书认为共现分析用于文本知识挖掘中共有三种实现思路，即基于空间分布的文本知识挖掘、基于时间分布的文本知识挖掘和基于内外关联的文本知识挖掘，见图 6.11。

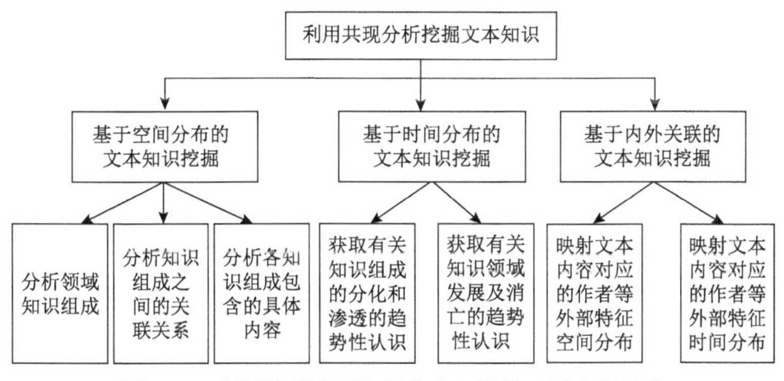

图 6.11　利用共现分析挖掘文本知识的不同实现思路

6.3　知识地图和知识图谱方法与技术的应用

在知识服务中，将经过组织与分析的知识进行可视化表达，不仅关系到知识服务产品可呈现的形式，而且影响到知识内容可被用户理解与接受的程度。作为知识表达中的两种重要的方法与技术，知识地图和知识图谱随着可视化技术的发展，其功能越来越强。

6.3.1 知识地图及其在情报研究中的应用

1. 知识地图及其在情报研究中的作用

知识地图（knowledge map）是对组织知识资源总体分布情况的可视化描述[25]，链接组织机构中可分享的各种知识资源，揭示资源间可能存在的千丝万缕的联系，提供问题解决过程的学习路径[26]。知识地图包含两部分：概念层次（concept hierarchy）和概念图解（concept schema）。概念层次表示的是概念之间的层次关系，概念图解用来存储可说明概念层次的知识，如定义、样例、与关联概念的其他关系[27]。究其实质，知识地图可以被视为利用现代技术制作的组织知识目录及其关系的综合体，主要解决“知道谁”和“谁知道什么”的问题。在情报学研究领域，英国著名的情报学家 Brooks 在《情报学基础》中最早提出了“知识地图”的概念。Brooks 对情报学的远景做了十分宏伟的规划，指出情报学的真正任务应该是组织、加工和整理表征客观世界的知识，并绘制以各个知识单元为节点的“知识地图”[28]。

情报研究是知识服务活动中面向用户提供解决问题的参考建议和对策方案等的高层次的服务形式，不仅需要对知识服务资源进行深层次的加工，而且需要借助工作人员的隐性知识。本书将知识地图方法与技术应用到情报研究中，以支撑在情报研究工作过程中使用与产生的知识的交流、共享及重用，减少因重复的劳动、多次发生的错误或缺乏成功经验而造成的损失，提高情报研究工作者知识利用的效率。促进个体通过知识的快速学习与更新，以 work smart（智能工作）取代 work hard（辛苦工作），寻找事半功倍（deliver more with less）的解决方案，并获得自身的不断增值。推进团体提升知识服务中情报研究的水平，在知识创新中谋求竞争的更多机会和核心优势。

2. 情报研究中知识类分与定义

在知识地图的构建中，明确需求、类分知识和表示知识是其中的重要环节。限于篇幅，本节仅探讨情报研究中的知识类分与定义。为了解情报研究中知识地图的需求、知识类分与定义，本书课题研究人员参观、考察了在北京的几家行业情报研究机构，并通过提问、讨论等方式与十多位情报研究专家进行了广泛而深入的交流。通过调查了解到，情报研究机构与一般企业不同，它已经能够对显性知识进行行之有效的管理和利用，但对情报研究工作中最为关键和重要的隐性知识却感到束手无策，而这恰恰制约了很多情报研究人员的进步和情报研究工作的发展。每个情报研究专家都有自己的工作方式和方法，其中都凝聚着大量的隐性知识——经验、技巧和智慧。但如果不经提醒，研究人员就会习以为常且疏于总结与挖掘，其丰富的隐性知识不能为别人所得与所用。所以，情报研究中知识地图构建应侧重于隐性知识——专家的经验、技巧和智慧的挖掘。为此，本书从专家角度出发，总结归纳情报研究工作中所需的知识，将其分为六类：专家独有的“信息源”、专家的“外脑”、专家解决问题的方法、专家的工作经验、专家的“既成知识”、专家的研究成果。

（1）专家独有的“信息源”——这主要是关于 where（在哪里）的一类知识，是指专家通过长期的筛选和积累而形成的解决一定研究领域问题的“核心信息源”。在情报研究工作中，需要收集大量的信息资料并对很多专题进行前沿跟踪。如何从纷乱众多的文献数据库和各类知识库或网站资源中挑选出较为权威、可靠、信服的信息，对于一般研究人员而言具有很大难度。由于情报专家长期逐渐形成的独具特色的“信息源”或信息线索，一般以显性知识存储在自己的文件夹中或者以隐性知识存储在头脑中。

（2）专家的“外脑”——这主要是关于 who（是谁）的一类知识，是指专家经过长久的人际交往而积淀形成的可为其提供智力支持的“外部专家库”。任何一个人无论在自己的研究领域多么擅长，其能力总是有限的。尤其情报研究中许多研究课题涉及交叉学科的知识，擅长通过人际网络利用外部智力来解决问题相当重要。专家的“外脑”与个人的交往能力、工作业绩、社会声誉等密切相关，每个专家的“外脑”都是不尽相同的，也是常以隐性知识存储的。

（3）专家解决问题的方法——这主要是关于 why（为什么）的一类知识，是指专家在丰富的实践工作基础上结合理论总结出的一套解决问题的方法与技能，包括具体的方法及该方法运用的出发点、优点与局限性、应用流程、操作技能等。迄今为止，来自哲学、社会科学、自然科学的许多方法都被应用到情报研究中，定性的、定量的、综合的方法不胜枚举，但是如何让这些方法发挥作用常常让人困惑。因此，经过专家实践检验并灵活有效支撑问题解决的方法及运用的“轨迹”，是情报研究中需要共享与重用的知识。

（4）专家的工作经验——这主要是关于 how（如何）的一类知识，是指专家在实践基础上逐渐摸索出的解决实际问题的经验与能力。情报研究工作的最终成果主要是形成研究报告，每一份研究报告都是研究人员辛勤劳动的结晶，其中凝聚了他们大量的智慧和心血，研究报告中蕴含的知识可以看作是最终达到的一个层次。但是，在研究报告产生过程中积累的经验、技巧与能力，如阐述问题的角度、问题判断的能力、理论方法运作的技巧、报告总体思路的构想、报告撰写格式与内容的设计等，更是值得管理与运用的知识。

（5）专家的“既成知识”——这主要是关于 what（是什么）的一类知识，是指由大量的“中间知识”经专家运用而产生的共识性知识。中间知识就是专家在情报研究工作中定义和总结的一些基本的事实、结论和观点。情报研究人员必须对这些“中间知识”达成共识形成“既成知识”，才能具备共同进行情报研究的基础。专家的“既成知识”是结合了已有的知识和专家头脑中的智慧而创新出来的新知识。

（6）专家的研究成果——这是最方便获取的一类显性知识，最常见的形式就是专家对一个课题研究结束后而产生的研究报告。

3. 情报研究中知识地图构建的总体设计

1）情报研究中知识地图构建的总体思路

情报研究流程的各个环节都需要大量的显性知识和隐性知识，知识地图应能够对其进行明确的指示，以形成 smart information flow（智能信息流）辅助情报研究人员实现知识的共享与创新。通过对数家情报研究机构的实地调查分析，本书提出情报研究工作中知识地图构建的总体思路：明确实际需求—分析可行性与影响因素—明晰知识的分类及定义—调研具体问题—构建知识地图—接受反馈。

（1）明确实际需求。该环节是知识地图规划与构建的基础。情报研究活动显著的个体化特点导致不同人员在需求上存在很大的差异。为了梳理实际需求，需要通过实地调查和专家访谈等方式，针对主要的服务对象、主要的课题研究领域和不同的情报研究产品，分析情报研究的具体流程和各个环节对知识地图需求的实际状况。

（2）分析可行性与影响因素。只有清楚可行性且了解有哪些主要因素促进或制约知识地图的构建与运行，并实施有效的管理措施，才能保障知识地图构建与使用过程的顺畅。在可行性分析上，可以考虑从情报机构的整体思想意识、技术和经济三个方面着手；在影响因素的研究上，需要根据每个单位的实际情况，分析影响情报研究的组织、人员、技术、经济文化、行业变革等因素对构建知识地图的作用及效果。

（3）明晰知识的分类及定义。这是知识地图构建的关键。在了解情报研究具体流程的基础上，需要通过与研究人员的交流和反复磋商，确定知识分类及定义，即主要分析在情报研究人员眼中，什么是他们认为必需的知识，以及他们是如何类分这些知识的。

（4）调研具体问题。辨析了情报研究工作的知识后，就需要用知识地图的技术方法将这些知识表示出来。为此，需要向情报研究人员调查并请教实际构建中可能涉及的具体问题，如情报研究人员对知识描述的要求（如用什么样的元知识来描述知识资源的特征），对知识间关系确定的要求，以及对知识重要性判断标准的要求等。

（5）构建知识地图。以情报研究工作的流程为主线，根据实际工作特点设计所需的功能结构，遵循构建流程，借助知识分类与提取等技术构建知识地图。

（6）接受反馈。与外界不断交互的动态的知识地图，是维持情报研究生命力的前提。在知识地图构建之后，及时地接受来自用户与环境的各种反馈信息，不断调整内部功能使知识地图处于良好的运行状态。

2）基于情报研究流程的知识地图的理论设计

由前所述，情报研究的知识地图应用于研究流程的各个环节中。因此，本书尝试以情报研究流程即“信息收集—信息整理—信息分析—情报产品（也就是知识服务产品）生成”为基础，分别从显性知识和隐性知识入手设计知识地图。情报研究中知识地图的理论设计样例如图 6.12 所示。

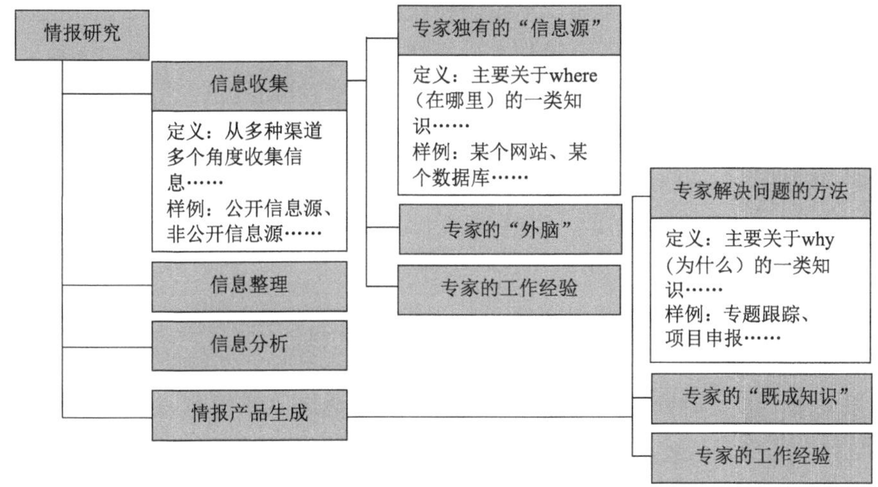

图 6.12　基于情报研究流程的知识地图理论设计样例

（1）信息收集环节的主要工作是从多种渠道多个角度收集信息，包括从公开的信息源（如图书、期刊、网站、课题等）和非公开的信息源（如专家的“外脑”）获取所需信息。公开信息源形成显性知识的来源，专家的“外脑”形成隐性知识的来源。在这一阶段，显性知识地图可以针对多种类型的信息源进行构建，隐性知识地图可以针对隐性知识的拥有者进行构建。在构建显性知识地图时，面对纷繁复杂的信息源，需要借助专家独有的“信息源”和专家的工作经验的推荐，从中选择权威而可靠的资源。所以，情报研究中的知识地图不是一种简单的资源列表，而是显性知识与隐性知识相融合且揭示知识之间关联的综合体。

（2）信息整理环节的主要工作是对收集来的信息进行分析与综合。这一环节需要工作人员的大力参与，专家解决问题的方法、专家的工作经验和专家的“既成知识”将发挥相当大的作用。此阶段，显性知识地图应以专家的“既成知识”、可显性化的专家解决问题的方法为主，隐性知识地图以专家的工作经验为主。由于情报研究中的信息整理与大规模的信息资源组织有很大差异，许多专家在从事情报研究课题时，其多年的经验使他们善于对每条信息进行把“脉”，而对“脉”的把握是很难用语言表达出来的。所以，隐性知识地图的构建一般只能提供到线索层面，以帮助人们找到拥有这些隐性知识的专家，通过直接或间接的交流进一步获取相关知识。

（3）信息分析环节的主要工作是对信息进行由此及彼、由表及里的联系、综合和分析，结合情报研究人员的智慧和经验，创造出新的知识并形成情报研究产品。在这里，专家解决问题的方法、专家的工作经验、专家的“既成知识”、专家的“外脑”及专家的研究成果都将发挥重要作用，同时信息分析阶段会产生大量的“中间知识”。此阶段知识地图的构建与信息整理阶段相似，不同的是在隐性知识地图中除了专家的工作经验，还应注重将那些难于显性化的专家解决问题的方法、专家的“外脑”和“中间知识”作为主要的隐性知识加以指引。

（4）情报产品生成环节是在前面几个环节积累基础上的飞跃和升华，是知识利用和创新活动的具体体现，其中凝聚了大量专家的智慧和经验，专家解决问题的方法、专家的工作经验和专家的“既成知识”都是功不可没的。知识地图的构建主要侧重隐性知识地图，以指引情报研究人员找到并借鉴专家解决问题的方法和经验。

4. 某情报研究机构知识地图构建的应用研究

为了进行实证研究，通过与协作单位磋商，本书为该情报研究机构构建了两张知识地图：一是专家知识地图，指引用户能够通过该知识地图逐步而准确地寻找到该领域的专家，从而可以通过直接与该专家交流和讨论，尽可能地获得自己所需要的知识和帮助；二是情报研究工作流程知识地图，指引用户能够通过该知识地图快速而准确地寻找到各阶段他们所需要的知识。考虑到按照情报研究工作流程的各个阶段构建知识地图中存在重复现象，因此，选取较有代表性也最为该情报研究机构所需要的信息收集阶段的信息源（网站）知识地图来实现。通过构建知识地图，能够使用户找到隐性知识的拥有者并获得他们的隐性知识，从而帮助该情报研究机构对专家的隐性知识进行挖掘和共享。

1）知识地图之专家知识地图的构建

用户可以按照姓名、部门、领域和研究成果等方式便捷地对自己所需要知识的拥有者——领域的专家进行方便地浏览和查询。点击专家的姓名可以进入关于该专家的详细信息界面，从中可以了解该专家的基本情况并获得其联络方式。并可了解与该专家同领域的专家和该专家的“外脑”（他所认识的组织之外的其他专家），这相当于为用户提供了获取更多隐性知识的线索和途径，而用户从中可以通过点击其感兴趣的专家姓名而获得具体信息和联系方式，另外，该知识地图也将该专家的个人所拥有的“外脑”共享给组织内所有成员，其他人只需要通过该专家的引荐即可以从专家“外脑”处获取自己所需要的知识。所构建的专家知识地图主要的显示界面如图 6.13～图 6.15 所示。

2）知识地图之情报研究工作流程知识地图的构建

本书选取了工作流程中的信息收集阶段的信息源为知识地图的构建对象，在信息收集阶段，该知识地图的功能是使用户共享专家独有的“信息源”和专家的“既成知识”，专家可以将其信赖和常用的信息源共享，这样可以对年轻的情报研

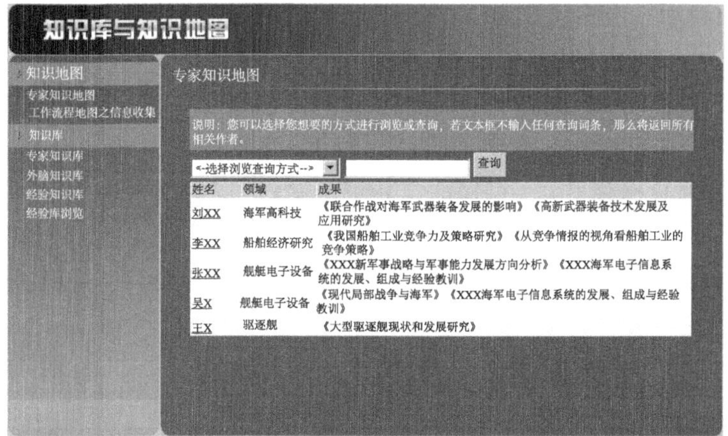

图 6.13　知识地图之专家知识地图界面

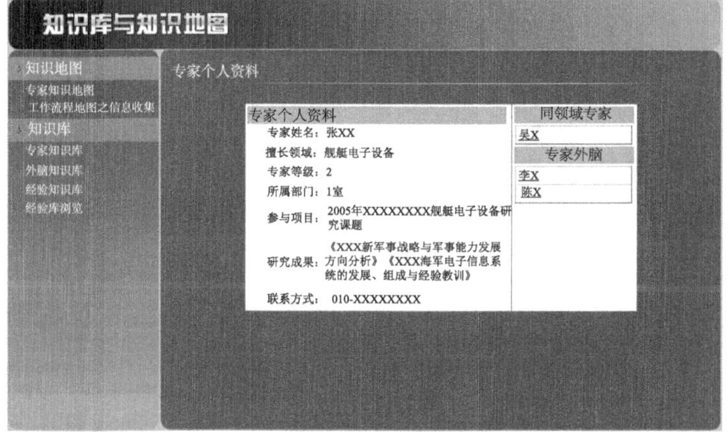

图 6.14　专家信息及联系方式界面

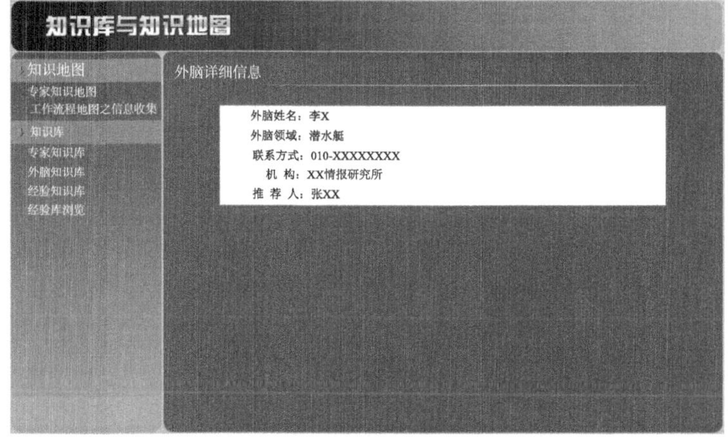

图 6.15　专家“外脑”的详细信息及联系方式界面

究人员产生指导和引领的作用，这里仅以信息源中的网站为例进行构建。用户可以看到推荐专家对该网站的客观评价并可以直接链接到该网站来获得自己所需要的信息资料，同时用户还可以了解经常使用该网站的专家和同领域的网站，并且在使用过程有问题可以通过点击专家姓名向其请教，从而实现了专家隐性知识的获取和共享。所构建的工作流程知识地图主要的显示界面如图 6.16 和图 6.17 所示。

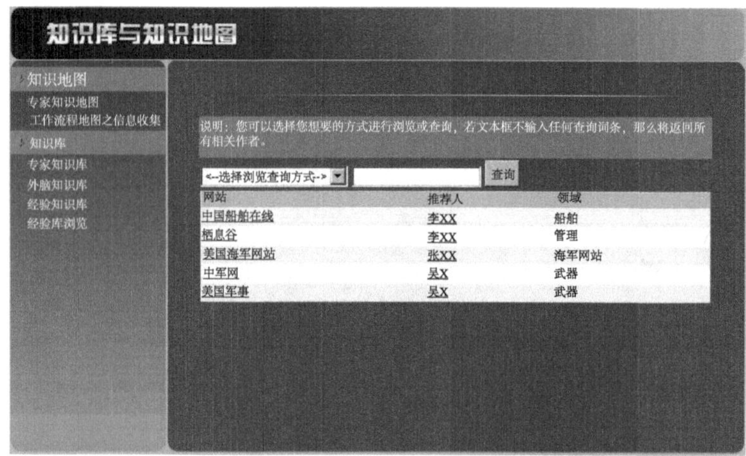

图 6.16　信息源（网站）知识地图界面

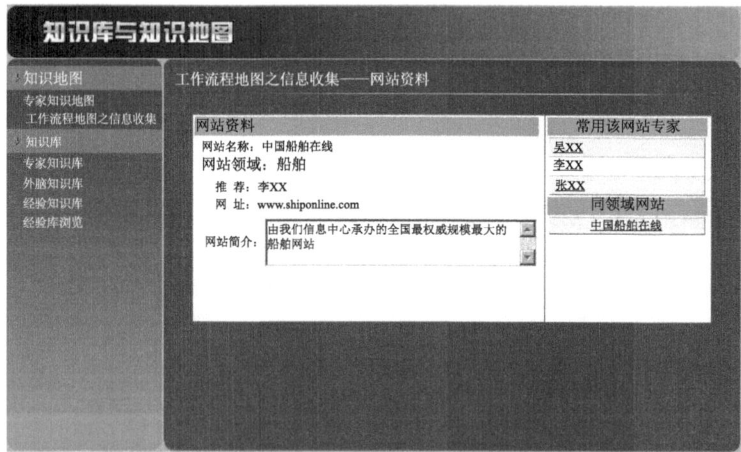

图 6.17　基于工作流程的知识地图片断

6.3.2　科学知识图谱的界定与分类

科学知识图谱（mapping knowledge domain，science mapping，bibliometric mapping，literature mapping）是知识服务领域和科学计量学的重要研究内容，从

广义上来讲，它可被看作是显示科学知识发展进程与结构关系的一系列各种不同的图形。具体来说，它是把应用数学、图形学、信息科学等学科的理论和方法与计量学引文分析、共现分析等方法结合，用可视化的图谱形象地展示学科的核心结构、发展历史、前沿领域及整体知识架构的多学科融合的一种研究方法[29]。

1. 依据科学学理论进行分类

作为科学计量学领域的重要研究内容，知识图谱的灵魂与本质根植于科学学，其理论依据、研究对象、研究方法和研究范式与科学学密不可分。科学学研究的目的是厘清以下问题：何时（when）、何地（where）、何事（what）、和谁一起（with whom）等，即科学学在统计（statistical）、时间（temporal）、空间（spatial）、主题（topical）和网络（network）分析方面的问题。时间问题通常需要动态模型（dynamic models）去解决，空间和主题问题通常需要结构模型（structural models）去解决，网络分析问题需要通过同质网络和异质网络的仿真与网络动力学模型等去解决。从科学计量学和科学学建模角度来看，科学由一群保持学术交流的研究人员及其所生产的一系列彼此相关的知识组成，是社会活动（social activity），也是知识网络（knowledge network）[30]。依据以上观点，本书将知识图谱分为科学结构图谱和科学演化图谱两种类型，科学结构图谱反映科学的静态特征，科学演化图谱反映科学的动态特征。

科学文献是科学技术发展的客观记录，也是科学技术体系结构的反映。科学文献的作者是知识生产的主体，且作者之间的合作是彼此进行科学交流最直接的方式，那么对科学文献的合作关系进行研究，能够最直观地揭示知识生产主体之间的科学交流关系。而科学文献的标题、摘要、关键词及正文是文献内容的有机组成部分，反映了科学研究的主题。至于科学文献的引证与被引证，从文献使用的角度反映了科学与技术之间、学科与学科之间的相互联系。由于受科学技术体系结构的影响，各个年代各种类型的数量繁多的科学引文也形成了相应的分布结构。许多研究表明，科学论文之间的引证与被引证现象具体地、定量地体现着科学在纵向上的继承与发展关系和横向上的各学科与学科之间的差别及联系[31]。因此，按照“知识生产—知识内容—知识传承和交叉融合”的思路（即从科学文献作者、文献内容和引文的角度）可以将科学结构分为科学合作结构、科学主题结构、科学引文结构、跨学科和科学知识结构等类型，将科学演化结构分为科学合作演化、科学主题演化、科学知识基础、科学研究前沿和科学预测等类型。

2. 依据对象层次进行分类

科学计量学的对象（如科学家、研究机构、研究领域和国家等）自身具有不同的层次特征，科学家属于个体与微观层次，研究机构和研究领域属于群体与中观层次，国家属于整体和宏观层次。根据以上思路，知识图谱可以被划分为微观知识图谱、中观知识图谱和宏观知识图谱三种类型。宏观层次指整体分析，主要用于发现整个学科或整个科学共同体的结构和发展规律及多学科的融合状况，如跨学科分析；中观层次指群体分析，可看作是宏观层次的组成部分，其划分依据源于学科整体的内部是异构和不均衡的，如研究主题随时间的演变状况；微观层次指个体分析，主要对某个科学家或某个具体问题进行研究，如 Garfield 所发表论文的被引用情况[32]。Börner 比较系统地总结了不同层次知识图谱的研究内容，如表 6.1 所示[33]。

表 6.1 不同层次知识图谱比较分析

类型	微观（micro/individual）	中观（meso/local）	宏观（macro/global）
	1～100 条记录	101～10 000 条记录	10 000 条记录以上
统计分析（statistical analysis/profiling）	科学家个人及其学术背景简介	实验室、中心、大学、特定研究领域及特定区域（如得克萨斯州）	美国国家科学基金会的所有立项项目、全学科领域和全国区域
时间分析（temporal analysis）	科学家个人不同年度获得的资助	期刊 *PNAS* 20 年间的主题激增统计	物理学领域 113 年的研究状况
空间分析（spatial analysis）	科学家个人的职业轨迹	特定区域的科学家分布状况	期刊 *PNAS* 所有年份的作者分布状况
主题分析（topical analysis）	某一个项目包含的研究主题	化学领域的知识流动情况	美国国立卫生研究院所立项目的主题分布
网络分析（network analysis）	科学家个人的合作网络	作者合著网络分析	美国国立卫生研究院的核心竞争力

注：*PNAS* 是指《美国科学院院报》（*Proceeding of the National Academy of Sciences of the United States of America*）

6.3.3 知识服务中知识图谱构建的技术方法

知识服务中的知识图谱构建是一项系统工程，涉及理论依据、方法依据、数据来源、操作流程及相关工具软件等。本书着重从数据来源、绘制流程、绘制方法和绘制工具四方面论述知识服务中知识图谱构建的技术方法。

1. 知识图谱数据来源

从目前的研究来看，数据来源主要包括题录数据、全文数据、用户使用数据和 Altmetrics（国内译为替代计量学或补充计量学）数据。其中，题录数据主要来源于大型商业文献数据库（常用的有 WoS、Scopus、Science Direct、Derwent、CNKI 和 CSSCI 等）、开放的网络数据库[常见的有 Google Scholar（谷歌学术）、arXiv、CiteSeerX 和 Medline 等]、专利和基金数据库[常用的有 United States Patent and Trademark Office（美国专利与商标局）、European Patent and Trademark Office（欧洲专利与商标局）和 National Science Foundation（美国国家科学基金会）等]。全文数据的可获取性得益于近些年数字化技术的发展，文献全文信息主要以 XML 和 HTML 格式存储。例如，知名的开放获取（open access）期刊 *PLoS One*，在提供 PDF 全文下载的同时也提供 XML 格式的全文下载；世界著名的学术数据库 Springer-Nature（施普林格-自然）、Elsevier（爱思唯尔）和 Wiley（威利）也都开始提供全部或部分 XML 和 HTML 格式的全文下载，尤其是 Elsevier 自 2012 年以来开放了 ConSyn 数据平台，提供 XML 全文数据的检索和打包下载，不过目前仍处于邀请试用阶段。用户使用数据主要来源于学术出版商（如 CNKI、WoS、Springer-Nature 和 PLoS），它们提供学术数据库的用户使用数据（浏览数据和下载数据），如 CNKI 的用户下载数据、WoS 的用户下载数据[34]及 Springer-Nature 的用户下载数据。替代计量数据是随着 Altmetrics 的诞生而逐渐为人们所知晓并且承认的数据对象[35]。Altmetrics 数据是通过收集科学文献在网络社交新媒体[如 Facebook（脸书）、Twitter（推特）等]、学术型或通用型网站平台[如 Wikipedia（维基百科）、ResearchGate 等]和学术型社交媒体工具（如 Mendeley、CiteULike 等）上的传播热议的数据，来反映科学文献的社会影响力的一种计量方法[36]。目前主要的替代计量数据网站是 Altmetric，主流学术出版商 Springer-Nature 和 Wiley 已与该网站合作，提供每一篇期刊论文的 Altmetrics 数据。

题录数据主要通过分析标题、合作者或合作机构、关键词和参考文献来揭示特定领域的研究主题、合作情况及引用情况。全文数据主要用于全文本引文分析，不仅考察施引文献的参考文献列表，还对参考文献在施引文献中的引用情况（引用次数、引用位置和引用语境等）进行分析，通过比较引用情况的不同去了解其在施引文献中的作用和重要性。用户使用数据和 Altmetrics 数据的时效性较强，可以用来测度期刊论文的实时使用情况和社会影响力，是对题录数据和全文数据的有效补充。

2. 知识图谱绘制流程

White 和 McCain 于 1997 年将文献可视化的步骤归纳为五个方面[37]。后来 McCain[38]总结了作者共被引分析的传统步骤：选择作者、检索共被引频次、构造共被引矩阵、转化为皮尔逊相关系数矩阵、多元分析和揭示结果及效度分析。Börner 等将科学知识图谱的绘制过程分为六步，即数据抽取、选定知识单元、设定分析方法、计算单元之间相似度、布局知识单元、展示并分析结果[33]。近几年来，其他研究者对科学知识图谱的绘制流程进行了扩展研究。比如，Cobo 等[39,40]认为科学知识图谱的绘制流程主要有八个步骤，即数据检索（data retrieval）、数据预处理（data preprocessing）、网络抽取（network extraction）、标准化（normalization）、绘图（mapping）、分析（analysis）、可视化（visualization）

和图谱解读（interpretation）；肖明等[41]参考 Cobo 等的研究成果，将科学知识图谱的绘制流程归纳为七步，即数据检索、数据预处理、关系矩阵构建、规范化处理、可视化数据、图谱参数调整和最终成型、结果解读；杨思洛和韩瑞珍[42]也将科学知识图谱的绘制流程分为八步，即样本数据获取、样本数据清洗、选择知识单元、构建单元关系、数据标准化、样本数据简化、知识可视化、图谱结果解读。综合以上观点，虽然不同研究者给出了不同的流程，但是主要环节的内涵是相似的。由此，本书将知识图谱构建流程归纳为数据获取、数据预处理、知识单元选定、单元间关系构建、关系数据标准化、可视化和图谱结果解读等步骤，各个步骤及其包括的内容如图 6.18 所示。

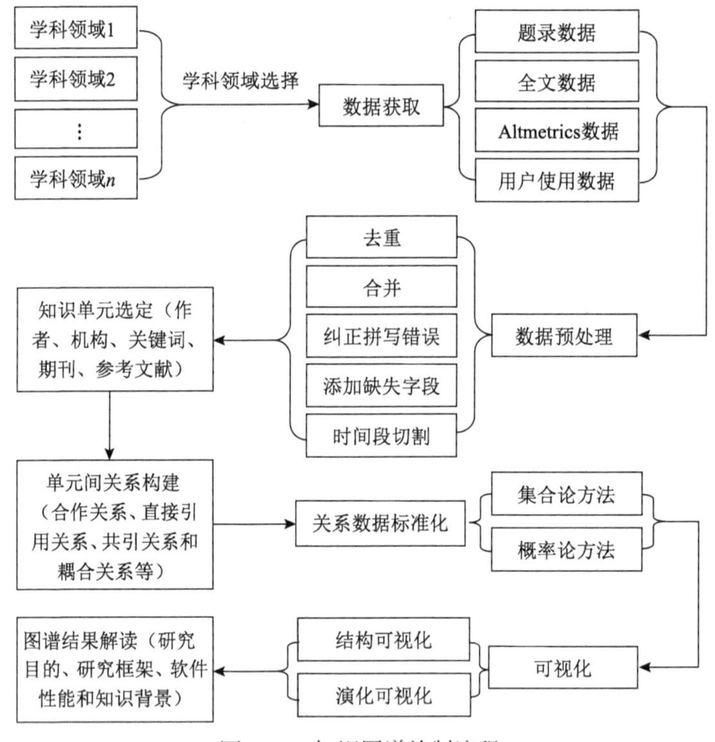

图 6.18　知识图谱绘制流程

3. 知识图谱绘制方法

知识图谱是一个跨学科研究主题，其研究方法源于不同学科，目前来看主要包括科学计量学、统计学、社会网络分析学及可视化理论等方面，具体包括引文分析法、共词分析法、多元统计分析法、社会网络分析法数据挖掘分析法和可视化分析法等。梁晓婷和奉国和[43]对上述构建科学知识图谱常用方法的基本原理、使用工具、优劣势和适用性进行了较系统的讨论。

1）引文分析法

引文分析是知识图谱的起源同时也是其最具特色、最重要的理论与方法。引文分析就是利用各种数学及统计学的方法和比较、归纳、抽象、概括等逻辑方法，对科学期刊、论文、著者等各种分析对象的引证与被引证现象进行分析，以便揭示其数量特征和内在规律的一种文献计量分析方法。科学文献的引证和被引证，是科学发展规律的表现，体现了科学知识和情报内容的积累性、连续性和继承性，也体现了科学的统一性原则及多个学科之间广泛的交叉、渗透[31]。因此，通过引文分析能够揭示科学的发展演进，评价科学家和期刊等，以及识别科学的结构等。目前，最常用的引文分析是引文耦合和引文同被引，它们是文献引证关系中比较复杂的两种形式，它们之间的复杂关系构成了文献聚类、学科聚类分析的理论基础。后来引文耦合和引文同被引又拓展至作者耦合、作者同被引、期刊耦合和期刊同被引等多种相似关系的研究。随着计算机技术、网络技术及可视化技术的发展，引文分析又吸收了统计分析、矩阵分析等数学方法及海量数据的获取、处理和可视化技术，以可视化的方式展示引文分析的结果，使得这一经典方法被科学计量学、科学学、教育学及其他学科的人所认识和接受。

2）共词分析法

共词现象研究可追溯到20世纪40年代的计算语言学领域，当时的代表研究者是Hornby和de Saussure。到20世纪70年代中后期由学者McKinnon[44]明确提出并使用共词分析法。共词分析（co-word analysis）就是利用文献集中词汇对或名词短语共同出现的情况来确定文献集所代表学科中各主题之间的关系。一般认为，词汇对在同一篇文献中出现的次数越多，则代表这两个主题的关系越紧密。由此，统计一组文献的主题词两两之间在同一篇文献出现的频率，便可形成一个由这些词汇对关联所组成的共词网络，网络内节点之间的远近便可以反映主题内容的亲疏关系[29]。显而易见，共词分析与引文同被引的思路和基本原理是相同的。在科学计量学领域，共词分析主要用于识别某一研究领域的研究主题和研究热点等。传统的共词分析通常使用多维尺度分析、因子分析和聚类分析三种方法相结合的方式去分析研究领域，主要是通过SPSS软件实现。后来随着计算机技术、网络技术和可视化技术的发展，共词分析又引入了社会网络分析的理论和方法、寻址算法（Pathfinder）算法、VxOrd mapping技术及VOS mapping技术（通过VOSviewer实现）等理论和方法，使得其研究更加得心应手。

3）多元统计分析法

多元统计分析（multivariate statistical analysis）是从统计学中发展起来的一个分支，是一种综合分析方法，研究客观事物中多个变量（或多个因素）之间相互依赖的统计规律性。如果每个个体有多个观测数据，或者从数学上说，个体的观

测数据能表示为 P 维空间的点，那么这样的数据叫做多元数据（multivariate data），而分析多元数据的统计方法叫做多元统计分析法。重要的多元统计分析法有多元方差分析、多元回归分析（简称回归分析）、判别分析、聚类分析、主成分分析、对应分析、因子分析、典型相关分析等[45]。

聚类分析（cluster analysis）是根据“物以类聚”的道理，在相似的基础上对样品或指标进行分类的一种多元统计分析法。聚类不同于分类，聚类所要求划分的类通常是未知的。聚类是将数据分到不同的类的一个过程，要求同一个类中的对象有很大的相似性，而不同类间的对象有很大的相异性。从统计学的观点看，聚类分析是通过数据建模简化数据的一种方法。从实际应用的角度看，聚类分析是数据挖掘的主要任务之一。而且聚类能够作为一个独立的工具获得数据的分布状况，观察每一簇数据的特征，集中对特定的聚簇集合作进一步分析。主成分分析（principal component analysis，PCA）采取一种降维的方法，将多个变量通过线性变换以选出较少个数的综合因子来代表原来众多的变量，使这些综合因子尽可能地反映原来变量的信息量，而且彼此之间互不相关，从而达到简化的目的。因子分析（factor analysis）也是一种降维、简化数据的技术。它通过研究众多原始变量之间的内部依赖关系，探求观测数据中的基本结构，并用少数几个抽象的变量来表示其基本的数据结构。这几个抽象的变量被称作因子，能反映原来众多变量的主要信息。原始变量是可观测的显在变量，而因子一般是不可观测的潜在变量。因子分析在某种程度上可以被看成是主成分分析的推广和扩展。多维尺度（multidimensional scaling，MDS）分析是基于研究对象之间的相似性或距离，将研究对象在一个低维（二维或三维）的空间形象地表示出来，进行聚类或维度分析的一种图示法。通过多维尺度分析所呈现的空间定位图，能简单明了地说明各研究对象之间的相对关系。人们应用多维尺度分析可以解决因子分析不能对样品进行分类的问题，也可以解决聚类分析无法找出分类结果背后潜在结构的问题。因此，多维尺度分析是多元统计中分类和功能分析的方法[45]。

4）社会网络分析法

社会网络分析是在人类学、心理学、社会学、经验研究、数学及统计学领域中发展起来的，已经经历了 70 多年的历史。社会网络分析已经形成一系列专有术语和概念，正式进入社会学量化研究的行列，成为社会科学研究的一种新的范式[46]。刘军在约翰·斯科特（John Scott）的《社会网络分析法》一书的译者前言中提到“我们不应该仅仅把社会网络分析看成是一种工具或者一套工具，而应该看成是一种方法论，即方法论的关系论，也可以把社会网络分析看成是一种关系论的思维方式。这种思维方式告诉我们，我们生活的世界是一个关系的世界，我们与他者是不可分的，是‘共在’的，我们的思想、行为、生活不是独立的”[47]。社会网络指的是社会行动者及其之间的关系的集合。也可以说，一个社会网络是由多个社会行动者所代表的点和各个社会行动者之间关系所代表的连线组成的集合。社会行动者之间的关系是一种复杂的社会关系，它可以是有向的，也可以是无向的。同时，社会关系可以表现为多种形式，如人与人之间的朋友关系、上下级关系、科研合作关系等，以及组织成员之间的沟通关系、国家之间的贸易关系等。社会网络分析就是要对社会网络中行动者之间的关系进行量化研究，是社会网络理论中的一个具体工具[48]。社会网络分析庞大的学术积累已制造了一个较高的入门门槛。社会网络分析新增的三块砖头，即小世界网络、无标度网络与随机网络，更使得它渐渐与物理科学的复杂性研究、计算机科学的网络科学交错在一起，走向"可计算的社会科学"（computational social science）[49]。

根据"网络的类型"进行分类，社会网络研究主要分为个体网（ego network）、局域网（partial network）和整体网（whole network）三个层次，见图 6.19。个体网指一个个体及与之直接相连的个体构成的网络。个体网研究的测度包括：相似性（similarity）、规模（size）、关系的类型、密度（density）、关系的模式（pattern of tie）、同质性（homogeneity）、异质性（heterogeneity）等。局域网指个体网加上与个体网络成员有关联的其他点构成的网。这种网络中的关系要比一个整体中的全部关系少，但比个体网络中的关系多。问题是，局域网的边界是多少？这没有定论，要看研究目的。因此，可以将局域网分为 2-步局域网、3-步局域网等。2-步局域网指的是由与"自我点"的距离不超过 2 的点构成的网络，3-步局域网的概念以此类推。整体网指由一个群体内部所有成员之间的关系构成的网络。整体网需要研究的测度包括各种图论性质（graph properties）、密度（density）、子图（sub-group）、角色（role）和位置（position）等[50]。

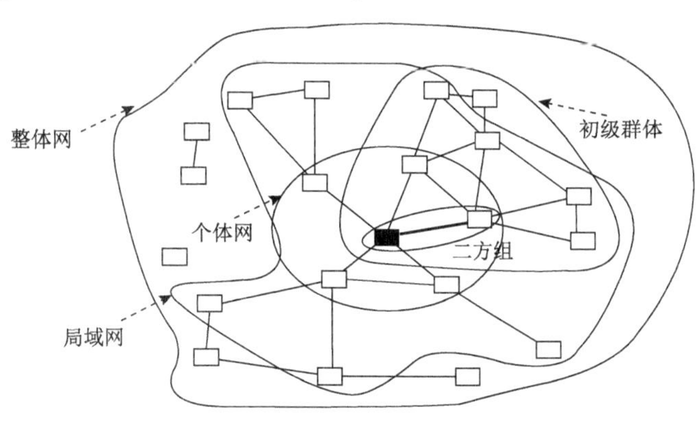

图 6.19　社会网络的多种类型

从目前来看，斯坦利•沃斯曼对社会网络分析进行了最为系统的综述，主要内容如下：网络、关系和结构，介绍了社会网络分析的历史基础、理论基础、基本概念及关系数据的整理、存储和选择等问题。社会网络的数学表示，即收集到的关系数据主要通过图和矩阵两种方法进行表征。结构和位置属性，对网络特征进行描述，涵盖了群和子群，尤其是派系和其一般化形式。角色和地位，讨论了与社会角色、身份、地位这些社会学上的概念、结构对等及其与其一般形式的数学属性相关的方法，社会学色彩浓厚。二元法、三元法和统计二元交互模型，着重探讨检验网络理论的方法和结构属性的统计模型。这些模型假设在观察到的网络数据之下存在一些或然的机制（甚至简单如抛硬币）[51]。

5）数据挖掘分析法

数据挖掘（data mining，DM），又称数据库中的知识发现（knowledge discovery in database，KDD），就是从大量的、不完全的、有噪声的、模糊的甚至随机的实际应用数据中，提取出隐含在其中的、人们事先不知道的但又是潜在有用的信息和知识的过程[52]。通常，数据挖掘任务分为下面两大类：一是预测任务，这些任务的目标是根据其他属性的值，预测特定属性的值。被预测的属性一般称为目标变量（target variable）或因变量（dependent variable），而用来预测的属性称为说明变量（explanatory variable）或自变量（independent variable）。二是描述任务，其目标是导出概括数据中潜在联系的模式（相关、趋势、聚类、轨迹和异常）。本质上，描述性数据挖掘任务通常是探查性的，并且常常需要后处理技术验证和解释结果[53]。

数据挖掘过程主要包括六个步骤，各步骤的大体内容如下：一是定义问题。即首先明确定义将要解决的问题，认清数据挖掘的目的。二是数据准备。又可分为数据集成、数据选择和数据预处理三个子步骤。数据集成将多文件或多数据运行环境中的数据进行合并处理，解决语义模糊性，处理数据中的遗漏和清洗脏数据等。数据选择的目的是辨别出需要分析的数据集合，缩小处理范围，提高数据挖掘的质量。而数据预处理则是为了克服目前数据挖掘工具的局限性，提高数据质量，同时将数据转换成一个适用于特定挖掘算法的分析模型。三是确定主题。涉及了解研究主题的局限性，选择待完成的良好研究主题，确定待研究的、合适的数据元素，以及决定如何进行数据操作等。四是读入数据并建立模型。一旦确定要输入的数据之后，接着就是要用数据挖掘工具读入数据并从中构造出一个模型。五是挖掘操作。依照上述准备工作，利用选好的数据挖掘工具在数据中查找。六是结果表达和解释。根据最终用户的决策目标对提取出的信息进行分析，把最有价值的信息区分出来，并通过决策支持工具提交给决策者[52]。

6）可视化分析法

可视化（visualization）于 1987 年在美国国家科学基金会举办的可视化会议上被研究者提出。可视化先后经历了科学计算可视化、数据可视化、信息可视化、知识可视化和可视分析学等不同发展阶段。由于数据、信息和知识在本质上不同，数据可视化、信息可视化和知识可视化等也相应存在着本质区别。可视化分析法源于可视分析学，是为了实现分析推理和决策的目标而将数据分析、人机交互和可视化涉及的所有技术集成在一起的方法。它是一种定性方法和定量描述相结合的综合性方法。与之前的分析方法相比，可视化分析法更强调人的因素的重要性。图 6.20 揭示了可视分析学的标准流程[54]。

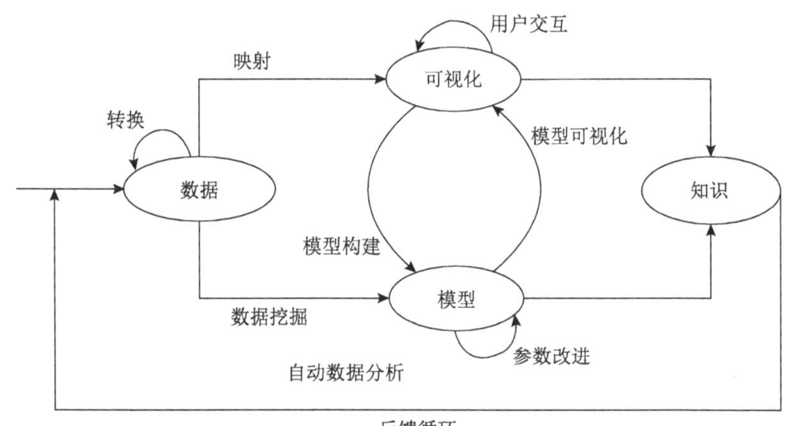

图 6.20 可视分析学标准流程

4. 知识图谱绘制工具

目前来看，知识图谱的绘制工具可分为两大类：通用软件和专门软件。通用软件指如 SPSS、SAS（Statistical Analysis System）、Ucinet 和 Pajek（蜘蛛）等被多学科多研究领域研究者使用的大众软件；专门软件指以绘制科学知识图谱为目的的专业软件。比如，加菲尔德（Garfield）主导研发的引文网络分析工具——Histcite[55]。之后，Cobo 等[40]比较分析了 10 种专门软件：BibExcel、CiteSpace、CoPalRed，IN-SPIRE、Leydesdorff 系列软件、Network Workbench Tool、Science of Science Tool、VantagePoint、VOSviewer 和 SciMAT。后来，莱顿大学的 van Eck 和 Waltman 又开发了 CitNetExplorer[56]，斯图加特大学的研究者开发了 CiteRivers[57]。此外，中国的研究人员也开发出了相关软件，如 SATI[58]、NEViewer[59]、CATAR[60]、ArnetMiner[61]和 LiterMiner[62]等。除了以上现成的软件，也有研究者通过自己编程构建矩阵、聚类结果并借助可视化软件包 Prefuse 进行某一领域的主题知识图谱展示[63]和合作网络展示[64]，以及利用开源可视化工具 Jung 开发作者引文耦合可视化系统[65]。常用知识图谱绘制软件的比较分析如表 6.2 所示（在 Cobo 等的比较分析基础上做了扩展）。

表 6.2　常用的知识图谱绘制软件对比

软件	是否免费	数据预处理	网络类型	标准化	图谱解读
BibExcel	是	数据、网络简化	DBCA、ACAA、CCAA、ICAA、ACA、DCA、JCA、CWA 等	Cosine(余弦)、Jaccard、Vladutz(弗拉杜茨)和 Cook(库克)系数	社会网络
CiteSpace	是	分时间段，数据、网络简化	DBCA、ACAA、CCAA、ICAA、ACA、DCA、JCA、CWA 等	Cosine、Dice(戴斯)、Jaccard	突变检测、地理空间、社会网络、历时分析
CoPalRed	否	去重、分时间段、数据简化	CWA	Equivalence Index 等效系数	社会网络、历时分析
IN-SPIRE	否	数据简化	CWA	Conditional probability	突变检测、社会网络、历时分析
Loet Leydesdorff's Software	是	—	ABCA、JBCA、ACAA、CCAA、ICAA、ACA、CWA	Cosine	—
Network Workbench Tool	是	去重，分时间段，数据、网络简化	DBCA、ACAA、DCA、CWA、DL	用户定义	突变检测、社会网络、历时分析
Science of Science Tool	是	去重，分时间段，数据、网络简化	ABCA、DBCA、JBCA、ACAA、ACA、DCA、JCA、CWA、DL 等	用户定义	突变检测、地理空间、社会网络、历时分析
VantagePoint	否	去重、分时间段、数据简化	ACAA、CCAA、ICAA、ACA、DCA、JCA、CWA 等	Pearson(皮尔逊)、Cosine、Max Proportional(最大比例)	突变检测、地理空间、社会网络、历时分析
VOSviewer	是	—	—	Association Strength(相关强度)	社会网络
SciMAT	是	去重、分时间段、数据简化	DBCA、ABCA、JBCA、ACAA、ACA、DCA、JCA、CWA 等	Association strength、Equivalence index、Inclusion Index(包容系数)、Jaccard、Cosine	社会网络、历时分析、图谱质量分析(如 h 指数)
Histcite	是	—	DCA	—	社会网络、历时分析
CitNetExplorer	是	—	DCA、ACA	—	历时分析
SATI	是	去重、分时间段、中文分词	ACAA、CCAA、ICAA、DCA、CWA 等	Equivalence Index	社会网络
NEViewer	是	—	CWA	Jaccard、Tanimoto(谷本系数)、Cosine 等	社会网络、历时分析(宏观和微观)
CATAR	是	去重	DBCA、CWA	Dice	社会网络
ArnetMiner	是	去重	ACAA	用户定义	社会网络
LiterMiner	是	去重、时间维 OLAP	ACA、DCA、CWA、ICAA 等	用户定义	社会网络、历时分析

注：ABCA（author bibliographic coupling analysis，作者耦合分析）；DBCA（document bibliographic coupling analysis，文献耦合分析）；JBCA（journal bibliographic coupling analysis，期刊耦合分析）；ACAA（author coauthor analysis，作者合作分析）；CCAA（country coauthor analysis，国家合作分析）；ICAA（institution coauthor analysis，机构合作分析）；ACA（author cocitation analysis，作者共引分析）；DCA（document cocitation analysis，文献共引分析）；JCA（journal cocitation analysis，期刊共引分析）；CWA（co-word analysis，共词分析）；DL（direct linkage，直接引证网）

不同的知识图谱绘制软件都具有各自的特点。比如，在构建矩阵方面，CoPalRed 和 NEViewer 只能构建共词矩阵，而 VOSviewer 不能构建任何类型的矩阵；在可视化方面，VOSviewer 擅长知识的聚类和可视化，而 Loet Leydesdorff's Software 不具备可视化的功能。因此，把握不同软件的特点，根据研究目的对其进行合理的组合使用能够达到较为理想的研究效果。具体组合使用方法如下：①基于流程的组合方式，包括数据预处理、网络类型选择及数据标准化（如 TDA、BibExcel、SATI、CoPalRed、VantagePoint 和 SciMAT 等）—聚类和可视化（SPSS、Ucinet、Netdraw、Pajek、VOSviewer、CiteSpace 和 Science of Science Tool 等）—图表优化（Gephi、Photoshop 和 Inkscape 等）。②基于文件格式的组合方式，不同的软件工具支持不同格式的文件，同时不同软件又支持特定相同格式的文件，这就给软件之间的组合使用提供了有效途径，如 Ucinet 能够读取 Excel 格式的文件，生成“.net”格式和“.##h”格式的文件，Netdraw、Pajek、VOSviewer 和 Gephi 等能够读取“.net”格式文件并生成 JPEG、PNG 和 GIF 等格式的文件，Photoshop 和 Inkscape 等又能对 JPEG（joint photographic experts group，联合图像专家小组）、PNG（portable network graphics，便携式网络图形）和 GIF（graphics interchange format，图像互换格式）等格式的文件进行进一步处理。③基于软件模块的组合方式，不同软件有自己独特的功能，同时部分软件支持特定模块的直接调用，如最常见的 Ucinet 集成了 Netdraw、Pajek 和 Mage 三个软件的模块，能够在输入数据后直接调用它们；64 位版的 Pajek 集成了 VOSviewer 的模块；此外，Science of Science Tool 集成了 GUESS 和 Cytoscape 的模块等[66]。

6.4　主题模型方法的应用

新技术的发展带来了大量的科学研究成果以更广泛的数字化形式呈现出来，而且这些数据结构不同、数量庞大，因此，如何经过处理后以最快的速度帮助人们了解和掌握某领域的研究热点及趋势，进而对研究领域出现的新技术及未来发展方向有一个可信的研判，对于知识服务支撑科学创新决策具有重要的现实意义。

面对着海量的以非结构化形式存在的数据，其处理的难点主要表现在异构、维度高、类型杂、噪声大等方面。为解决数据处理与分析的难题，催生了数据挖掘和机器学习等一系列方法与技术。当今，在文本数据处理方面，基于关键词词频的主题发现方法如共词分析、引文分析等在深化应用的同时，一些基于数据挖掘和机器学习的新方法与模型不断应用到知识服务领域，在主题发现方面取得了良好的效果，如潜在狄利克雷分布（latent dirichlet allocation，LDA）[67]、社会网络分析（social network analysis，SNA）[68]等。其中，LDA 是自然语言处理中主题挖掘的典型模型，可以从文本语料库中抽取潜在的主题，提供一个量化研究主题的方法，被广泛用于研究热点挖掘[69,71]、研究主题演化[72,73]、研究趋势预测[74,75]等方面。

6.4.1 主题模型方法概述

1. 主题模型原理

主题（topic）是自然语言处理领域的专业词汇，表示文本语料库中词项的概率分布[67]。通常情况下，主题是隐性的、潜在的，需要通过词项的概率分布来表示其语义，所以主题又被称为潜在主题（latent topic）或者潜在语义（latent semantic）等。

主题的表示与文本的建模息息相关。通常情况下，文本是以词袋（bag of words）的形式进行表示，文本表示为词的向量，但是在语料比较多、词汇量较大的情况下，文本向量的维数可达几万维甚至十几万维，造成维数灾难；同时，由于词汇在不同的语境中会有不同的语义，仅凭词典中标注的语义，无法对词的语义进行判断，需要结合上下文的语境，这就造成词语歧义的问题。所以，维数灾难和语义消歧是文本建模必须要解决的问题。若能构建主题模型抽取语料的潜在主题，指定主题的个数为 K，通过主题模型的训练，最终获取语料的 K 个主题，则可将文本的表示由词向量转化为主题空间中的主题向量，得到文本新的表示方法。由于通常情况下主题的个数远远小于词项的个数，从而使文本的维度降低。另外，概率主题模型通过词与词之间的共现关系学习概率分布，所以概率主题模型可以有效解决词项的语义消歧问题。在以文本为处理对象的领域中，降维后的新坐标（即在 K 个主题上的分量）往往具有语义上的特征。

主题模型的基本思想是，认为文本是由多个主题混合形成的，而主题是特征词上的一种概率分布。主题模型的实质是，每篇文本是主题的混合分布，而每一个主题是一组词汇的混合分布。在主题模型中，主题表示一个概念、一个方面，表现为一系列相关的单词，是这些单词的条件概率。形象来说，主题就是一个桶，里面装了出现概率较高的单词，这些单词与这个主题有很强的相关性。怎样才能生成主题？对文献的主题应该怎么分析？这是主题模型要解决的问题。

主题模型是一种典型的生成模型。生成模型即假设一篇文献的每个特征词都是通过“以一定的概率选择某个主题，并从这个主题中以一定的概率选择某个词汇”的形式产生的。那么，如果要生产一篇文档，它里面的每个特征词与其出现的概率可以表示为

$$p(\text{特征词}|\text{文档})=\sum_{\text{主题}}p(\text{特征词}|\text{主题})\times p(\text{主题}|\text{文档})$$

该概率公式可以用图 6.21 形象地表示。

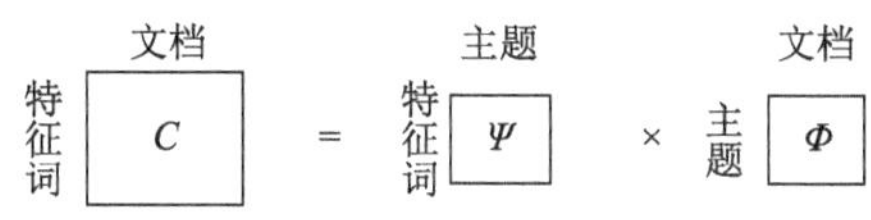

图 6.21　主题模型图示

其中“文档-特征词”矩阵表示每个文档中每个特征词出现的概率；“主题-特征词”矩阵表示每个主题中每个特征词出现的概率；“文档-主题”矩阵表示每个文档中每个主题出现的概率。

给定一系列文档集合，通过对每个文档分词、预处理等文本数据加工，计算各个文档中确定的特征词词频就可以得到左边的“文档-特征词”矩阵 C，其可以被看作是已知参数。而右边的矩阵 Ψ 和矩阵 Φ 未知。因此，主题模型的算法核心就是通过对“文档-特征词”矩阵 C 进行训练，学习出右边两个矩阵：“主题-特征词”矩阵 Ψ 和“文档-主题”矩阵 Φ。

2. 主题模型的发展演化脉络

在出现主题模型之前，文本的结构表示主要基于向量空间模型（vector space model，VSM）。向量空间模型简单实用，得到了广泛的实践应用，目前最为成熟的商业搜索引擎[如谷歌（Google）、百度等]和开源超大规模语言模型工具（如 Lucene）仍然使用其作为文本结构表示方法。向量空间模型的最大优点在于提供了一种通用的将文本内容结构化的知识表示方法。将文本转化为矩阵中的一个向量的表示形式，把对文本的处理简化为对矩阵中的向量运算，极大程度上提高了可操作性空间和文本的可计算性。同时在数学角度上，向量空间模型可以融入信息论、计算机科学、统计等专业领域的相关知识，对模型进行适当的改进以满足具体文本挖掘的需求。

向量空间模型虽然为文本处理带来了计算和操作上的方便，但向量空间模型也存在以下局限性：一是降维能力不足。在大规模的领域内科技文献文档集合中，文本向量的维度非常高。在没有进行内容过滤和降维的情况下，空间维度可以达到上万乃至更多，计算复杂且效率较低。二是语义信息的丢失。词作为文本矩阵构建的基本单位，词与词之间被认为是没有关系的（表现为在向量空间中呈正交状态，相似度为 0），与实际情况不符。实质上，文本的各个词特征项之间往往存在着丰富的语义关系，存在一定的相似度度量，如同义词、近义词等，而往往这些语义关系是科技文献语义表示的关键所在。

主题模型正是在解决以上问题中发展起来的文本挖掘方法，其演化主要经历了三个不同的阶段，主要表现方式为代表模型的差异：潜在语义分析（latent semantic analysis，LSA）模型、概率潜在语义分析（probabilistic latent semantic analysis，pLSA）模型和 LDA 模型。

1）LSA 模型

LSA 模型是主题模型的早期代表，由 Deerwester 等[76]于 1990 年提出，是利用文本集合中词与词之间的共现信息来定义潜在语义关系的方法。因为 LSA 模型并不是概率主题模型，其抽取的主题不是词项的概率分布，所以严格意义上讲，LSA 模型并不是主题模型，但是 LSA 模型的思想能对概率主题模型的产生起到积极的引导作用。LSA 模型的基本思想是利用矩阵理论中的奇异值分解（singular value decomposition）技术，将词频矩阵转化为奇异矩阵，通过去除较小的奇异值向量，只保留前 K 个最大的值，将文档向量和查询向量从特征词空间映射到一个 K 维的语义空间，即主题空间。在该空间中，保留文档-特征词矩阵的语义信息，抑制特征词的变异（多义、同义），从而大大降低文本空间的维度。

假设有一个 $M \times N$ 维的文本向量矩阵 A，N 为文本集规模，M 为特征词数，则矩阵 A 的奇异值分解为

$$A = U \sum V^{\mathrm{T}} \tag{6.1}$$

其中，R 为矩阵 A 的秩且 $R \leqslant \min(M, N)$，$\sum(R \times R)$ 为奇异值的对角矩阵，$U(M \times R)$、$V^{\mathrm{T}}(R \times R)$ 均为正交矩阵。经过奇异值分解操作三矩阵的乘积为

$$A_k = U_k \sum_k V_k^{\mathrm{T}} \tag{6.2}$$

矩阵 A_k 与矩阵 A 相似且秩为 K，其中，$\sum_k(K \times K)$ 为 $\sum$ 中前 K 行 K 列，$U_k(M \times K)$、$V_k(R \times K)$ 则分别为 U、V 的前 K 列。在实际问题中：$R \approx \min(M, N)$，R 通常很大，此时可以选择一个较小的 K，即 $K \ll R$。

此时，在进行 LSA 之前，文档被隐含表示成 R 维空间中的向量，而在 LSA 之后，文档被表示为 K 维空间中的向量，也就是潜在语义空间中的向量，向量的维数缩减为 K 维，从而达到维数约简的目的。维数 K 可以被解释为隐含在文档集合中的主题数量。

LSA 模型在文本检索、挖掘领域得到了大量的运用。冯项云[77]采用词频统计、LSA 和奇异值分解技术来捕捉文献的语义结构，得到标引词、提问和文献的向量表示，检索系统可以预测文献与提问之间的相关度，达到检索的目的。Foltz[78]引入了三个实证案例来说明 LSA 能够用于基于文本的研究，前两个实验描述了文本信息的作用，第三个实验用 LSA 测量了文本的连贯性和可理解性。

LSA 本质是考虑词与词在文档中的共现，然后通过线性代数的方法来提取出这些“语义”维度，然后实现文档在语义空间上的低维表示，改进向量空间模型的两个局限。但这类“主题”信息不是显式地被建模，在可解释性方面及理论支

撑方面仍存在某些问题[79]。之后，学者们一直致力于探索 LSA 的改进办法。1999 年，Hofmann 提出来一种新的避免进行奇异值分解的模型—pLSA。它摒弃了之前试图通过代数转换来分解的办法，从生成模型的角度提出了一种新的解决思路。

2）pLSA 模型

随着 LSA 模型在文本表示应用的不断发展，LSA 从线性代数的分析模式被进一步提升到概率统计的分析模式。Hofmann 在 LSA 的基础上提出了 pLSA 模型[80]。它假设每篇文档由多项式随机变量（主题）混合而成，而文档中每个词，由主题产生，文档中不同的词可有不同的主题。

pLSA 模型是一种生成模型。生成模型与非生成模型的区别在于：生成模型模拟文本空间的概率分布及描述各密度函数相互之间的作用，而非生成模型则直接描述密度函数的结果；生成模型可以很近似的模型构造过程以接近精确值，而非生成模型需要假定条件理想才能推导出结果；计算性能上，非生成模型可用求和、微积分等数学函数计算得到精确值，但时间复杂度过高。

除了生成模型的思想外，pLSA 还定义了“潜在主题”这个概念，在该模型中，“潜在主题”即随机生成过程中的潜在随机变量。图 6.22 是 pLSA 的图模型，假设文本 d、特征词 w、潜在主题 z，且三者间条件概率相互独立。对于文档集合中的每个词 w_j 的产生，首先以概率 $p(d_i)$ 选择一个文档 d_i，然后根据 $p(z_k \mid d_i)$ 选择一个潜在的主题，最后得到 $p(w_j \mid z_k)$。

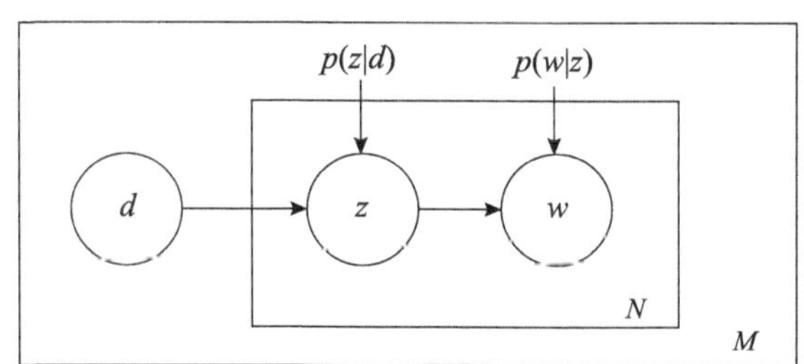

图 6.22　pLSA 图模型

N 表示语料库中总词汇量；M 表示语料库中总文档量

为了进行模型求解，需要得到其联合概率型：

$$p\left(d_i, w_j\right) = p\left(d_i\right) p(w_j \mid d_i) \tag{6.3}$$

$$p\left(w_j \middle| d_i\right) = \sum_{k=1}^{K} p\left(z_k \middle| d_i\right) p\left(w_j \middle| z_k\right) \tag{6.4}$$

其中，$p\left(d_i\right)$ 为文档 d_i 出现的概率；$p\left(z_k \middle| d_i\right)$ 为文档在潜在主题上的概率分布；

$p\left(w_j|z_k\right)$为潜在主题在特征词上的概率分布；$p\left(w_j|d_i\right)$为词w_j出现在文档d_i的概率；$p\left(d_i,w_j\right)$为词w_j和文档d_i的联合概率分布。

pLSA 有着几方面的优势：可以容易引入更多的信息，如先验信息；更方便地对模型进行扩展，如引入作者信息、时间演化等；使得更多启发式处理手段可以得到理论上的解释。

但是 pLSA 模型对训练集的主题类别表示方式，依然是一个$k\times|D|$的矩阵。其中，k是潜在主题的数目，可以由用户设定，D是训练集中文本的类别数目，尽管得到了概率拓展，其仍然不是一个完整的贝叶斯模型。该模型存在以下两个问题。

（1）pLSA 模型需在已知训练集的基础上计算先验概率，而对于训练集以外的文本，则无法得到先验概率。

（2）pLSA 模型中包含了大量训练集的离散特征，无法扩充训练集以外的文本以模拟整个文本集，因此参数矩阵随着文本集规模的增大而线性增大，存在“过度拟合”问题，无法接纳新文本。

3）LDA 模型

pLSA 模型存在的问题激发了人们寻找更好的主题模型。2003 年，Blei 等[67]在 pLSA 的基础上提出了 LDA 模型。LDA 模型是一种对文本数据的主题进行建模的三层贝叶斯产生式概率模型：文档层、主题层、特征词层。其内在结构非常清晰，如图 6.23 所示。

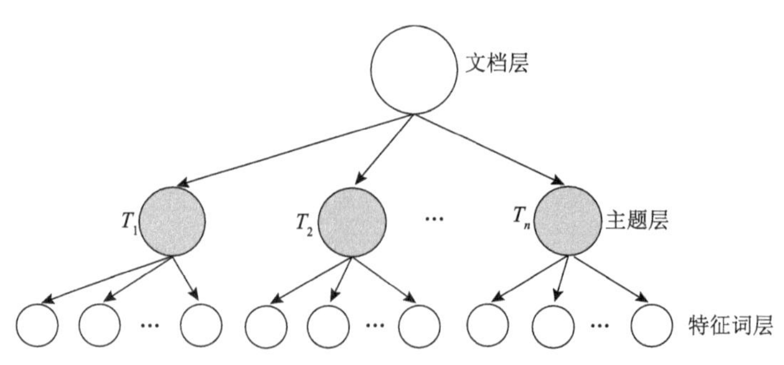

图 6.23 LDA 模型三层拓扑结构

由图 6.23 可以看出 LDA 模型假设一个文本是由一个或多个隐含主题混合组成的，同时每个主题又由文本中的特征词体现。其中，隐含主题被看作是词汇的概率分布，单个文档可以表示为这些隐含主题的概率分布。

LDA 模型是在 LSA 模型和 pLSA 模型的基础上发展而来的，是一个完全产生式的三层贝叶斯模型，包含文档、主题和特征词三层拓扑结构。LDA 模型将每个文档表示为若干主题混合，每个主题是固定词表上的一个多项式分布（multinomial distribution）。因此，LDA 模型的目标是识别主题集，同时找到与这些主题集有关联的关键词集，最终确定文档集中每个文档属于哪个主题[81]。LDA 模型假设文档由主题混合产生，同时每个主题是在固定词表上的一个多项式分布；这些主题被集合中的所有文档共享；每个文档有一个特定的主题混合比例（topic mixture proportion），从狄利克雷（Dirichlet）分布中抽样产生。LDA 的概率图模型如图 6.24 所示。

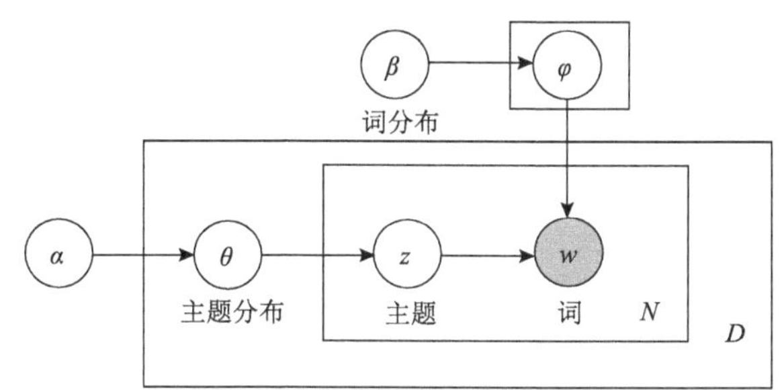

图 6.24　LDA 的概率图模型表示

N 表示语料库中总词汇量；*D* 表示语料库中总文档量

在图 6.24 中，空心圆圈代表隐含变量，实心圆圈代表可观察变量，有向边代表条件概率依赖，方框代表的是重复次数。下面对 LDA 模型从模型基本假设、模型的概率推理及结果解读几个方面进行详细的阐述。

A. LDA 模型基本假设

LDA 模型基于两个基本假设：一个是词袋假设，即假设文档中的词对于一个文本，忽略其词序和语法、句法，将其仅仅看做是一个词集合，或者说是词的一个组合，文本中每个词的出现都是独立的；另一个是假设文档之间是可以相互交换的，但相互交换不意味着独立同分布，可以认为是有条件的独立同分布。

在这两个前提下，文档是主题的多项式混合分布，主题是词的多项式混合分布。所以在 LDA 模型中，主题是隐藏变量，是语料库中所有词的概率分布，而文档的语义表达就落在主题层，通过主题的概率分布表示，一篇文档可以拥有不同的主题，这样文档的表达从词空间降低到主题空间，一般来说，主题空间的维度大大低于词空间的维度，这些为文本的分析提供了方便。

B. LDA 模型基本符号与含义

LDA 模型中的符号与含义见表 6.3。

表 6.3　LDA 模型中的符号与含义

符号	含义
w	中文指一个词汇，英文指一个单词
$\vec{W}$	指一个文档，如一篇期刊论文、一篇科技报告、一篇 Web 文本等，经过分词、去重、去停用词等标准自然语言处理过程后构成的文档-词向量，如 $\vec{W}=(w_1,w_2,\cdots,w_N)$， w_N 表示第 N 个词

续表

符号	含义
$\vec{D}$	语料库：文档集合，即 $\vec{D}=(\vec{W}_1,\vec{W}_2,\cdots,\vec{W}_M)$
N	指语料库中总词汇量
M	指语料库中总文献量
$\vec{Z}$	指一系列潜在主题的向量表示，即 $\vec{Z}=(z_1,z_2,\cdots,z_T)$
T	潜在主题的数量
ϕ	潜在主题在词项上的多项式分布
θ	文档在潜在主题上的多项式分布
$\theta_j^{(d)}$	第 j 个潜在主题在文档 d 中的分布权重
α,β	超参数，狄利克雷分布的参数
$n_j^{(w)}$	表示词项 w 被标记为属于潜在主题 $z=j$ 的次数
$n_j^{(d)}$	表示在文档 d 中的词项有多少次被标记为属于潜在主题 $z=j$

定义 6.1[69]：潜在主题即主题，指的是在语义上与该主题相关的一系列词项及其权重组成的向量，与主题关系越密切的词语，它的条件概率越大；反之，则越小。用向量表示为

$$z=((w_1,p(w_1\mid z)),(w_2,p(w_2\mid z)),\cdots,(w_n,p(w_n\mid z))) \tag{6.5}$$

下面用一个例子来说明主题的含义及其表现形式，见表 6.4。

表 6.4　主题示意图

Topic1（主题 1）		Topic2（主题 2）		Topic3（主题 3）	
gene（基因）	0.04	life（生命）	0.02	brain（大脑）	0.04
DNA（脱氧核糖核酸）	0.02	evolve（进化）	0.01	neuron（神经元）	0.02
genetic（遗传的）	0.01	organism（有机体）	0.01	nerve（神经）	0.01
⋮	⋮	⋮	⋮	⋮	⋮

当使用 LDA 模型对语料库进行主题抽取时，LDA 模型通过现有的文档对概率模型的参数进行学习，并估计在每一个潜在主题下每一个词的概率，通过这种方式，LDA 将相关的词项聚成潜在主题并以该词出现的概率作为权重。例如，在“topic1”这个主题下，“gene”“DNA”“genetic”这些词出现的概率很大，说

明该主题是和“基因”相关的；在“topic2”这个主题下，“life”“evolve”这些词出现的概率排名靠前，所以该主题是和“生命进化”有关，但是主题的标签需要根据主题词项来确定。

C. LDA 模型的概率推理

LDA 模型文档生成过程可以描述如下。

对于语料库 $\vec{D}$ 中的任何一篇文档 $\vec{W}$ ，均由以下三个步骤完成。

（1）从泊松分布 $\text{Poisson}(\xi)$ 中选择文档中的词汇量，即 $N \sim \text{Poisson}(\xi)$ 。

（2）从参数为 α 的狄利克雷分布中选择文档在潜在主题上的多项式分布的参数 θ ，即 $\theta \sim \text{Dir}(\alpha)$ 。

（3）任给 $n \in \{1,2,3,\cdots,N\}$ ，也就是说对于 N 个词汇表中的每一个词 w_n ：①从参数为 θ 的多项式分布中选择一个主题 z_n ， $z_n \sim \text{Multi}(\theta)$ ；②从参数为 β 、主题为 z_n 的条件概率 $p(w_n \mid z_n,\beta)$ 中选择词项 w_n 。

以下是关于模型的几点说明。

（1）选择词汇量 N 对整个 LDA 模型建模影响不大。

（2）该模型假设潜在主题向量的维度 K 是提前设定的。

（3）词项的概率分布是参数为 β 的 $K \times V$ 维的矩阵，其中 $\beta_{ij} = p(w_j \mid z_i)$ ，表示第 j 个词项在第 i 个主题下的条件概率。

（4）假设主题多项式分布 $\vec{\theta} = (\theta_1,\theta_2,\cdots,\theta_K)$ 的先验分布是狄利克雷分布。而由贝叶斯统计学可知，多项式分布的先验分布如果是狄利克雷分布，那么其后验分布也是狄利克雷分布，即多项式分布的共轭分布是狄利克雷分布，利用这个性质，使 LDA 模型的参数估计变得简洁明了，这也是 LDA 模型数学推理的精妙之处。

首先，假设 M 篇文档中设定 K 个主题，则每一篇文档可以视为 K 个主题上的多项式分布：

$$\text{Multi}\left(Z_1 = z_1, Z_2 = z_2, \cdots, Z_K = z_K \mid \vec{\theta}, M\right) = \begin{pmatrix} M \\ z_1, z_2, \cdots, z_K \end{pmatrix} \prod_{i=1}^{K} \theta_i^{z_i} \tag{6.6}$$

$$\vec{\theta} = (\theta_1,\theta_2,\cdots,\theta_K), \sum_{i=1}^{K} \theta_i = 1, \sum_{i=1}^{K} Z_i = M \tag{6.7}$$

其次，假设多项式分布 $\text{Multi}(Z_1 = z_1, Z_2 = z_2, \cdots, Z_K = z_K \mid \vec{\theta}, M)$ 的参数 $\vec{\theta} = (\theta_1,\theta_2,\cdots,\theta_K)$ 的先验分布为 $\text{Dir}(\theta_1,\theta_2,\cdots,\theta_K \mid \vec{\alpha})$ ：

$$\text{Dir}(\theta_1,\theta_2,\cdots,\theta_K \mid \vec{\alpha}) = \frac{\Gamma(\alpha_1 + \alpha_2 + \cdots + \alpha_K)}{\Gamma(\alpha_1)\Gamma(\alpha_2)\cdots\Gamma(\alpha_K)} \theta_1^{\alpha_1 - 1} \theta_2^{\alpha_2 - 1} \cdots \theta_K^{\alpha_K - 1} \tag{6.8}$$

$$\vec{\alpha} = (\alpha_1, \alpha_2, \cdots, \alpha_K) \tag{6.9}$$

那么一篇文档，$\vec{\theta}=(\theta_1,\theta_2,\cdots,\theta_K)$、$\vec{Z}=(z_1,z_2,\cdots,z_N)$、$\vec{W}=(w_1,w_2,\cdots,w_N)$的联合概率密度函数表示为

$$p\left(\vec{\theta},\vec{Z},\vec{W}\mid\alpha,\beta\right)=p\left(\vec{\theta}\mid\alpha\right)\prod_{n=1}^{N}p(z_n\mid\vec{\theta})p(w_n\mid z_n,\beta) \tag{6.10}$$

$$\beta=[\beta_{i,j}=p(w^i=1\mid z^j=1)]_{K\times V},\sum_{j=1}^{V}\beta_{ij}=1,\forall i=1,2,\cdots,K \tag{6.11}$$

对$\vec{\theta}=(\theta_1,\theta_2,\cdots,\theta_K)$积分，对$z_n$求和，可以得到文档的生成概率：

$$p(\vec{W}\mid\alpha,\beta)=\int_{\vec{\theta}}P(\vec{\theta}\mid\alpha)\left(\prod_{n=1}^{N}\sum_{z_n}p(z_n\mid\vec{\theta})p(w_n\mid z_n,\beta)\right)\mathrm{d}\vec{\theta} \tag{6.12}$$

那么，一个语料库生成的概率表示为

$$p(D\mid\alpha,\beta)=\sum_{d=1}^{M}\int_{\vec{\theta}_d}P(\vec{\theta}_d\mid\alpha)\left(\prod_{n=1}^{N}\sum_{z_n}p(z_n\mid\vec{\theta}_d)p(w_n\mid z_n,\beta)\right)\mathrm{d}\vec{\theta}_d \tag{6.13}$$

D. LDA 模型参数估计

LDA 模型基于贝叶斯统计推断方法，参数θ,ϕ的先验分布假设为狄利克雷分布，之所以用狄利克雷分布是因为它与多项式分布是共轭先验分布，使得参数的估计变得简单。即$\theta\sim\mathrm{Dir}(\alpha),\phi\sim\mathrm{Dir}(\beta)$。例如，主题混合分布$\vec{\theta}=(\theta_1,\theta_2,\cdots,\theta_T)$，服从狄利克雷分布：

$$p\left(\theta_1,\theta_2,\cdots,\theta_T\mid\vec{\alpha}\right)=\frac{\Gamma(\alpha_1+\alpha_2+\cdots+\alpha_T)}{\Gamma(\alpha_1)\Gamma(\alpha_2)\cdots\Gamma(\alpha_T)}\theta_1^{\alpha_1-1}\theta_2^{\alpha_2-1}\cdots\theta_T^{\alpha_t-1} \tag{6.14}$$

利用狄利克雷分布和多项式分布的共轭关系，可以得到主题和主题条件下词项的概率分布分别如下：

$$p(w\mid z)=\frac{\Gamma(N\beta)}{[\Gamma(\beta)]^N}\prod_{j=1}^{T}\frac{\prod_{w}\Gamma(n_j^{(w)}+\beta)}{\Gamma(n_j^{(\cdot)}+W\beta)} \tag{6.15}$$

$$p(z)=\frac{\Gamma(T\alpha)}{[\Gamma(\alpha)]^T}\prod_{d=1}^{D}\frac{\prod_{d}\Gamma(n_j^{(d)}+\alpha)}{\Gamma(n^{(d)}+T\alpha)} \tag{6.16}$$

参数估计问题，文献[68]使用变分推断和最大期望算法（expectation-maximization，EM）算法估计参数θ、ϕ，文献[70]中提出最大后验估计法，即求

出 $p(z|w)=\dfrac{p(w,z)}{\sum_z p(w,z)}$ ，但这个概率无法直接求出。

LDA 模型的主要任务是基于语料库学习 LDA 模型的各个参数，但与 pLSA 不同，LDA 模型利用狄利克雷分布是多项式分布的共轭先验分布这一事实，通过贝叶斯统计估计参数，而训练数据是通过 Gibbs 抽样得到的，这样就避免了 pLSA 过拟合的问题，而且对新的文档的处理也更加方便。

E. LDA 模型结果分析

通过主题抽取，LDA 模型将获得两个重要的分布的最大后验估计，主题-词项混合分布 $\hat{\phi}$ 和文档-主题混合分布 $\hat{\theta}$ 。通过主题-词项分布可以获取每个潜在主题的结构，这种结构通过每个支持该主题的词项的概率值表示，概率值越大说明该词项与主题的关联程度越大，进而对主题的语义信息进行解析；文档-主题分布获得每个主题下的文档支持权重，权重越大说明该文档与主题的关联程度越大，通过文档-主题分布可以刻画主题的强度，也可以通过定义距离对文档聚类，揭示学科各主题之间的深层次的语义关联。

定义 6.2[69]：主题强度是衡量科学研究主题是否为研究热点的量化指标，通常使用该研究主题在所有科学文献中的权重与总文献量的比值来表示，即

$$\hat{\theta}_j=\frac{\sum_d \theta_j^{(d)}}{M} \tag{6.17}$$

定义 6.3：主题强度演化指的是主题强度值随时间的演化趋势，通过不同时间窗口内的文档-主题概率分布 θ 计算得到。

F. LDA 模型的扩展和改进

目前，对 LDA 模型的理论创新主要围绕两个方面展开：一是弱化 LDA 模型的前提假设，提出更深层的生成模型；二是如何将 LDA 模型和文档中其他的元数据更好的结合，提高文档的语义表达能力。

Blei 在提出 LDA 模型以后，针对不同的文本挖掘任务对 LDA 模型也进行了很多优化，本书首先梳理 Blei 对于 LDA 的改进。2004 年，Blei[81]在其博士学位论文 *Probabilistic models of text and images* 中除了系统地介绍 LDA 模型原理外，还提出层次狄利克雷（Hierarchical LDA）模型（HLDA），将主题之间的关系映射为树结构，可以揭示主题之间的层次关系，寻找子主题，对于揭示科学研究领域研究主题的层次关系尤为重要。2006 年，Blei 和 Lafferty[82]在 *Dynamic topic models* 中给出了分析具有时序特征语料库主题演化的模型，即 DTM（dynamic topic model，主题演化模型）。DTM 按照文本时间顺序，假设当前的主题由前一时间

节点的主题演化而来，从而分析主题的遗传和变异情况，分析主题的发展脉络。2007 年，Blei 和 Lafferty[83]在 *A correlated topic model of science* 中，提出 correlation topic model（CTM），解决 LDA 模型中主题之间无法考虑主题相关性的问题。2007 年，Blei 和 McAuliffe[84]提出 supervised latent dirichlet allocation topic models（SLDA）模型，SLDA 模型是一种监督的学习方法，基于含有用户标签的文档训练集来训练模型，从而对新数据集进行预测。该模型在电影排名预测和网页欢迎度排名预测中的实证表明了该模型的有效性和可靠性。2009 年，Chang 和 Blei[85]对基础 LDA 模型中文档之间的可交换性（也就是条件独立）假设进行了弱化，为两篇文档之间增加了一个二元随机变量，该二元随机变量根据文档内容特征，刻画文档之间的隐含链接关系，如文档间存在的“social network”（社会网络）网络性质。2009 年，Boyd-Graber 和 Blei[86]就如何刻画句子的结构信息或者说词义信息，提出了一个句子的句法分析的生成过程，即句法主题模型（syntactic topic models，STM），该模型假设每个句子的生成都是基于“parse tree”（分析树）的，整个概率生成过程完全附着在“parse tree”上，并且每个句子内，不同的词都有可能去选择更适合自己的 Topic（主题）。

其他一些研究对 LDA 模型的推广，或者是将 LDA 模型作为整个概率模型的一个部件，以满足特定的主题挖掘任务需求，或者对基础 LDA 模型的假设条件进行扩展以适用更加广泛的文本类型，如微博短文本、可扩展标记语言（extensible makeup language，XLM）文本等。表 6.5 总结了以 LDA 模型为基础的主题模型改进研究[87]。由表 6.5 可以看出，虽然自 LDA 模型提出至今仅十几年时间，但学者对其提出了各种有效的应用模型算法，对其研究热度不减。同时各改进模型万变不离其宗，其核心算法都是 LDA 模型。可见，LDA 模型已经成为文本挖掘的基本模型，其在主题抽取方面的有效性和可行性已经得到广泛的验证。

表 6.5 基于 LDA 的主要改进模型

年份	作者	模型名称	描述
2004	Blei	HLDA	主题间为树结构
2004	Steyvers 等	AT（author-topic）	将作者加入概率分布中
2004	McCallum 等	ART（author-recipient-topic）	基于 AT 模型，针对具有方向性的文档（如电子邮件）
2004	Griffiths 等	HMM-LDA	通过 HMM 来捕捉句法结构信息，而通过 LDA 模型来揭示语义关系
2005	Wang 等	TNG（topical n-gram）	一个单词除了依赖于其对应的主题外，还与前一个单词有关
2006	Blei 和 Lafferty	CTM	描述每对主题之间的相关关系
2006	Li 等	PAM（pachinko allocation model）	主题之间关系表示成一个有向无环

续表

年份	作者	模型名称	描述
2006	Bhattacharya 等	LDA-ER	无监督实体消解模型，处理人名消歧问题
2006	Wang 等	TOT（topic over time）	主题随时间演化
2006	Blei 和 Lafferty	DTM	主题随着时间演化，且满足一阶马尔可夫假设
2007	Boyd-Graber 等	LDAWN（LDA with wordnet）	一个基于 wordnet 的 LDA 模型
2007	Mimno 等	Hierarchical PAM	将 Hierarchical LDA 模型和 PAM 模型结合起来
2007	Gruber 等	HTMM（hidden topic Markov model）	以句子为单位分配主题
2007	Song 等	LDA 扩展模型	用于无监督的人名消解，考虑到文档的内容
2007	Mei 等	TSM （topic-sentiment mixture）	主题分为背景主题和内容主题（中性、正面和负面三大类）
2008	Nallapati 等	Link-pLSA-LDA	对于任给的测试集中的文档可以预测其引用其他文档的概率
2007	Blei 等	SLDA（supervised LDA）	监督 LDA 模型
2008	Titov 等	MAS（multi-aspect sentiment）	主题可分为局部主题和全局主题，全局主题对应于实体，而局部主题对应于特征
2009	Boyd-Graber 和 Blei	STM	选择主题时考虑句法树中父节点的主题类
2009	Doyle 等	DCMLDA	文档有特定的 K 个主题，K 为全局主题个数
2009	Ramage 等	Labeled LDA	每篇文档有若干个标记，基于 LDA 模型的多标记分类模型
2010	Gerrish 等	DIM	识别文档集合中最有影响力的文档

6.4.2　基于 LDA 模型的科学文献主题挖掘

传统的科学文献主题主要是依赖于人工或者机器标引提取，常用一系列关键词或者标题词等来表达。为了从科学文献中分析出学科研究热点、学科结构和发展脉络，学者们以科学文献为对象，采用关键词或者标题词的词频分析、共词分析与共引分析等文献计量学方法进行研究。而随着文献的数量急剧增加与表现形式的多元化，通过词频分析、共现分析等来反映科学发展过程与趋势的结果，在关键词选取、高频词和低频词分界点区分、主题词对之间更深层次语义关系揭示、学科主题演化完整表达等方面的局限更加显著。因此，不断地吸纳其他学科的方法并加以创新，深入到科学文献的篇名、摘要、关键词、全文等层次挖掘科学文献的主题中，就成为知识服务领域值得探索的课题。

本书试图通过生命周期理论和 LDA 模型构建一种科学文献主题挖掘和主题

演化的方法。该方法尝试利用科学文献摘要或全文构建语料库，以克服关键词选取的主观性问题，并通过 LDA 模型抽取科学文献隐藏的主题结构，该结构不是通过单一的共现词对聚类进行刻画，而是通过概率方法生成与该主题相关的一系列词项进行刻画，以深度挖掘主题语义信息，同时通过量化的方式度量主题的强度及主题之间的关联，以能够更加准确地研判学科领域的发展趋势。

1. 生命周期理论

生命周期[88]的概念应用很广泛，特别是在政治、经济、技术、社会等诸多领域经常出现，其基本含义可以通俗地理解为“从摇篮到坟墓”（cradle to grave）的整个过程。生命周期理论是事物发展的基本理论，事物的发展过程是从产生、发展、成熟到消亡的过程，旧事物的消亡同时伴随着新生事物的诞生。遵循这一规律，学科领域的发展大致可以划分为萌芽期、发展期、成熟期、衰退期/转型期四个阶段。学科主题作为学科领域内容的体现，其生命周期与学科领域发展的生命周期应是一致的。

生命周期理论应用到主题探测和追踪的研究已经引起学者关注，如王素丽[89]对学科引文的文献生命周期模型进行了探析；王春秀和冉美丽[90]提出生命周期理论是学科主题演化定量分析的理论基础之一，生命周期理论勾画了学科主题的演化轨迹。

文献信息增长规律是文献计量学中用来刻画科学文献生命周期的基本规律，其基本方法是文献信息统计方法。苏联科学学家弗·纳里莫夫在研究科学文献增长规律时，发现文献的增长是分阶段的，每一阶段的增长模式并不相同，提出了文献按照逻辑曲线增长的理论和模型[31]。本书利用文献信息统计方法统计学科领域的科学文献信息及其变化，以文献信息增长规律为指导，分析学科领域文献信息增长趋势，刻画学科领域生命周期，并对生命周期不同的阶段进行划分（图 6.25）。

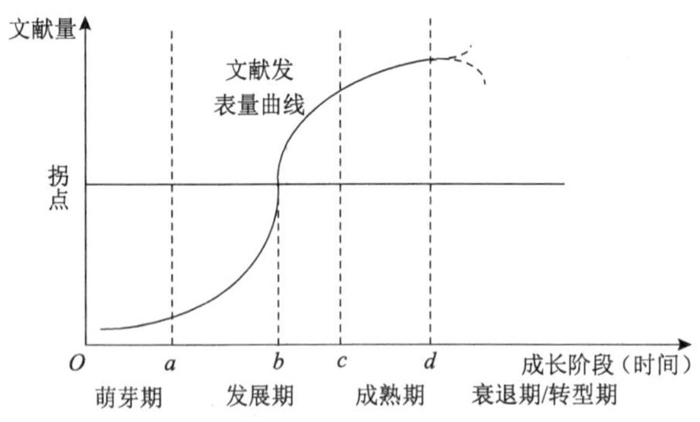

图 6.25 学科领域生命周期示意图

图 6.25 所示学科领域生命周期示意图是根据文献信息增长规律，以时间为轴统计学科领域文献发表量绘制而成，但不完全等同于文献信息增长规律，主要区别是在学科领域生命周期有衰退期/转型期。其中 a、c、d 三条虚线是萌芽期、发展期、成熟期、衰退期/转型期的临界线，虚线 b 所对应拐点是快速发展期的临界点，虚线 d 之后是衰退期还是转型期需根据具体学科而定，并无固定的规律。该示意图可以描绘学科领域的生命周期，可以对学科领域的发展有一个宏观的判断

（1）萌芽期：文献增长缓慢，文献增长率接近为零，研究主题单一，文献量较少，但始终有该学科领域文献出现，表明该学科领域处于萌芽期。

（2）发展期：文献量呈现较快的指数型增长，文献增长率呈递增状态，新的研究主题不断涌现。同时，需要注意的是在发展阶段文献增长率随时间变化呈现出先增后减的规律，反映在文献量曲线上会出现一个拐点，意味着学科领域正由快速发展步入缓慢发展阶段。

（3）成熟期：文献量呈缓慢增长趋势，文献增长率进一步递减，研究主题数量稳定，文献量维持在一个较高的水平。

（4）衰退期/转型期：学科领域经过成熟期一般会朝两个方向发展。一个方向是文献量递减，没有新的研究主题出现，文献增长率为负，表明该学科领域正在衰退，表现为图 6.25 中分叉曲线中向下的那一段曲线；另一个方向是在原有学科领域中变异出新的研究方向和研究热点，文献量进一步递增，文献增长率为正，表明该学科领域正在转型，表现为图 6.25 中分叉曲线中向上的那一段曲线。

2. 基于 LDA 模型的学科领域生命周期语义挖掘模型构建

在本书中，生命周期理论既是一种研究视角也是一种方法论，作为研究视角的意义在于，学科领域在不同发展阶段中，学科主题会呈现出不同的特点，从生命周期角度考察学科主题，可以使学科主题反映出的态势与学科发展脉络相一致；作为方法论的意义在于，将不同生命周期阶段的学科主题分别进行考察分析，可以对比不同阶段学科主题的差异及其所反映出的学科发展变化的差别。

LDA 模型主题抽取基于概率模型，模拟文献和词的产生过程，可以量化地展示语料库的隐藏主题结构[91]，将 LDA 模型和生命周期理论相结合，通过对不同生命周期阶段中的学科主题进行抽取与语义挖掘，以获取学科领域不同发展阶段的研究主题、主题强度及其演化，帮助研判学科发展趋势和规律。

本书所设计的基于 LDA 模型的学科领域生命周期语义挖掘模型构建流程如图 6.26 所示。

1）科学文献数据归一化处理

由于期刊、报告、专利、Web 文本等科学文献结构不同，首先要解决的就是异构数据的归一化问题，即将所有不同类型的文献转换成统一的规范文本格式加以存储，以方便后期的主题抽取和主题演化分析。归一化的方法主要涉及中文分词、去停用词等自然语言处理过程。

2）基于科学文献信息增长规律的学科领域生命周期刻画

科学文献信息增长从信息价值视角反映科学文献信息的生命力。科学文献的生命力一方面反映了科学文献映射的学科知识的效用价值；另一方面反映了该学

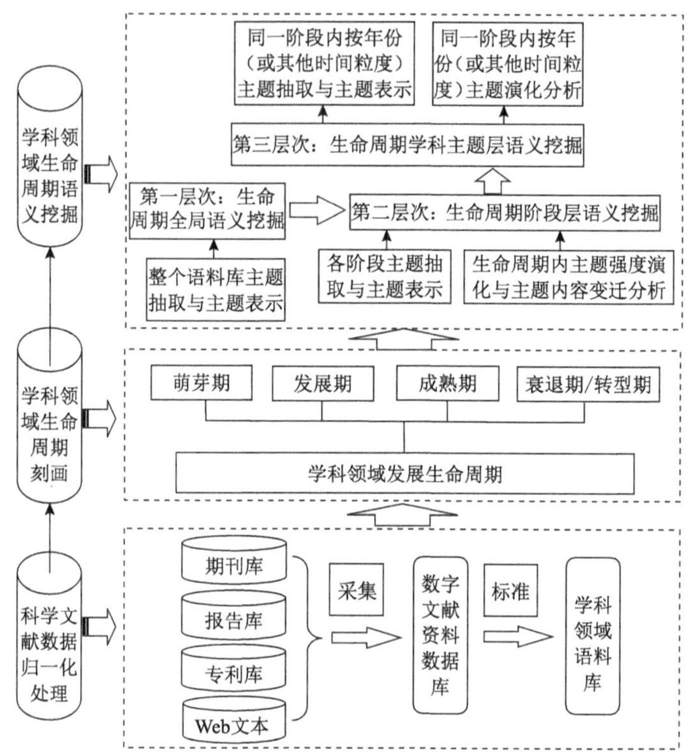

图 6.26　基于 LDA 模型的学科领域生命周期语义挖掘模型构建流程

科的发展趋势。本书利用科学文献信息增长规律，将学科领域发展按照生命周期理论分解为四个阶段：萌芽期、发展期、成熟期、衰退期/转型期。

3）基于 LDA 模型的学科领域生命周期语义挖掘

将科学文献按照不同的生命周期阶段，划分为若干时间窗口，从三个层次对生命周期进行语义挖掘。

第一层次：生命周期全局语义挖掘。通过 LDA 模型实现全局主题的抽取和主题表示，以此了解该学科领域整体研究概况，包括主要研究内容和研究热点。

第二层次：生命周期阶段层语义挖掘。按照生命周期不同阶段划分时间窗口，在不同的时间窗口内实现 LDA 模型主题抽取和主题表示，以此掌握该学科领域每一阶段的研究主题和研究热点。通过对比分析生命周期不同阶段内研究主题的演化，对学科领域的发展趋势进行研判。

第三层次：生命周期学科主题层语义挖掘。在生命周期的同一阶段，划分时间窗口，如按照年份或更细的粒度，实现 LDA 模型的主题抽取和主题表示。该层次的语义挖掘可以实现研究主题细粒度演化，对每一个研究主题的发展趋势进行研判。

3. 基于 LDA 模型的学科主题挖掘与主题演化——以国内新能源领域为例

实验目的是通过基于 LDA 模型的学科领域生命周期语义挖掘模型，刻画国内新能源领域生命周期及挖掘国内新能源领域生命周期语义信息。本书侧重于分析新能源领域的相关技术和发展趋势，实验数据检索自 CNKI，使用的数据库为中国学术期刊网络出版总库，检索策略是中国学术期刊网络出版总库-工程科技Ⅱ辑-新能源类目（时间限制为 1979～2012 年），通过去重、删除不完整，只保留期刊论文和会议论文，共获得国内新能源领域 11 940 篇文献，全部字段包括标题、作者、机构、摘要和关键词，不包括全文。

“新能源一词是 1981 年 8 月联合国在内罗毕召开的新能源和可再生能源会议上提出的，会议对新能源进行了界定，即新的可更新的能源资源。它可以通过新技术和新材料加以开发利用，而且消耗后可得到恢复和补充，不产生或很少产生污染，对环境无多大损害，有利于生态良性循环”[92]。由于“新能源”一词本身具有演化性质，不同的历史时期其含义是不同的。本书通过对国内 1979～2012 年新能源领域近 1.2 万篇文献进行主题抽取，阐释新能源概念的内涵，并对目前国内新能源的研究现状进行分析。

1）科学文献数据归一化处理和 LDA 模型参数设置

本书利用摘要建立了原始数据库，利用 jieba（结巴）分词工具包实现中文分词、去除停用词等自然语言处理标准过程，获得实验用语料库，最后基于开源 gensim 包实现 LDA 模型的参数训练。

LDA 模型参数设置：使用 Gibbs 抽样（Gibbs sampling）进行参数后验估计，设置迭代次数为 2000 次，超参数设置为 $\alpha = 0.01, \beta = 0.05$，主题数目 T 由 Griffiths 和 Steyvers[69]提供的贝叶斯模型选择方法来确定。

LDA 主题抽取后获得两个重要文档：一个是文档-主题分布文档，该文档被命名为 doc_ topic.txt，用来计算主题强度；另一个是主题-词分布文档，该文档被命名为 topic_ word.txt，用来表示主题和主题内容。

2）新能源领域生命周期刻画

通过 1979～2012 年每年的文献发表量，利用曲线最小二乘拟合方法，得到文献发表量年代分布曲线，如图 6.27 所示。

从曲线拟合表达式 $发表量 = e^{0.168\times年份}$ 看，新能源领域文献发表量呈现指数型增长。但是文献发表量仅仅是刻画学科发展的一个方面，要想更细致地刻画国内新能源领域 34 年的生命周期，还需要利用年度文献增长量对新能源领域的各发展阶段进行分析。基于此，我们绘制了新能源领域生命周期图。

如图 6.28 所示，结合生命周期理论，将国内新能源领域发展分为以下三个阶段。

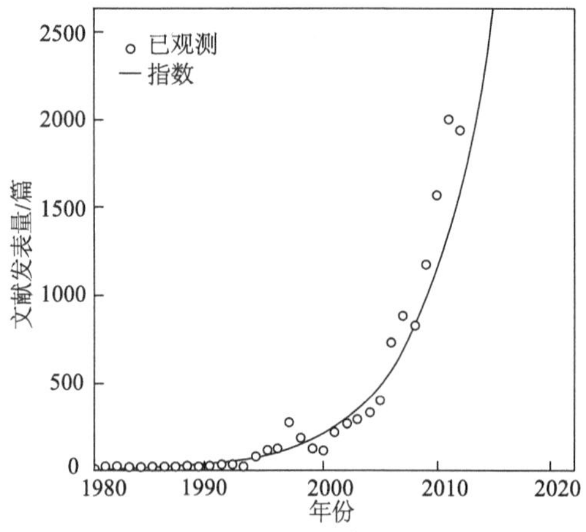

图 6.27　文献发表量年代分布曲线拟合

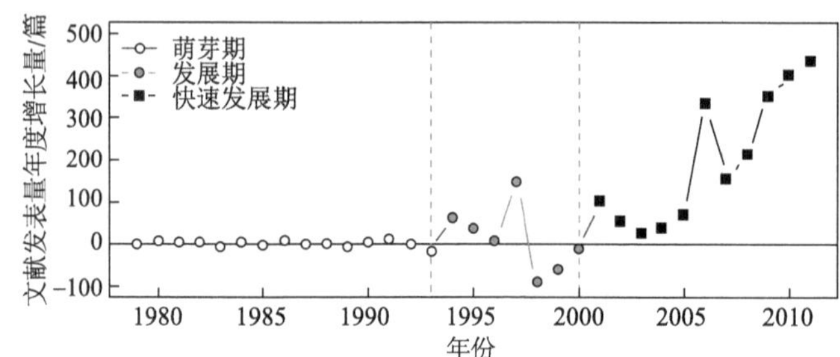

图 6.28　国内新能源领域文献发表量年度增长量及生命周期刻画

萌芽期：1979～1993 年。这一阶段该领域每年的文献发表量在 2～34 篇，发表文献年增长量平均仅为 1 篇，说明该领域刚刚起步，处于萌芽阶段。

发展期：1994～2000 年。这个阶段发表量每年在 81～274 篇，总发表量是第一阶段总发表量的 3 倍还多，且发表文献年增长量平均为第一阶段的 2 倍，年度文献增长量不稳定呈震荡趋势，整体近似呈现出先增后减再递增的过程。

快速发展期：2001～2012 年。这个阶段每年的发表量在 215～2004 篇，总发表量是第二阶段发表量的 8 倍多，文献发表量年度增长曲线呈现陡峭递增趋势，这充分说明该领域处于快速发展期。

由文献发表量年代分布拟合曲线及生命周期刻画可以得出，目前国内新能源领域的文献增长率很快，发展阶段中的拐点还没有显现，说明国内新能源领域正处于快速发展期。

3）新能源领域生命周期语义挖掘

A. 第一层次——生命周期全局语义挖掘

通过对国内新能源领域语料库中全部 11 940 篇文献进行主题抽取和人工标注，将典型的 4 个研究主题及研究主题支撑词项展示如下（表 6.6 只取对主题支持度排名前 10 位的词项进行展示）。

表 6.6 新能源领域全局主题抽取部分研究主题展示（前 10 位）

主题：沼气发酵		主题：风力发电		主题：光伏发电		主题：天然气水合物	
词项	概率值	词项	概率值	词项	概率值	词项	概率值
沼气	0.058 61	风力发电	0.025 82	太阳能	0.028 43	天然气水合物	0.101 02
厌氧发酵	0.035 72	风力机	0.011 90	逆变器	0.013 14	可燃冰	0.010 41
秸秆	0.020 75	仿真	0.007 84	太阳能利用	0.009 08	南海	0.009 03
预处理	0.016 69	风力发电机	0.006 39	光伏发电	0.008 84	甲烷	0.006 71
玉米秸秆	0.015 62	复合材料	0.006 10	太阳能电池	0.007 89	BSR	0.005 33
发酵	0.014 98	风能	0.005 81	太阳能资源	0.007 89	新能源	0.005 10
产气量	0.011 77	变速恒频	0.005 52	单片机	0.007 42	数值模拟	0.004 87
温度	0.009 84	神经网络	0.004 65	太阳电池	0.007 42	甲烷水合物	0.004 17
沼气发酵	0.009 63	风力机叶片	0.004 36	自动跟踪	0.007 18	南海北部	0.003 94
纤维素酶	0.008 99	风力发电机组	0.004 07	太阳能发电	0.006 46	饱和度	0.003 94

注：BSR 指海底仿拟反射（bottom simulating reflector）

从全局主题抽取的结果来看，共获取典型研究主题 16 个，并通过主题强度值表示其研究热点程度。

新能源领域全局语义信息，由图 6.29 可以看出，我国新能源领域涉及的“新能源概念”主要有太阳能、风能、生物质能、天然气水合物、潮汐能、地热、氢能等。有些新能源已经出现了多个研究主题，如太阳能，从理论研究到太阳能热泵、太阳能热水器、光伏发电等；生物质能，从生物质研究到生物质能、沼气发酵、沼气池、沼气工程等；风能主要研究风力发电和风力机，风力机是风能研究的热点。

从主题强度可以看出新能源领域的相对研究热点，如高热点的研究主题：沼气（沼气发酵、沼气池）、天然气水合物、太阳能热水器、生物质能、生物质等，主题强度值均超过了 0.08。而地热、氢能，因为受到地域或技术的限制，目前的研究强度相对较低。

另外，在新能源研究领域中，数学方法至关重要，所以数学方法主题也被抽取出来作为一个单独的主题。从数学方法主题的词项表示中发现，新能源领域的发展基于两种数学方法：预测与评价。即用高级的智能优化算法，如遗传算法、支持向量机、神经网络、蒙特卡罗法等，通过 Matlab 工具实现数值模拟和预测；

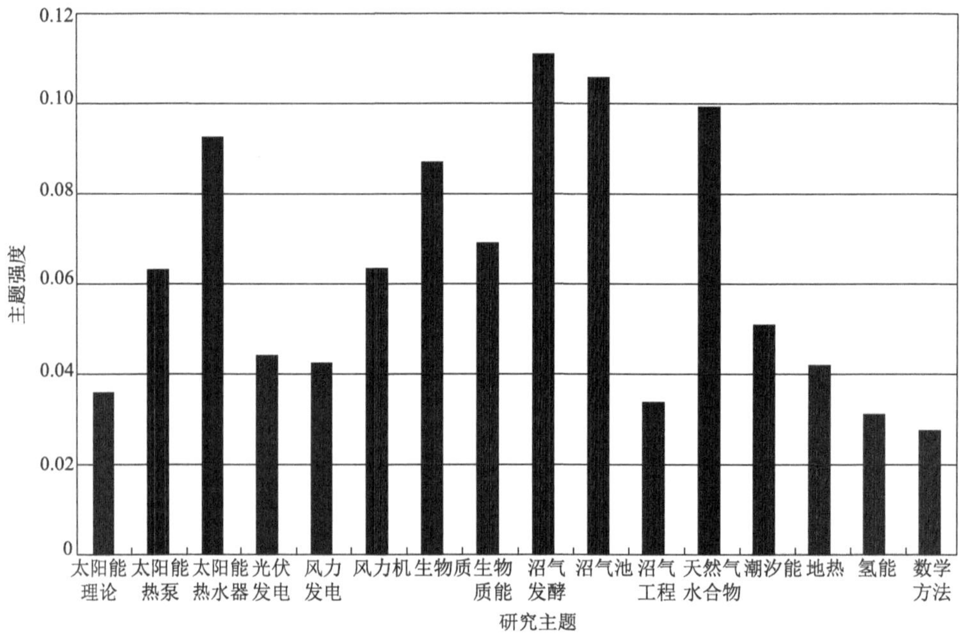

图 6.29　新能源领域全局主题强度值

通过层次分析法、主成分分析等统计学方法，实现综合评价。如表 6.7 所示风力发电主题出现了神经网络、风速预测、建模、预测、遗传算法和优化设计等词；风力机主题出现了数值模拟、优化设计和遗传算法等词；新能源评价主题出现了层次分析法、评价指标、主成分分析、适宜性评价等词。这些主题之间的语义关联通过隐藏的主题结构初步表现出来，可以得到初步结论：风力发电主要用到了优化和预测的数学方法，风力机的设计更加重视智能优化算法的使用，而在新能源评价中主要使用了层次分析法、主成分分析法等。

表 6.7　与“数学方法”相关的研究主题展示（前 20 位）

主题：数学方法		主题：风力发电		主题：风力机		主题：新能源评价	
词项	概率值	词项	概率值	词项	概率值	词项	概率值
数学模型	0.009 82	风力发电	0.025 82	风力机	0.063 36	层次分析法	0.003 97
数值模拟	0.005 79	风力机	0.011 90	数值模拟	0.022 99	太阳模拟器	0.002 89
预测	0.004 64	仿真	0.007 84	气动性能	0.019 86	方案	0.002 89
遗传算法	0.004 64	风力发电机	0.006 39	翼型	0.019 64	海水	0.002 53
Matlab	0.004 06	复合材料	0.006 10	风力机叶片	0.016 07	评价指标	0.002 53
支持向量机	0.002 91	风能	0.005 81	叶片	0.016 07	太阳能热泵	0.002 17

续表

主题：数学方法		主题：风力发电		主题：风力机		主题：新能源评价	
词项	概率值	词项	概率值	词项	概率值	词项	概率值
神经网络	0.002 91	变速恒频	0.005 52	水平轴风力机	0.015 62	分布规律	0.002 17
蒙特卡罗法	0.002 91	神经网络	0.004 65	垂直轴风力机	0.010 27	节能技术	0.002 17
影响因素	0.002 33	风力机叶片	0.004 36	优化设计	0.008 26	主成分分析	0.002 17
层次分析法	0.002 33	风力发电机组	0.004 07	气动特性	0.007 15	适宜性评价	0.002 17
设计	0.001 76	风电场	0.004 07	模态分析	0.006 26	参数估算方法	0.001 81
技术	0.001 76	风速预测	0.004 07	CFD	0.006 03	海相地层	0.001 81
动力学	0.001 76	风机	0.003 78	风轮	0.004 92	分析	0.001 81
太阳能学报	0.001 76	建模	0.003 78	有限元分析	0.004 47	浅层地热	0.001 81
评价指标	0.001 76	预测	0.003 20	有限元	0.004 25	产水量	0.001 45
可再生能源	0.001 76	有限元	0.003 20	动态失速	0.004 25	solar	0.001 45
主成分分析	0.001 76	遗传算法	0.003 20	遗传算法	0.004 03	热迁移因子	0.001 45
适宜性评价	0.001 76	控制系统	0.002 91	风力发电机	0.003 80	海相	0.001 45
综合评价	0.001 18	结构设计	0.002 91	风能利用系数	0.003 36	生物标志物	0.001 45
经济性分析	0.001 18	优化设计	0.002 91	风机叶片	0.003 36	二次生烃	0.001 45

注：CFD 指计算流体动力学（computational fluid dynamics）；solar 指太阳能

同时，为了更加细致地进行分析，研究中选取以数学方法为例，并得到与其相关的研究主题，见表 6.7，由该表可以获知在新能源研究中与数学方法相关的主要方法及应用。并可以看出表 6.7 中的新能源评价主题的词项的概率值较低，从而造成该主题强度值很低，不是典型研究主题，所以在图 6.29 中并未列出。

B. 第二层次——生命周期阶段层语义挖掘

分别对萌芽期 292 篇文献、发展期 1024 篇文献、快速发展期 10 624 篇文献，实现 LDA 模型主题抽取和语义标注。

a. 主题抽取结果

首先，将新能源领域生命周期内各阶段新出现的研究主题归纳如表 6.8 所示。

表 6.8　新能源领域生命周期各阶段新出现研究主题展示（省略了词项的概率）

生命周期阶段	新出现的研究主题	与研究主题最相关的词项（前 10 个）
萌芽期	太阳房	太阳房、太阳能集热器、热损失、太阳辐射热、集热墙、太阳能热水器、集热器面积、集热效率、被动太阳房、太阳能采暖
	集热器	平板集热器、真空管集热器、太阳能热水器、太阳能学报、全玻璃真空集热管、集热效率、吸收表面、瞬时效率、真空集热管、经济性能

续表

生命周期阶段	新出现的研究主题	与研究主题最相关的词项（前 10 个）
萌芽期	太阳池	太阳池、沼气池、实验性、太阳能、塔式、取热、定日镜、赤纬、锅炉、盐水溶液
	太阳灶	镜面、太阳灶、太阳能、聚光比、集热器、聚光器、吸热器、定日镜、太阳光、反射镜
发展期	风能	风能资源、风电场、风力发电机组、年平均风速、风力机、有效风速、有效风能密度、风力涡轮、装机容量、云南
	地热	地热资源、开发利用、地热田、地热水、地热发电、热储层、地热井、地热、地热电站、云南腾冲
	天然气水合物	天然气水合物、气体水合物、甲烷、海洋、资源量、温室气体、影响因素、评价、研究现状、应用前景
	生物质能	气化炉、生物质气化、沼气、生物质能利用、生物质燃料、经济效益、储气柜、气化、气化装置、直接燃烧
	沼气	沼气池、产气量、沼气发酵、出料口、小康型、农村、进料管、活动盖、新能源、水泥砂浆
	氢能	氢能、金属氢化物、化石燃料、燃料电池、氢气、贮氢材料、联合循环发电、可再生能源、能源消耗、电解水
	潮汐能	波浪能、地源热泵、新能源、潮汐能、太阳能、潮流能、可再生能源、数值模拟、发电、海洋能

注：快速发展期的研究主题均在萌芽期和发展期产生，快速发展期无新主题产生，故在表中未列出

其次，研究主题在各阶段内的主题强度演化规律表示见图 6.30。

b. 生命周期各阶段语义信息

（1）新能源领域萌芽阶段语义信息如下。

在萌芽阶段，太阳能研究占据绝对的主导地位，其主题强度为 1，而太阳能的研究集中在太阳房、太阳池、太阳灶、集热器等方向，而集热器的研究是当时的研究热点（图 6.31）。通过查阅相关资料，我国在 20 世纪 90 年代初已经初步形成了平板、真空板、闷晒三种太阳能热水器技术，而第一阶段，平板和真空板显然居于首位[93]。

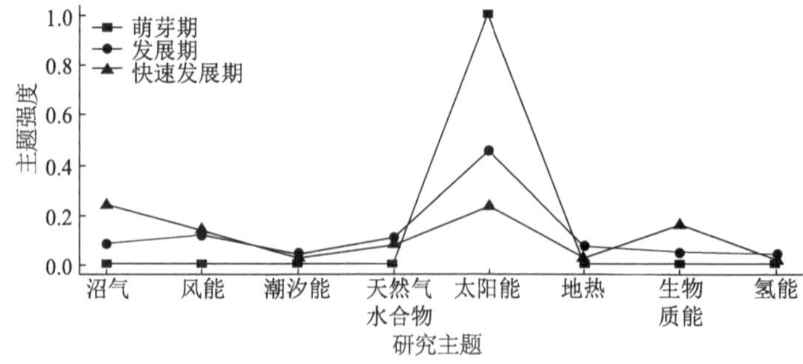

图 6.30　新能源领域生命周期各阶段研究主题强度演化

“太阳能”主题包含表 6.8 中的“太阳房”“集热器”“太阳池”“太阳灶”等主题

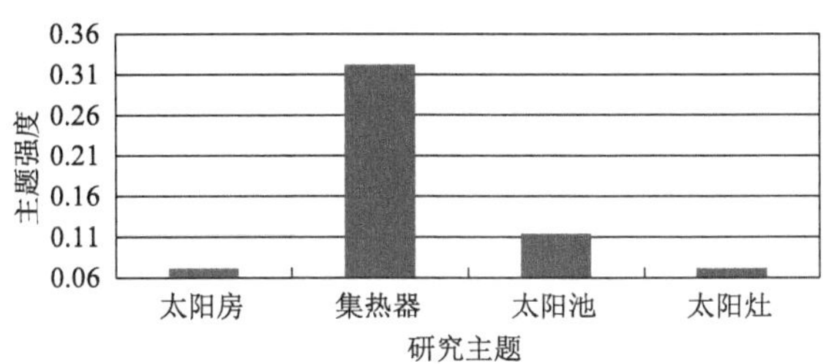

图 6.31　新能源领域萌芽阶段典型研究主题强度值

（2）新能源领域发展阶段语义信息如下。

由表 6.8 可以看出，在发展期（1994～2000 年）短短 7 年之内，我国新能源领域出现了 7 个新研究主题，分别为风能、地热、天然气水合物（可燃冰）、生物质能、沼气、氢能和潮汐能。严格来说，沼气属于生物质能的一种，但因为沼气的主题强度值很高，所以把沼气从生物质能中分离出来。这说明新能源领域在这个阶段，从单一的研究太阳能主题到扩展到其他主题，且速度快、历时短，这正符合生命周期理论发展阶段的规律。

（3）新能源领域快速发展阶段语义信息如下。

在这个阶段，新能源领域研究主题和主题数量处于稳定状态，基本上没有发生变化。文献量也处于高速增长期，文献量是发展期的 8 倍还多。但这只是表象，语义层面的信息通过主题挖掘才能显现出来，从两个角度阐述这种变化。

一是从主题强度的角度。主题数量虽然没有发生变化，但主题强度却发生了很大的变化，由图 6.30 可以清晰地看出，太阳能主题的研究强度进一步降低，而其他新兴研究主题如沼气、生物质能、风能都由低热度向高热度转变，尤其是沼气和生物质能的研究热度不断上升，特别是沼气研究强度在快速发展期已经超越了太阳能主题。

二是从主题变迁的角度。一个研究主题的发展总是伴随着新方向的产生和旧方向的消失，新旧不断交替。注意到主题模型通过主题抽取，除了监测新研究主题的产生外，也探测到旧研究主题的消亡，如太阳能主题在萌芽阶段出现的太阳房、太阳池、太阳灶方向在发展阶段都消亡了，同时新出现了空气取水[94]和光伏发电等新方向，而集热器和空气取水又在快速发展阶段中消亡（图 6.32）。

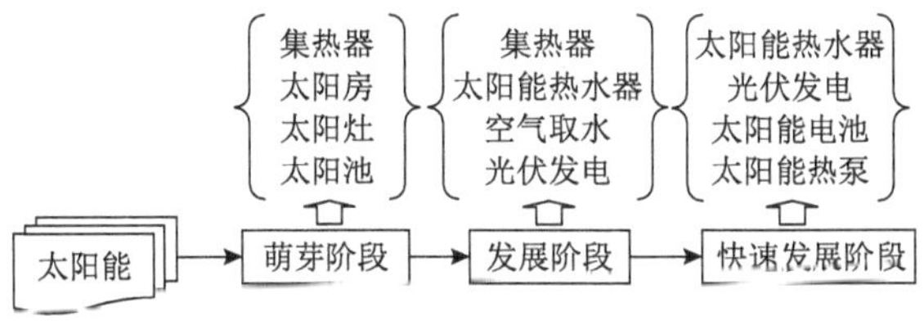

图 6.32　太阳能主题变迁示意图

C. 第三层次——生命周期学科主题层语义挖掘

对国内新能源领域生命周期内同一阶段以 1 年为时间间隔划分语料库，分年度进行主题抽取，并统计同一主题的主题强度值，刻画主题强度演化，对新能源领域未来研究主题和研究热点进行研判。

图 6.33 展示了新能源领域快速发展阶段的三个典型主题，太阳能、生物质能、风能的主题强度演化曲线。

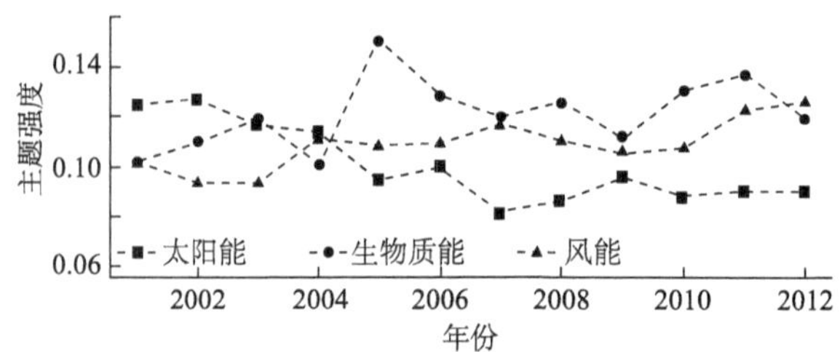

图 6.33　新能源领域快速发展阶段三个典型主题强度演化曲线

图 6.33 清晰地描述了三个不同主题的主题强度演化。

①太阳能作为重要的可再生能源对于我国能源的可持续发展有着重要意义。太阳能在最近几年的研究中主题强度由最初持续下降，但仍旧处于较高的点位，仍然是新能源研究的热点。②生物质能在最近几年里得到了持续的关注，其主题强度值整体上升。生物质能一直是人类赖以生存的重要能源，它是仅次于煤炭、石油和天然气而居于世界能源消费总量第四位的能源，在整个能源系统中占有重要地位[95]。③风能之所以能够得到研究者的持续关注，源于风能资源具有可再生、永不枯竭、无污染等特点，综合社会效益高。而且，风电技术开发最成熟、成本最低廉。我国风力发电的环境效益相当显著[96]，我国新能源战略开始把大力发展风力发电设为重点。

4. 模型对比分析

为了对模型进行验证，我们统计了国内新能源领域生命周期各个阶段的关键词词频及关键词共现频次，在此基础上验证基于 LDA 模型的学科领域生命周期语义挖掘模型所挖掘主题的可靠性及主题演化的有效性。

通过统计全局和各个阶段高频关键词词频（前 10 位），得到表 6.9。

表 6.9　新能源领域全局和各阶段高频关键词词频（前 10 位）

全局高频关键词	共现频次/次	萌芽期高频关键词	共现频次/次	发展期高频关键词	共现频次/次	快速发展期高频关键词	共现频次/次
太阳能	918	平板集热器	33	太阳能	112	太阳能	781
生物质能	787	太阳能热水器	32	太阳能热水器	55	生物质能	775

续表

全局高频关键词	共现频次/次	萌芽期高频关键词	共现频次/次	发展期高频关键词	共现频次/次	快速发展期高频关键词	共现频次/次
沼气池	692	集热器	29	开发利用	40	沼气池	648
天然气水合物	649	太阳能	25	天然气水合物	39	天然气水合物	610
沼气	572	太阳能集热器	23	沼气池	39	沼气	561
风力机	339	太阳灶	22	农村能源	30	风力机	313
太阳能热水器	280	太阳池	19	新能源	29	沼气发酵	237
沼气发酵	243	吸热板	19	地热资源	28	数值模拟	214
可再生能源	221	热性能	18	太阳能集热器	28	沼气工程	213
沼气工程	219	热效率	15	风力机	25	热解	213

如表 6.9 所示，将全局高频关键词和各个阶段的高频关键词进行了统计，下面通过主题抽取和主题强度演化这两个方面对比分析高频关键词方法和本书基于 LDA 模型方法。

1）主题抽取对比分析

在前文中，表 6.6（全局主题部分展示）和图 6.29（全局抽取的所有主题）分别是基于 LDA 模型的全局主题抽取（部分展示）和主题强度刻画，与表 6.9 第一列（全局高频关键词）对比分析可以看出，基于 LDA 模型所抽取的新能源领域全局研究主题，基本上可以涵盖表 6.9 中的全局高频关键词，这说明了基于 LDA 模型主题抽取所获得的研究主题是准确的。

全局高频关键词所代表的研究主题仅能从单个关键词展示，如天然气水合物这个关键词出现了 649 次，说明天然气水合物是研究主题，但是这个主题所包括的深层语义无法刻画。LDA 模型抽取的主题包含一系列与该主题相关的关键词，见表 6.6 天然气水合物主题，该主题下的一系列关键词及其权重如天然气水合物、可燃冰、南海、甲烷等很好地刻画了这个主题的语义信息。

各阶段的研究主题对比分析同全局研究主题对比分析方法是一样的，见表 6.9 的第二列代表的是萌芽期高频关键词及下文中的表 6.10 萌芽期 LDA 模型主题抽取部分结果。例如，表 6.9 中第二列萌芽期高频关键词显示除了太阳能外，出现了集热器、平板集热器、太阳能热水器、太阳能集热器、太阳灶、太阳池等高频关键词，但是这些高频关键词之间的语义关系是无从得知的，而 LDA 模型给出的主题抽取结果如表 6.10 所示，集热器、平板集热器、太阳能、热水器、集热器是聚在一起的，都是包含在集热器这个主题之下的。另外，太阳房、太阳池、太阳灶等研究主题如表 6.10 所示。

表 6.10　萌芽期部分研究主题展示（同表 6.8，添加了研究主题词项）

主题：太阳房		主题：集热器		主题：太阳池		主题：太阳灶	
词项	概率值	词项	概率值	词项	概率值	词项	概率值
太阳房	0.025 12	平板集热器	0.036 71	太阳池	0.044 39	镜面	0.025 10
太阳能集热器	0.015 76	真空管集热器	0.022 64	沼气池	0.015 96	太阳灶	0.022 33
热损失	0.012 64	太阳能热水器	0.019 83	实验性	0.012 80	太阳能	0.019 56
太阳辐射热	0.012 64	太阳能学报	0.014 21	太阳能	0.012 80	聚光比	0.016 78
集热墙	0.012 64	全玻璃真空集热管	0.014 21	塔式	0.012 80	集热器	0.016 78
太阳能热水器	0.009 52	集热效率	0.014 21	取热	0.012 80	聚光器	0.014 01
集热器面积	0.009 52	吸收表面	0.011 39	定日镜	0.009 64	吸热器	0.014 01
集热效率	0.009 52	瞬时效率	0.011 39	赤纬	0.009 64	定日镜	0.014 01
被动太阳房	0.009 52	真空集热管	0.011 39	锅炉	0.009 64	太阳光	0.011 23
太阳能采暖	0.009 52	经济性能	0.008 58	盐水溶液	0.009 64	反射镜	0.011 23

2）主题强度演化对比分析

基于 LDA 模型的方法除了主题抽取所表达的主题语义信息更加丰富之外，主题强度的演化也更加准确。通过表 6.9 的第二～第四列可以看出“太阳能”这个关键词的词频在三个阶段是明显递增的，但不能就此判定其研究强度也是递增的，实际上通过词频的方法是没有办法对太阳能这样一个研究主题度量其强度的，因为基于词频的方法无法显示哪些关键词是与太阳能这个主题相关，而 LDA 模型主题抽取本身就是词的聚类，其研究强度通过上文定义 6.2 来度量，从图 6.30 可以看出太阳能主题的强度在新能源生命周期中是递减的，这充分说明基于 LDA 模型的主题演化方法可以有效监测学科主题研究趋势。

通过统计国内新能源领域各阶段的关键词共现频次，选取共现频次为前 10 位的关键词对，得到表 6.11。

表 6.11　新能源领域各阶段高频关键词共现频次（前 10 位）

萌芽期共现关键词		共现频次/次	发展期共现关键词		共现频次/次	快速发展期共现关键词		共现频次/次
平板集热器	热性能	5	水合物	天然气	40	热解	生物质能	97
太阳灶	热效率	5	气化	生物质能	27	气化	生物质能	81

续表

萌芽期共现关键词		共现频次/次	发展期共现关键词		共现频次/次	快速发展期共现关键词		共现频次/次
太阳能集热器	平板集热器	4	热解	生物质能	19	厌氧发酵	沼气	81
太阳集热器	热性能	4	南海	天然气水合物	17	沼气池	沼气发酵	77
太阳能热水器	热效率	4	热水器	太阳能	14	沼气池	沼气建设	71
真空管集热器	平板集热器	4	农村能源	太阳能热水器	13	农村沼气	沼气池	62
太阳能干燥器	温室	4	风电场	风能资源	13	农村沼气	沼气建设	55
太阳能热水系统	集热器	4	天然气水合物	资源量	13	原料	沼气池	54
太阳能热水器	集热器	4	地热资源	开发利用	12	原料	沼气发酵	46
平板集热器	吸热板	4	冲绳海槽	天然气水合物	11	沼液	沼渣	46

从关键词共现中，我们发现在萌芽期和发展期，与快速发展期相比，关键词共现的频次是比较低的，同时大多数关键词的共现频次为 1，直接导致高频和低频共现的临界点确定的难度，影响聚类效果。并且，将共现频次转换为共现矩阵后，是非常稀疏的，这既不利于共现聚类的效果，也不利于主题演化的分析。在主题演化时，当把时间段切得很细的时候，共现矩阵更加稀疏，没有办法进行主题的演化。而基于 LDA 模型的主题演化不存在这样的问题，LDA 模型可以将时间段切得细到年或月，这是因为 LDA 模型是基于整个文档建模，而不仅是关键词（考虑到获取全文的成本，本书中使用摘要），其演化效果是显而易见的，见图 6.33。

5. 总结

通过本节建立的基于 LDA 模型的学科领域生命周期语义挖掘模型，对国内新能源领域从 1979～2012 年近 1.2 万篇科学文献进行实证分析，结果显示我国新能源领域的研究正处于快速发展期，共有典型研究主题 16 个，研究热点有沼气、天然气水合物（可燃冰）、太阳能热水器、生物质能、风力机等。在发展期，共出现 7 个新的研究主题，目前研究主题比较稳定，但每个研究主题其主题强度和主题内容都在不断演化，如太阳能主题在生命周期不同阶段有不同的研究方向。从快速发展期主题强度演化趋势来看，未来生物质能和风能将成为新能源领域最热的研究主题。

将 LDA 模型应用到科学文献研究中，可以实现研究热点发现、趋势研判，特别是基于科学文献摘要或全文的语料库形式，增强了学科领域研究热点的语义信息解释性。科学文献的生命周期理论是基于科学文献的统计信息刻画出来的，对于学科发展不同阶段的结构研究具有宏观指导意义。本节建立的基于 LDA 模型的学科领域生命周期语义挖掘模型将二者有效结合，实证分析验证该模型初步实现了学科领域结构分析、研究热点发现及发展趋势揭示。但在以下两个方面有待进一步地改进：首先，以全文语料库作为数据来源以提高语义挖掘模型的使用效果；其次，考虑更细粒度的主题与主题之间或者主题与文档之间的关联分析，以刻画学科领域研究主题的遗传和变异，更加清晰地展示研究主题的变迁和整个学科的演化脉络。

6.4.3　基于 LDA 模型的学科结构挖掘：全局和学科两个视角的对比分析

当前大部分的主题挖掘和识别研究是直接利用 LDA 模型从全局的角度对研究领域进行分析和挖掘。随着学科交叉研究的广泛渗透，不同学科参与某个研究领域或者专题中导致其研究的知识结构复杂多样，进而从全局与不同学科开展的相关研究呈现出一定差异性。为探究全局主题和分学科主题在研究上存在着哪些差异，本书借助 LDA 模型，以知识流研究领域为例，拟从全局和学科两个维度探讨不同维度下主题识别结果的异同点，以期为后续的主题挖掘和识别研究提供新的研究思路。

本节研究的目的是通过 LDA 模型，从全局和学科两个视角抽取知识流研究领域的研究主题。在实验中，学科分类是通过每篇文献标引的中图分类号进行划分。本实验的流程主要分为文献获取与预处理、文献数据归一化处理和 LDA 参数设置、实验结果分析三个阶段。

1. 文献获取与预处理

选取国内知识流领域为实验对象，实验数据检索自 CNKI 中的《中国学术期刊网络出版总库》和万方数据的《中国学术期刊数据库》。检索策略是限定关键词或标题中精确包含“知识流”（时间截至 2014 年）。检索结果为：来自 CNKI 数据库的相关文献有 487 篇，来自万方数据的文献有 651 篇。为获取不同学科下期刊文献，本节通过自编 Java 软件从两个数据库中抓取题录信息，数据包括文献的出版年份、标题、关键词、摘要、中图分类号五项题录字段。

为获取科学、规范的文献来源，并排除不相关文献的干扰，本节对获取到的文献通过以下步骤进行处理：①合并两个数据库中的期刊文献，在此基础上去重；②删除关键词或标题字段中不包含“知识流”的期刊文献；③删除标题、关键词、中图分类号不完整的文献。最后，得到 651 条期刊文献题录。

获得期刊文献题录后，需要根据中图分类号对文献进行学科分类。本节选取文献标注的首个分类号作为文献的基准学科分类，并采用二级分类目录作为文献分类的标识。按照不同学科类别的文献数量进行倒排序，前 13 个分类目录的文献数量为 597 篇，占全部文献（651 篇）的 91.71%，能够代表知识流领域。因此，本节选择前 13 个分类目录的 597 篇文献题录作为本实验的数据。因 G4（教育）类包含 G6（各级教育）类和 G7（各类教育）类，故将这三类统归为 G4 类，得到 11 个学科分类如表 6.12 所示。

表 6.12　前 11 个学科分类目录及其热点主题数量

序号	分类号	学科分类名称	文献数量/篇	主题个数/个
1	F2	经济计划与管理	249	2
2	G3	科学、科学研究	66	0
3	F0	经济学	66	2
4	G4{G6}{G7}	教育	51	1
5	G2	信息与知识传播	37	2
6	F4	工业经济	34	2
7	TP3	计算技术、计算机技术	24	2
8	C93	管理学	24	1
9	F1	世界各国经济概况、经济史、经济地理	18	2
10	TP1	自动化基础理论	15	2
11	F7	贸易经济	13	2
		总计	597	18

注：表中的 C93 因其二级目录无对应的分类名称，故使用其三级分类目录

2. 文献数据归一化处理和 LDA 参数设置

利用中科院分词工具包 ICTCLAS50 实现标题和摘要的中文分词，再进行去除停用词、实词抽取等自然语言处理，获得实验所需语料库，并基于 JGibbLDA 开源包实现 LDA 模型的参数训练。对于全局数据，LDA 模型参数设置使用 Gibbs 抽样进行参数后验估计，设置迭代次数为 2000 次，超参数设置为 $\alpha=0.01$、$\beta=0.05$，主题数目 T 定为 50 个。对于各学科类别数据，设置迭代次数为 1000 次，超参数设置为 $\alpha=0.01$、$\beta=0.05$，各类别数据的主题数目

T_i $(i=1,2,3,\cdots,13)$ 暂且全部设置为 20 个。

3. 实验结果分析

根据实验数据的不同，将实验分为全局主题抽取和学科主题抽取。全局主题抽取指的是直接利用所有的文献数据进行主题模型的训练并得到主题结果。学科主题抽取指的是分别利用各个学科类别下的文献数据进行主题抽取，得到不同学科下的主题结果。

实验中，在全局主题强度分布中选择主题强度大于 0.02 的 18 个主题作为热点主题；各学科分类中选择主题强度大于 0.1 的主题作为热点主题，其中 C93 类的主题 10 的强度逼近于 0.1，因此将该主题也纳入实验结果以便对比分析，而 G3 类所有主题的强度都远小于 0.1，故该学科类别未有热点主题进入实验结果。按照各分类的文献数量排序，不同类别的主题数量分布如表 6.12 所示。

1）全局主题抽取

在全局主题中，主题强度大于 0.02 的有 18 个主题，大于 0.01 的有 34 个主题。本书认为不同学科之间存在一定差异，也就是每个学科至少要有一个热点主题，得出全局主题至少要有 11 个热点主题。为了全局主题和学科主题之间对比分析的便利，选择全局主题大于 0.02 的 18 个热点主题作为对比分析的基准数据，如表 6.13 所示。

表 6.13　全局 18 个主题展示（按照主题强度降序排序）

序号	主题标识	与研究主题最相关的词项（前 20 位）
1	主题 5：竞争情报知识流管理	知识流、知识管理、隐性知识、知识流模型、知识流管理、显性知识、知识创新、组织知识、知识库、竞争情报、竞争优势、知识缺口、隐性知识流、知识管理系统、知识资源、流管理、知识生命周期、动态能力、整合模型、知识流通
2	主题 33：国家或区域创新系统	知识流动、区域创新系统、创新能力、区域创新、区域经济、国家创新系统、创新主体、产业集群、创新系统、竞争优势、企业集群、影响因素、技术能力、创新要素、吸收能力、人才流动、行政区、技术学习、知识资源、构成要素
3	主题 24：供应链知识流建模	知识流、知识流动、供应链、影响因素、知识流模型、知识管理、petri 网、知识存量、知识共享、节点企业、企业知识流动、知识流管理、petri 网模型、知识管理研究、知识转化、科学研究、切入点、SECI 模型、解释结构模型、驱动力
4	主题 50：业务流程知识流分析	知识管理、知识流、业务流程、知识流程、知识经济时代、组织知识、知识共享、知识地图、企业业务流程、内部知识、组织结构、构成要素、知识流分析、知识活动、业务流程重组、工作流、企业管理、知识环、知识链模型、知识流优化
5	主题 9：企业知识共享和知识转移	知识流动、知识管理、知识共享、知识流程、知识流动过程、知识转移、知识势差、创新能力、知识获取、企业竞争、知识转化、知识流、模型、竞争优势、知识、核心竞争力、知识扩散、知识流动模型、竞争对手、核心知识

续表

序号	主题标识	与研究主题最相关的词项（前 20 位）
6	主题 42：产业集群和技术创新	知识流动、技术创新、知识流、产业集群、经济增长、知识流转、技术创新能力、知识创新、动力机制、区域经济、知识溢出、知识经济时代、知识经济、产业结构、经济学、创新绩效、知识、国家创新体系、产学研合作、创新能力
7	主题 22：核心竞争力培养	知识流、知识流动、知识管理、核心竞争力、知识共享、知识经济时代、竞争力、知识创新、知识链、激励机制、知识经济、核心能力、知识、知识库、社会网络、高职院校、价值增值、生产要素、竞争优势、知识管理体系
8	主题 25：跨国公司知识流动	知识流动、跨国公司、知识存量、竞争优势、子公司、影响因素、知识网络、知识、创新能力、网络组织、知识创新、知识转移、吸收能力、价值链、R&D、异质性、流动、母子公司、组织结构、学习能力
9	主题 39：业务流程知识管理	知识管理、知识流程、业务流程、知识流、知识创新、管理模式、信息技术、知识共享、业务流、图书馆、知识创新能力、组织知识、知识管理系统、知识流分析、竞争能力、集成建模、知识场景、知识管理研究、认知协作、角色协作
10	主题 2：知识流网络结构分析	知识流动、社会网络分析、显性知识、隐性知识、知识交流、网络结构、社会网络、产业集群、结构特征、吸收能力、数据库、研究进展、隐性知识流动、知识网络、创新、影响力、企业吸收能力、集群创新、小世界网络、组织间
11	主题 15：知识流流量和存量	知识流动、知识存量、知识流量、技术创新、知识创造、知识资源、知识转移、知识共享、知识应用、核心竞争力、知识扩散、知识整合、中国企业、测度知识、机理、组织结构、知识基础、图书馆、动力机制、核心企业
12	主题 6：知识网络	知识流动、知识网络、网络结构、影响因素、知识流动效率、知识主体、虚拟科技创新团队、节点间、合作创新、知识分布、关系强度、非正式知识网络、测度模型、网络知识流、内部知识、社会网络、创新性、结构方程模型、重要性、科技创新
13	主题 23：隐性知识流动影响因素	隐性知识、隐性知识流动、隐性知识流转、知识流、知识管理、隐性知识流、影响因素、流动、知识创新、技术创新、转化、技术水平、竞争优势、知识主体、FDI、生产力、模糊佩特里（petri）网、产学研合作、科学技术、关系
14	主题 14：知识服务或知识流程外包	知识流程外包、服务外包、业务流程外包、外包模式、人才储备、知识流程、服务业、知识产权、相关性、FDI、信息技术外包、外包产业、资源优势、产生背景、科学研究、知识共享、知识流模型、运作模式、企业变革、乏善可陈
15	主题 3：知识链管理	知识流动、知识链、知识流动过程、创新系统、知识链管理、知识链组织、知识流动模型、价值观、供应链、生命周期、分析法、针对性、知识生产、制造业、知识流动效率、确定性、知识生态、核心能力、技术创新、培养模式
16	主题 18：产学研技术转移	知识流动、影响因素、技术转移、产学研、技术交流、显性知识、结构方程模型、知识流动过程、耦合度、知识活动、国家创新体系、科技成果转化、引文网络、测度方法、知识流动网络、环境因素、知识流动能力、科技创新团队、交互耦合、基本思想
17	主题 7：图书馆知识流管理	知识流、知识管理、系统工程、知识转移、图书馆、知识集成、知识管理系统、知识管理体系、知识管理研究、发展趋势、知识服务、信息流、服务体系、知识本体、资源共享、知识流动模型、信息管理、影响因素、知识生命周期、知识流分析

续表

序号	主题标识	与研究主题最相关的词项（前 20 位）
18	主题 47：知识流出和流入	知识流出、知识流入、知识流动、研发投入、企业管理创新、管理创新、知识源、学术界、控制变量、外部环境、广东省、高新技术、创新管理、针对性、企业创意、结构形式、规模、影响机制、组织知识、技术创新

注：R&D（research and development，研究与开发）；FDI（foreign direct investment，对外直接投资）

2）学科主题抽取

学科主题抽取自 11 个学科，得到 18 个热点主题，如表 6.14 所示。从表 6.14 可以得出：至少在本例中，文献数量与热点主题的数量不存在直接关联。例如，F2 类的文献数量为 249 篇，其热点主题为主题 6 和主题 12，主题强度分别为 0.108 74 和 0.114 96；而 F7 类的文献数量只有 13 篇，其热点主题为主题 14 和主题 17，对应的主题强度分别为 0.172 813 和 0.182 051，均大于 F2 类中的主题强度。结合相关文献深入探究该现象，可以继续得出，在文献数量较多的学科类别中，知识流研究领域涉及的研究方向较多，使得主题集中度较弱，热点主题无法凸显；而文献数量较少的学科，因知识流研究引入该学科的时间较短，其研究基本集中在一个方向，学科主题的集中度反而更高。

表 6.14　各学科主题展示（省略词项概率）

学科分类	主题标识	与研究主题最相关的词项（前 20 位）
F2	主题 12：业务流程知识管理	知识流、知识管理、业务流程、组织知识、知识流程、知识共享、知识经济时代、知识流分析、知识流管理、知识流模型、知识创新、内部知识、知识活动、信息技术、组织结构、知识资源、企业业务流程、知识管理系统、业务流程重组、知识地图
	主题 6：跨国公司知识流动	知识流动、跨国公司、竞争优势、知识创造、技术创新、核心竞争力、网络组织、影响因素、知识共享、知识存量、知识管理、知识网络、知识创新、知识流量、知识资源、知识基础、核心企业、学习能力、企业竞争、知识整合
G3		
F0	主题 13：产业集群知识流动	知识流动、产业集群、竞争优势、知识网络、区域经济、知识链、价值链、知识经济、知识守门者、超本地知识流动、产业集群升级、开放性、关键知识、知识扩散、县域特色、创新型产业集群、均衡模型、技术创新扩散、测量模型、运筹学
	主题 20：区域创新知识流动	知识流动、区域创新系统、竞争力、创新能力、重要性、知识流动模型、机理研究、分析知识、空间集聚、知识、创新链、区域经济、F1 产业、复杂产品系统、依赖性、模型、科技服务业、国民经济、子系统、知识经济时代
G4 {G6} {G7}	主题 4：高职院校知识创新	知识流、核心竞争力、知识管理、高职院校、知识创新、知识库、激励机制、知识管理体系、知识链、价值增值、知识共享、知识流动、角度看、组织结构、知识产权、高校核心竞争力、路径选择、知识网格、战略、路径
G2	主题 10：图书馆显隐性知识转化	知识流、知识管理、图书馆、知识流动、隐性知识、显性知识、知识、SECI 模型、living library（真人图书馆）、知识共享、SECI 模型、知识增值、学科馆员、知识经济时代、图书馆讲座、信息流、人才流、思想流、终身学校、基层图书馆

续表

学科分类	主题标识	与研究主题最相关的词项（前 20 位）
G2	主题 8：图书馆、企业知识传播	知识管理、知识流程、图书馆、业务流程、知识链、企业管理、构成要素、知识共享、管理模式、知识创新、企业知识管理模型、竞争力、知识链模型、知识链管理、竞争能力、电子政务、政务知识流程、SECI 模型、知识流、living library
F4	主题 20：知识流动方式	知识流动、知识共享、知识溢出、知识、知识传递、知识流动模型、价值链、流动方式、分析研究、知识转移、战略联盟、知识流动循环、知识势差、知识流动过程、知识创新、核心能力、企业知识流动、企业、获取、模型
	主题 7：产业集群和知识创新	知识流动、竞争优势、产业集群、网络结构、观念转变、西部、工业、创新要素、模糊数学、评价指标体系、针对性、集群创新、突破性、模糊综合评价、高新技术产业集群、分析框架、企业行为、共同体、知识存量、政治学
TP3	主题 12：工程设计知识流	知识流、工作流、表示方法、集成建模、知识流引擎、协同设计、控制技术、资源空间模型、集成控制、逻辑关系、检索、推送、过程控制、工作流过程元模型、知识获取、知识集成、学生管理、耦合建模、一体化设计、可靠性
	主题 15：工程设计知识流建模	知识流、知识流模型、petri 网、着色 petri 网、显性知识、知识生命周期、知识管理、隐性知识、生命周期、隐性知识流、仿真分析、模型仿真、知识流管理、协作图、供应链、业务流程、集成系统、耦合建模、一体化设计、可靠性
C93	主题 10：组织学习知识交流	知识流动、组织学习、知识流、知识流模型、知识创造、知识交流、知识创新、模型、知识共享、双元平衡、组织学习情境、探索式学习、利用式学习、计算机仿真、影响因素、管理咨询服务、知识转移模式、咨询业、知识转移、业务流程
F1	主题 9：国家或区域创新系统	知识流动、区域创新系统、创新系统、区域经济、知识、动力机制、经济绩效、相关性、产业结构、经济增长、国家创新系统、创新主体、经济运行、创新绩效、创新、稳定度、创新能力、结果显示、技术创新能力、密切相关
	主题 1：国家或区域创新体系	知识流动、区域创新体系、影响因素、区域创新、技术创新、服务机构、包容性创新、长三角、对策、国家创新体系、创新体系理论、区域创新系统、稳定度、创新能力、结果显示、技术创新能力、密切相关、知识流、演化、产业结构
TP1	主题 15：业务协作知识流	知识管理、知识流、工作流、认知协作、知识管理研究、角色协作、组织结构、知识流动效率、知识共享、表示层、知识本体、知识流分析、知识管理系统、流程协调、异常处理、参与者、agent、半主动、信牌、政府信息发布
	主题 12：自动化控制知识流建模	知识管理、知识流、petri 网模型、知识流动、知识流模型、知识流动效率、复杂性、petri 网、流程控制、管理理论、分布情况、可能性、知识分布、知识存量、管理人员、表示层、知识本体、知识流分析、知识管理系统、流程协调
F7	主题 17：互联网服务创新	知识流、信息流、资金流、服务创新、知识流动、服务业、政策性建议、电子商务、运行平台、互联网、运作模式、物流、契约、实物形态、商品流、捷安、企业转型、内外部、公共服务、外部环境
	主题 14：服务外包	服务外包、知识流程外包、信息技术外包、科技服务业、产生背景、联动机制、业务流程外包、企业转型、内外部、公共服务、外部环境、因子分析、产业链、知识流、政策扶持、服务创新、知识流动、服务业、政策性建议、blotto 博弈

注：SECI（socialization externalization combination internalization，知识转化模型）

3）结果讨论

下面将通过主题的语义可描述性、内容相关性、内容质量、学科分布四个方面对全局热点主题和学科热点主题的差异进行对比分析，如表 6.15 所示。

表 6.15　全局主题与学科主题的相关性对比

<table>
<tr><th>相关类型</th><th>全局主题</th><th>学科分类</th><th>学科主题</th></tr>
<tr><td rowspan="10">主题
相近型</td><td>主题 50：业务流程知识流分析</td><td rowspan="2">F2</td><td rowspan="2">主题 12：业务流程知识管理</td></tr>
<tr><td>主题 39：业务流程知识管理</td></tr>
<tr><td>主题 25：跨国公司知识流动</td><td>F2</td><td>主题 6：跨国公司知识流动</td></tr>
<tr><td>主题 14：知识服务或流程外包</td><td>F7</td><td>主题 14：服务外包</td></tr>
<tr><td rowspan="2">主题 33：国家或区域创新系统</td><td>F1</td><td>主题 9：国家或区域创新系统
主题 1：国家或区域创新体系</td></tr>
<tr><td>F0</td><td>主题 20：区域创新知识流动</td></tr>
<tr><td rowspan="2">主题 42：产业集群和技术创新</td><td>F0</td><td>主题 13：产业集群知识流动</td></tr>
<tr><td>F4</td><td>主题 7：产业集群和知识创新</td></tr>
<tr><td>主题 7：图书馆知识流管理</td><td>G2</td><td>主题 10：图书馆显隐性知识转化</td></tr>
<tr><td rowspan="4">主题
相似型</td><td rowspan="2">主题 24：供应链知识流建模</td><td>TP3</td><td>主题 15：工程设计知识流建模</td></tr>
<tr><td>TP1</td><td>主题 12：自动化控制知识流建模</td></tr>
<tr><td>主题 9：企业知识共享和知识转移</td><td>G2</td><td>主题 8：图书馆、企业知识传播</td></tr>
<tr><td>主题 22：核心竞争力培养</td><td>G4{G6}{G7}</td><td>主题 4：高职院校知识创新</td></tr>
<tr><td rowspan="8">主题
不相关型</td><td>主题 5：竞争情报知识流管理</td><td>F4</td><td>主题 20：知识流动方式</td></tr>
<tr><td>主题 2：知识流网络结构分析</td><td>TP3</td><td>主题 12：工程设计知识流</td></tr>
<tr><td>主题 15：知识流流量和存量</td><td>C93</td><td>主题 10：组织学习知识交流</td></tr>
<tr><td>主题 6：知识网络</td><td>TP1</td><td>主题 15：业务协作知识流</td></tr>
<tr><td>主题 3：知识链管理</td><td>F7</td><td>主题 17：互联网服务创新</td></tr>
<tr><td>主题 18：产学研技术转移</td><td></td><td></td></tr>
<tr><td>主题 23：隐性知识流动影响因素</td><td></td><td></td></tr>
<tr><td>主题 47：知识流出和流入</td><td></td><td></td></tr>
</table>

A. 主题语义可描述性差异分析

主题作为领域文献的一个提炼和总结，一个好的主题必然有良好的语义逻辑一致性，其主题内容应当清晰明确，可描述性强。从描述性角度来看，全局主题虽能够识别出研究领域的热点主题，但因学科界限不明确，描述主题的相关词语较为分散，并且容易受到领域高频通用词的干扰，主题的描述性较弱；而学科主题由于学科显性分类，主题相关词语较为集中，其主题描述更为清晰，表达能力更强。如表 6.13 中的全局主题 5，与该主题相关的前 20 个词语中除了竞争情报、竞争优势等词语外，剩余词语基本上是领域通用词，主题命名性较差，由此暂且命名该主题为竞争情报知识流管理。而表 6.14 中的 F2 类主题 12，该主题相关词中具有明确指示作用的词语有业务流程、组织知识、知识共享、内部知识、信息技术、组织结构、业务流程重组、知识地图，这些词语基本上从研究对象、研究方向、研究方法和技术等方面清晰地描述了该主题内容。

B. 主题内容相关性差异分析

对全局主题和学科主题进行内容层面的比较分析（表 6.15），通过主题成员的相似性可将两者之间的相关性分为主题相近型、主题相似型、主题不相关型三类。①主题相近型指的是两个主题相关词语中的重要词语基本一致。例如，全局主题 25 与学科 F2 的主题 6 的前 10 个相关词语中有 6 个相同词语，可以认为这两个主题是相近的。再如全局主题 33 与学科 F1 的主题 9 和主题 1、学科主题 F0 的主题 20 也是相近型主题，特别的是全局主题 33 与学科 F1 的主题 9 的相关词语基本吻合。②主题相似型指的是主题内容基本一致但其研究对象不同。例如，全局主题 24 与学科 TP3 的主题 15 和学科 TP1 的主题 12，这三个主题都是关于知识流建模，但其研究对象分别是供应链知识流、工程设计知识流、自动化控制知识流。③主题不相关型指的是主题之间的成员不存在或存在微弱的相关性，属于完全不同类型的主题。

在这三类主题类型中，相近型、相似型和不相关型可以反映出全局主题和学科主题的相关性。而且，在本节中全局和学科的相似型和不相关型主题个数累计为 11 个，占全部主题的 61%。因此可以认为，本节中的全局主题和学科主题抽取结果不具备一致性，也就是无法使用全局主题抽取替代学科主题抽取。

C. 主题内容质量差异分析

相对于学科主题，全局主题包含的研究内容更为丰富，一个主题涉及多方面的内容，以至于从全局主题中只能粗浅地了解主题的研究范围，无法获得更为详尽的领域研究内容；而学科主题因其主题范围的缩小，从主题描述中可以详细地获得热点主题所涉及的深层次内容。如表 6.15 中关于国家或区域创新方面的研究，从全局主题 33 中仅可以来确认主题是国家或区域创新系统的相关研究，若是从学科 F1 中的主题 9 和主题 1 及学科 F0 的主题 20，不仅可以判定主题范围，还可以进一步得知该主题的详细内容为国家或区域创新系统、体系的知识流动及其机理研究。

D. 主题学科分布差异分析

对比全局主题和学科主题发现，全局主题的学科分布过于集中。由于全局主题抽取的文献来源是全领域文本，其热点主题主要集中分布在文献数量较多的学科，忽视了文献数量中等或偏少学科的主题发现和识别，也无法实现新兴研究热点的及时挖掘。从表 6.15 可以看出，本节的全局主题大部分集中在学科 F 类（经济类），而学科主题因学科分类，主题比较均匀地分布在各学科中。

E. 总结与展望

本节借助 LDA 模型，从全局和学科分类两个维度，对国内知识流研究领域的 651 篇科学文献进行实证对比分析，实验结果表明全局主题和学科主题的差异主要表现在以下四个方面：①从主题语义可描述性上看，全局主题相关词语较为分散，易受到高频关键词的影响，导致主题可描述性较差；②从主题内容的相关性上看，全局主题与学科主题的相似程度较低，全局主题与学科主题无法替代；③从主题内容质量上看，全局主题在内容广度上相比学科主题表现较优，在内容深度上表现较次；④从主题学科分布上看，全局主题虽能够识别热点主题，但由于文献数量分布不均匀，其主题分布过于集中在数量较多的学科。

此外，本书还有待改进之处主要有三点：其一，如何使用全文语料获取数据，以使主题抽取效果和实验对比结果得以提高；其二，能否采用实验方法而不是经验判断确定阈值，以使所选的全局主题和学科主题的科学性得以提升；其三，如何使用定量方法来明确衡量两个维度下主题抽取的差异性和相关性，以突破仅采用定性分析方法进行分析时可能产生模糊对比结果的局限。

6.4.4　基于 LDA 模型的科技监测

在知识服务中，科技监测在追踪科学技术的发展态势、为科学研究和技术提供科学依据方面具有重要的作用。随着科技创新环境和关联要素的日益多元化及动态复杂化，如何从海量文献中准确而快速地梳理相关领域研究的发展动态，挖掘出研究热点主题与演化趋势，找到科技创新突破口，成为科技监测发挥作用的前提与基础。

科技监测是指以科学信息、数据分析为基础，以数据挖掘、信息抽取、知识发现等技术为手段，对科学技术活动进行动态监测、分析及评估的方法。其目标是：监测技术发展状态、把握技术机会、降低科研风险，从而提高创新效率[97]。在科技监测中，科技监测方法及应用是其研究的核心，它关系到能否更加深入挖掘某领域科技文献中的知识结构和内涵，如何有效地揭示科技文献中所包含的主题，以及可否充分地分析该领域国内外研究现状和趋势等。因此，科技监测方法与应用研究一直是学者们关注的热点。

1. *有关科技监测方法研究概述*

到目前为止，学术界对科技监测的界定仍然没有达成共识，因此采用科技监测的方法也是多种多样，其中有些方法是针对热点分析中存在的问题进行一系列的改进；有些方法是侧重于新兴趋势的发展。通过对国内外相关文献的检索与归纳分析，本书认为科技监测所采用的基本方法分为以下五类。

（1）基于统计的科技监测方法。该方法是通过如题名、关键词、作者、机构、年代等题录信息进行实体外部特征的分析，进而从时空角度阐释相关演化情况、研究发展，从而追踪科技动态信息的一种方法。这种方法简单易行，被较多研究人员所采纳。例如，张勤和马费成[98]采用词频统计分析的方法对国内外的知识管理研究热点进行了分析。但是弊端也是显而易见的，词频的阈值确定比较困难，研究结果主观性较强。

（2）基于复杂网络的科技监测方法。复杂网络理论已经在不同领域得到了较大发展，也不乏在科技监测方面的研究，如国内的刘宁宁等[99]对复杂网络理论在科技监测过程中的多个应用点进行了研究。首先，研究了一种利用实体网络属性进行作者重名分析的方法。其次，通过分析主题词共现网络快照序列中节点网络动态特征，研究了融合复杂网络理论的用于科技领域监测的学科演化分析方法。最后，运用传统的文献计量模型，通过主题词共现网络中实体的网络属性分析，研究了基于度、中介性等个体属性，评估作者的学术影响力及领域权威性的方法。Rajaraman 和 Tan[100]利用自适应谐振理论（adaptive resonance theory，ART）学习算法来改进目前主题监测和追踪中存在的聚类问题。该算法主要包括：初始化网络和参数、加载网络和聚类结构、利用模糊 ART 学习算法训练网络、修整网络并剔除低置信度分类节点、保存网络和聚类结构等。

（3）基于共现分析的科技监测方法。20 世纪末，科技情报研究人员开始将共现分析方法大量地应用到科技监测活动中，主要基于文献耦合、共词分析与共引分析三个方面展开研究。文献耦合是指两篇或多篇文献同时引用同一篇文献的现象，两篇或多篇文献共同拥有相同的参考文献的数量被称为耦合强度[101]。Morris 等[102]基于此原理设计并开发了基于文献耦合的研究前沿探测数据库信息可视化和分析系统（database information visualization and analysis，DIVA）系统。共词分析方法是内容分析方法的一种，其原理主要是对一组词两两统计它们在同一篇文献中出现的次数，对这些词进行聚类分析，并通过引入时间轴分析这些词所代表的学科和主题的知识结构变化[103]。共引分析方法是指通过文献的引用或被引用来研究文献之间的联系与变化，进而研究文献内容之间的关联、渗透与交叉等关系，是从文献外部特征项来间接描述科学文献内容的变化[104]。通过共现分析方法监测科技活动，能够获得该领域学科的研究结构及与相关领域的知识联系，并可以从时间序列上比较不同时期的学科研究结构，以此获得该研究领域发展、渗透、交叉和兴衰等趋势的知识。但是，文献耦合与共引分析主要以文献的外部特征为主，而共词分析方法一般将单个概念作为分析对象，无法准确表示词汇的语义关系。

（4）基于爆发词的科技监测方法。Kleinberg[105]在 2003 年提出爆发监测的算法，其主要思想是寻找文献集合中突然增加的词汇。爆发监测技术是基于概率机对不同时间段上出现的关键词词频进行建模。概率机的状态确定了某一时间点上关键词出现频次的期望值，其状态的改变由概率模型控制。与在一个时间段里的词频阈值监测热点的出现不同，爆发监测主要是对某些低频词但却有一定情报意义的词的监测。

（5）基于文本挖掘的科技监测方法。文本挖掘方法是利用自然语言处理技术从文本中抽取显性或隐性知识，并在抽取的知识信息的基础上探寻知识间有意义的关联或模式的过程。人们对知识的需求越来越迫切，利用文本挖掘方法进行科技监测活动已经成为一项重要的任务[106]。在科技监测中，利用该方法可以有效地监测项目的相关的现状和发展趋势，并对其进行持续的跟踪。同时，通过专利文献等载体形态中的技术内容掌握竞争对手的优势、劣势，制定相关科研策略。

综上所述，随着科技监测应用对象与范围的扩展，迫切需要创新与完善现有科技监测方法体系，以突破现有研究素材主要来源于科技期刊论文、主题表达简单、文本加工方法受文本技术处理制约、研究方法以文献计量、共引、共现依据为主等局限。基于此，本书拟将主题模型方法引入科技监测方法研究中，以科技报告为研究素材，利用主题模型中的主题强度度量、主题演化判定和主题衍生应用等方法完善科技监测技术方法体系，为科技监测研究提供新的研究思路与方法支撑。

2. 基于 LDA 模型的科技监测方法的构建研究

将 LDA 模型方法应用到科技监测中，可以突破现有的主题表示和文本处理的局限，通过“文档-主题-特征词”三层拓扑结构进行文档建模和样本的训练，以推断和识别主题的强度变化，从而解决科技监测中的主题演化分析问题。同时，如果在主题模型中加入科技文献元数据的时间分布，得到主题在时间序列上的演化脉络，可以更好地协助科技监测中的主题演化、追踪等工作。此外，由于主题模型的应用不局限于主题挖掘、主题追踪、主题演化等方面，科技情报分析人员还可以通过一些距离公式[如库尔贝克-莱布勒（Kulback-Leibler，KL）距离]计算出两篇文档的语义距离，从而产生相似度监测、推荐监测等衍生功能[107]，为科技监测的扩展衍生应用提供发展的空间。

本书构建基于主题模型的科技监测方法，该方法的核心是以主题为研究对象，其基本的思路：首先，以“文档-主题-特征词”拓扑结构为依据构建文档表示空间，将收集的某领域文档集合进行时间片划分和文档预处理工作；其次，依照主题建模方法对已处理的文档集合和所形成的特征词进行主题建模，从中挖掘出隐含的主题；再次，对主题强度进行量化计算，探索在时间序列维度内不同的主题强度变化和主题内部演化规律；最后，结合具体的科技监测服务内容扩展基于该方法的衍生应用。基于 LDA 模型的科技监测方法的构建思路与结构设计如图 6.34 所示。

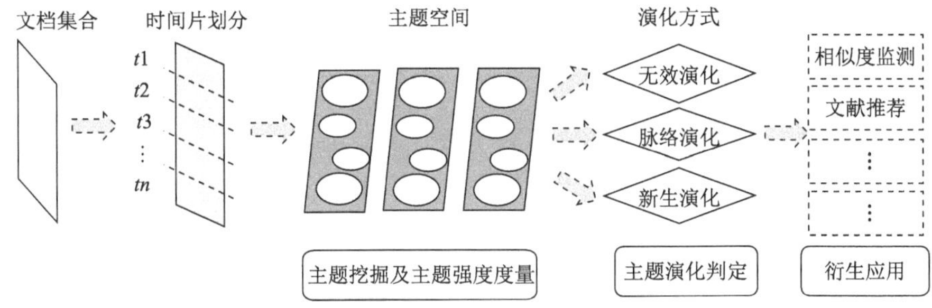

图 6.34　基于 LDA 模型的科技监测方法的构建思路与结构设计

其中，主题强度度量、主题演化判定和衍生应用是基于 LDA 模型的科技监测方法的三个主要构成，下面将对这三个主要内容进行详细的论述。

1）主题强度度量的涵义与模式

科技监测任务中对主题分析主要是挖掘主题的强度及变化，即对主题强度进行量化。依据 LDA 模型中的“文档-主题”概率分布和“特征词-主题”概率分布处理，主题强度可以利用“文档-主题”概率分布及与主题相关联的文档在各个时间窗口内散布状态的计算来实现。通常情况下一篇文档包含多个主题，一个主题存在于多篇文档中。假如采用文档 d 中主题 k 所占的比例来代表主题强度，该比例由主题抽取后得到的“特征词-主题”概率分布和“文档-主题”概率分布计算得到。

根据文档的度量范围与时间长短，将主题强度度量模式划分为全局主题强度度量和局部主题强度度量。

A. 全局主题强度度量

全局主题强度度量是指通过 Gibbs 抽样推理算法[108]直接获得抽取的全局主题及两个最重要的概率分布：“特征词-主题”概率分布 φ 和“文档-主题”的概率分布 θ 。本书以“文档-主题”概率分布作为衡量全局主题强度的依据。

设 $\hat{\theta}_k^d$ 为文档 d 中主题 k 的所占比例，则全局主题 k 的强度 $\hat{\theta}_k$ 表示为

$$\hat{\theta}_k = \frac{\sum_{d=1}^{M} \hat{\theta}_k^d}{M} \tag{6.18}$$

其中，M 为与主题 k 概率分布相关的文档数量。在此模型框架下，每篇文档是多个主题的不同比例混合，即每篇文档按概率属于多个主题。

B. 局部主题强度度量

局部主题强度度量是通过对每个文档给出的所含主题的概率强度，在每个时间窗口内根据文档出现的频率来度量，即在每个时间窗口计算其所含全部文档的“文档-主题”概率的平均值。这样得到的每个主题在不同时间窗口内的活跃程度

就是局部主题强度。

设 $\hat{\theta}_k^d$ 为文档 d 中主题 k 的所占比例，则 t 时间窗口内，局部主题 k 的强度 $\overline{\theta}_k^t$ 表示为

$$\overline{\theta}_k^t = \frac{\sum_{d=1}^{N} \hat{\theta}_k^d}{N} \tag{6.19}$$

其中，N 为 t 时间窗口内与主题 k 概率分布相关的文档数量。

此外，如果为了保证主题在不同时间段内的散布具有相同的同质性，需要对全部年份的文献集合进行主题建模并抽取出全局的主题，然后将这个主题分散到各个时间段内进行主题强度度量，从而挖掘主题强度随时间变化的演化模式。

2）主题演化判定的涵义与类型

主题演化是指对所发现的主题在时间序列维度上的研究，即将文献“元数据-时序”信息融入主题模型中，然后挖掘各个时间段内不同的主题强度变化情况和主题内部演化规律情况。本书通过探讨主题演化方式中子主题与全局主题经过主题相似度计算后可表现出的形式，将主题演化方式分为无效演化、脉络演化和新生演化三种类型，主题演化的演化特征、演化解释和演化图例如表 6.16 所示。

表 6.16 主题演化判定

演化方式	演化特征	演化解释	演化图例
无效演化	各时间窗口内的子主题总存在与某个全局的核心主题密切相关（表现为相似度较高，相似度值≤阈值 Y_1），但在该全局核心主题框架下，各个子主题之间并没有形成明显的前驱主题密切相关或者后继主题密切相关（表现为相似度不稳定，相似度值不同时≤前驱阈值 Y_2 且≤后继阈值 Y_3）	围绕某个全局的核心主题，前驱主题与后继主题缺乏承上启下的主题规律性	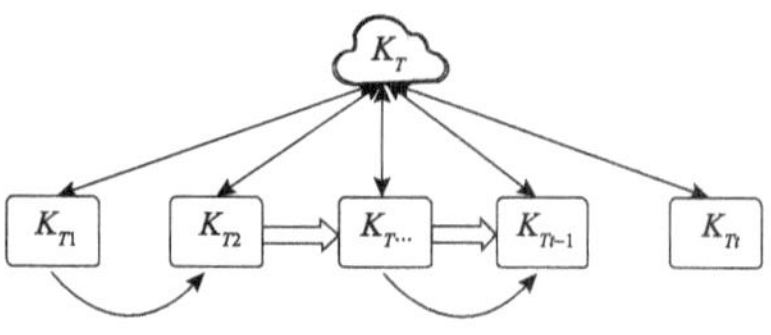 K_T；K_{T1} K_{T2} $K_{T\cdots}$ K_{Tn-1} K_{Tn}
脉络演化	围绕着某个全局的核心主题，在各个局部时间窗口内总存在某个子主题与该核心主题密切相关（表现为相似度较高，相似度值≤阈值 Y_1）；同时，相邻的时间窗口内的这些若干子主题之间也密切相关（表现为相似度较高，相似度值≤前驱阈值 Y_2≤后继阈值 Y_3）	围绕着某个全局的核心主题而形成的子主题脉络演化	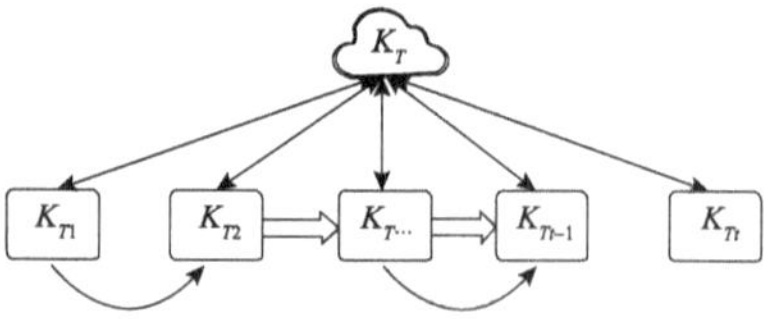 K_T；K_{T1} K_{T2} $K_{T\cdots}$ K_{Tn-1} K_{Tn}
新生演化	在非首个观测时间窗口内，存在与全局某个核心主题密切相关（表现为相似度较高，相似度值≤阈值 Y_1），同时与上一时间窗口相似度最高的主题非密切相关（表现为相似度较低，相似度值>前驱阈值 Y_2），与后一时间窗口相似度最高的主题密切相关（表现为相似度较高，相似度值≤后继阈值 Y_3）	在非首个观测时间窗口内，围绕着某个全局的核心主题而形成的子主题脉络演化	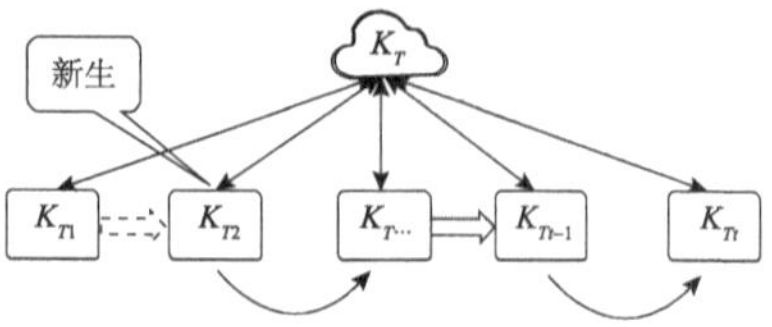 新生；K_T；K_{T1} K_{T2} $K_{T\cdots}$ K_{Tn-1} K_{Tn}

上述三种的主题演化方式各有各自的优点，无效演化可区分主题演化是否具备某种规律性，脉络演化可剖析全局核心主题在各个时间窗口分布的局部细微动态变化。在脉络演化的基础上，新生演化可确定某个研究主题的诞生时间窗口。

3）基于 LDA 模型的科技监测方法的衍生应用

LDA 模型如何结合科技监测，有效扩展其衍生应用的范围，是基于主题模型的科技监测方法研究的关键。下文主要对相似度监测和文献推荐两种典型的衍生应用进行研究。

A. 相似度监测

在“特征词-主题”模型表示框架下，主题的特征词分布就是主题空间的概率分布形态，计算两个主题之间的相似度可以通过计算与之对应的特征词概率分布来实现[109]，本书提出的文档相似度监测方法是将文档看作是主题概率分布的空间结构，利用“文档-主题”概率分布作为计算的概率密度，采用 Lin[110]提出的相似度算法，如式（6.20）所示：

$$\mathrm{JS}(p,q)=\frac{1}{2}\left[D\left(p,\frac{p+q}{2}\right)+D\left(q,\frac{p+q}{2}\right)\right] \tag{6.20}$$

其中，JS（Jensen-Shannon）为两篇文档的相似程度值；p 和 q 分别为两篇文档的概率密度。JS 衡量的是两个概率密度之间的差异，也称为相异度。$D\left(p,\frac{p+q}{2}\right)$ 指 p 与 $\frac{p+q}{2}$ 的 KL 距离；$D\left(q,\frac{p+q}{2}\right)$ 指 q 与 $\frac{p+q}{2}$ 的 KL 距离。当两个概率密度相同时，JS 值为 0；否则为非负。p 和 q 分布越接近，相似程度就越高。

B. 基于用户兴趣主题的科技文献推荐

推荐研究最早的应用领域是电子商务系统[111]，随着推荐系统的深入研究，其应用领域也得到了广泛的延伸。国内相关学者针对其在科技文献查询推荐中的应用进行了大量的研究[112]。在综合分析科技文献推荐研究现状的基础上，结合主题模型的特定方法，本书提出基于用户兴趣主题的科技文献推荐算法。

推荐算法的基本思想是将用户的兴趣表示成一个主题，用户希望被推荐的某类科技文献所蕴含的主题尽可能地与用户兴趣主题相匹配。那么，科技文献推荐的过程就是监测该类所有科技文献文档集中文档主题与用户兴趣主题相似度超过阈值 γ_u 或者排名前 N 位的过程，这是科技文献相似度监测研究应用的一部分，其推荐模型见图 6.35。

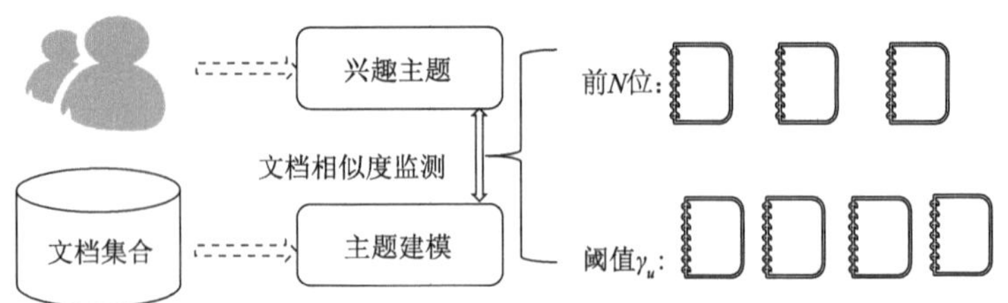

图 6.35　基于用户兴趣主题的科技报告推荐模型

该兴趣主题由两部分表示组成：一是用户感兴趣的词语，作为兴趣主题的特征词部分；二是用户对该词语的感兴趣程度，作为兴趣主题特征词的概率分布。由此，用户的兴趣主题偏好特征为

$$K_u=\{(K_{u1},P_{u1}),(K_{u2},P_{u2}),\cdots,(K_{un},P_{un})\} \tag{6.21}$$

3. 基于 LDA 模型的科技监测方法应用的实验研究与结果分析

本书基于 JGibbLDA 开源包和 SQLServer2008 数据库平台，设计了基于 LDA 模型的科技监测方法应用为主，辅以文献计量学方法和社会网络方法的多元化科技监测原型系统，并以“微波功率放大器”领域的美国政府四大科技报告为数据来源进行实验研究与结果分析。

1）方案设计

本系统设计采用三层结构模式，即数据层（文献资源层）、逻辑层（多元化监测模型）和服务层（基础监测服务、衍生监测服务），如图 6.36 所示。

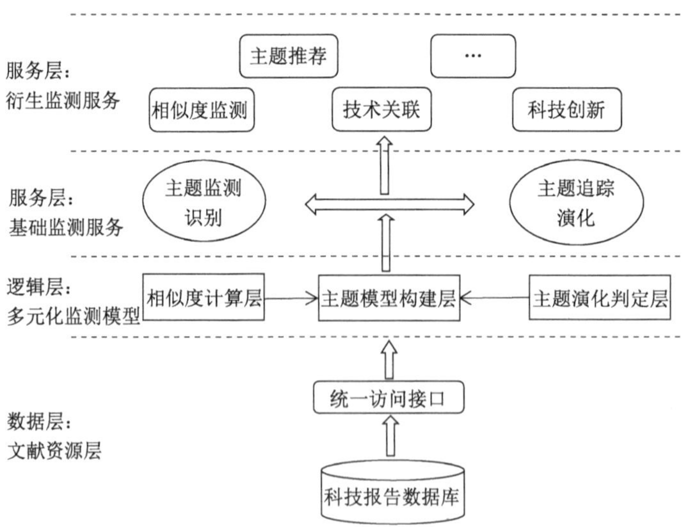

图 6.36　基于 LDA 模型的科技监测原型系统方案设计

A. 数据层

本书利用构建的科技报告数据库。系统采用的数据源是大量异构的科技信息，载体形态主要集中于科技期刊、科技报告和专利文献三大科技文献载体形态。以上述三种载体形态的数据库作为数据需求库，主要存储科技文献结构化数据，并通过数据访问接口与逻辑层进行交互。同时设计了统一访问接口，与主题模型方法的优势结合，该接口实现数据层的目标数据库、语言类型无关性，保证了数据的独立性和与程序的无关性。

B. 逻辑层

逻辑层是本系统整体架构的核心部分。第一层是相似度计算层，运用科学计量方法，以科技文献的元数据为特征进行科技监测；第二层是主题演化判定层，在第一层的基础上，运用社会网络、复杂网络等方法，从社区可视化和网络拓扑结构等角度来完成对网络结构分析、中心度测量和网络演化形态等科技监测指标的测算；第三层是主题模型构建层，该层采用主题模型方法进行文档结构建模，并在大规模的文献数据中从潜在语义分析方面自动有效地挖掘出潜在的主题。

C. 服务层

服务层分为基础监测服务和衍生监测服务两部分。其中，基础监测服务包括基于 LDA 模型方法的主题监测识别功能和主题追踪演化功能；衍生监测服务是基于 LDA 模型的扩展应用，还包括了开放主题模型应用的接口，主要用来完善科技监测功能。

2）实验预处理

A. 数据来源与加工

本书选取科技报告作为研究的实验数据来源，原始数据来源于国家科技图书文献中心的美国政府四大报告，选择“微波放大器”和“功率放大器”两个领域，检索字段包括题名、关键词、文摘三种特征项，检索时间截止日期为 2013 年 9 月 30 日。经筛选后，得到 436 篇科技报告文档集合。将科技报告中题名、关键词、文摘作为主题模型特征词构成空间。相关数据加工工作如下。

（1）特殊符号归一化处理。例如，“12”“23mhz”等阿拉伯数字及相关单位的词语组成一律删除；“-”“:”“;”等特殊符号一律用空格代替；所有英文字母全部归一转换为小写字母。

（2）字段术语抽取。采用 TerMine 进行一般意义上通用用途的术语抽取，并将术语作为最后的“特征词”组成部分。鉴于关键词的特性，没有进行术语抽取，只将分隔符“;”归一化处理为空格。

（3）英文缩写处理。将大量出现的英文专业术语缩写统一扩展为全称，作为主题建模的特征词组成部分。

（4）时间片划分。按照 5 年为一跨度的原则划分。样本时间横跨 1949～2012 年，从数据处理的角度出发，将 1949～1960 年作为初始年份时间窗口，将 2006～

2012 年作为截止年份时间窗口，如图 6.37 所示。

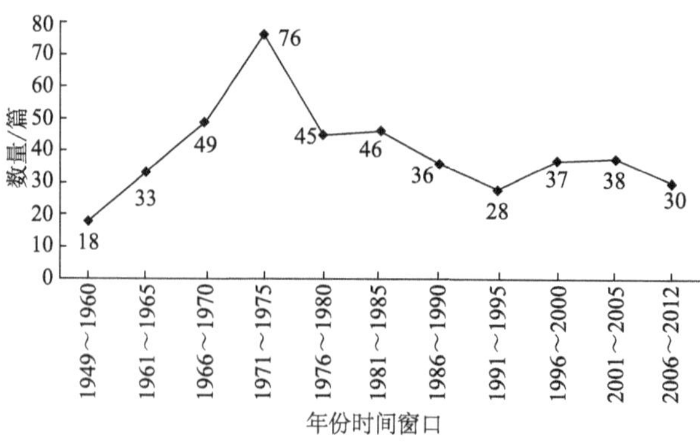

图 6.37　时间片划分分布图

（5）数据格式转换。在数据加工的基础上，针对 JGibbLDA 所要求的数据格式进行原始文献文档与特征词集合之间的转换。

B. 实验平台的构建

本书采用 JGibbLDA 开源包进行主题模型的构建，并在其基本的 LDA 算法基础上进行扩展编程，JGibbLDA 是 LDA 模型的一种 Java 实现版本，较为常用，其采用 Gibbs 抽样技术，可以用于进行参数估计及推理。

将 JGibbLDA 源程序导入 MyEclipse8.0 中，在 MyEclipse 开发工具环境下运行带参数执行的 LDA 程序，程序运行命令见图 6.38。

-est -alpha 0.01 -beta 0.05 -ntopics 10　-niters 1000 -savestep 100 -twords 15 -dir D:\models\casestudy -dfile newdocs.dat

其中，

-est：LDA 模型参数估计。

-alpha <double>：LDA 模型的超参数 α 的值。

-beta <double>：LDA 模型的超参数 β 值。

- ntopics <int>：主题数，它的默认值是 100，依赖于所要建模的语料库。

- niters <int>：Gibbs 抽样迭代次数，默认值是 2000。

-savestep<int>：保存 LDA 模型的 Gibbs 抽样迭代次数间隔，默认值是 200。

-twords<int>：最能表达主题的关键词数目，默认值是 0，在每次保存 LDA 模型时，会保存每个主题下指定数目的前若干个词。

-dir<string>：输入的训练文件所在目录。

-dfile<string>：输入的训练文件名。

图 6.38　LDA 程序运行命令

程序运行效果如图 6.39 所示。

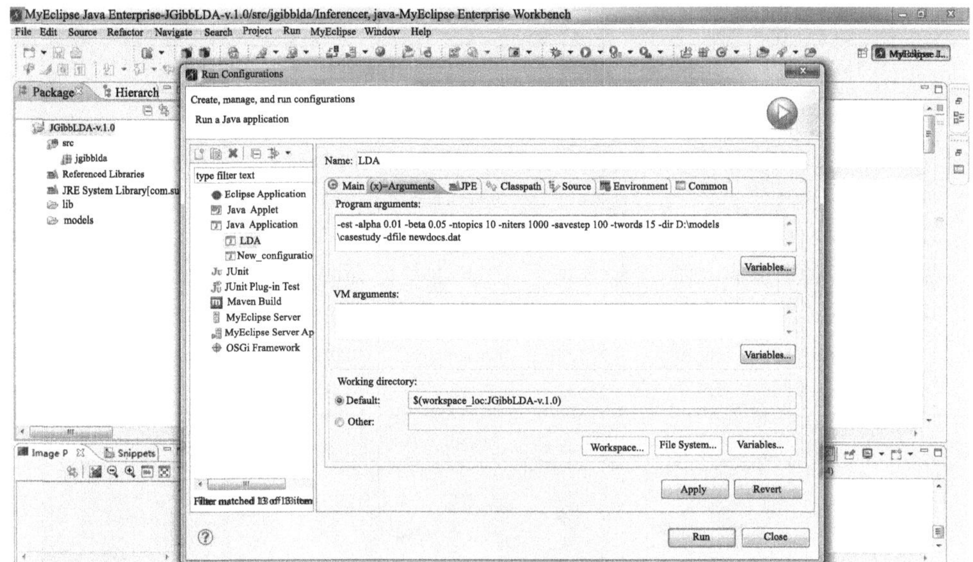

图 6.39　程序运行示意图

3）主题监测与识别应用

首先应用主题模型对文档进行主题抽取，获取文档总词汇数为 1823 个。设置主题数目为 10 个，迭代次数设为 1000 次进行实验，对每个主题使用概率最大的 15 个词进行表示，主题模型的参数值为：alpha=0.01，beta=0.05，ntopics=10，niters=1000，savestep=100，twords=15。在抽取出主题的同时，采用人工判定的方法对主题词所构成的主题总结出主题标签，同时依据“特征词-主题”概率分布进行完善。在 10 个主题中，从中挑选具备代表性的 4 个研究主题展示，其研究主题概率分布见表 6.17，主题强度见图 6.40。

表 6.17　典型研究主题与概率分布

Topic0 电磁滤波		Topic3 声学效率		Topic8 电路通信		Topic9 热能材料	
词项	概率值	词项	概率值	词项	概率值	词项	概率值
power	0.085 94	power	0.039 51	frequency	0.067 65	electron	0.118 48
amplifier	0.070 99	high	0.024 85	circuits	0.061 11	state	0.055 82
band	0.030 85	design	0.022 60	integrated	0.053 48	solid	0.054 97
voltage	0.023 38	efficiency	0.022 60	broadband	0.050 20	beams	0.048 10
magnetic	0.019 65	arrays	0.021 47	engineering	0.050 20	materials	0.037 80
filters	0.014 98	linear	0.020 34	performance	0.044 75	properties	0.035 23
electrical	0.014 05	feedback	0.018 09	communications	0.039 30	emission	0.031 79
phased	0.013 11	impedance	0.015 83	ultrahigh	0.039 30	electromagnetic	0.024 93

续表

Topic0 电磁滤波		Topic3 声学效率		Topic8 电路通信		Topic9 热能材料	
词项	概率值	词项	概率值	词项	概率值	词项	概率值
amplifiers	0.013 11	cavity	0.014 71	klystrons	0.026 22	test	0.019 78
radio	0.012 18	switching	0.014 71	frequencies	0.021 86	fabrication	0.018 92
current	0.012 18	electric	0.013 58	modules	0.019 68	thermal	0.018 06
capacitors	0.011 24	resonators	0.013 58	circuit	0.016 41	semiconductors	0.017 20
feasibility	0.010 31	supplies	0.013 58	modulators	0.015 32	heat	0.015 49
spectra	0.010 31	acoustic	0.013 58	measurement	0.015 32	copper	0.012 05
uhf	0.010 18	sonar	0.012 45	data	0.014 22	facility	0.012 05

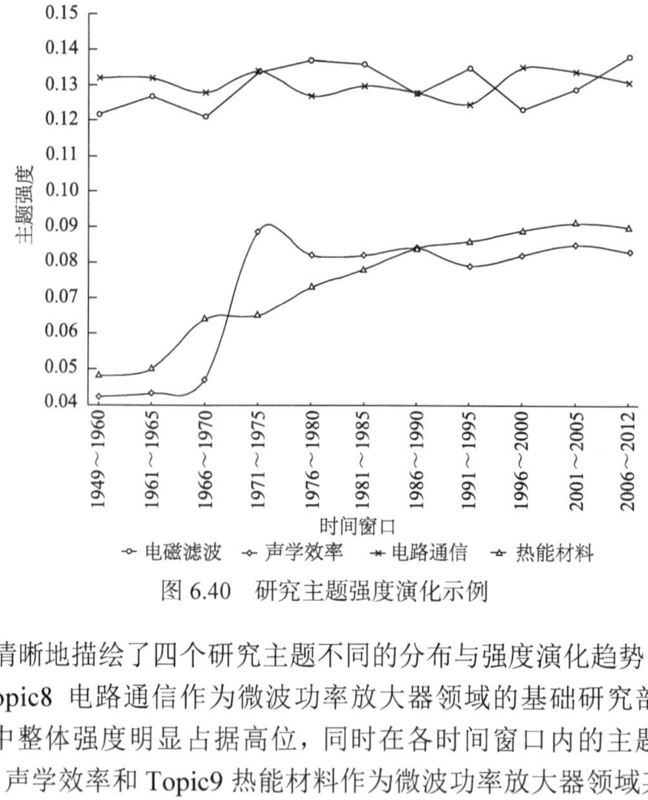

图 6.40　研究主题强度演化示例

图 6.40 清晰地描绘了四个研究主题不同的分布与强度演化趋势：①Topic0 电磁滤波和 Topic8 电路通信作为微波功率放大器领域的基础研究部分，在各项主题的研究中整体强度明显占据高位，同时在各时间窗口内的主题强度变化不大；②Topic3 声学效率和 Topic9 热能材料作为微波功率放大器领域某类子领域研究项目，在各项主题的研究中整体强度占据低位，但从各时间窗口的主题强度演化可以明显看出，这两类主题的研究明显具有偏向性，特别是 Topic9 热能材料作为高新技术的一个产业技术方向，其研究已经得到了显著、持续的关注。

4）主题演化应用

在主题强度演化的基础上，运用主题演化判定方法，从原始文档中抽取两种主题演化方式。设置全局主题相似度阈值 Y_1=0.3，前驱主题相似度阈值 Y_2=0.2，后继主题相似度阈值 Y_3=0.2。两种演化方式如下。

A. 新生主题演化

Topic3 是声学效率方面的主题，是放大器领域的一个水下应用的重要方向。对 Topic3 内容的主题研究判定，在前三个时间窗口内并没有形成有效的主题脉络演化，自第四个时间窗口内 1971～1975 年形成新生 Topic3 主题，并脉络演化至 2006～2012 年时间窗口，其新生主题演化如表 6.18 所示。

表 6.18　Topic3 新生主题演化

时间窗口	主题词（前 15 位）
时间窗口 4（1971～1975 年）	amplifiers、reliability、electronics、microwave、radiofrequency、transmitters、devices、sonar、uhf、tuning、gain、projectors、air、electronic、receivers
时间窗口 5（1976～1980 年）	band、high、electronics、phase、transmitters、electronic、test、sonar、devices、filters、optical、switching、communication、evaluation、studies
时间窗口 6（1981～1985 年）	amplifiers、electronics、performance、transistors、devices、plasma、lasers、facility、diodes、interference、output、structures、satellites、impedance、quantum
时间窗口 7（1986～1990 年）	amplifiers、laser、power、system、electronics、models、cavity、oscillators、optical、ion、programs、monolithic、properties、reprints、transmission
时间窗口 8（1991～1995 年）	lasers、field、acoustic、microelectronic、control、solid、communications、ultraviolet、extreme、oscillator、master、growth、ballast、electronic、frequencies
时间窗口 9（1996～2000 年）	systems、state、meetings、linear、data、laser、transistors、theses、source、klystrons、band、international、transmitter、transmitters、topology
时间窗口 10（2001～2005 年）	high、transistors、materials、tubes、water、intersymbolic、copper、cooling、resolution、voltage、solid、electronic、technology、active、scattering
时间窗口 11（2006～2012 年）	ems、radio、waveforms、beams、antennas、mobility、acoustic、energy、converters、rate、electron、quantum、wave、equipment、waters

B. 主题脉络演化

Topic5 是有关模拟、数字电路信号等技术的主题，其研究发展贯穿了所有时间窗口，经主题抽取和计算符合脉络演化形态，其各时间窗口的主题脉络演化如表 6.19 所示。

表 6.19　Topic5 主题脉络演化

时间窗口	主题词（前 15 位）
时间窗口 1（1949～1960 年）	microwave、noise、voltage、design、modulation、radio、frequency、model、fixtures、characteristics、pumping、beams、parametric、control、triode

续表

时间窗口	主题词（前 15 位）
时间窗口 2（1961～1965 年）	power、band、transistors、beam、transistor、analysis、tube、guns、arrays、admittance、noise、techniques、high、models、mathematical
时间窗口 3（1966～1970 年）	high、wave、band、tube、radio、traveling、efficiency、gain、transmitters、performance、interactions、telemetering、switched、automatic、ferrites
时间窗口 4（1971～1975 年）	equipment、radio、tactical、measure、lasers、ultrahigh、communications、state、tube、infrared、fields、loads、finding、range、generators
时间窗口 5（1976～1980 年）	power、microwave、radar、performance、design、oscillators、beams、carbon、nonlinear、mirrors、impedance、linear、feedback、cavity、continuous
时间窗口 6（1981～1985 年）	phase、gallium、traveling、rf、broadband、satellite、laser、carbon、simulation、circuits、band、thermal、engineering、modulation、linear
时间窗口 7（1986～1990 年）	control、equipment、design、rf、solar、satellite、emission、laboratory、remote、performance、broadband、pumping、triumf、band、mathematical
时间窗口 8（1991～1995 年）	microwave、electron、laser、arsenides、gallium、sarsat、modules、integrated、emitters、cathode、radio、design、distress、feedback、communication
时间窗口 9（1996～2000 年）	high、frequency、circuits、energy、gallium、equipment、integrated、arrays、digital、tunneling、structures、broadband、yag、phased、monolithic
时间窗口 10（2001～2005 年）	microwave、traveling、models、time、electron、signal、research、tube、quadrature、oxygen、transmission、fiber、flux、processing、dependence
时间窗口 11（2006～2012 年）	gallium、phase、transmitter、peak、magnetic、master、microwave、bragg、cleanup、pulse、coherence、phosphates、indium、quadrature、error

表 6.18 和表 6.19 清晰地展现了“放大器”和“模拟、数字电路信号”两个领域的新生演化和脉络演化趋势。结果表明，该方法能够在主观因素、专家知识有限干预的情况下，较好地完成相关领域科技监测任务中的科技文献的主题演化判定任务。

5）衍生应用

当用户输入的兴趣主题如下：

$$K_u = \{(\text{missile}, 0.4), (\text{flight}, 0.3), (\text{space}, 0.2), (\text{defense}, 0.1)\}$$

该主题是有关于导弹（missile）、飞行（flight）、空间（space）及防御（defense）方面的兴趣主题，其中各系数为用户兴趣的权重分布，在模型中理解为兴趣主题的特征词概率分布。关于该用户兴趣主题的系统科技报告推荐结果前五条如表 6.20 所示。

表 6.20　科技报告推荐结果

序号	题名	关键词	年份	相似度
1	*Patriot stockpile reliability limited life components test and evaluation: storage/aging test plan for the traveling wave tube*	traveling wave tubes; storage; aging (materials) ; guided missiles; test and evaluation	1990	0.867
2	*High-power amplifier free electron lasers*	high power; naval vessels; free electron; lasers; cruise missiles; simulation; configurations; design criteria; weapon systems; theory; theses; electron	2006	0.835
3	*Reliability design review, UHF narrow; BandData link transmitter model type; 19al, general electronics laboratories*	radio transmitters; telemetering transmitters; data transmission systems; electronic equipment; telemeter systems; guided missiles; space communication systems	1960	0.735
4	*Phased array laser system*	laser weapons; hydrogen fluoride lasers; antimissiledefense systems; phased arrays; oscillators; laser amplifiers; power amplifiers; beam steering; xenon	1986	0.702
5	*Design objectives for telemetry R-F; Transmission links for the period 1960 to 1970*	telemeter systems; data links; ultra high frequency; telemetering transmitters; telemetering receivers; telemeteringantennas; specifications; guided missiles; military requirements	1966	0.678

从表 6.20 中得出，该领域的兴趣主题按相似度排序，推荐了前五位的科技报告，该实例验证了本书提出的相似度监测和基于用户兴趣的科技文献推荐方法能有效地实现对科技拟监测任务中科技文献的推荐功能。

4. 总结

本书通过分析现有的科技监测方法，提出将主题模型引入科技监测活动中，利用主题模型方法所独有的主题演化等功能来挖掘相关领域的发展趋势及研究热点主题，以发掘科技文献中的潜在研究价值，从而帮助科研管理部门有效地进行科研管理和科技工作并把握具体相关科技发展细节，进一步提高科技文献的科研利用质量和价值，并最终提高科技创新效率。但本书在应用中仅将科技文献的题名、关键词和文摘作为数据分析的对象进行实验研究，而对于科技文献的正文内容如何解决主题建模的复杂性和有效性问题是今后值得进一步研究的。此外，如何验证该方法应用的科学性及如何将语义结合到主题模型的相关任务中，也将是后续研究工作面临的一大挑战。

6.5　面向个性化服务的知识组织过程与方法的应用

个性化服务是以诸多相似的个体为研究对象，对用户的需求进行挖掘、分类而形成的一种知识服务。与传统的大众化、规模化服务相比，个性化服务具有针对性、主动性、高效性、层次性、动态性、智能性等特点。其中的层次性是指对不同能级的用户，提供的知识的深度、整合方式、维度是不同的，它有明显的层次差异性；动态性是指服务的内容与形式随着用户年龄、职业、知识结构等变化及社会环境的变迁而改变；智能性是指个性化服务的整个过程，包括信息的采集、过滤、分类、标引、用户行为的分析、用户兴趣与信息的匹配等，都是智能地进行的。个性化服务的过程是一个动态的过程，它的实现主要是通过直接与用户的交互或跟踪用户的行为来获取用户的特征。所以，在提倡知识服务的时代，个性化服务不仅更新了信息服务的理念，还对知识组织提出了新的要求。

知识组织就是对知识的本质及知识之间的关系进行有序揭示，即知识的序化，这个序化过程的前提必须充分考虑用户的需求及用户吸收利用信息、知识的模式和规律。

6.5.1　面向个性化服务的知识组织的目标、对象和原则

1. 知识组织的目标

（1）充分调查与捕捉用户个性化需求，建立多种用户信息行为收集渠道，建立信息反馈与学习机制，在对用户需求信息进行组织的基础上，充分揭示用户的信息需求。

（2）构建整合各种载体、各种类型知识资源的个性化服务的知识组织机制，提高知识资源的可用性，实现用户与知识资源的交互及资源与服务的高度集成。

（3）对符合用户个性化需求的知识资源进行深层组织与揭示，挖掘知识资源的潜在价值，形成知识产品。

（4）满足用户日益增长的知识需求，解决知识资源组织与服务的矛盾。

2. 知识组织的对象

个性化服务的主要形式包括定制服务、智能过滤、导航服务、检索服务、知识挖掘等，要实现个性化知识服务的不同功能，就必须对支撑这些不同服务形式的资源对象——来自需求的用户信息资源、来自客观的显性知识资源、来自服务机构（人员）主体的隐性知识资源，采用相应的知识组织方法和技术，针对性地进行有效序化，这样才能真正满足用户个性化服务的需求。综合来看，个性化服

务的知识组织对象主要包括用户信息资源、显性知识资源和隐性知识资源三个部分，如图 6.41 所示。

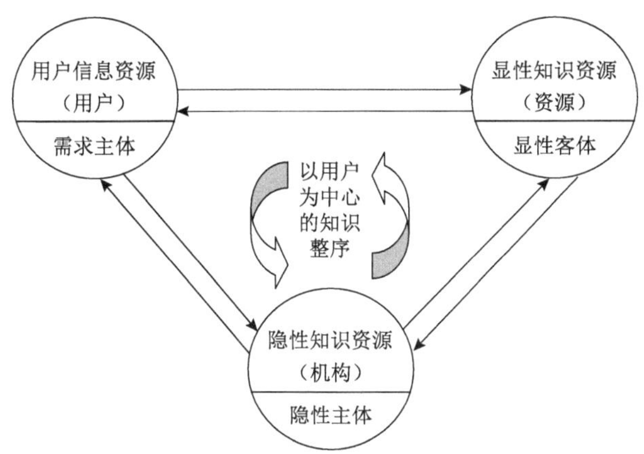

图 6.41　面向个性化服务的知识组织对象

其中，用户信息资源，是指用户背景知识、用户兴趣、信息需求、信息行为、服务要求等方面的信息。对用户需求、兴趣、爱好等的了解和获取是个性化服务的知识组织的关键，而对用户需求信息的分析、获取和管理是保证个性化知识组织及服务得以实施的基础。用户信息资源主要包括显性用户信息资源和隐性用户信息资源。显性用户信息资源主要包括身份信息、职业信息、社会信息、个人偏好信息、安全信息等。隐性用户信息资源主要来自两个方面：其一是基于内容的用户信息资源，如用户反馈的信息、对文本类利用的信息等；其二是基于行为的用户信息资源，通过对用户行为的跟踪或对系统日志文件的分析能得到的关于用户历史行为的信息，如在 Wcb（网络）日志文件中，记录与用户访问行为相关的 IP（internet protocol，互联网协议）、URL（uniform resource locator，统一资源定位符）、时间等信息。用户历史行为中通常蕴涵了三类信息：关联信息（如哪些资源通常一起被访问）、聚类信息（如哪些用户具有相似的行为记录）、序列信息（如资源以怎样的顺序被访问）[113]。

3. 知识组织的原则

1）以用户需求为中心原则

在面向个性化服务的知识组织过程中应准确反映用户需求，充分保障用户参与过程，严格按照用户获得效益来评价知识组织的效果。

2）系统化原则

在知识组织机制建设中，必须通过系统规划来保障其进行长期稳定的服务，全面考虑长期稳定服务的整个生命周期，并在资源组织与构建各个环节能够与之进行有效链接。

3）易用性原则

面向个性化服务的知识组织的目的是提供个性化服务，满足用户的信息需求。在知识组织过程中，一方面要考虑普通用户的需要，尽量突出简单易用；另一方面也要考虑信息能力较强的用户的需要，提供较为复杂的功能。

4）平衡性原则

平衡好知识资源的“变”与“稳”、“链接资源”与“本地资源”等各种关系，内部资源与外部链接资源应有适当比例，处理好“存取与拥有”的关系。

6.5.2　面向个性化服务的知识组织机制的形成过程与构成要素

1. 形成过程

基于知识的生命周期理论，知识组织过程就是知识生命周期中的重要环节。从知识源到知识库（用户），知识组织主要经历着知识获取、知识表示、知识序化、知识存储、知识聚类、知识重组、知识集成等过程。要使知识组织过程有序而有效地运转，实现面向个性化服务的目标，需要一系列决定与支撑整个过程的内在与外在要素，它们之间相互作用与制约，构成了一个有机的整体，就形成了面向个性化服务的知识组织机制，如图 6.42 所示。

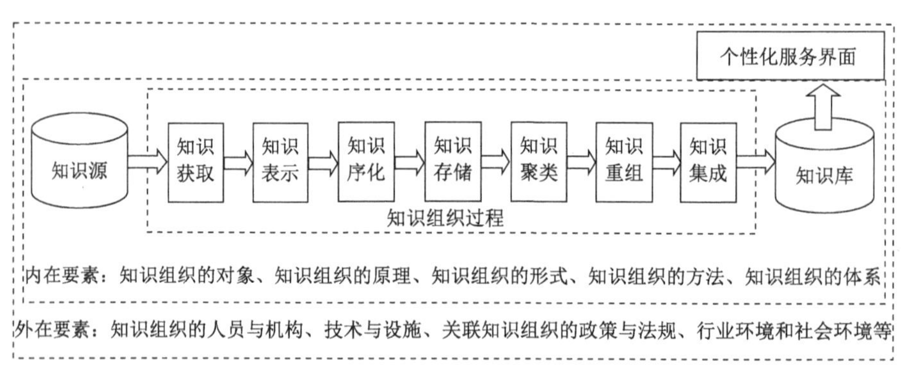

图 6.42　面向个性化服务的知识组织机制的形成过程

2. 构成要素及其作用

从机制的形成过程来看，面向个性化服务的知识组织机制的内在要素决定着知识组织的过程和形式，外在要素控制与影响着过程的表现与变化。

本书将直接作用于知识组织过程的要素定义为内在要素，主要包括知识组织的对象、知识组织的原理、知识组织的形式、知识组织的方法、知识组织的体系。面向个性化服务的知识组织对象不仅包括人类社会赖以生存与发展所积累的各种来自客体的显性知识资源，还包括来自需求的用户信息资源及来自服务机构（人员）主体的隐性知识资源；知识组织的原理和方法要以一般的知识组织原理和方法为基础，选择与提供时以定制服务、智能过滤、导航服务、推荐服务等个性化服务形式为目的；知识组织的体系是对内容概念及其相互关系进行描述和组织的机制，它试图在用户的信息需求和信息资源之间搭建一座桥梁，将两者灵活而有机地联结起来，从内容的角度出发来管理信息资源，进而从结构的角度来提升用户检索的准确度和精确度，更好地满足用户的信息需求。知识组织形式主要被分为：词汇表类（提供一系列词汇的列表，主要包括规范档、词汇表、字典、地名表等）、分类聚类体系（强调概念集的创建，概念间的层级聚合和类别体系，主要包括主题标目、分类表、大致归类的类表、知识分类表等）、关系族群（强调表现词汇和概念之间的关系/联系，主要包括叙词表、语义网络和本体等）[4]。从研究的内容与发展趋势看，知识组织体系是包括对象、原理、方法在内的支撑知识组织过程的核心部分，是本书所论述的知识组织机制中的重要组成部分。

本书将操纵、控制与影响知识组织过程的要素定义为外在要素，外在要素是通过内在要素作用于知识组织过程的，主要包括知识组织的机构与人员、技术与设施、关联知识组织的政策与法规、行业环境和社会环境等。机构与人员在知识组织过程中发挥着主体作用，通过对知识组织对象、原理、形式、方法、体系等的创造、筛选、制定、发布、运用等活动，控制着知识组织过程的表现结果、发展与变化；主体作用能否积极发挥，对知识组织影响重大。以往的研究与工作中，由于重视技术及设施建设，而忽略知识组织人员的主体作用，使凝聚着经验、技巧、智慧等隐性知识的“高智力”知识组织的研究与工作停留在浅层的“重复性劳动”之上；知识组织的技术与设施是支撑知识组织过程的关键的客体要素，通过知识组织的人员作用到知识组织的对象、方法上进而制约着知识组织的过程。政策、法规、行业环境和社会环境等要素在宏观上通过作用组织机构及人员而影响着知识组织的过程。

知识组织的对象包括用户信息资源、显性知识资源、隐性知识资源，其中用户信息资源和显性知识资源是面向个性化服务的知识组织机制中的核心的内在要素，下面仅就这两种资源的知识组织过程和方法分别加以简单论述。

6.5.3　面向个性化服务的用户信息资源的组织过程与方法

在个性化服务指引下，用户信息资源组织处在先导位置。用户信息资源组织包括两个方面：一是收集与分析用户个性化信息需求，即跟踪用户行为，学习、记忆用户兴趣，通过描述用户的兴趣、爱好、行为等特征来建立个性化用户模型；二是实现对用户信息资源的组织，即将用户信息资源从全局信息空间中分离出来，形成具有针对性的用户信息资源集合。用户信息资源组织过程如图 6.43 所示。

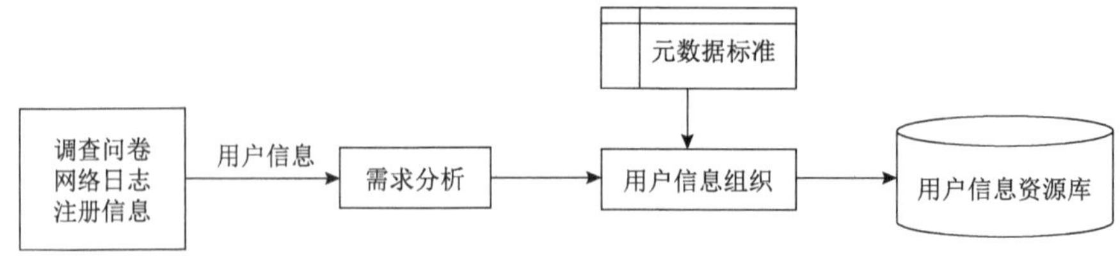

图 6.43　个性化用户信息资源组织的过程

1. 用户信息资源采集与分析

采集的用户信息资源包括用户的类型、结构、专业、工作性质、兴趣爱好、访问知识资源的频率、获取知识的渠道与目的等。用户信息的采集方式不同，收集资料的侧重点也不同：通过用户注册系统或发放调查问卷手工收集用户的基本情况，获知用户的信息倾向、研究方向、基本信息素质等；通过用户访问日志或者访问行为如用户浏览和下载书刊的种类、传递文献的内容、参考咨询情况等了解用户访问资源的内容、浏览的时间、登录次数、搜索关键词、打印或加入收藏夹的资源类型；采用数据挖掘技术获取用户访问偏好、获取方式、检索习惯、需求热点等数据。

关于个性化用户信息资源的采集与分析，主要有数据挖掘、点击流分析、缓存（cookie）及基于数据库的事务记录等方法。

2. 用户个性化信息需求模型的构建

构建用户个性化信息需求模型是个性化服务中相当重要的部分，构建的方法有很多种，最常见的是基于对用户相似的兴趣进行聚集。用户个性化信息需求模型构建的过程主要有以下几个组成部分：描述用户的兴趣和特征，进行用户群体划分，选择建立用户模型的方法和手段，建立模型并对模型进行修正等。用户个性化信息需求模型构建过程如图 6.44 所示。

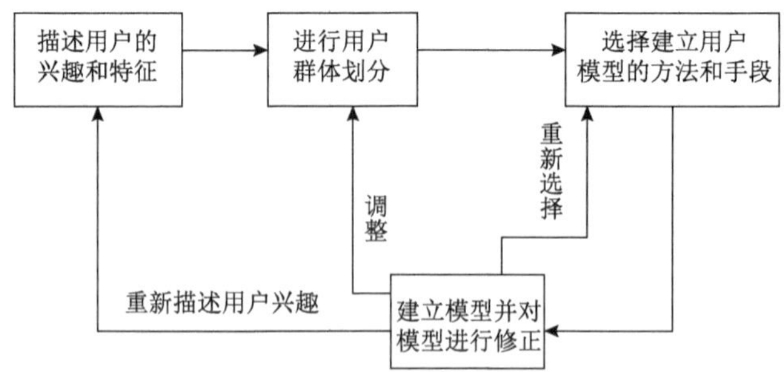

图 6.44　用户个性化信息需求模型构建的过程

3. 用户信息资源的组织与更新

用户信息资源可以按类来组织，根据用户信息需求类型情况，参照分类法等方法和工具，把专业词典中的词语进行分类，在获取用户的信息需求后，直接把其需求分到相应的类中。

建立用户信息库。用户个人基本情况、专业、知识结构、兴趣爱好、工作性质、以往查询记录，以及通过需求分析形成的需求类型和预测都是用户信息资源库的素材。将这些信息利用数据库技术建立用户联系、基本情况、行为偏好、需求预测等二维表，统一以用户 ID（identification，身份）作为关键词，建立各表之间的关联和相互调用，使每个用户的情况可以根据需要在一张表里呈现出来。用户信息资源库只收录与个性化服务过程有关的信息，并要特别注意保护用户隐私。

此外，接受用户的反馈，收集用户访问行为信息，重新进行需求分析，动态更新用户信息资源库是面向个性化服务的知识组织必不可少的部分。只有不断更新用户信息资源库中的数据，才能动态掌握信息用户的需求，有效指导知识资源的组织过程。

6.5.4　面向个性化服务的显性知识资源的组织过程与方法

个性化服务对知识组织的影响主要体现在知识描述、知识整合与个性化知识资源库的建立和知识提供几个方面。面向个性化服务的显性知识资源的组织过程如图 6.45 所示。

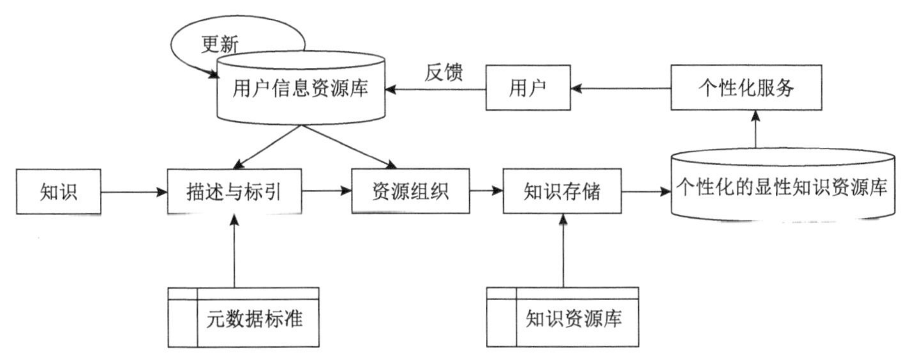

图 6.45　面向个性化服务的显性知识资源组织的过程

1. 面向个性化服务的知识描述、标引与表示

按照用户的兴趣和需求对知识资源进行描述和标引是面向个性化服务的显性知识资源组织的基础。知识标引要根据用户的信息行为利用习惯和行为偏好习惯来进行。用户不同，资源的标引深度也不同，专业性的知识资源和作为决策依据的资源要求做更深层次的标引。个性化知识描述与标引必须根据用户信息行为的改变而变更。

对知识单元的描述与标引包括两个层次：第一个层次是使用传统的知识组织

方法与技术对知识单元本身进行描述与标引及揭示知识节点之间的逻辑关系；第二个层次是通过搜索引擎、超文本技术、数据挖掘、知识发现、专家系统、人工智能、元数据、XML 语言、智能 Agent 等新兴知识组织技术支持知识组织的发展，使知识单元的描述和标引层面得到实现，并逐渐进入知识节点逻辑关系揭示的阶段。

知识表示方式有知识结构化方法与工具型知识表示方法两大类。知识结构化方法包括记忆组织包（memory organization packets，MOP）方法和主题组织包（topic organization packets，TOP）方法，用来组织那些具有共同主题或目标相关点的知识；工具型知识表示方法包括逻辑、产生式规则、框架、语义网络、本体等[114]。可采用多种知识表示语言并结合使用不同的知识表示方法来描述知识。例如，采用多种网络知识表示语言，如 XML、UML、XMI、RDF、Topic Maps（主题图）、XTM、TMCL、DAML、OIL、DAML+OIL、OWL 等①。

2. 面向个性化服务的知识重组

根据一定的用户个性化特征和需要，对各个相对独立的知识资源系统中的数据对象、功能结构进行融合，重新结合为一个新的、以用户为中心的有机整体。不同的知识资源重组后形成资源集合，组织标准不同集合也不同，这个标准就是进行用户基本情况分析与需求分析后形成的用户信息资源库。以用户为中心的知识资源组织途径有：①热点知识资源组织。根据用户查询热点将查询频率高的知识资源组合成一个或多个集合，按用户查询热点参数排列，形成知识集合，并设置明确的链接途径方便用户查询与利用。②用户定制知识资源组织。根据特定用户的需求，将用户需要的课题的整个发展情况、研究动向、最新研究成果、研究重点、研究机构等一系列资源有序化为一个专题的形式提供给用户。③根据用户的兴趣爱好、专业特点将用户感兴趣的资料如新书推荐、文献评价进行组织，用户查找书籍前可用资源评价集合作为浏览的参考。④根据用户类型组织资源。从用户的角度组织知识资源，提高知识信息的易获得性，方便用户检索。

3. 面向个性化服务的知识聚类与分类

各种知识获取工具收集来的资料经常是未分类的文档集合。随着所管理的文件数目的增加，就需要把相似文件分成小组并对小组命名，即要进行知识聚类。知识分类模式可以为知识用户在文档集合中检索与他们信息需求相关的文件提供强有力的导航。不管分类模式是基于自动生成的分类法还是基于外部强制分类法，至关重要的是能够准确地把文件分配到分类法中的簇上，以便当用户浏览某个节

① XMI（XML-based metadata interchange，XML 元数据交换）；XTM（XML topic maps，XML 主题图）；TMCL（topic maps-constraint language，主题图约束语言）；DAML（DARPA agent markup language，DARPA 代理标记语言）；OWL（Web ontology language，万维网本体语言）。

点并访问其文件时，他们希望找到的所有文件都适合于该节点。

构建个性化的显性知识资源库可以对知识资源按照用户兴趣的分组进行划分。这与传统的信息分类的原理是基本上一致的。但是传统的对信息进行分类主要是基于学科属性或事物所属类别等分类标准。个性化知识组织模型的显性知识资源划分的主要条件是用户的兴趣，也就是按照用户群的个性兴趣和需求进行知识资源的聚集。个性化的显性知识资源库构建模型如图 6.46 所示。

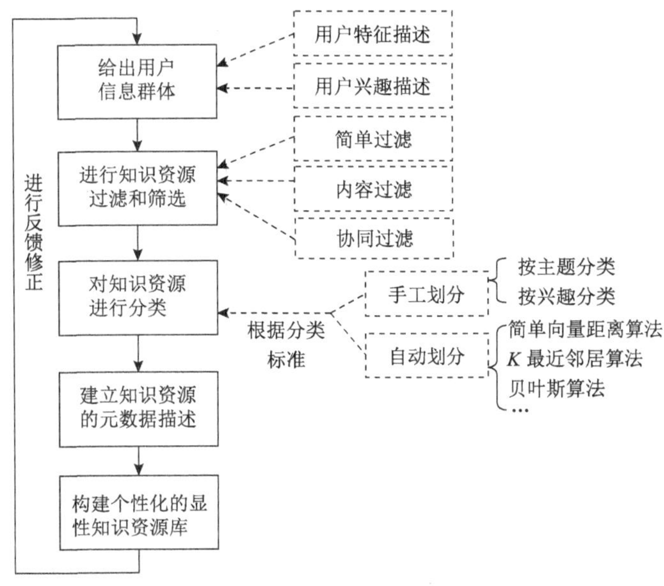

图 6.46　个性化的显性知识资源库构建模型

参考文献

[1] 闫巍, 曾民族. 构筑知识基础结构的关键技术. 现代图书情报技术, 2005, (8): 1-6, 31.

[2] 马费成. 知识组织系统的演进与评价. 知识工程, 1989, (2): 39-43.

[3] 陈谷川, 陈豫. 语义网知识组织系统的研究与构架. 现代图书情报技术, 2006, (4): 24-28.

[4] Smith T R, Zeng M L. Building semantic tools for concept-based learning spaces: knowledge bases of strongly-structured models for scientific concepts in advanced digital libraries. https://journals.tdl.org/jodi/index.php/jodi/article/view/111/110[2017-05-18].

[5] Janée G, Frew J. The ADEPT digital library architecture. Joint Conference on Digital Libraries, 2002.

[6] Doerr M. Semantic problems of thesaurus mapping. https://journals.tdl.org/jodi/index.php/jodi/article/view/31[2017-05-18].

[7] Chan L M. Exploiting LCSH, LCC, and DDC to retrieve networked resources: issues and challenges. http://files.eric.ed.gov/fulltext/ED454862.pdf[2017-05-28].

[8] Hunter J. MetaNet: a metadata term thesaurus to enable semantic interoperability between metadata domains. https://espace.library.uq.edu.au/data/UQ_7877/UQ7877_OA.pdf[2017-03-15].

[9] Mori J, Matsuo Y, Ishizuka M. Finding user semantics on the web using word co-occurrence information. https://www.researchgate.net/publication/250180467_Finding_User_Semantics_on_the_Web_using_Word_Co-occurrence_Information[2017-03-15].

[10] Roark B, Charniak E. Noun-phrase co-occurrence statistics for semi-automatic semantic lexicon construction. 36th Annual Meeting of the Association for Computational Linguistics and 17th International Conference on Computational Linguistics, 1998.

[11] Wu Y F B. Automatic concept organization: organizing concepts from text through probability of co-occurrence analysis（POCA）. Albany: State University of New York, 2001.

[12] 朱连花. 基于概念空间的信息检索方法. 情报科学, 2004, (4): 470-474.

[13] Ding Y, Engels R. IR and AI: using co-occurrence theory to generate lightweight ontologies. 12th International Workshop on Database and Expert Systems Applications, 2001.

[14] Morita T, Shigeta Y, Sugiura N, et al. DODDLE-OWL: on-the-fly ontology construction with ontology quality management. 3rd International Semantic Web Conference, 2004.

[15] Assim N. Ontology-based similarity for clustering in text space. East Lansing: Michigan State University, 2002.

[16] 吴光远, 何丕廉, 曹桂宏, 等. 基于向量空间模型的词共现研究及其在文本分类中的应用. 计算机应用, 2003, 23(S1): 138-140, 145.

[17] Zartl A, Schiebel E. Combination of content maps by co-word analysis. SPIE—The International Society for Optical Engineering, 2002.

[18] Buzydlowski J W, White H D, Lin X. Term co-occurrence analysis as an interface for digital libraries//Börner K, Chen C M. Visual Interfaces to Digital Libraries. Berlin: Springer, 2002: 133-144.

[19] Morris T A. Structural relationships within medical informatics. AMIA Symposium, 2000.

[20] Bhattacharya S, Kretschmer H, Meyer M. Characterizing intellectual spaces between science and technology. Scientometrics, 2003, 58(2): 369-390.

[21] Cahlik T. Search for fundamental articles in economics. Scientometrics, 2000, 49(3): 389-402.

[22] Leroy G, Chen H. Genescene: an ontology-enhanced integration of linguistic and co-occurrence based relations in biomedical texts. Journal of the American Society Association for Information Science & Technology, 2005, 56(5): 457-468.

[23] Swanson D R. Medical literature as a source of new knowledge. Bulletin of the Medical Library Association, 1990, 78(1): 29-37.

[24] Stegmann J, Grohmann G. Hypothesis generation guided by co-word clustering. Scientometrics, 2003, 56(1): 111-135.

[25] Ong T H, Chen H, Sung W K, et al. Newsmap: a knowledge map for online news. Decision Support Systems, 2005, 39(4): 583-597.

[26] Lin F, Hsueh C. Knowledge map creation and maintenance for virtual communities of practice. Information Processing & Management, 2006, 42(2): 551-568.

[27] Kuo R, Lien W P, Chang M, et al. Analyzing problem's difficulty based on neural networks and

knowledge map. Educational Technology & Society, 2004, 7 (2): 42-50.

[28] Brookes, B C. The foundations of information science: Part IV. Information science: the changing paradigm[J]. Journal of Information Science, 1981, 3 (1): 3-12.

[29] 李运景. 基于引文分析可视化的知识图谱构建研究. 南京: 东南大学出版社, 2009.

[30] Scharnhorst A, Börner K, van den Besselaar P. Models of Science Dynamics: Encounters Between Complexity Theory and Information Sciences. Berlin: Springer, 2012.

[31] 邱均平. 信息计量学. 武汉: 武汉大学出版社, 2007.

[32] Chen C M. Mapping Scientific Frontiers: The Quest for Knowledge Visualization. Berlin: Springer, 2013.

[33] Börner K. Mining, mapping, and accelerating scholarly networks. http://citeseerx.ist.psu.edu/viewdoc/download?doi=10.1.1.470.6683&rep=rep1&type=pdf[2016-09-16].

[34] Clarivate.Web of Science ALL Database Help-Usage count. http://images.webofknowledge.com/WOKRS519B3/help/WOK/hp_usage_score. html[2018-09-16].

[35] 王贤文, 方志超, 胡志刚. 科学论文的科学计量分析: 数据、方法与用途的整合框架. 图书情报工作, 2015, 59(16): 74-82.

[36] Priem J, Groth P, Taraborelli D. The altmetrics collection. PLoS One, 2012, 7(11): e48753.

[37] White H D, McCain K W. Visualization of literatures. Annual Review of Information Science and Technology, 1997, 32: 99-168.

[38] McCain K W. Mapping authors in intellectual space: a technical overview. Journal of the American Society for Information Science and Technology, 1990, 41(6): 433-443.

[39] Cobo M J, López-Herrera A G, Herrera-Viedma E, et al. Science mapping software tools: review, analysis, and cooperative study among tools. Journal of the American Society for Information Science and Technology, 2011, 62(7): 1382-1402.

[40] Cobo M J, L ó pez-Herrera A G, Herrera-Viedma E, et al. SciMAT: a new science mapping analysis software tool. Journal of the American Society for Information Science and Technology, 2012, 63(8): 1609-1630.

[41] 肖明, 邱小花, 黄界, 等. 知识图谱工具比较研究. 图书馆杂志, 2013, 32(3): 61-69.

[42] 杨思洛, 韩瑞珍. 国外知识图谱绘制的方法与工具分析. 图书情报知识, 2012, 6(6): 101-109.

[43] 梁晓婷, 奉国和. 当代知识图谱的构建方法研究. 图书馆杂志, 2013, 32(5): 10-16.

[44] McKinnon A. From co-occurrences to concepts. Computers and the Humanities, 1977,11(3): 147-155.

[45] 管宇. 实用多元统计分析. 杭州: 浙江大学出版社, 2011.

[46] 刘军. 社会网络分析导论. 北京: 社会科学文献出版社, 2004.

[47] 斯科特 J. 社会网络分析法. 刘军译. 重庆: 重庆大学出版社, 2007.

[48] 朱庆华, 李亮. 社会网络分析法及其在情报学中的应用. 情报理论与实践, 2008, (2): 179-183.

[49] Tsvetovat M, Kouznetsov A. 社会网络分析: 方法与实践. 王薇, 王成军, 王颖, 等译. 北京: 机械工业出版社, 2013.

[50] 刘军. 整体网分析讲义: UCINET 软件实用指南. 上海: 格致出版社, 2009.

[51] 沃瑟曼 S. 社会网络分析: 方法与应用. 陈禹, 孙彩虹译. 北京: 中国人民大学出版社, 2012.

[52] 朱明. 数据挖掘导论. 合肥: 中国科学技术大学出版社, 2012.

[53] 陈封能, 斯坦巴赫 M, 库玛尔 V. 数据挖掘导论(完整版). 范明, 范宏建, 等译. 北京: 人民邮电出版社, 2011.

[54] Keim D, Andrienko G, Fekete J D, et al. Visual Analytics: Definition, Process, and Challenges. Berlin: Springer, 2008.

[55] Garfield E. Historiographic mapping of knowledge domains literature. Journal of Information Science, 2004, 30(2): 119-145.

[56] van Eck N J, Waltman L. CitNetExplorer: a new software tool for analyzing and visualizing citation networks. Journal of Informetrics, 2014,8(4): 802-823.

[57] Heimerl F, Han Q, Koch S. CiteRivers: visual analytics of citation patterns. IEEE Transactions on Visualization and Computer Graphics, 2016, 22(1): 190-199.

[58] 刘启元, 叶鹰. 文献题录信息挖掘技术方法及其软件SATI的实现——以中外图书情报学为例. 信息资源管理学报, 2012, 2(1): 50-58.

[59] 王晓光, 程齐凯. 基于 NEViewer 的学科主题演化可视化分析. 情报学报, 2013, 32(9): 900-911.

[60] Tseng Y H, Tsay M Y. Journal clustering of library and information science for subfield delineation using the bibliometric analysis toolkit: CATAR. Scientometrics, 2013, 95(2): 503-528.

[61] Tang J, Zhang J, Yao L, et al. ArnetMiner: extraction and mining of academic social networks. 14th ACM SIGKDD International Conference on knowledge Discovery and Data Mining, 2008.

[62] Wu B, Zhao B, Tian H Q, et al. LiterMiner: an academic literature mining system. 2010 International Conference of Information Science and Management Engineering, 2010.

[63] 肖明, 栗文超, 夏秋菊. 基于 Prefuse 和层次聚类的信息检索主题知识图谱研究. 现代图书情报技术, 2012, (4): 35-40.

[64] 唐蓓, 夏秋菊. 基于 Prefuse 和社会网络算法的信息检索学科合作网络研究. 图书与情报, 2012, (5): 79-84.

[65] 李国俊, 肖明, 邱小花, 等. 作者引文耦合分析可视化研究. 图书情报工作, 2012, 56(12): 81-84.

[66] 陈必坤, 赵蓉英. 学科知识可视化分析的理论研究. 情报理论与实践, 2015, 38(11): 23-29.

[67] Blei D M, Ng A Y, Jordan M I. Latent dirichlet allocation. Journal of Machine Learning Research, 2003, 3: 993-1022.

[68] Scott J. Social Network Analysis. London: Sage, 2012.

[69] Griffiths T L, Steyvers M. Finding scientific topics. Proceedings of the National Academy of Sciences of the United States of America, 2004, 101(1): 5228-5235.

[70] 杨星, 李保利, 金明举. 基于 LDA 模型的研究领域热点及趋势分析. 计算机技术与发展, 2012, (10): 66-69, 74.

[71] AlSumait L, Barbará D, Domeniconi C. On-line LDA: adaptive topic models for mining text streams with applications to topic detection and tracking. Eighth IEEE International Conference

on Data Mining, 2008.

[72] 李湘东, 张娇, 袁满. 基于 LDA 模型的科技期刊主题演化研究. 情报杂志, 2014, (7): 115-121.

[73] Hassan S U, Haddawy P. Analyzing knowledge flows of scientific literature through semantic links: a case study in the field of energy. Scientometrics, 2015, 103(1): 33-46.

[74] Dietz L, Bickel S, Scheffer T. Unsupervised prediction of citation influences. International Conference on Machine Learning, 2007.

[75] 范云满, 马建霞. 基于 LDA 与新兴主题特征分析的新兴主题探测研究. 情报学报, 2014, 33(7): 698-711.

[76] Deerwester S, Dumais S T, Furnas G W, et al. Indexing by latent semantic analysis. Journal of the Association for Information Science & Technology, 1990, 41(6): 391-407.

[77] 冯项云. LSI 潜在语义标引方法在情报检索中的应用. 现代图书情报技术, 1998, 14(4): 19-21.

[78] Foltz P W. Latent semantic analysis for text-based research. Behavior Research Methods Instruments & Computers, 1996, 28(2): 197-202.

[79] 张晴. 基于 LDA 概率模型的科技文献主题演化挖掘技术研究. 中国科学技术信息研究所硕士学位论文, 2012.

[80] Hofmann T. Unsupervised learning by probabilistic latent semantic analysis. Machine Learning, 2001, 42(1): 177-196.

[81] Blei D M. Probabilistic models of text and images. University of California, Berkeley, 2004.

[82] Blei D M, Lafferty J D. Dynamic topic models. 23rd International Conference on Machine Learning, 2006.

[83] Blei D M, Lafferty J D. A correlated topic model of science. The Annals of Applied Statistics, 2007, 1(1): 17-35.

[84] Blei D M, McAuliffe J D. Supervised topic models. Advances in Neural Information Processing Systems, 2007, 3: 327-332.

[85] Chang J, Blei D M. Relational topic models for document networks. 12th International Conference on Artificial Intelligence and Statistics, 2009.

[86] Boyd-Graber J L, Blei D M. Syntactic topic models. Advances in Neural Information Processing Systems 21, 2009.

[87] 徐戈, 王厚峰. 自然语言处理中主题模型的发展. 计算机学报, 2011, (8): 1423-1436.

[88] Guinée J B, Heijungs R, Huppes G, et al. Life cycle assessment: past, present, and future. Environmental Science & Technology, 2011, 45(1): 90-96.

[89] 王素丽. 基于学科引文的文献生命周期模型探析. 情报理论与实践, 2012, (3): 37-41.

[90] 王春秀, 冉美丽. 学科主题演化定量分析的理论基础探析. 现代情报, 2008, (6): 48-50.

[91] Blei D M. Probabilistic topic models. Communications of the ACM, 2012, 55(4): 77-84.

[92] 李靖. 新能源产业政策研究综述. 企业导报, 2011, (12): 93-96.

[93] 赵斌, 胡益镨, 杨森, 等. 太阳能综述. 化工装备技术, 2012, 33(1): 57-64.

[94] 张欣茹, 姜泽毅, 张欣欣, 等. 新的淡水水源——空气取水. 水资源保护, 2007, 23(3): 60-62, 79.

[95] 林宗虎. 生物质能的利用现况及展望. 自然杂志, 2010, 32(4): 196-201.
[96] 李泓泽, 郭森, 王宝. 我国风力发电的环境价值分析. 能源技术经济, 2011, 23(7): 35-39.
[97] 朱东华, 袁军鹏. 基于数据挖掘的科技监测方法研究. 管理工程学报, 2004, 18(4): 135-139.
[98] 张勤, 马费成. 国外知识管理研究范式——以共词分析为方法. 管理科学学报, 2007, (6): 65-74.
[99] 刘宁宁, 毕然, 任水, 等. 融合复杂网络理论的科技监测研究. 电子测量技术, 2007, (4): 1-4.
[100] Rajaraman K, Tan A H. Topic detection, tracking, and trend analysis using self-organizing neural networks. Pacific-Asia Conference on Knowledge Discovery and Data Mining.
[101] 安新颖, 钟华. 科技监测的理论综述与应用系统对比分析. 情报理论与实践, 2010, 33(5): 124-128.
[102] Morris S A, Yen G, Wu Z, et al. Timeline visualization of research front. Journal of the American Society for Information Science and Technology, 2003, (5): 4132 - 4221.
[103] 蒋颖. 1995～2004 年文献计量学研究的共词分析. 情报学报, 2006, 25(4): 504-512.
[104] 崔雷, 王孝宁. 学科主题演变的深度挖掘分析——以普通外科学为例. 医学信息学杂志, 2009, (8): 5-10.
[105] Kleinberg J. Bursty and hierarchical structure in streams. Data Mining and Knowledge Discovery, 2003, 7(4): 373-397.
[106] 高永平, 钱进. 文本挖掘在科技监测中的运用. 科技进步与对策, 2008, 25(2): 42-45.
[107] 施韶亭, 曹方. 文本挖掘技术在科技管理领域热点主题抽取方向的应用研究. 计算机应用与软件, 2012, 29(7): 109-111, 140.
[108] Griffiths T. Gibbs sampling In the generative model of latent Dirichlet allocation. https://www.docin.com/p-1172434157.html[2016-11-24].
[109] Salton G, Wong A, Yang C S. A vector space model for automatic indexing. Communications of the ACM, 1975, 18(11): 613-620.
[110] Lin J. Divergence measures based on Shannon entropy. IEEE Transactions on Information Theory, 1991, 37(14): 145-151.
[111] Schafer J B, Konstan J A, Riedl J. E-commerce recommendation applications. Data Mining and Knowledge Discovery, 2001, 5(1): 115-153.
[112] 徐勇, 司凤山, 吴延辉, 等. 基于概念泛化的科技文献推荐算法. 图书情报工作, 2012, 56(21): 101-108.
[113] 费巍, 黄如花. 基于用户行为分析的搜索引擎优化策略. 图书情报工作, 2005, (10): 75-77, 100.
[114] 盛小平. 企业知识门户中的知识组织. 情报理论与实践, 2007, (1): 33-36.

第7章　总结与展望

为迎接新时代我国社会发展的变革，中共中央、国务院发布《国家创新驱动发展战略纲要》，强调科技创新必须摆在国家发展全局的核心位置。科技创新则需要知识服务的强力支撑。

知识服务是需求引导的、基于知识内容的、贯穿于用户解决问题过程的服务，其根本目的是借助一定技术工具充分融合各种显性、隐性资源，使数据或信息得以转化，并提取和挖掘新知识。开展知识服务需要将杂乱的信息蜕变、升华，使之有序、关联和可用，实现知识的共享、传播和增值。大数据时代，更新及时、开放的海量数据为知识服务提供丰富原料，新的技术与工具极大地提高知识转化效率，但同时大量多源、异构、碎片化的数据源给知识服务带来极大挑战。知识主体亟须基于大数据方法和技术来决策，从繁杂的数据中挖掘有用知识或发现新知识，以支撑科技创新发展。因此，如何将数量巨大、来源分散、真伪难辨、类型多样的数据或信息转化为知识并有效关联、融合，以提供更好的知识服务，成为现阶段创新驱动发展的迫切需求。新时代面对创新驱动发展的新需求，面对碎片化信息、用户交互活动中的行为数据与生成信息、全球传感器监测数据及智能机器数据等海量数据，知识服务不能再囿于传统以文献服务为主体的思维方式，而须借助大数据思维与新技术支撑进行多源数据采集处理和整合挖掘，根据潜在的或已经发生的特定问题及各类知识创新需求，突破原有研究范式、分析方法、服务模式与产品形式等局限，优化原有数据元素和体系结构，改进传统服务流程并衍生出新服务模式，将知识进行深层次的融合与发现，提供多层次和个性化的知识产品与服务，这也是面向科技创新发展的数据驱动的知识服务的必然选择。

本书面对时代发展的需求，以图书情报学学科领域的知识服务为研究对象，结合战略管理、能力理论、计算机科学、数据科学等学科的理论思想和技术方法，以 DIKW 的知识价值链理论为指引，以知识服务的内在实质为出发点，首先，探索数据驱动的知识服务的本源构成与核心内涵，即数据驱动的知识服务三维框架；其次，研究基于知识服务三维框架理论的知识服务流程和一般服务模式，研究影响知识服务的因素和支撑知识服务实现的骨架，即知识服务战略管理的体系；再次，研究操纵与控制知识服务战略管理体系的作用力，即知识服务能力；最后，研究支撑知识服务战略管理体系和知识服务能力的工具及手段，即知识服务的方法与技术应用。本书形成了系统而深入的研究观点，提出了一系列具体的研究思路和可行的解决方案。

希望本书所取得的研究成果可以为推动图书情报学学科领域知识服务理论与方法体系的不断完善发挥作用，所提出的研究结论能对后续研究与实践具有抛砖引玉的效果，以激发更多研究者的思考和兴趣。相信经过理论研究者和实践工作者的共同努力，图书情报机构实施的知识服务活动必将为我国经济建设与发展做出较大的贡献。

附录 A　图书情报机构知识服务三维框架理论及影响因素调查问卷

知识服务三维框架理论的合理性调查（第一轮）

您好！我们是南京理工大学经济管理学院知识服务调研小组。此次问卷调查是为了了解您对我们提出的知识服务三维框架理论的看法。您的见解和意见对我们此次调研至关重要，我们南京理工大学经济管理学院知识服务调研小组向您保证，对您的问卷严格保密，只在学术研究范围内作统计分析使用。如果能得到您的真诚配合，我们将不胜感激！

国家社会科学基金项目“图书情报领域知识服务的体系架构和服务能力评价研究”课题组

2007.05.10

下面介绍我们构建的知识服务三维框架理论。

知识服务三维框架是以知识服务本身作为评价客体，目的在于考察知识服务层次、知识服务对象和知识服务生命周期三者之间的关系，以提高知识服务水平及产品质量，扩大知识服务的社会效益和经济效益，并促使知识服务不断地向规范化方向和预期目标发展。

1. 知识服务生命周期

顾名思义，知识服务生命周期就是知识服务在时间上从产生到消亡的过程。目前，人们通常将知识服务的生命周期划分为采集、组织、挖掘、分发、利用和反馈六个主要环节。

采集阶段：知识被创造出来后，是在“采集”的环节开始进入知识服务环节。服务机构针对用户需要通过传统文献或网络资源来获取各种信息资源。

组织阶段：服务机构对各种信息资源在不改变其本质内容的基础上，以用户需要为导向，针对形式和内容进行知识化的分类及主题加工等。

挖掘阶段：服务机构对组织好的知识化资源进行引文层次或内容层次的深度加工过程。

分发阶段：把组织好或挖掘好的知识按不同的机制传递分布的过程。

利用阶段：服务机构加工出的知识产品被用户使用的过程。

反馈阶段：服务机构通过对用户使用情况的跟踪调查，获得用户对知识产品的评价，以便于服务人员根据经验、知识结构、知识能力等隐性知识对显性知识进行进一步挖掘加工，形成更具创新性的知识产品。

2. *知识服务层次*

知识服务按照知识加工程度的深浅和人员隐性知识投入的多少分为三个层次，分别为初级知识服务、中级知识服务、高级知识服务，其关系如图 A1 所示。

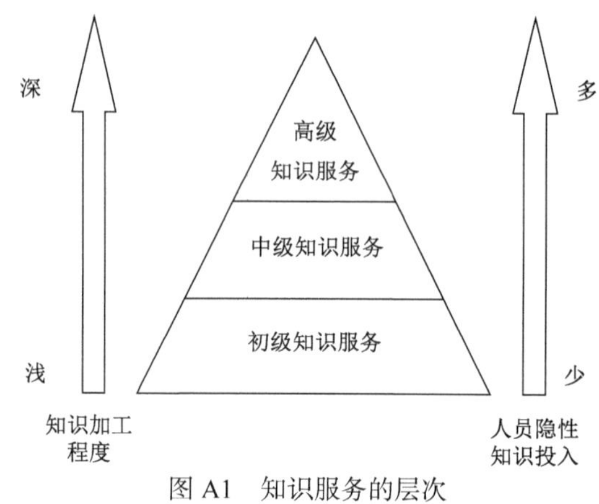

图 A1　知识服务的层次

知识服务层次的特征、内容及其体现的服务形式如表 A1 所示。

表 A1　知识服务层次的具体内容

层次	层次特征	层次内容	体现的服务形式
初级知识服务	基于特征项的加工、组织与简单匹配显性知识利用各种技术和方法	外部特征项：题名、作者、机构、来源等 内容特征项：关键词、摘要 全文 参考文献 基于外部特征的简单匹配 基于内容特征的简单匹配	如检索服务、借阅服务、文献保障服务、链接服务、导引服务等
中级知识服务	基于内容特征项的匹配和基于特征项的统计与分析显性知识为主，辅以隐性知识利用各种技术和方法	基于内容特征的归纳综合 基于外部特征的共现聚类 基于内容特征的共现聚类 基于引文的共现聚类	如相关知识点、引证分析等
高级知识服务	基于内容的提炼、综合与创新隐性知识为主利用各种技术和方法	为解决问题提供思路 为解决问题提供方案：建议、措施等	如个性化服务、权威性评价服务、咨询服务、定题跟踪服务或者情报研究等

3. 知识服务对象

知识服务对象是知识服务的媒体表现形式，通常知识服务机构拥有动态资源、传统资源、电子资源、交互资源四类对象。

动态资源：服务机构发布的新闻、公告、讲座、培训或服务动态等方面的资源，其特点是不具备累积性。

传统资源：服务机构提供的图书、期刊、报纸、学位论文等纸质文献和磁盘、光盘等各种载体的资源。

电子资源：服务机构通过采集传统文献或网络资源并将其加工后以电子形式存在的资源。与动态资源相比，电子资源具有累积性。

交互资源：服务机构搭建的用户与服务人员之间的交流平台或者提供讲座视频等可以交流的多媒体服务资源。与电子资源相比，交互资源更需要服务人员和用户的参与。

4. 知识服务的三维框架理论

基于上文对知识服务层次、知识服务对象和知识服务生命周期三个概念的阐述和理解，我们构建了知识服务的三维框架理论，如图 A2 所示，其中阴影部分代表用户的期望。

1）您认为知识服务生命周期的划分合理吗？

□完全合理　　□合理　　□一般　　□不合理　　□完全不合理

您的建议：

2）您认为知识服务层次的划分合理吗？

□完全合理　　□合理　　□一般　　□不合理　　□完全不合理

您的建议：

3）您认为知识服务对象的划分合理吗？

□完全合理　　□合理　　□一般　　□不合理　　□完全不合理

知识服务对象
采集　组织　挖掘　分发　利用　反馈
动态资源
传统资源
电子资源
交互资源
O
知识服务生命周期

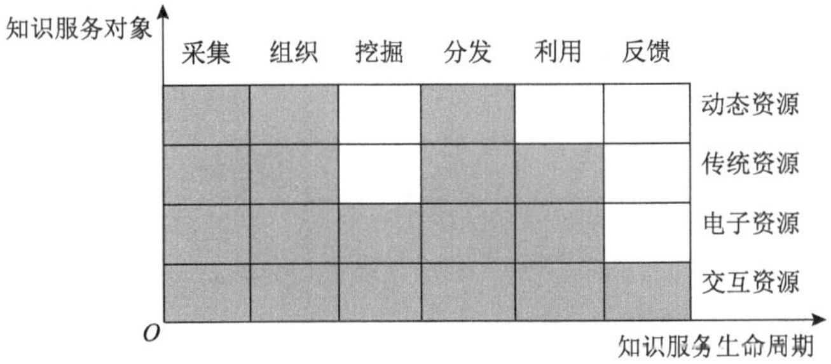

（a）知识服务生命周期与知识服务对象组合的维度图

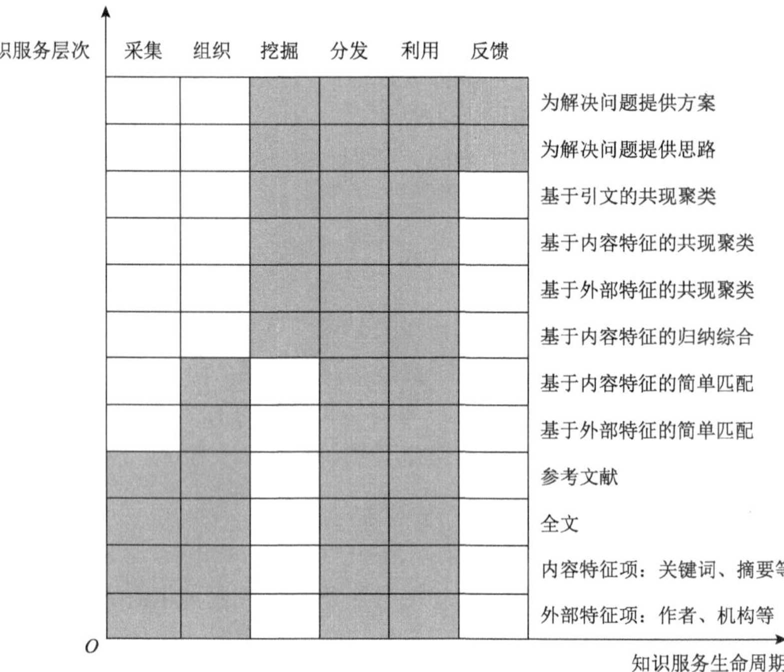

（b）知识服务生命周期与知识服务层次组合的维度图

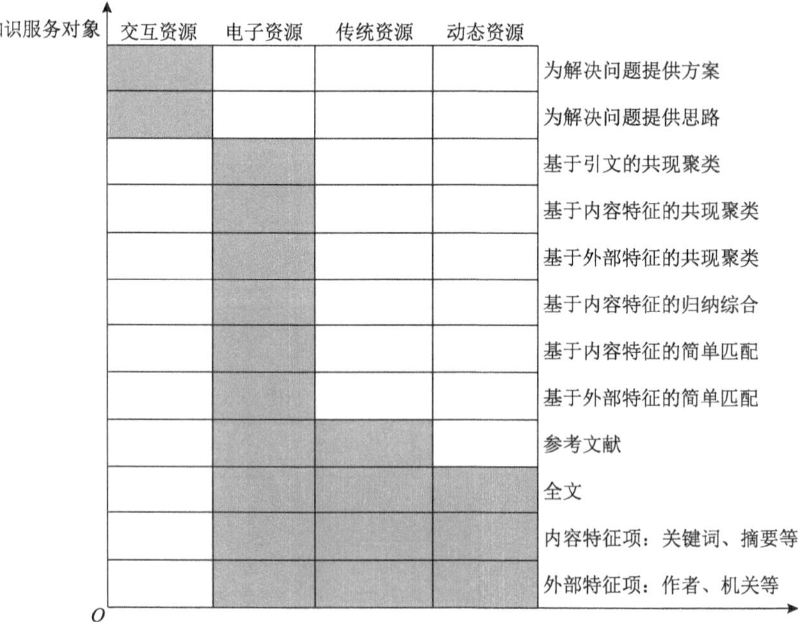

（c）知识服务层次与知识服务对象组合的维度图

图 A2　知识服务不同维度两两组合的二维框架图

您的建议：

4）您认为知识服务生命周期与知识服务对象组合的维度图的阴影填充合理吗？

□完全合理　□合理　□一般　□不合理　□完全不合理

您的建议：

5）您认为知识服务生命周期与知识服务层次组合的维度图的阴影填充合理吗？

□完全合理　□合理　□一般　□不合理　□完全不合理

您的建议：

6）您认为知识服务层次与知识服务对象组合的维度图的阴影填充合理吗？

□完全合理　□合理　□一般　□不合理　□完全不合理

您的建议：

7）您认为知识服务三维框架理论图合理吗？

□完全合理　□合理　□一般　□不合理　□完全不合理

您的建议：

8）您的学历背景：

□研究生及以上　□本科　□专科　□其他

9）您的专业背景：

□工科　□理科　□经济管理

□信息管理（情报学）　□其他

10）您的研究方向：

11）您所属的单位：

知识服务三维框架理论合理性及知识服务战略管理体系影响因素调查（第二轮）

您好！我们是南京理工大学经济管理学院知识服务调研小组。此次问卷调查是为了了解您对我们提出的知识服务三维框架理论及其知识服务战略管理体系影响因素的看法。您的见解和意见对于我们此次调研至关重要，我们南京理工大学经济管理学院知识服务调研小组向您保证，对您的问卷严格保密，只在学术研究范围内作统计分析使用。如果能得到您的真诚配合，我们将不胜感激！

国家社会科学基金项目“图书情报领域知识服务的体系架构和服务能力评价研究”课题组

2007.09.25

下面首先介绍我们构建的知识服务三维框架理论。

知识服务三维框架是以知识服务本身作为评价客体，目的在于考察知识服务生命周期、知识服务资源和知识服务层次三个维度之间的关系，以提高知识服务水平及产品质量，扩大知识服务的社会效益和经济效益，并促使知识服务不断地向规范化方向和预期目标发展。

基于对知识服务生命周期、知识服务资源、知识服务层次三个概念的理解，我们构建了知识服务的三维理论框架。经过知识服务调研小组的专题讨论，我们用阴影表示三维之间可行的关联，如图 A3 所示。

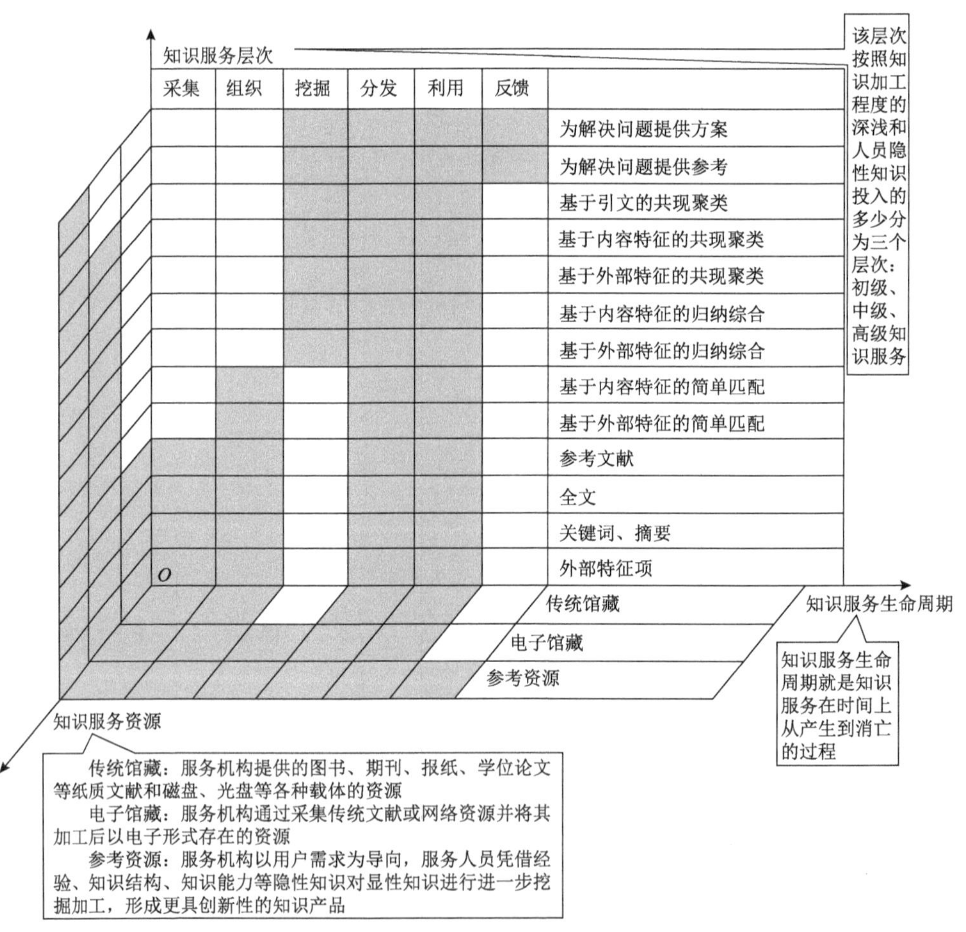

图 A3　知识服务三维理论框架图

1. 您认为知识服务生命周期的划分合理吗？（请画√）

知识服务生命周期	非常合理	比较合理	一般	比较不合理	非常不合理	您的建议	补充说明
采集							
组织							
挖掘							
分发							
利用							
反馈							

2. 您认为知识服务资源的划分合理吗？（请画√）

知识服务资源	非常合理	比较合理	一般	比较不合理	非常不合理	您的建议	补充说明
传统馆藏							
电子馆藏							
参考资源							
其他							

3. 您认为知识服务层次的划分合理吗？（请画√）

知识服务层次	非常合理	比较合理	一般	比较不合理	非常不合理	您的建议	补充说明
外部特征							
关键词、摘要							
全文							
参考文献							
基于外部特征的简单匹配							
基于内容特征的简单匹配							
基于外部特征的归纳综合							
基于内容特征的归纳综合							
基于外部特征的共现聚类							
基于内部特征的共现聚类							
基于引文的共现聚类							
为解决问题提供参考							
为解决问题提供方案							

附注：

如果您不认同知识服务生命周期的划分，请跳至第 6 题；

如果您不认同知识服务资源的划分，请跳至第 5 题；

如果您不认同知识服务层次的划分，请跳至第 4 题；

如果您不认同两个或两个以上维度的划分，请跳至第 7 题。

（注：问题 4、5、6 中的组合的维度图是从知识服务三维框架理论图中截取的）

4. 您认为知识服务生命周期与知识服务资源组合的维度图中可行的关联应落在哪个框内？（请画√）

资源	采集	组织	挖掘	分发	利用	反馈	补充说明
传统馆藏							
电子馆藏							
参考资源							
其他							

5. 您认为知识服务生命周期与知识服务层次组合的维度图中可行的关联应落在哪个框内？（请画√）

层次	采集	组织	挖掘	分发	利用	反馈	补充说明
为解决问题提供方案							
为解决问题提供参考							
基于引文的共现聚类							
基于内容特征的共现聚类							
基于外部特征的共现聚类							
基于内容特征的归纳综合							
基于外部特征的归纳综合							
基于内容特征的简单匹配							
基于外部特征的简单匹配							
参考文献							
全文							
关键词、摘要							
外部特征项							

6. 您认为知识服务层次与知识服务资源组合的维度图中可行的关联应落在哪个框内？（请画√）

知识服务层次	参考资源	电子馆藏	传统馆藏	其他	补充说明
为解决问题提供方案					
为解决问题提供参考					
基于引文的共现聚类					
基于内容特征的共现聚类					
基于外部特征的共现聚类					
基于内容特征的归纳综合					
基于外部特征的归纳综合					
基于内容特征的简单匹配					
基于外部特征的简单匹配					
参考文献					
全文					
关键词、摘要					
外部特征项					

7. 您认为下列知识服务的要素结构因素对其影响程度如何？（请画√）

要素结构因素	影响大小 →					
	7	6	5	4	3	2	1
用户需求							
组织规划							
人员配备							
资源配置							
服务产品							
其他							

8. 您认为下列知识服务的关联结构因素对其影响程度如何？（请画√）

关联结构因素	影响大小 →						
	7	6	5	4	3	2	1
基础设施							

续表

关联结构因素	影响大小 7	6	5	4	3	2	1
技术/手段							
服务模式							
政策法规							
支撑环境							
竞争者							
其他							

9. 您所在单位的性质（请画√）

□企业　□事业　□机关
□社团　□研究所　□学校
□数据库提供商　□情报机构
□图书馆　□其他

10. 您所属的行业：

11. 您所从事的业务与图书情报工作的密切程度？（请画√）

□从事图书情报方面的工作
□不从事，但经常利用图书情报方面的产品与服务
□不从事且不熟悉图书情报方面的工作

知识服务三维框架理论的合理性及知识服务战略管理体系影响因素调查（第三轮）

您好！我们是南京理工大学经济管理学院知识服务调研小组。此次问卷调查是为了了解您对我们提出的知识服务三维框架理论及知识服务影响因素的看法，需要您回答下面的问题。您的见解和意见对于我们此次调研至关重要，我们向您保证，对您的问卷严格保密，只在学术研究范围内作统计分析使用。

感谢您百忙中抽时间给予回答！

国家社会科学基金项目“图书情报领域知识服务的体系架构和服务能力评价研究”课题组

2008.03.10

1. 请您参照知识服务的三维框架理论，回答有关知识服务三维框架理论合理性方面的问题，如图 A4 所示。

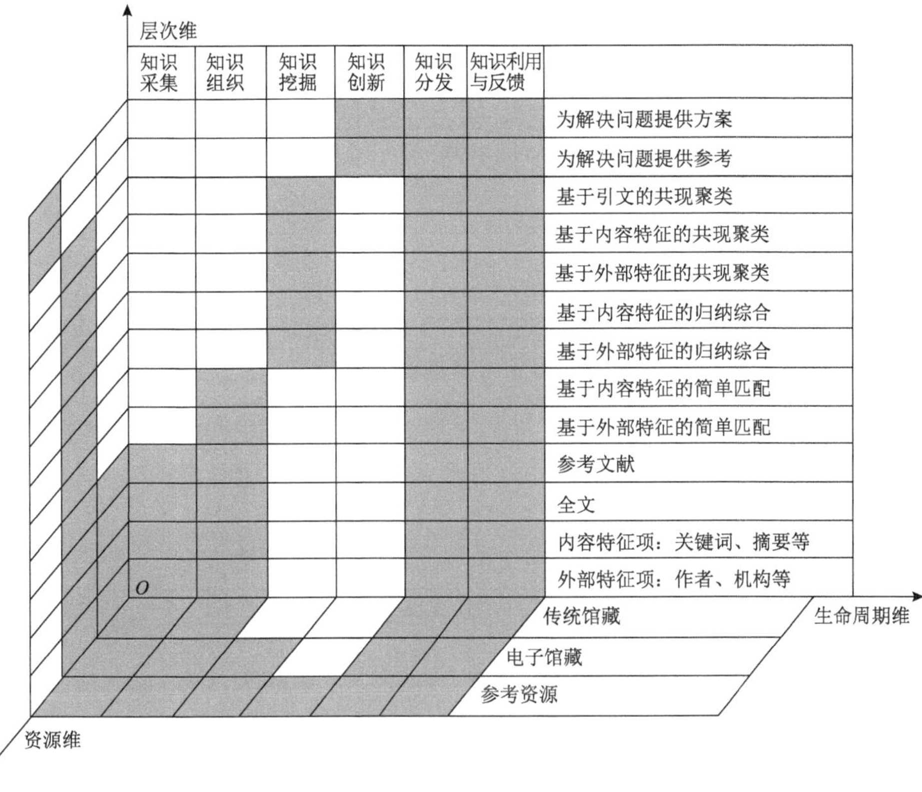

图 A4　知识服务三维理论框架图

1）您认为知识服务生命周期维的划分合理吗？（请画 √）

生命周期维	非常合理 ——▶ 一般合理 ——▶ 非常不合理						
	7	6	5	4	3	2	1
知识采集：知识被创造出来后，是在“采集”的环节开始进入知识服务环节。服务机构针对用户需求通过传统文献或网络资源来获取各种信息资源							
知识组织：服务机构对各种载体信息资源在不改变其本质内容的基础上，以用户需要为导向，针对形式和内容主要进行基于外部特征和内容特征的知识化分类及主题加工等							
知识挖掘：服务机构对组织好的数字化、电子化、知识化资源进行引文层次或内容层次等的深度加工过程，如采用词语切分、特征提取、关联分析聚类、共现、可视化等技术方法的加工							

续表

生命周期维	非常合理 ——▶		一般合理	——▶	非常不合理		
	7	6	5	4	3	2	1
知识创新：服务人员结合经验、专门知识和能力等隐性知识对显性知识进一步挖掘加工，形成更具创新性的知识产品，如归纳综合							
知识分发：把组织好、挖掘好或经过创新的知识或知识产品按不同的机制传递分布的过程							
知识利用与反馈：服务机构加工出的知识产品被用户使用并通过对用户使用情况的跟踪调查，获得用户对知识产品的评价，以便于知识服务机构更好地为用户服务							

2）您认为知识服务资源维的划分合理吗？（请画√）

资源维	非常合理 ——▶		一般合理	——▶	非常不合理		
	7	6	5	4	3	2	1
传统馆藏：服务机构采购并提供的图书、期刊、报纸、学位论文等纸质文献和磁盘、光盘等各种载体的资源							
电子馆藏：服务机构通过采集传统文献或网络资源并将其加工后以电子形式存在的数字资源，或者直接购买的电子化资源，如各种数据库资源、网络资源等							
参考资源：服务机构以用户需求为导向，服务人员凭借经验、知识结构、能力等隐性知识对显性知识进行挖掘加工，形成具有创新性的以隐性知识为主存在的资源或产品，如各种内参资源、业务参考以及存在工作人员头脑与行为中的研究思路、技巧等							

3）您认为知识服务层次维的划分合理吗？（请画√）

层次维	非常合理 ——▶		一般合理	——▶	非常不合理		
	7	6	5	4	3	2	1
外部特征项：题名、作者、机构、来源、引文等的收集、序化组织							
内容特征项：关键词、主题词、叙词、摘要、全文等的收集整理、序化加工							
全文：全文的数字化、电子化							
参考文献：参考文献的组合检索、超链接、计量等简单匹配							

续表

层次维		非常合理	→		一般合理	→		非常不合理
		7	6	5	4	3	2	1
基于外部特征的组合检索、超链接、计量等简单匹配								
基于内容特征的组合检索、超链接、计量、词语切分、特征提取等简单匹配								
从简单匹配到共现聚类的过渡	基于外部特征的归纳综合、关联分析							
	基于内容特征的归纳综合、关联分析							
基于外部特征的共现聚类、可视化等（即内容挖掘）								
基于内容特征的共现聚类、可视化等（即内容挖掘）								
基于引文的共现聚类，包括引证文献、共引文献、同被引文献等（即内容挖掘）								
为解决问题提供参考：程序化的知识或过程								
为解决问题提供方案：建议、措施等								

2. 请您回答知识服务战略管理的结构因素影响程度方面的问题。

1）您认为下列知识服务战略管理的要素结构因素对其影响程度如何？（请画√）

要素结构影响因素	大	→					小
	7	6	5	4	3	2	1
实物资源：主要包括馆舍资源、设备资源、服务资源。其中，服务资源是指加工生产知识服务产品和提供产品所必需的原始资源、半成品资源、技术资源和服务软件、服务系统等资源，主要包括信息资源、信息技术和知识服务系统或平台							
人力资源：是由服务人员或服务提供者构成，是知识服务的主体，参与知识服务产品加工、知识服务系统或平台建设的各个环节，决定着知识服务战略制定、知识服务流程运转和知识服务模式实现							
财务资源：包括货币的来源和使用，如资金的数量和获得渠道、现金管理，以及对债权人和债务人的控制，与货币供应者关系的处理等，财务资源是知识服务实现的物质基础							
无形资产：主要包括一个图书情报机构的组织结构、组织文化、管理机制、商标、品牌、机构形象等，无形资产左右着用户对所需产品和服务的选择，是一个机构能否使知识服务启动并发挥效益的关键							
其他							

2）您认为下列知识服务的关联结构因素对其影响程度如何？（请画√）

关联结构影响因素	大 →					小
	7	6	5	4	3	2	1
用户：需求等							
竞争者							
科技环境							
人文环境							
经济环境							
政策法规							
其他							

3. 为了进行问卷分类分析，我们还希望您填写以下的个人基本信息。(请画√)

1）职业：

□企事业单位　□教师　□学生　□其他

2）您的专业：

3）您一般访问知识服务机构的情况是？（请画√）

□每月少于一次　□每月 1～5 次　□每月 5～15 次　□每月多于 15 次

再一次感谢您的合作！

附录 B　图书情报机构知识服务能力评价调查问卷

尊敬的各位专家:

您好！我们现在正在进行国家社会科学基金课题“图书情报领域知识服务的体系架构和服务能力评价研究”的研究。此次问卷调查是为了了解您对我们提出的知识服务能力评价指标体系的看法，需要您根据自己所学知识和以往访问知识服务机构资源的经历回答下面的问题。您的见解和意见对于我们此次调研至关重要，我们向您保证，对您的问卷严格保密，只在学术研究范围内作统计分析使用。

感谢您百忙中抽时间给予回答！

国家社会科学基金项目“图书情报领域知识服务的体系架构和服务能力评价研究”课题组

2008.04.10

1. 课题所需要的相关知识——知识服务流程

知识服务工作流程见图 B1。

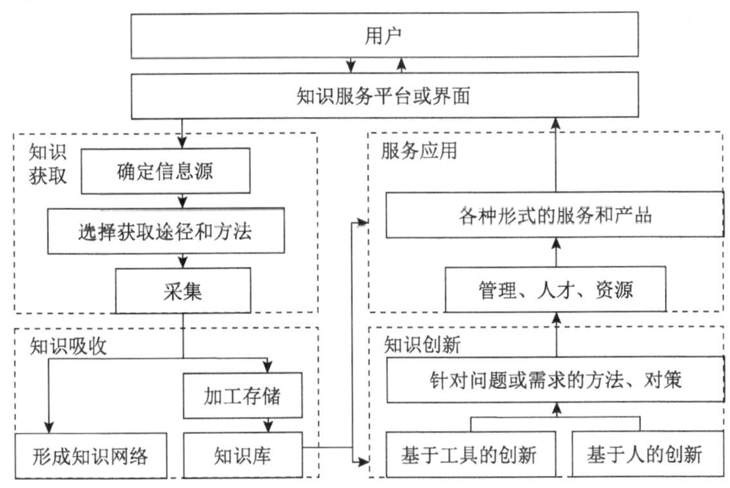

图 B1　知识服务工作流程

2. 相关概念的定义、解释与调查问卷

(1) 获取能力是指清晰、准确地获取用户的需求并把其转换成问题或任务，然后按照需求和任务，利用各种手段和途径，整合本机构的人力、资金、设备等资源，广泛地采集来自各种信息源及数据库中相关领域的信息、知识或研究成果、并进行筛选、过滤与汇总整理成知识吸收、创新与应用的原料的能力。获取用户需求时利用自己的网站或各种公关活动与用户建立友好、信任的关系，形成用户接口，搜寻他们的显性和隐性需求信息和知识，并建立专门的用户数据库。常见方法是：在图书馆开辟咨询台，设置传统或电子信箱，或者直接在线接受用户问题；在选择知识资源时，各个机构也会充分利用已有资源，如文献信息源、实物信息源、机构信息源、专家信息源、数字信息源及其他特色馆藏资源。根据各种信息源的特点主要采用信息网络还是人际网络的方式收集。同时，在知识获取的过程中依赖工作人员的知识积累与经验技巧等的调用。

表 B1 就是根据知识服务流程构建的获取能力评价指标体系。请您对其中的构成要素的权重给予评价。（7～1 表示您打分的程度：7 表示打分最高，1 表示打分最低）

表 B1　获取能力评价指标体系

<table>
<tr><th>目标</th><th>一级指标</th><th>二级指标</th><th>依据</th><th>分值 7～1</th></tr>
<tr><td rowspan="19">获取能力</td><td rowspan="2">目标用户</td><td>用户规模</td><td>预期的目标用户群的规模</td><td></td></tr>
<tr><td>用户种类</td><td>预期的目标用户群的种类</td><td></td></tr>
<tr><td rowspan="3">用户及需求</td><td>基本信息</td><td>以表格等方式获取用户基本资料的能力</td><td></td></tr>
<tr><td>查询行为的动态获取</td><td>借助技术手段动态跟踪用户查询与筛选信息行为的能力</td><td></td></tr>
<tr><td>反馈信息</td><td>定期接受和回访用户对产品与服务的感受</td><td></td></tr>
<tr><td rowspan="2">信息网络</td><td>信息源</td><td>信息源的熟知程度和可利用程度</td><td></td></tr>
<tr><td>途径和方法</td><td>信息获取途径和方法的掌握和应用</td><td></td></tr>
<tr><td rowspan="3">人际网络</td><td>专家</td><td>数量、层次、覆盖面</td><td></td></tr>
<tr><td>合作</td><td>合作时间、联系密度、信任度</td><td></td></tr>
<tr><td>人才引进</td><td>对人才引进的重视程度</td><td></td></tr>
<tr><td rowspan="3">特殊网络（搜集特色馆藏的来源）</td><td>规模</td><td>特色资源的数量</td><td></td></tr>
<tr><td>可靠性</td><td>特色资源的可信赖和权威程度</td><td></td></tr>
<tr><td>持续性</td><td>特色资源是否可长久利用</td><td></td></tr>
<tr><td rowspan="4">支撑条件</td><td>人员</td><td>工作人员的知识基础与工作经验、技巧等</td><td></td></tr>
<tr><td>技术</td><td>所利用的获取技术的先进程度（搜索、爬取、下载、处理、存储等）</td><td></td></tr>
<tr><td>设备</td><td>支撑知识获取的硬件设备</td><td></td></tr>
<tr><td>资金</td><td>资金的充裕程度</td><td></td></tr>
</table>

（2）吸收能力是指图书情报机构在获取各种来源的信息和用户需求信息基础上，按照本机构用户需求特点，依赖工作人员和借助技术工具，对各种信息进行筛选、分类、分析和整理等粗加工，形成可供使用的初级知识产品的能力。初级知识产品主要包括：知识库（如各种目录、文摘或全文知识库、用户需求知识库）和知识网络（把搜集的知识建立起一种逻辑关系，形成相关的知识体系，如知识地图、专家网络图）。

表 B2 就是根据知识服务流程构建的吸收能力评价指标体系。请您对其中的构成要素的权重给予评价。（7～1 表示您打分的程度：7 表示打分最高，1 表示打分最低）

表 B2　吸收能力评价指标体系

目标	一级指标	二级指标	依据	分值 7～1
吸收能力	知识基础	知识结构	机构人员知识结构（专业、学历等）分布的合理程度	
		专业水平	机构人员的专业领域达到的层次	
	知识整序及条件	基本条件	是否具备分类标引能力，以及对不同种类和层面知识分类标引的实现程度	
		自动化程度	采用新方法和新技术（包括工具）的能力	
		技能技巧	长期以来积累的工作经验和操作技能应用到知识整序过程的程度	
		产品形式和种类	对知识内容加工的程度（目录、文摘、全文等）	
	内部共享环境	交流模式	交流机制完备程度、沟通渠道的多样化程度	
		互动程度	人员工作中的信任水平、交流频率、探讨深度	
		共享文化机制	对知识共享的重视与提倡程度	
	努力程度	高层重视	出台政策并管理到位	
		教育培训	对新知识的学习强度	
		奖惩措施	奖励与惩罚措施明确并有效贯彻	

（3）创新能力是指图书情报机构在知识获取、知识吸收基础上，以满足用户的特定需求为目标，充分挖掘和发挥工作人员的潜能与才干，将初级知识产品进行创造性加工形成对策、建议、方案等新知识或者发现新知识的能力。知识创新可分为基于人的创新和基于工具的创新。基于人的创新是工作人员以分析和整理后的知识为基础，借助已有的知识（尤其是经验、技能等隐性知识）进行的创造性劳动，如新的观点、新的建议方案、专门化的研究报告等；基于工具的创新是采用具体的理论方法和技术方法进行创新。例如，利用聚类发现数据间的内在关

系，或者通过共现分析找出信息间的关联，利用本体技术构建领域中概念间的关联，通过统计分析算法对文本知识进行提取等。

表 B3 就是根据知识服务流程构建的创新能力评价指标体系。请您对其中的构成要素的权重给予评价。（7～1 表示您打分的程度：7 表示打分最高，1 表示打分最低）

表 B3　创新能力评价指标体系

目标	一级指标	二级指标	依据	分值 7～1
创新能力	创新素质（个体创新）	业务水平	机构中人员的职称和学历的水平、人员已有成果与工作经历等的表现	
		经验积累	机构中人员在工作过程中积累与利用经验技能及技巧的水平	
		人际网络的利用	机构中人员利用人际网络解决问题的水平	
		工具的利用	采用恰当的方法和技术，创造性地加工知识	
		挑战性	机构中人员承担更重要工作愿望和接受挑战性工作意愿的程度	
	创新环境（团体创新）	需求驱动	用户需要的产品和服务的难度对整个机构的驱动	
		领导态度	机构接受新的设想，对创新的重视程度	
		自由度	有选择工作、业务的自由度，有做不同业务的自主性	
		激励机制	机构具有发展新设想的激励机制和有效的奖惩制度	
		交流	成员能够展开积极思想交流和挑战，机构经常通过对新设想的交流促进创造力	
		工作压力	做课题感受到很大的外在的时间压力 机构中有时能听到对新设想的讥讽	

（4）服务应用能力是指图书情报机构根据用户对象的特点和要求，借助服务平台或者系统，将加工形成的不同内容、各种类型及层次的知识产品或知识服务提供给所需用户，并帮助用户实现解决问题的能力。例如，通过检索查新、借阅等提供知识，举办讲座、交流会等培训，提供推理、评价、建议等咨询服务或者情报研究服务，提供知识导航、知识推荐、知识定制等个性化服务功能。

表 B4 就是根据知识服务流程构建的服务应用能力评价体系。请您对其中的构成要素的权重给予评价。（7～1 表示您打分的程度：7 表示打分最高，1 表示打分最低）

表 B4 服务应用能力评价指标体系

目标	一级指标	二级指标	依据	分值 7～1
服务应用能力	服务人员	素质	学历、技术特长、接受项目的经验	
		态度	积极性、耐心程度	
		沟通	沟通能力、可信任程度	
	服务管理	流程	流程的规范性	
		绩效	绩效考核制度的完备及执行度	
		培训	对用户的培训	
	知识服务产品内容与服务形式	产品内容	内容的层次性	
		服务形式	形式的多样化	
	知识平台	功能性	功能的完备程度（推送、知识导航、定制等）	
		易用性	方便用户的利用	
		交互性	接受用户建议或反馈	